常见经济犯罪
财会证据审查实务指引

操 震／著

中国检察出版社

图书在版编目（CIP）数据

常见经济犯罪财会证据审查实务指引/操震著.—北京：中国检察出版社，2022.10
ISBN 978-7-5102-2666-3

Ⅰ.①常… Ⅱ.①操… Ⅲ.①经济犯罪—证据—研究—中国 Ⅳ.① D924.334

中国版本图书馆 CIP 数据核字（2021）第 252781 号

常见经济犯罪财会证据审查实务指引
操　震　著

责任编辑：李冬青
技术编辑：王英英
封面设计：棋　锋

出版发行：中国检察出版社
社　　址：北京市石景山区香山南路 109 号（100144）
网　　址：中国检察出版社（www.zgjccbs.com）
编辑电话：（010）86423786
发行电话：（010）86423726　86423727　86423728
　　　　　（010）86423730　86423732
经　　销：新华书店
印　　刷：河北宝昌佳彩印刷有限公司
开　　本：710mm×960mm　16 开
印　　张：26.75
字　　数：403 千字
版　　次：2022 年 10 月第一版　2022 年 10 月第一次印刷
书　　号：ISBN 978-7-5102-2666-3
定　　价：88.00 元

检察版图书，版权所有，侵权必究
如遇图书印装质量问题本社负责调换

序

杨基富[*]

近年来,黄山市检察机关以培养政治强、业务精、作风硬、活力足的青年检察队伍为目标,引导激励干警发挥专业所长,积极投身司法实践开展法学研究,为青年干警提升理论实务水平创造了良好的环境氛围。今年10月,黟县人民检察院青年检察官操震的《常见经济犯罪财会证据审查实务指引》一书将要付梓,请我作序,我欣然提笔。这本书的出版既是他个人检察生涯的一件喜事,也是黄山市检察机关一件值得庆贺的喜事。

操震本科是财会专业,2011年大学本科毕业后,曾在国内顶尖的立信会计师事务所从事审计工作,三年后进入黄山市黟县人民检察院办理经济犯罪案件、职务犯罪案件多年。其间,又兼修了法律硕士,同时取得了法律职业资格A证、注册会计师、注册税务师、注册资产评估师、证券资格等系列资格证书。扎实的复合型知识功底和丰富的司法实践经历,为该书的创作夯实了基础。

以事实为根据、以法律为准绳,是司法办案遵循的基本原则。准确认定事实是正确适用法律的前提,对各类证据的审查与认定又是准确认定事实的必要条件。对多样性证据的审查,要求办案人员除了必须遵循相关的法律规则外,还需要具备一定的知识储备和积累,尤其是具有特定类型证据相关的知识背景。在犯罪手段层出不穷的经济犯罪案件中,如何对专业性较强的经济犯罪案件证据进行实质审查,一直是困扰基层办案的难点和痛点问题。然而,当前法学界关于经济犯

---

① 杨基富,安徽省黄山市人民检察院党组书记、检察长。

罪领域证据审查的实务书籍较为稀少，究其原因主要是这类书籍涉及法律、会计、审计、税务、鉴定等诸多领域，写作门槛较高，要求作者既要有深厚的法学知识背景，也要有必要的财会知识积累，还要有财会领域相关实践，更要具备多年刑事司法实践特别是经济犯罪一线办案历练。如此种种降低了学者在该领域的创作热情，而政法干警对这类书籍的需求却逐渐增加，供给和需求失衡使得这类书籍的重要性愈发凸显。操震以此为切入点进行深入思考、展开学术研究，并最终形成厚厚一本散发着墨香的文稿，可谓正当其时，意义非同一般。

全书主体部分共18章30余万字，分理论篇和实务篇上下两篇，上篇主要介绍经济犯罪中常见的财会证据类型，下篇在常见的经济犯罪实务中分析了各类财会证据的反映内容和证明意义，文字朴实，论理透彻，内容全面，均有很强的指导性、操作性和实践性。通读全书，我认为有以下三个鲜明特点：

第一，逻辑体系完整，突出实用宗旨。该书从基础知识和实务应用两个方向对财会证据的理解与运用作了详细介绍。上篇阐述7种常见的财会证据类型，搭建财会证据体系的整体知识框架；下篇结合10种常见经济犯罪罪名对财会证据的实务运用进行了详细解读，其内容来源于实践，脱胎于实践，也有利于服务实践，为办案人员审查经济犯罪案件中的财会证据提供有益的参考，也对统一诉讼实践中公检法律各方对财会证据的认识提供一定帮助。

第二，知识跨度极广，内容详略得当。该书最鲜明的特点在于专业知识涉面较广，涉及大量刑法领域之外的会计、税务、鉴定等交叉专业知识，与经济犯罪领域专业内容多、范围广的特点高度契合。受篇幅所限，该书仅对经济犯罪办案相关的交叉领域知识作了重点编写，对与办案关系不大的知识仅简略介绍，再次突出了该书以实务运用为导向的属性，也大幅减轻读者的阅读负担。

第三，语言通俗易懂，表现形式多样。虽然该书涉及的专业知识内容较广，涵盖了经济犯罪可能涉及的法律、会计、税务、鉴定等诸多领域，但全书语言文字通俗易懂，并以插图的形式展示了实务中常见的财会证据样式，不具备财会领域相关知识的办案人员依然能够掌握相关内容。从某种程度来说，该书更适合被定义为一本面对法律人士的"普法书"，一本培养法律和经济交叉领域复合型人才的"通识书"，一本辅助基层政法干警办理经济犯罪案件的"工具书"。

"宝剑锋从磨砺出，梅花香自苦寒来。"历经两载，数易其稿，著作即将问世，我由衷地向操震表示祝贺，也为这来之不易的成果感到欣喜。奋斗是青春最亮丽的底色，行动是青年最有效的磨砺。愿操震以此书出版为契机，进一步加强学习，学用结合，笔耕不辍，在工作中取得更大成绩，并争取为法学研究领域贡献更为优质的检察成果！

目 录

序 ……………………………………………………………… 1

上篇 理论篇

第一章 财会证据概述 ……………………………………… 2
  一、财会证据的概念 ………………………………………… 2
  二、财会证据的意义 ………………………………………… 3
  三、财会证据的种类 ………………………………………… 5
  四、财会证据的来源 ………………………………………… 6

第二章 原始凭证 …………………………………………… 9
  一、原始凭证的概念 ………………………………………… 9
  二、原始凭证分类 …………………………………………… 10
  三、常见的原始凭证 ………………………………………… 11

第三章 会计凭证 …………………………………………… 22
  一、会计凭证的概念 ………………………………………… 22
  二、会计凭证的样式 ………………………………………… 23
  三、会计分录的黄金公式 …………………………………… 27
  四、常见经济业务的会计分录 ……………………………… 28

第四章　账　簿 … 32
一、账簿的概念 … 32
二、账簿的种类 … 33
三、常见账簿的样式 … 34

第五章　财务报表 … 39
一、财务报表的概念 … 39
二、财务报表的种类 … 40
三、财务报表的样式 … 42
四、财务报表与账簿、会计凭证的逻辑关系 … 51

第六章　司法会计鉴定 … 53
一、司法会计鉴定的基本概念 … 53
二、司法会计鉴定的范围 … 58
三、司法会计鉴定文书 … 63

第七章　审计报告 … 70
一、审计相关概念 … 70
二、审计报告 … 73
三、专项审计报告 … 82

第八章　资产评估报告 … 85
一、资产评估相关概念 … 85
二、资产评估的方法 … 87
三、资产评估报告 … 91

下篇 实务篇

第九章 虚报注册资本罪的证据与审查 …………………… 104
- 一、基本知识 …………………………………………………… 104
- 二、常见财会证据 ……………………………………………… 109
- 三、实务案例 …………………………………………………… 118

第十章 欺诈发行证券罪的证据与审查 ………………………… 126
- 一、基本知识 …………………………………………………… 126
- 二、常见财会证据 ……………………………………………… 137
- 三、实务案例 …………………………………………………… 143

第十一章 高利转贷罪的证据与审查 ……………………… 151
- 一、基本知识 …………………………………………………… 151
- 二、常见财会证据 ……………………………………………… 153
- 三、实务案例 …………………………………………………… 166

第十二章 骗取贷款、票据承兑、金融票证罪的证据与审查 …… 170
- 一、基本知识 …………………………………………………… 170
- 二、常见财会证据 ……………………………………………… 175
- 三、实务案例 …………………………………………………… 185

第十三章 非法吸收公众存款罪的证据与审查 ……………… 190
- 一、基本知识 …………………………………………………… 190
- 二、常见财会证据 ……………………………………………… 192
- 三、实务案例 …………………………………………………… 200

第十四章　集资诈骗罪的证据与审查 ·············· 205
一、基本知识 ································· 205
二、常见财会证据 ····························· 207
三、实务案例 ································· 212

第十五章　票据诈骗罪的证据与审查 ·············· 218
一、基本知识 ································· 218
二、常见财会证据 ····························· 225
三、实务案例 ································· 233

第十六章　金融凭证诈骗罪的证据与审查 ············ 238
一、基本知识 ································· 238
二、常见财会证据 ····························· 241
三、实务案例 ································· 246

第十七章　逃税罪的证据与审查 ················ 253
一、基本知识 ································· 253
二、税种概述及常见财会证据 ······················ 258
三、实务案例 ································· 303

第十八章　虚开增值税专用发票、用于骗取出口退税、
　　　　　抵扣税款发票罪的证据与审查 ············ 311
一、基本知识 ································· 311
二、常见财会证据 ····························· 320
三、实务案例 ································· 329

附 录 ·········· 333

- 附录1 财务报表格式 ·········· 333
- 附录2 资产负债表填列规则 ·········· 341
- 附录3 工业企业会计科目表 ·········· 343
- 附录4 常见的财务比率 ·········· 347
- 附录5 货币的时间价值相关系数 ·········· 349
- 附录6 增值税知识拓展 ·········· 351
- 附录7 消费税知识拓展 ·········· 361
- 附录8 企业所得税知识拓展 ·········· 366
- 附录9 个人所得税知识拓展 ·········· 374
- 附录10 房产税知识拓展 ·········· 380
- 附录11 车船税知识拓展 ·········· 383
- 附录12 印花税知识拓展 ·········· 385
- 附录13 契税知识拓展 ·········· 387
- 附录14 资源税知识拓展 ·········· 389
- 附录15 环境保护税知识拓展 ·········· 392
- 附录16 土地增值税法知识拓展 ·········· 396
- 附录17 城镇土地使用税知识拓展 ·········· 399
- 附录18 车辆购置税知识拓展 ·········· 401
- 附录19 耕地占用税知识拓展 ·········· 403
- 附录20 船舶吨税知识拓展 ·········· 404
- 附录21 关税知识拓展 ·········· 405

后 记 ·········· 410

上篇
理论篇

第一章 财会证据概述

"财会证据",听起来是一个常见概念,但在相关书籍中却没有过这样的表述,有的只是"会计证据""司法会计证据"等概念。本章将从经济犯罪的角度,对财会证据的概念、意义、种类以及来源作一介绍,帮助读者从整体上构建对"财会证据"的初步印象。

一、财会证据的概念

财会证据,全称"财务会计证据",是指在司法活动中,由司法人员从财会证据资料或相关人员处收集的以文字、符号、图表等形式反映的用以证明诉讼案件事实的专业性证据。有必要说明的是,本书提及的财会证据,是"大财会证据"的范畴,不仅包括财务会计领域证据,也包括与财务会计领域密切相关的税务、评估、金融领域的部分证据,严格来说,它们都属于"应用经济学"的范畴,都与"资金流动"有着密切联系,在证据形态、证据内容和证明意义等方面有着很大的相似性,因而本书将相关证据内容一并介绍。

"财会证据"从范围上来说,主要包括三大类证据:一是进行财务会计核算所需要的一些基础性财务资料,如原始凭证、银行对账单等;二是基于基础性财务资料对实际发生的经济业务事项进行会计核算所产生的证据,如会计凭证、会计账簿、会计报表等,其强调的是"记录与核算";三是通过对会计数据的分析、整理、鉴别、鉴定得出相应的证据,主要是基于前两者所延伸出来一些财会证据,如审计报告、可行性分析报告、招股说明书、债券募集说明书、鉴定报告书等。因此,使用"财会证据"概念,基本上可以囊括法律案件中涉及的常见财会证据类型。

掌握"财会证据"的概念，还需要理解以下几层含义。

首先，财会证据是在诉讼活动中产生并服务于诉讼目的的。也就是说，财会资料只有经过法定程序进入诉讼活动后才能被称为财会证据。诉讼活动是一种以发现事实真相为目标的认识活动，财会证据所解决的核心问题，就是保证司法人员能够通过财会证据正确认识案件事实，保证其主观认识符合客观实际情况。

其次，财会证据是一种专业性的证据。财会证据区别于其他证据，是因为其来源于财务会计资料，体现了一定的财务会计属性，是一种专业性的证据。这种专业性体现在：一是财会证据是将客观经济事实通过"专业语言"翻译、记录而形成的证据，具有一定的专业属性；二是意味着办案人员必须经过一定的系统学习，才能真正掌握其内在含义并用于服务诉讼目的。

最后，财会证据应符合证据"三性"要求。财会证据也是一种证据，应符合证据的合法性、客观真实性、关联性要求，这就要求财会证据应满足来源合法、收集程序合法、形式合法、客观真实以及能够证明案件事实等一系列证据要求，不合法的、不真实的以及不能证明案件事实的财务会计资料不能作为诉讼活动中的财会证据。

二、财会证据的意义

本书所述财会证据的意义是指财会证据在诉讼活动中的意义。在诉讼活动中，办案人员需要通过收集证据来重建案件的历史原貌，有学者认为，这不仅要求以哲学认识论为理论基础，而且应吸收诸多学科的知识和理论，包括需要物证技术、法医、侦查学、财务会计等方面的知识[①]。在经济犯罪案件中，财会证据的研究对于重建犯罪现场以及规范证据的收集规律和阅读规则有着重要的意义。

---

① 陈瑞华：《刑事证据法学》（第二版），北京大学出版社2014年版，第4—5页。

（一）财会证据的研究为司法机关依法认定案件事实提供重要依据

在办理经济犯罪案件中，财会证据在证据中占据着相当大的篇幅，它是具体行为的产物，在证明相应行为时具有确定性的优势。有财会证据必有相应的行为，无论这个行为是正常行为还是虚假行为[①]。财会证据具有的客观性、原始性、关联性、严密性等属性，如果在经济犯罪案件中得到合理运用，则可以验证和突破其他证据。这使得财会证据在经济犯罪案件证据体系中占据着相当重要的地位，是司法机关办理经济犯罪案件定罪量刑的关键证据和核心证据。

（二）财会证据的研究可以消除诉讼实践中对于财会证据的认知误区

财会证据有着其特有的专业属性，实践中司法办案人员由于知识背景的差异，对待同一份财会证据可能有截然不同的理解，甚至可能支持一些明显错误的观点，"唯经验论""唯专家论"等认知误区影响了司法办案人员对财会证据的正确判断。正确、科学地理解财会证据的内容，有利于消除侦查、起诉和审判环节司法办案人员的认知误区和意见分歧，提高司法诉讼活动效率和效果。

（三）财会证据的研究有利于促进证据理论的发展

财会证据属于证据的一种类型，其有着区别于一般证据的特征，包括内容的专业性、证明对象的特殊性、证明过程的逻辑性、审查的科学性等，但也有着作为一般证据应有的客观真实性、关联性和合法性特征，也受相应证据规则的约束。证据规范与具有认知面向的相邻学科存在密切关系，如心理学、经济学等，在优化证据规范使其能够更好地服务于发现真相这一点上，这些相邻学科可以提供许多富有洞见的成果[②]。因此，财会证据理

[①] 金建文：《运用财会证据验证和突破言辞证据》，载《人民检察》2012年第18期。

[②] ［美］罗杰·帕克、迈克尔·萨克斯：《证据法学反思：跨学科视角的转型》，吴洪淇译，中国政法大学出版社2015年版，第1页。

论的研究，既丰富了证据学理论的内涵，也为完善证据学体系和理论提供了新的思路和方向。

三、财会证据的种类

根据不同的分类标准，可以将财会证据细分成很多种类，如根据行业类别可以将财会证据分为会计证据、审计证据、税务证据、评估证据；根据证据的来源渠道可以将财会证据分为内部财会证据和外来财会证据；根据证据的外在形态可以将财会证据分为实物财会证据、纸质财会证据以及电子财会证据等。由于本书中所介绍的财会证据主要是用于服务刑事诉讼，因而有必要根据《中华人民共和国刑事诉讼法》第50条的规定对常见财会证据进行适当归类，具体来说，财会证据在刑事诉讼中主要表现为以下几类证据。

其一，书证类财会证据。书证类财会证据是实务中最为常见的财会证据类型，其数量占据了所有类型的绝大部分，无论是原始凭证，还是各类账簿，又或者是财务报表，都属于书证类财会证据的范畴，以其表达的思想或记载的内容来证明案件事实，由于其记载的内容大多是在案发前形成，因而具有相当高的稳定性。

其二，物证类财会证据。财会证据也可能以物证的形式呈现，物证因具有客观性、特定性、间接性、隐含性等特性，更多的时候是需要经过人的主观能动性去发现它同案件的联系性或者需要结合其他类型证据共同起作用。例如，在侵犯知识产权案件中将涉案商品存货这类物证与盘点明细表、监盘表这类书证（盘点表是由会计师制作、监盘表是由审计师制作）结合分析，共同证明库存商品实际数量的案件事实。

其三，电子证据类财会证据。在证据信息化的大趋势下，以计算机及其网络为依托的电子数据在证明案件事实的过程中起着越来越重要的作用，其有着传统证据所不能比拟的精确性、科技性、易存储性和便携性。在会计电算化普及以来，各类财会信息软件系统产生的大量财会证据以电子证据的方式储存，如存储在电子介质中的财务会计记录和相关文档资料等。

其四，鉴定意见类财会证据。该类财会证据中的司法会计鉴定书读者最为熟悉，其属于典型的鉴定意见类财会证据。对于审计报告、评估报告、纳税审查报告等中介机构出具的报告类型是否属于鉴定意见，在实务中尚有很大争议，有些法院认为属于鉴定意见，也有些法院认为属于书证，具体内容将在本书第六章进行介绍。

其五，勘验、检查笔录类财会证据。如委托司法会计师对财务会计资料、实物资产进行勘验、检查形成的证据。比较常见的就是司法会计检验报告，实务中很容易将其误作为鉴定意见类型，而其本质上是对财务会计资料等检材进行检验、提炼、汇总后的检查笔录，其与司法会计鉴定书的不同之处在于前者只对检材检验而不进行标准比对鉴定，其发表的是检验意见而不是鉴定意见，后者既需要对检材检验又需要根据鉴定标准进行比对鉴定，并最终发表鉴定意见。

其六，言词类财会证据。刑事诉讼中的言词类证据，包括犯罪嫌疑人、被告人供述和辩解、被害人陈述以及证人证言。也许很多读者会诧异言词类证据也可以是财会证据吗？答案是可以。是否属于财会证据，并不局限于证据的具体形式而依赖于证据所反映出的具体内容。例如，刑事案件中的某个当事人对经济类案件的整个作案过程作出了纯属于财会知识领域类的描述时，这样的证据显然属于财会证据，影响对案件事实的认定。案件的"事实"，只能是根据证据所包含的信息进行整理分析重新形成的对案件事实的认识，也就是司法人员从证据事实中所形成的事实印象。[①] 在没有相关知识背景的前提下，司法人员很可能因为不会、不善于从财会证据中获取信息，从而形成了混乱、错误的事实印象。

四、财会证据的来源

除了掌握财会证据在刑事案件中的证据分类外，我们还需要了解常见财会证据在实务中的来源以及各来源产生的具体证据。在这之前，先简单介绍下"会计核算工作流程"这个概念。这个概念在会计相关书籍中并没

[①] 陈瑞华：《刑事证据法学》（第二版），北京大学出版社2014年版，第34页。

有记载，与之相似的一个概念叫作"会计核算方法"。会计核算方法，是指会计人员对企事业、机关单位已经发生的经济活动进行连续、系统和全面地反映和监督所采用的方法，包括设置账户、复式记账、填制和审核凭证、登记账簿、成本计算、财产清查和编制财务会计报告7个方法。为了帮助办案人员更好地理解财会证据的来源与证据产生，有必要引入"会计核算工作流程"这个概念，它是指根据财会证据的产生时间和逻辑顺序，对会计核算工作流程进行删繁就简、重新排序后的核算流程。它既可以帮助办案人员理解常见财会证据的产生过程，也可以从证据链的角度揭示这些财会证据的内在逻辑。

会计核算工作流程，包含从财务会计事实的发生到列报结束的所有环节，是实务中财会证据的主要来源渠道。具体来说，会计核算工作流程包括4个环节：审核自制或外来原始凭证、填制和审核会计凭证、登记账簿、编制财务报表。

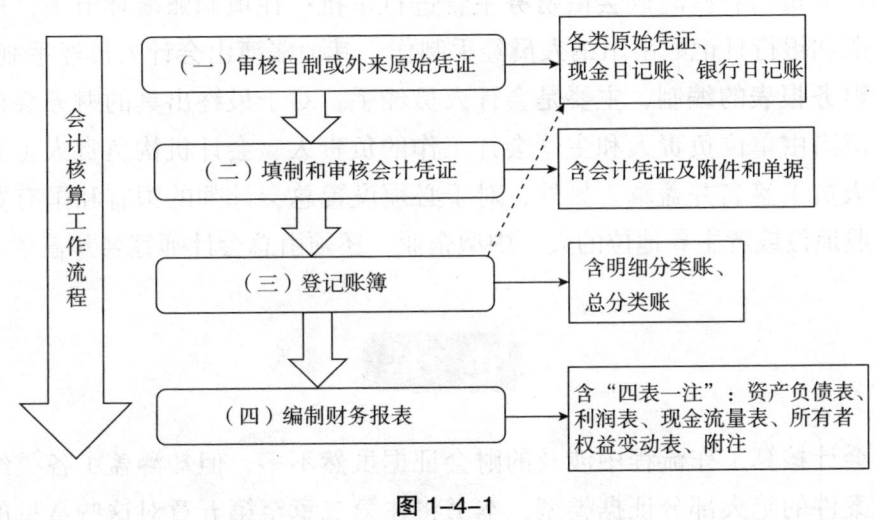

图 1-4-1

对于会计核算工作流程，需要掌握以下几层含义。

一是熟悉会计核算工作流程各步骤。从图1-4-1可以看出，会计核算工作流程的4个步骤基本上是按照时间先后顺序进行设计的，但也有交叉进行的环节。例如，第三步登记账簿中，登记的"现金日记账"和"银行日记账"这两类账簿，却是在第一步骤中由出纳人员同步登记。在诉讼活动中审查各步骤产生的证据时，应注意审查各证据制作的时间顺序是否与上述步骤相符，是否符合财务和常识逻辑。

二是熟悉各步骤所产生的财会证据种类。诉讼中所需的财会证据，除本书第六章至第八章特殊的财会证据类型，其他的财会证据基本上都在以上4个步骤中产生，司法办案人员应当掌握以上各步骤中产生的全部财会证据类型，并尽可能在案件中保证诉讼事实涉及的相关财会证据相对完整，这既有利完善案件证据链，巩固现有案件证据，也有利于在现有证据和新证据的逻辑性和完整性验证中发现新的案件线索。

三是熟悉各步骤财会证据的经手人员。在审核自制或外来原始凭证步骤中，涉及现金和银行存款凭证的审核由出纳人员经手，涉及其他类型的原始凭证的审核由会计人员经手；在填制和审核会计凭证中，经手人一般为会计人员，有些时候会由财务主管进行审批；在填制账簿环节中，现金日记账和银行日记账由出纳人员经手制作，其他账簿由会计人员经手制作；对于财务报表的编制，主要是会计人员经手。对于最终出具的财务会计报告，应当由单位负责人和主管会计工作的负责人、会计机构负责人（会计主管人员）签名并盖章。另外，对于必须设置总会计师的国有和国有资产占控股地位或者主导地位的大、中型企业，还须由总会计师签名并盖章。

小　结

会计核算工作流程中涉及的财会证据虽然不多，但却涵盖了各类经济犯罪案件的绝大部分证据类型，本书将在第二章至第五章对这些常见的具体财会证据逐一作详细介绍。当然，仅掌握上述财会证据用以应对实务办案仍稍显不足，因此，第六章至第八章介绍诉讼活动中涉及鉴定、审计、评估领域的财会证据类型。掌握以上财会证据理论内容，并结合下篇的实务篇，相信读者在办案中面对财会证据时会有崭新的认识。

第二章　原始凭证

在会计核算工作流程中，产生了多种财会证据，如原始凭证、会计凭证、账簿、财务报表等。其中，原始凭证无疑是诉讼案件中最初级、最直接、最有证明力的财会证据，本章将对原始凭证的相关概念和内容作一详细介绍。

一、原始凭证的概念

原始凭证，是在经济业务发生时取得或填制的，用以记录和证明经济业务发生或完成情况的凭证；同时，它可以明确经济责任，是进行会计核算工作的原始资料和重要依据，也是会计资料中最具有法律效力的一种文件。

理解原始凭证的概念，应把握以下几个层次的内容。

一是原始凭证具有"初始性"。原始凭证是会计核算工作流程的起点，它从源头上完整地、详细地记录了经济业务的相关信息，是企业将经济信息转化为会计信息的前提，为会计核算工作流程的起点。

二是原始凭证用来记录和证明经济业务的发生或完成情况。原始凭证伴随经济业务的发生而产生，其基本内容包括凭证名称、填制日期、凭证编号、填制和接受凭证的单位名称、业务内容、业务数量和金额、填制单位、填制人、经办人或验收人的签字盖章等，不仅记录了经济业务本身，而且列明了经手人、责任单位等情况，忠实地记录和证明了经济业务的发生或完成情况。

三是原始凭证在所有财会证据中有着最高的证明力。无论是在会计核算工作流程中，还是在诉讼活动中，原始凭证都属于"第一手"的证据，后续会计核算主要是依据原始凭证而进行，在诉讼活动中，当会计核算证据、鉴定意见等证据与原始凭证反映的内容相矛盾时，在没有证明力更强的证据存在时（如侦查机关直接从金融机构调取的原始凭证比涉案企业主动提供的原始凭证证明力更强），一般应以原始凭证反映的内容为准。

二、原始凭证分类

原始凭证根据不同的分类标准，其划分的类别也有所不同。

（一）根据来源不同，原始凭证可以分为外来原始凭证和自制原始凭证

外来原始凭证，是指本单位同外单位发生经济往来事项时，从外单位取得的各类凭证，如增值税发票、银行收付款通知单、飞机和火车的票据、企业因购买商品从供货单位取得的发货单等。一般来说，在诉讼活动中这类原始凭证的证明力较内部自制凭证的证明力更强。

自制原始凭证，是指在经济业务事项发生或完成时，由本单位内部经办部门或人员填制的凭证，如收料单、领料单、开工单、成本计算单、出库单等。

（二）按照填制手续及内容不同，原始凭证可以分为一次凭证、累计凭证、汇总凭证和记账编制凭证

一次凭证，是指一次性填制完成的，只记载一项经济业务或同时记载若干项同类性质经济业务的原始凭证。例如，各种外来原始凭证、企业有关部门领用材料的"领料单"、职工"借款单"、购进材料"入库单"，以及根据账簿记录和经济业务的需要而编制的"材料费用分配表"等都是一次凭证。

累计凭证，是指在一定时期内连续发生的同类经济业务的自制原始凭证，其填制手续是随着经济业务事项的发生而分次进行的，如"限额领料单"。

汇总凭证，是指对一定时期内反映经济业务内容相同的若干张原始凭证，按照一定标准综合填制的原始凭证，能够集中反映某项经济业务总体

发生情况。汇总原始凭证既可以简化会计核算工作,又便于进行经济业务的分析比较。例如,"工资汇总表""现金收入汇总表""发料凭证汇总表"等都是汇总原始凭证。

记账编制凭证,是根据账簿记录,把某一项经济业务加以归类、整理而重新编制的一种凭证。例如,在计算产品成本时,编制的"制造费用[①]分配表"就是根据制造费用明细账记录的金额按费用的用途填制的。

(三)按照格式不同,原始凭证可以分为通用凭证和专用凭证

通用凭证,是指由有关部门统一印制、在一定范围内使用的具有统一格式和使用方法的原始凭证,如全国通用的增值税专用发票,银行转账结算凭证、火车票、飞机票等。

专用凭证,是指由单位自行印制、仅在本单位内部使用的原始凭证,如领料单、收料单、工资费用分配单、固定资产折旧计算表等。

三、常见的原始凭证

对于办案人员来说,除了掌握原始凭证的相关概念和分类外,还需要熟悉和掌握一些常见的原始凭证。这里简单介绍几种办案实务中常见的原始凭证的样式。

(一)增值税专用发票

增值税专用发票由基本联次或者基本联次附加其他联次构成。基本联次包括记账联、抵扣联、发票联三联;第一联为记账联,作为销货方核算销售收入和增值税销项税额的记账凭证;第二联是抵扣联,由购货方抵扣增值税进项税额使用;第三联为发票联,作为购货方核算购货支出和增值税进项税额的记账凭证(见图2-3-1)。

---

① 制造费用:发生时无法直接归入产品成本的成本,后期依据一定的分配方法将成本分配入产品成本,它属于企业的"资产"。

4100104140	增值税专用发票	NO 000001	
	记账/发票/抵扣联	开票日期:	

图 2-3-1

需要说明的是，增值税是价外税，增值税税款不包含在商品价格内。与之相对应的是营业税和消费税（2016年5月1日已实行营改增，全面取消营业税）两类价内税，税款包含在价格内，对于价内税和价外税的具体区别，详见下文举例。

增值税举例：甲企业出售给乙企业 A 货物 100 元，增值税税率 13%，则甲企业缴纳增值税 $100 \times 13\% = 13$ 元。乙企业需要支付价款 $100+13=113$ 元，取得了 100 元的货物和 13 元的增值税进项税抵扣发票。甲企业取得 113 元价款，并将 13 元增值税（销项税）上交国家，实际得款 100 元（详见图 2-3-2）。

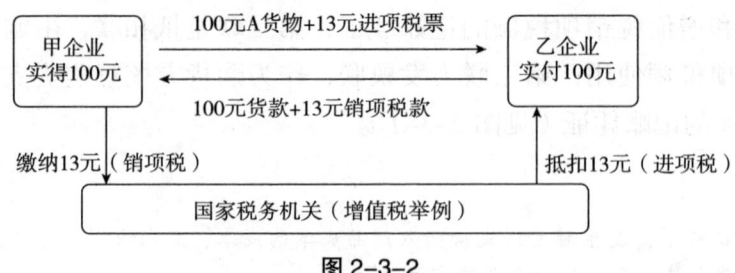

图 2-3-2

那增值税最终由谁承担呢？增值税是链条税，最终由最后一个购买者承担，因为其作为最终消费者，不得再抵扣进项税。如果企业是最终购买者且购买商品主要用于生产，则依然可以继续抵扣进项税，因为该项产品又将作为下一个产品的原料，继续向下一个环节流转。

消费税举例：甲企业出售A商品100元，消费税税率5%，则企业缴纳消费税100×5%=5元。乙企业需要支付价款为100元，消费税不得抵扣，甲企业取得100元价款，并将其中5元消费税上交国家，实际得款100-5=95元（详见图2-3-3）。

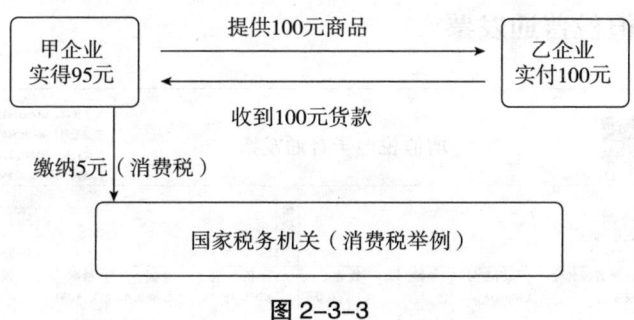

图2-3-3

虽然营业税计算原理和消费税计算原理相同，但二者之间仍存在很大不同，特别是在二者与增值税的联系方面。营业税和增值税是互斥的关系，即在"营改增"之前，征收增值税的产品一定不会征收营业税，征收营业税的产品一定不会征收增值税；而增值税和消费税是包容的关系，即消费税是针对增值税应税商品中的部分特定商品征收，征收消费税的商品一定征收增值税，但征收增值税的商品不一定征收消费税（详见图2-3-4）。

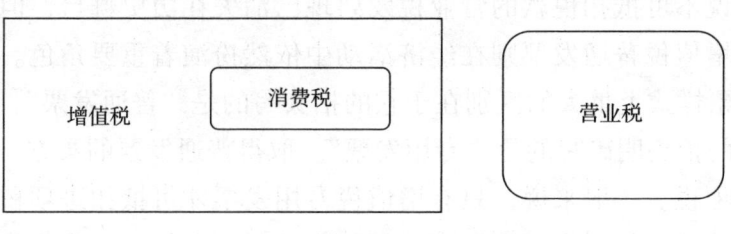

图2-3-4

此外，在实务中还需要分清增值税发票上的不含增值税价款、含增值税价款、增值税额3个概念之间的区别和联系。在图2-3-1中，不含增值税价款为5999元，增值税额779.87元，含税价款6778.87元，其联系在于：

增值税额＝不含增值税价款×增值税税率＝5999×13%＝779.87元。

含税价款＝不含增值税价款＋增值税额＝5999+779.87＝6778.87元。

假设该商品同时应缴纳消费税，消费税税率为10%，由于消费税不单开发票，则有：

消费税＝不含增值税价款×消费税税率＝5999×10%＝59.99元。

（二）增值税普通发票

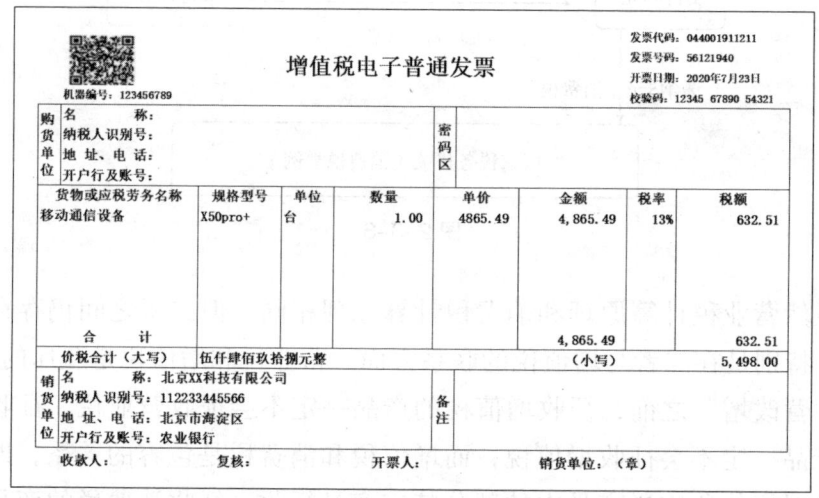

图 2-3-5

如果说不可抵扣税款的营业税发票现已消失在历史舞台，但不可抵扣进项税的增值税普通发票则在经济活动中依然扮演着重要角色。它与增值税专用发票样式上最大的区别在于它的抬头写的是"普通发票"，而增值税专用发票的抬头明确写的是"专用发票"。取得普通发票的买方，不可抵扣增值税进项税。一般来说，只有增值税专用发票才可抵扣进项税额，特殊情况下有些非增值税专用发票可以抵扣进项税额，如农产品收购或销售发票、通行费发票（纸质或增值税电子普通发票）、旅客运输的普通发票。

从开具发票和抵扣税额的纳税主体来看，税法规定增值税纳税人分为一般纳税人和小规模纳税人，一般纳税人可以开具增值税专用发票，也可以抵扣增值税进项税额；小规模纳税人只能开具增值税普通发票而无法开具增值税专用发票且其自身无法抵扣增值税进项税额。为了经营需要，小规模纳税人可以申请税务机关代开增值税专用发票。

此外，在司法实践中，还常常会看到有这样一类发票——"代开"发票。"代开"发票并不是单独的一类原始凭证，它仍然属于普通增值税发票和专用增值税发票的范畴。由于财经法规规定非法票据不得列支和在税前扣除，这客观上就要求在市场经济交易中必须取得合法的凭据。一些经济个体、不具备法人资格的组织甚至个人，无自行开具增值税发票的权限，但其为了在市场经济中正常从事交易活动，不得不前往税务机关"代开"发票，这就是"代开"发票的由来，开具发票的主体既不是增值税一般纳税人，也不是小规模纳税人。一般情况下，代开的增值税普通发票须加盖"税务机关代开发票专用章"，代开的增值税专用发票的备注栏上加盖本单位的发票专用章（此时销货单位栏填写代开税务机关的统一代码和代开税务机关名称）。在辨别发票种类时，可以根据是否盖有"税务机关代开发票

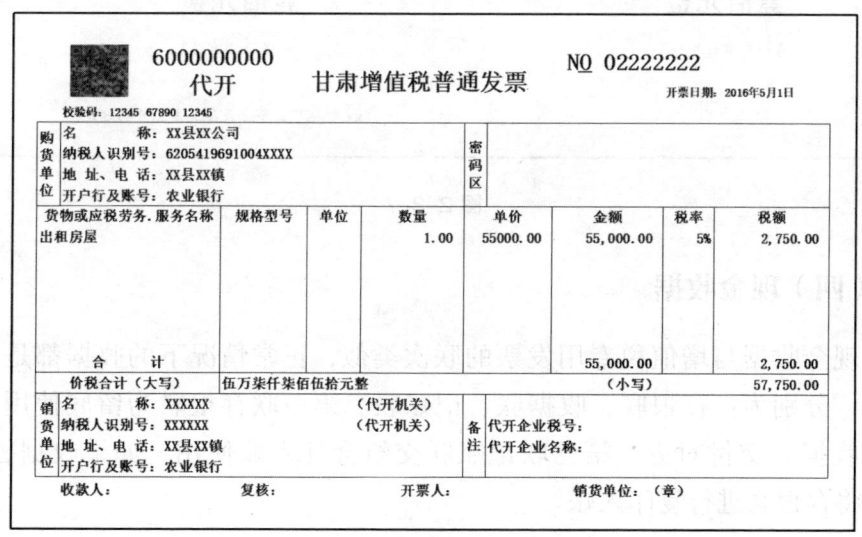

图 2-3-6

专用章"或销货单位栏是否填写的是代开的税务机关,从而判断是否属于"代开"发票。正确识别这类增值税"代开"发票具有重要意义。据统计,以"假事真票"作为犯罪手段在很多经济犯罪和职务犯罪案件中占据着相当大的比例,司法办案人员需要提高警惕。

(三) 定额发票

定额发票是税务机关专门印制的、不用填开的、有固定数额的发票。定额发票在服务业尤其是小餐饮行业、交通行业中经常使用,由于此类企业达不到增值税一般纳税人或增值税小规模纳税人的标准,营业额也不稳定,因而税务机关向此类小企业按本发售定额发票,满足其营业需求。

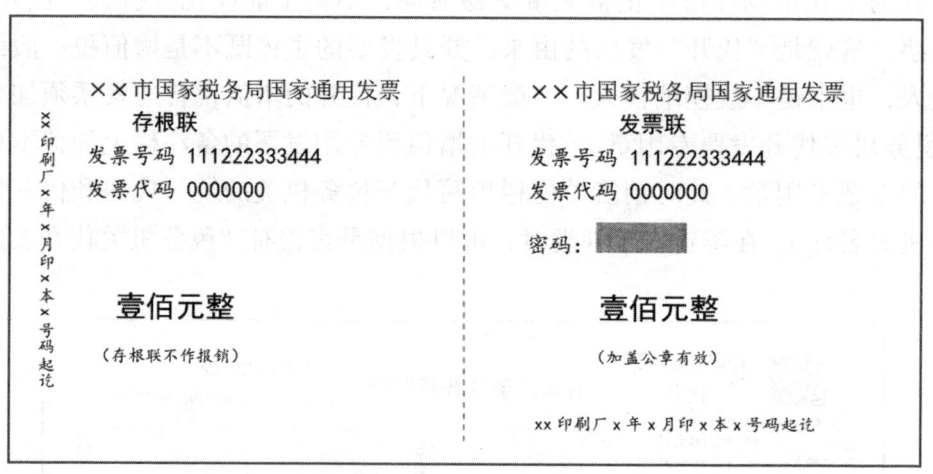

图 2-3-7

(四) 现金收据

现金收据与增值税专用发票的联次类似,正常情况下的收据都是一式三联,分别为:存根联、收据联、记账联。第一联存根联为留底使用,第二联收据联交付对方,第三联记账联交给会计入账使用。如果收据丢失,可以将存根联进行复印入账。

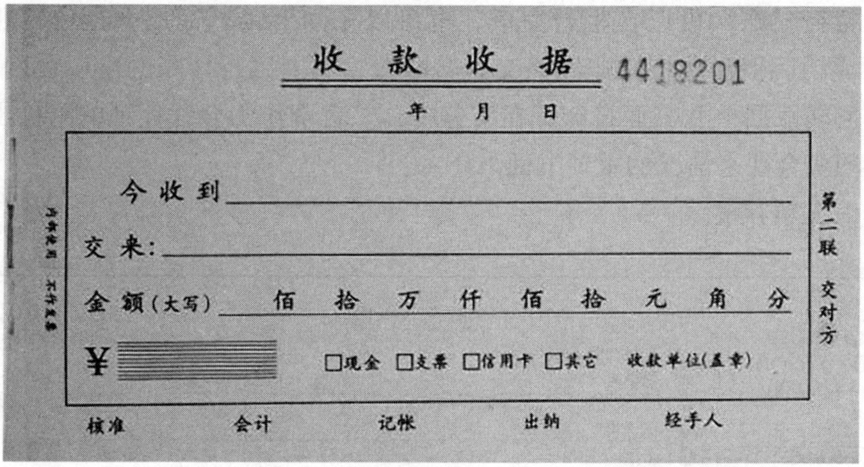

图 2-3-8

（五）银行回执及银行对账单

1. 银行转账回执

图 2-3-9

银行转账，可以在柜台完成，也可以在网上银行完成。柜台转账的，转账成功后柜台会将转账回执交给转账人，网上银行转账的可以在网上银行查阅转账回单并书面打印，在实务中，二者常作为会计凭证的附件出现，是证明资金往来情况的重要书证。

2.支票存根

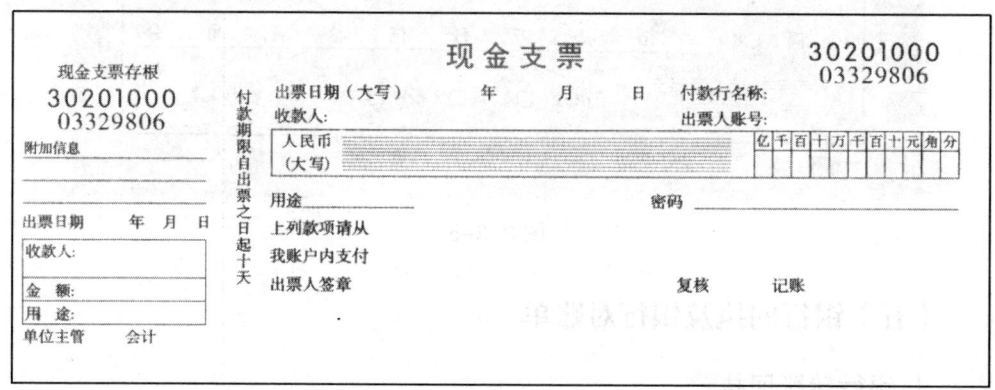

图 2-3-10

支票存根，一般分为现金支票存根和转账支票存根。存根上除了反映存款金额、存款日期、收款人等信息外，经办人员的手写签名对确定直接经手人员非常重要。另外，支票存根并不单独存放，其一般作为会计凭证。在票据类犯罪实务中，支票经常作为伪造、变造、冒用、签发空头支票等行为的重要财会证据。

3. 银行对账单

××银行落户存款对账单										
网点号：13479					币种：人民币（本位币）		单位：元	2020年		页号：7
日期	交易类型	凭证种类	凭证号	对方户名	对方账号	摘要	借方发生额	贷方发生额	余额	记账信息
7月7日	转账	0000109		B公司	22222222		80,000.00		13,540,365.78	023120012
7月8日	现金	0000108						72,520.00	13,612,885.78	020301340
7月9日	转账	0000109		X公司	33333333	保证金	500,000.00		13,112,885.78	020000012
7月10日	现金	0000108				备用金	40,000.00		13,072,885.78	020301321
7月15日	现金	0000108				差旅费	20,000.00		13,052,885.78	020301321
7月22日	转账	0000109		Z公司	4444444	往来款	200,000.00		12,852,885.78	020000012
7月30日	转账	0000109				工资	100,000.00		12,752,885.78	020301321
截至2020年7月30日，账户余额12752885.78元								可用余额：12752885.78元		
								打印日期：2020-8-1		

图 2-3-11

目前，各大银行对账单的格式大同小异，如图2-3-11所示，其收支是通过借方发生额和贷方发生额来表示。一般来说，"借方发生额"代表该账户支出款项，"贷方发生额"代表该账户收入款项，但这也不是绝对的，据笔者了解，国内有好几家银行则是反向显示，即"借方发生额"代表该账户收入款项，而"贷方发生额"代表该账户支出款项。因此，在取得银行对账单时，应根据借方发生额、贷方发生额以及与余额之间的逻辑关系，来判断"借贷"用语代表的资金收支方向。实务中的银行对账单既包括纸质的对账单，也包括电子数据形式的对账单，二者均是刑事诉讼中合法的证据形式，但在将该类证据作为案件证据前，应当考虑该证据的真实性以及完整性。

（六）领料单

×××有限公司

领料单

日期：

☐原材料　　　　☐半成品　　　　☐成品

编号	品名	型号规格	单位	领料数量	实发数量	备注

①存根 ②财务 ③保管

审核：　　　　发料：　　　　领料：

QR-WH-001-A/0

图 2-3-12

领料单一般存在于生产环节，生产部门从储存部门领取原料时，应填制领料单，其可以证明原材料等实物的流转。作为生产环节的财会证据，它在一定程度上可以反映公司是否实际运营以及将“获取”的资金投入实际运营的程度。但领料单只反映领用原料的数量，而不反映领用原料的金额，这点值得读者注意。

（七）工资发放表

一月份工资发放明细表

单位：　　　　填报日期：____年____月____日　　　　单位：元

序号	部门	姓名	月工资标准	应发金额												应扣金额				实发工资（元）
				基本部分								出勤栏			应发合计	代缴费用			应扣合计	
				岗位工资	考核工资	全勤奖	通讯补贴	岗位补贴	加班工资	其他	合计	迟到早退	病事假	旷工		社保	个税	其他		
1											0				0				0.00	0.00
2											0				0				0.00	0.00
3											0				0				0.00	0.00
4											0				0				0.00	0.00
5											0				0				0.00	0.00
6											0				0				0.00	0.00
7											0				0				0.00	0.00
8											0				0				0.00	0.00
9											0				0				0.00	0.00
10											0				0				0.00	0.00
11											0				0				0.00	0.00
12											0				0				0.00	0.00
13											0				0				0.00	0.00
14											0				0				0.00	0.00
15											0				0				0.00	0.00
分栏合计				0	0	0	0	0	0	0	0	0	0	0	0	0.00	0	0	0	0

单位负责人：　　　　复核：　　　　财务负责人：　　　　制表：

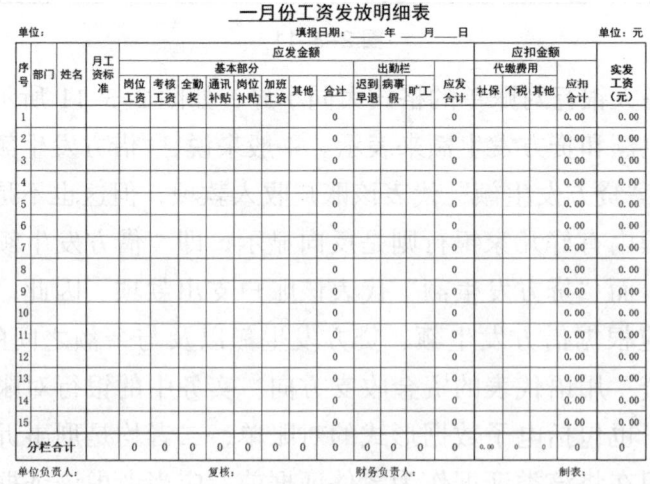

图 2-3-13

工资发放明细表不仅可以证明员工的薪酬情况，而且可以证明公司代扣代缴员工的个人所得税情况。工资发放明细表一般按月编制，并作为附件附在当月支付工资的会计凭证后。在共同犯罪案件中，工资发放表可以证明各行为人的获益情况，为判断其在案件中的地位、作用大小提供一定的参考价值。

以上仅仅是对经济犯罪案件实务中出现频次较多的原始凭证的简单列举，它们与后文的会计凭证、账簿等证据属于在会计核算流程的不同阶段产生证据，证明事实的方式有所不同。原始凭证是以自身内容直接反映事实，会计凭证则是财务人员基于特定目的、特定方法对原始凭证内容进行的专业记录，账簿则是将会计凭证按照一定规则进行累计和汇总。在审查上述证据时，应基于各类财会证据的产生背景和内在含义来理解它们所反映的证据内容和证明意义。

小 结

本章主要介绍了原始凭证的概念、分类以及常见的原始凭证类型，在下篇实务篇中，还将介绍上述原始凭证在实务中的运用，包括对增值税专用发票、银行对账单等证据作更为详细的介绍。原始凭证作为最原始、最基础的一类财会证据，实务中远不止本章所介绍的证据类型，需要办案人员根据其证据名称、证据性质以及在会计核算流程中的产生阶段等因素来综合判断该证据所反映的内容和证明意义。

第三章 会计凭证

对办案人员来说，学习财会证据的最大拦路虎就是会计凭证，它可以轻易地检验办案人员是否具有审查财会证据的专业能力。本章是全书的核心章节，起着承上启下的作用，只有完全掌握本章内容，对财会证据的理解才算真正登堂入室。

一、会计凭证的概念

会计凭证，是指记录经济业务发生或者完成情况的书面证明，是登记账簿的依据。每个企业都必须按一定的程序填制和审核会计凭证，根据审核无误的会计凭证进行账簿登记，如实反映企业的经济业务[①]。

理解会计凭证的概念，应把握以下几个层次的内容。

第一，会计凭证是财会证据专业性的集中体现。填制会计凭证，就是财务人员运用会计知识（复式记账原理）对经济业务进行规范记录，将其内容转换为会计语言记载在凭证上的过程，是财务人员在以一种"专业语言"记录财务事实的过程。记录的事实可能为真，也可能为假，但无论真假都在一定程度上反映了财务人员当时的思维过程和行为结果，对其解读需要具备一定的专业知识。

第二，会计凭证是记录经济业务、明确责任归属的书面证明。会计凭证不仅通过会计语言反映了经济业务的内容，还反映了经济业务发生的时间以及经手人、审核人等信息，是记录经济业务、明确经济责任和法律责任的书面证明。

[①] 全国会计从业资格考试辅导教材编写组：《财经法规与会计职业道德》，经济科学出版社2014年版，第12页。

第三,会计凭证起着承前启后的作用。会计凭证对每笔经济业务都列出了对应的账户及金额变动,既是对原始凭证内容的转化和反映,又是登记账簿和形成报表数据的基础资料,其中的逻辑对应关系将在后文详细介绍,对理解诉讼事实的因果关系有一定帮助。

二、会计凭证的样式

会计凭证,也可以称为记账凭证[①],其样式如图 3-2-1 和图 3-2-2 所示。例如,某企业发生了 1 笔经济业务,支付销售佣金 1000 元,编制了图 3-2-1 所示的记账凭证。记账凭证上包括了凭证名称、摘要、总账科目、明细科目、借方金额、贷方金额等内容。如果将凭证上的"会计科目""记账符号""金额"单独拎出来,则构成了会计分录。为了阅读方便,本书将记账凭证简写为图 3-2-2。

图 3-2-1

支付销售佣金 1000 元:
借:销售费用(或合同取得成本)　　　　1000
　　贷:银行存款　　　　　　　　　　　　1000

图 3-2-2

会计分录,也称"记账公式""分录",是记录在会计凭证上的主要内

---

① 会计凭证曾划分为收款凭证、付款凭证和转账凭证三种类型,现在已经统一为记账凭证的一种类型。

容。它根据复式记账原理的要求，对每笔经济业务列出相对应的账户及其金额的一种记录。会计凭证上的会计分录，就是法律人学习财会证据的最大阻碍，实务篇每章都列示了该犯罪实务中常见的会计分录，但阅读理解需要以本章内容为理论基础。会计分录是记录经济事实的会计语言，其可以将经济事实转换为会计语言进行记录，读懂会计语言则意味着可以更深一步理解该事项背后的经济实质，对判断行为人的主观目的也有一定帮助。因此，这项学习应当持续进行，久久为功。

例如，在查阅某案件卷宗时，发现有一张会计凭证见图3-2-3，后附有一张企业收到银行转账100万元的回执，在无法看懂会计凭证内容的情况下，仅通过转账回执的内容，能否辨别出这笔收款的经济含义？或者说略过此笔会计凭证，而通过其他证据来证实。但如果其他证据和该笔会计凭证所反映的经济事实正好相反或者完全不沾边，办案人员在诉讼中将处于十分被动的位置。虽然，在很多案件中，案件承办人是通过阅读"摘要"来判断凭证内容，但这取决于财会人员记录的详细程度。例如，本例中，摘要内容几乎无法体现经济业务内容。当公司收到100万元时，可能是公司的收入，也可能是公司的借款，还可能是其他公司欲购买商品而支付给公司的预付款等。阅读完本章后，司法办案人员可以很轻松地判断出，该会计凭证反映了企业收到了一笔预收款。或许有人认为可以通过"预收账款"这个会计科目的名字判断是预收款项，那如果将会计科目改成"合同资产""合同负债"这类陌生的也可以体现出预收、预付款项的会计科目，是否还能准确判断出来该款项的性质？此外，会计凭证反映的内容与实际内容可能并不一致，假设该笔款项已经通过其他证据充分证明为收入款项，则该笔凭证就属于"隐瞒收入"（将收入款作为往来款挂账）的情形，这就需要财会人员的主观目的进一步判断，是故意、过失还是根据主管领导的意图机械而为。

记账凭证				
摘要	总账科目	明细科目	借方金额	贷方金额
收到乙公司转来款项	银行存款	建行9551	1,000,000.00	
	预收账款	乙公司		1,000,000.00
	合计		1,000,000.00	1,000,000.00

图3-2-3 会计凭证

（一）会计要素

在学习会计分录之前，必须先介绍会计的六大要素。通俗地说，就是会计分录中涉及所有的会计科目（或会计账户），都可以归于这六类之一：资产、负债、所有者权益、收入、费用、利润。例如，图3-2-3中的"银行存款"，就属于这里的"资产"，"预收账款"就属于这里的"负债"。当然，随着经济社会的发展，也会出现了一些共同类科目，即一个会计科目可能会同时具有两类会计要素性质的情况，但由于其特殊性故不属于本处讨论范围。

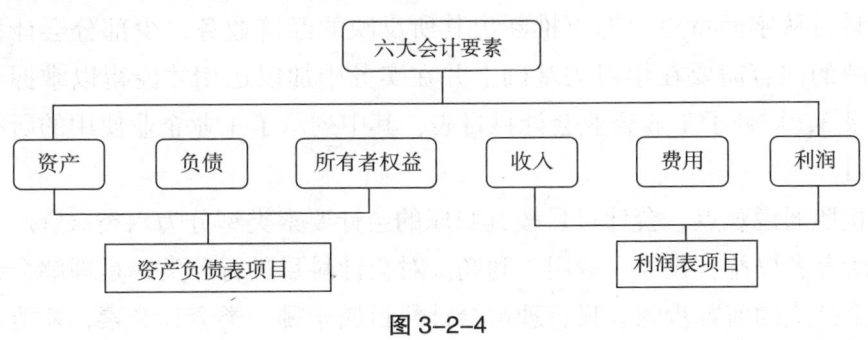

图 3-2-4

（二）摘要

会计分录中的摘要，主要是简述经济业务的内容，如购买原材料、银行提取现金、支付工程款等。摘要属于提示性内容，在会计中属于常用的检索引子，特别是在会计电算化普及的今天，摘要的意义显得更为重要，其不仅反映出会计凭证和案件事实之间的关联性，还可以帮助侦查人员在经济犯罪案件侦查中迅速锁定相关会计凭证及后附原始凭证，从而可以选准和打开案件新的突破口。但只读摘要而忽略会计凭证核心语言，对于司法办案来说有较大的诉讼风险。

（三）金额

会计分录的金额，有多种确定方式，有时是根据历史成本确定，如根据发票金额；有时是根据公允价值确定，即市场价值；有时又根据"现值"

来确定，即未来现金流量的"现值"，前两者比较容易理解，"现值"对于读者来说则比较抽象，其详细内容将在上篇第八章进行详细介绍。至于采用哪种方式确定金额，应当由会计准则规定。如果实务中会计人员故意采取非准则规定的方式确定金额，应考虑该行为对报表数据造成的影响以及该行为本身的主观故意内容。

（四）会计科目

如图3-2-2所示，其中的"销售费用、银行存款"就是会计科目。大多会计科目从字面意思上即可推断出其所反映的经济业务，少部分会计科目所反映的内容需要在学习的基础上并在实务中加以运用才能得以掌握。本书附录3，详列了工业企业会计科目表，其中列示了工业企业使用的所有会计科目。

按照通说观点，会计科目按其归属的会计要素类型分为六类：资产、负债、所有者权益、收入、费用、利润。对会计科目进行分类，是理解会计分录黄金公式的前置步骤。只有理解会计科目属于哪一类会计要素，才能掌握会计科目出现在借方、贷方是表示该科目的增加还是减少。通说将会计科目类型分为六类，而通用的工业企业会计科目表（附录3）却将会计科目分为五类，实际上两种分类仅仅有细微差别，详见图3-2-5所示，不会影响判断会计科目属于哪类会计要素。因此，阅读会计科目时遵循的三个步骤为：一是明确会计科目属于附录3表格的哪一类；二是判断属于哪类会计要素；三是根据会计要素的性质判断该会计科目对应账户金额的增减。在熟练运用后，可以将一、二步合并，直接判断会计科目属于哪一类会计要素。

（五）"借""贷"记账符号[①]

"借""贷"是最难以被读者理解的内容，其本质上就是一种记账符号，但不等同于加、减，它在会计分录中有着特定的含义。其具体含义以及使用详见本章第三部分"会计分录的黄金公式"。

---

① 英文分录中多用DR、CR分别代替借、贷。

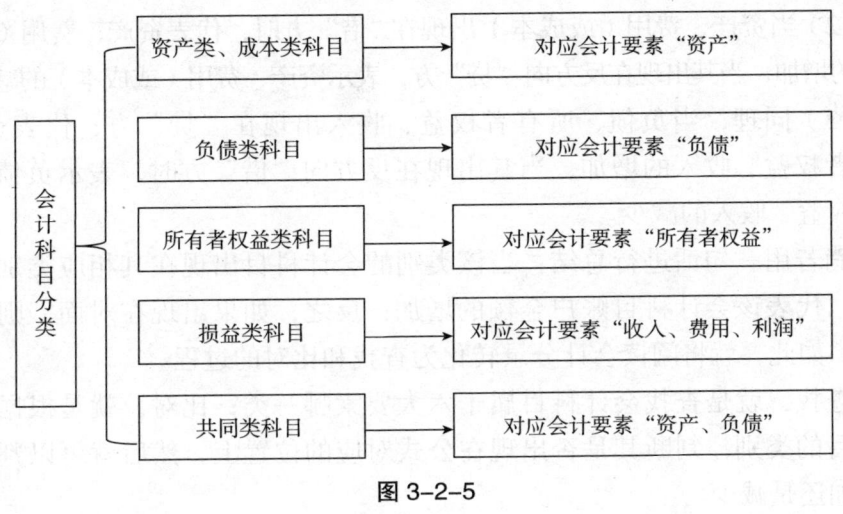

图 3-2-5

三、会计分录的黄金公式

会计分录，也称"记账公式""分录"，是记录在会计凭证上的主要内容。它根据复式记账原理的要求，对每笔经济业务列出相对应的账户及其金额的一种记录，通俗地说，就是将经济业务转为会计语言记录在记账凭证上的过程。

我们在阅读会计分录的过程中，必须掌握一个"黄金公式"。该公式并非官方公式，而是实务中根据会计分录原则总结的、约定俗成的一个公式，如图 3-3-1 所示。

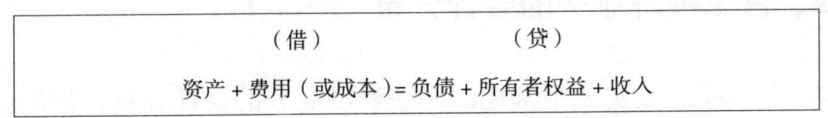

图 3-3-1

熟练运用"黄金公式"解读会计凭证内容，需要掌握以下三个原则：

（1）公式的左边代表了"借"方，右边代表了"贷"方；

(2)当资产、费用(或成本)出现在"借"方时,代表资产、费用(或成本)的增加,当其出现在反方向"贷"方,表示资产、费用(或成本)的减少。

(3)同理,当负债、所有者权益、收入出现在"贷"方,代表负债、所有者权益、收入的增加,当其出现在反方向"借"方时,表示负债、所有者权益、收入的减少。

倘若用一句话进行总结:当该类别的会计科目出现在其相应类别的位置时,代表该会计科目账户金额的增加;反之,如果出现在对面,则代表减少。如此,就将阅读会计分录转化为查找和比对的过程。

查找,就是查找会计科目属于六大要素哪一类;比对,就是根据该会计科目的类别,判断其是否出现在公式对应的位置上,然后就可以判断其是增加还是减少。

根据上述会计分录原理,我们再来理解一下图3-2-2的分录。

第一步:查找本书附录3,"销售费用"属于"费用","银行存款"属于"资产"。

第二步:比对。"销售费用"在借方,代表其金额增加,"银行存款"在贷方,代表其金额减少。因此,"销售费用"增加了1000元,"银行存款"则减少了1000元,意味着公司支出了1000元银行存款,同时公司将其作为费用增加了1000元(属于消费,而不是资产),这就是这个会计分录反映出来的"经济本质内容"。

会计分录阅读的"黄金公式"十分重要,它是理解会计凭证乃至后文账簿、报表等财会证据内容的基础,需要强学强记,常用常新。

四、常见经济业务的会计分录

本部分主要通过实务中常见的一些经济业务的会计分录,帮助读者理解和运用会计分录黄金公式来解读会计凭证这类证书所反映的内容。

【会计分录1】某增值税一般纳税人支出5000元银行存款购买原材料,另外,支付了650元增值税进项税额,取得了增值税专用发票。

借：原材料	5000
应交税费——应交增值税（进项税额）	650
贷：银行存款	5650

分录含义："原材料"作为资产在借方出现，增加 5000 元；"应交税费——应交增值税"作为负债在借方出现，减少 650 元，银行存款作为资产在贷方出现，减少 5650 元。该凭证反映了公司支付了 5620 元银行存款，取得了 5000 元原材料，另取得 650 元增值税进项税发票。

【会计分录 2】增值税一般纳税人出售 A 产品，收取不含增值税货款 10000 元，另收取增值税销项税额 1300 元，货款及增值税收到并存入银行存款账户。

借：银行存款	11300
贷：主营业务收入	10000
应交税费——应交增值税（销项税额）	1300

分录含义："银行存款"作为资产在借方出现，增加 11300 元；"主营业务收入"作为收入在贷方出现，增加 10000 元；"应交税费——应交增值税"作为负债在贷方出现，增加 1300 元，即销项税增加 1300 元。该凭证反映了公司销售产品取得了 11300 元银行存款收入，其中 10000 元记作销售产品收入，另外 1300 元为应缴纳给税务机关的增值税销项税款。此处反映出增值税的价外税属性，其收取的 1300 元仅为代收取的增值税款，收取后向税务机关纳税，不计入企业收入和成本，不影响企业利润，因而称"价外税"。

【会计分录 3】某有限责任公司接受股东甲银行存款出资 500000 元。

借：银行存款	500000
贷：实收资本	500000

分录含义："银行存款"作为资产在借方出现，增加 500000 元；"实收资本"作为所有者权益在贷方出现，增加 500000 元。该凭证反映了有限责

任公司的银行存款资金增加了 500000 元，系股东的资本投入。"实收资本"是有限责任公司专用科目，股份有限公司使用的是"股本"。

【会计分录 4】提取管理用固定资产折旧费 3000 元。

借：管理费用	3000
贷：累计折旧	3000

分录含义："管理费用"作为费用在借方出现，增加 3000 元；"累计折旧"是一类特殊的会计科目，叫作"备抵科目"，虽然属于资产，但是代表着"资产的反面"，即在借方表示减少，在贷方表示增加，即"累计折旧"增加 3000 元。该凭证反映了公司计提了固定资产的折旧，折旧增加 3000 元，固定资产的价值相应减少了 3000 元，算作当期管理费用。

【会计分录 5】用银行存款发放职工工资 17000 元。

借：应付职工薪酬——工资	17000
贷：银行存款	17000

分录含义："应付职工薪酬"作为负债在借方出现，减少 17000 元；"银行存款"作为资产在贷方出现，减少 17000 元，该会计凭证反映了公司存款减少了 17000 元，用于偿还职工薪酬这类负债，负债减少了 17000 元。

【会计分录 6】向银行借款 200000 元，期限 3 年。

借：银行存款	200000
贷：长期借款	200000

分录含义："银行存款"作为资产在借方出现，增加 200000 元；"长期借款"作为负债在贷方出现，增加 200000 元，该会计凭证反映了公司的存款增加了 200000 元，系公司向银行的长期借款所致，公司的长期负债增加了 200000 元。

小 结

本章内容难度较大，但却是财会证据入门的基础。熟练运用黄金公式对会计分录进行翻译解读，即可解析出会计凭证所反映的会计事实，将该事实与待证事实进行比对验证，可以还原案件事实，分析行为意图。在下篇"实务篇"每一章都有会计凭证这类财会证据列示，若无本章内容作基础，阅读下篇内容将会非常吃力。笔者建议读者将本章内容读懂悟透后，再进行后文的学习。

第四章 账 簿

在会计核算工作流程中,填制和审核会计凭证的下一环节是登记账簿,账簿的内容可以为证明企业生产经营状况、利润实现和分配、税金缴纳以及各项资产变动情况等事实提供充分的依据,是经济犯罪案件中的重要书证之一。在本章的学习中,还要注意将"账簿"与第五章的"财务报表"两种书证相区别。

一、账簿的概念

账簿,是指以会计凭证为依据,序时、连续、系统、全面地记录和反映企业、机关和事业单位经济活动全部过程的簿籍[①]。理解账簿的概念,应把握以下几个层次的内容。

第一,账簿是用来储存会计信息的簿籍。设置账簿的目的是用来登记、记载、储存会计信息,将会计凭证所记录的经济业务记入账簿,可以反映会计主体在一定时期内各项资产、负债等项目的总变动。经济业务的发生会被会计凭证记录下来,进而影响账簿的数据,三者之间有着密切的因果和逻辑关系。

第二,账簿具有分类、汇总会计信息的作用。账簿可以按照经济业务发生先后顺序记录,也可以按照经济业务涉及的会计科目类型分类记录,一方面,分门别类地反映各项会计信息,提供一定时期内经济活动的详细情况;另一方面,方便办案人员查阅同时段或者同类经济业务事项。

第三,账簿可以检查和校正会计信息。账簿对先前记录的会计信息进行登记,正常情况下,二者内容应当是对应的。当账簿信息和先前会计信息不一致时,二者之间必定有一方存在错误,而引起这种错误的原因,可

---

① 陈国晖、迟旭升主编:《基础会计》,东北财经大学出版社2012年版,第176页。

能是过失，也可能是故意。在诉讼活动中，可以通过司法会计鉴定确认产生错误的事实，并通过言词证据等其他证据确认产生错误的主观原因，完善基本案件事实。

二、账簿的种类

会计账簿按照用途可以分为：序时账簿、分类账簿和备查账簿三类。

（一）序时账簿

序时账簿也称日记账，在古代会计中也称为"流水账"，是根据经济业务发生或完成时间的先后顺序逐日逐笔连续登记的账簿。日记账是一种典型的序时账簿，根据记录的内容不同又可分为：普通日记账和特种日记账两种。

普通日记账又称为"会计分录簿"或"原始分类簿"，它是将发生的所有经济业务，按照时间的先后顺序，编成会计分录记入账簿中。登记普通日记账只能由一个人负责，并且每笔会计记录都需要逐笔分别转记到分类账簿中。

特种日记账是按时间先后顺序专门登记某类经济业务发生情况的日记账，通常用来记录某一类比较重要的经济业务。我国的会计制度规定，那些发生频繁，要求严格管理和控制的业务，应设置特种日记账。例如，企业应当设置现金日记账和银行存款日记账，并由出纳人员登记和保管，这两类账簿在实务中很常见。

（二）分类账簿

分类账簿，是对全部经济业务事项按照会计要素的具体类别而设置的分类账户进行登记的账簿。分类账簿是会计账簿的主体，也是编制会计报表的主要依据。分类账簿按其反映内容的详细程度和范围可分为总分类账簿和明细分类账簿两种。

总分类账簿简称"总账"，是根据总分类（一级）账户开设账户，总括反映会计主体经济业务情况的账簿。总分类（一级）账户一般是指会计凭证上的会计科目对应的账户，会计账户详见本书附录3。总分类账簿为编制会计报表提供直接数据资料,主要采用三栏式。

明细分类账簿又称"明细分类账",简称"明细账",是根据总账账户的二级或明细账户设置账户,详细记录某一类经济业务情况,明细账是对总账的明细化。明细分类账可采用的格式主要有:三栏式、数量金额式和多栏式明细账等。这类账簿兼具汇总和明晰的特点,因而是法律实务中使用最广的账簿类型。

(三)备查账簿

备查账簿也称辅助账簿或备查簿,是用来补充登记日记账簿和分类账簿等主要账簿中未记载或记载不全的经济业务的账簿。例如,企业租入固定资产的"租入固定资产备查登记簿"、企业管理的应收票据的"应收票据备查登记簿"等。备查账簿不一定在每个单位都设置,它是依据各单位实际需要设定的。备查账簿没有固定的格式,也不一定记录金额,但注重用文字来表述某项经济业务的发生情况和来龙去脉,在票据类犯罪实务中可能会涉及这类书证。

三、常见账簿的样式

在诉讼活动中,作为财会证据的常见账簿主要有现金日记账、银行存款日记账、明细账、总账以及备查账簿。下面分别介绍一下这几类常见账簿的样式。

(一)现金日记账

现金日记账是企业必须设置的账簿,其反映了一段时间内企业现金形式的资金进出情况,在诉讼活动中经常作为证明涉案资金往来去向的重要书证。

现金日记账的样式如图4-3-1所示,页面包括了"现金日记账"字样,日期、凭证号、摘要、借方、贷方、余额等信息。借方代表着现金的增加,贷方代表着现金的减少,余额代表着现金实时结余数。现金日记账的余额不可能为负数,如果余额为负数,则有可能存在现金收入凭证未及时入账、记账错误等情形。

库存现金日记账						
						单位：元
日期	凭证编号	摘要	借方	贷方	（借或贷）	余额
2019.2.1		期初余额			借	1700
2019.2.2	记1	张三出差借款		500	借	1200
2019.2.5	记5	购买办公用品		300	借	900
2019.2.28	记7	提现金备用（7400账号）	600		借	1500
		本月发生额合计及余额	600	800	借	1500
		结转下月		1500		
2019.3.1		期初余额			借	1500

图 4-3-1

（二）银行存款日记账

银行存款日记账也是企业必须设置的账簿，其反映了一段期间内企业银行存款形式的资金进出情况，在诉讼活动中同样经常被作为证明涉案资金往来去向的重要书证。

银行存款日记账的格式类似于现金日记账，除了账页名称不同外，比较明显的区别是银行存款日记账右上角还标注有开户行和银行账号，这是为了区分不同银行以及不同银行账户的银行存款日记账。

银行存款日记账				开户行_____	银行账号行_____	
						单位：元
日期	凭证编号	摘要	借方	贷方	（借或贷）	余额
2019.5.2		期初余额			借	13000.00
2019.5.5	记23	购买材料支出		4000.00	借	9000.00
2019.5.8	记36	支付水电费		1800.00	借	7200.00
2019.5.29	记53	提现金备用（7400账号）		800.00	借	6400.00
		本月发生额合计及余额		6600.00	借	6400.00
		结转下月		6400.00		
2019.6.1		期初余额			借	6400.00

图 4-3-2

（三）总账

总账，是根据一级账户开设账户记录经济业务的账簿。一级账户，也可以理解为"带余额的一级会计科目"。本书附录3详列了工业企业在实务中所能用到的所有会计科目（或一级账户）。原则上每个一级账户都要设置总账，如"应收账款"总账、"应付账款"总账等。

总账格式如图4-3-3所示，账户名称反映的是特定的一级账户，"借""贷"是根据会计账户的性质来判断是增加还是减少（详见第三章内容），"借或贷"代表着余额方向，总账可以反映某个一级账户涉及的全部会计事实，如果总账仅包含一类明细，则总账和明细账内容会趋同。

总分类账

账户名称：库存现金　　　　　　　　　　　　　　　　　　单位：元

日期	凭证编号	摘要	借方	贷方	（借或贷）	余额
2020.12.1		期初余额			借	2000
2020.12.5	3	付车辆通行费		100	借	1900
2020.12.6	6	支付办公费		500	借	1400
2020.12.7	8	支付业务招待费		800	借	600
2020.12.9	9	提取备用金	1000		借	1600
2020.12.12	11	支付预付款		600	借	1000
2020.12.15	16	转次页	1000	2000		1000

图4-3-3

在实务中，办案人员容易混淆"库存现金日记账"与"库存现金总分类账"（明细分类账同理），二者的区别在于：库存现金日记账是出纳人员根据原始凭证的内容记录现金进出的流水账，是逐日逐笔记载日清日结；总分类账是会计人员根据会计凭证（会计账户）的内容进行登记，一般都是月结。可以看出，这两种账簿无论是制作时间、制作内容、制作人员还是信息来源均是有差异的，二者各有不同的证明力和证明用途。

（四）明细账

明细账，相当于是总账下建立的明细记录，其是按照一定的二级、三级明细进行分类汇总编制的账簿。

以"应收账款"会计账户为例，总账登记的是"应收账款"的全部明细内容，而明细账则是根据"应收账款"的二级明细分别设立账页登记，如"应收账款——A公司""应收账款——B公司""应收账款——C公司"。

明细账在诉讼活动中适用情形非常广，如在某挪用资金案件中，国有A公司将公司款项挪用给B公司经营使用，此时"应收账款——B公司"或"其他应收款——B公司"明细账将会详细反映国有A公司与B公司之间所有资金来往情况，这对于无论是打开案件突破口，还是查找相似涉案情形，都具有典型意义。

应收账款明细分类账

单位：万元

日期	凭证编号	摘要	借方	贷方	（借或贷）	余额
期初余额					借	90
2020.1.1	2	收到偿还货款		30	借	60
2020.1.20	15	赊销商品	11.7		借	71.7
2020.1.30	30	到期商业汇票转为应收账款	29		借	100.7
月结					借	100.7

图 4-3-4

（五）备查账簿

备查账簿，其实就是一种辅助账簿，是企业根据自己的需要自行设定的。这类账簿的设定主要是为了方便进行经营和财务管理，如为了固定资产管理需要设置"固定资产卡片账"，为了票据管理需要设置"票据备查登记簿"。"票据备查登记簿"如图4-3-5所示，反映了企业登记管理的各类票据的详细信息。

编号	票据种类	号数（自动编号）	签发日期	到期日期	票面金额
1	商业汇票	SY2012001	2020/1/3	2020/5/4	¥21485.00
2	商业汇票	SY2012002	2020/1/4	2020/5/5	¥25651.00
3	商业汇票	SY2012003	2020/1/5	2020/5/6	¥31689.00
4	商业汇票	SY2012004	2020/1/6	2020/5/7	¥3595.00
5	商业汇票	SY2012005	2020/1/7	2020/5/8	¥59855.00
6	银行汇票	SH2012001	2020/1/8	2020/5/9	¥31145.00
7	银行汇票	SH2012002	2020/1/9	2020/5/10	¥89732.00
8	商业汇票	SY2012006	2020/1/10	2020/5/11	¥48569.00
9	银行汇票	SH2012003	2020/1/11	2020/5/12	¥6554.60
10	商业汇票	SY2012007	2020/1/12	2020/5/13	¥2589.90

图 4-3-5

小 结

本章介绍了账簿的概念、常见账簿的分类以及其具体样式，其反映的会计事实较会计凭证来说更多更全，较财务报表来说更为详细，既可以以其中单笔事项证明事实，也可以以累计变化证明事实，在实务中有着提纲挈领之能。对会计凭证、账簿、财务报表等之间的具体逻辑关系将在下一章财务报表以及下篇实务案例中详细介绍。

第五章 财务报表

财务报表是会计核算工作流程的最终环节,是一段时期内会计资料内容的综合反映。财务报表在诉讼中虽然并不直接证明某个案件事实,但可以起到间接证明的作用或者在某些特殊的案件中作为特定的证据而存在,如在证券类犯罪案件中,公司财务报表是一类极其重要的财会证据。

一、财务报表的概念

财务报表,是指在日常会计核算资料的基础上,按照规定的格式、内容和方法定期编制的,综合反映企业某一特定日期财务状况和某一特定时期经营成果、现金流量状况的书面文件。

理解财务报表的概念,应把握以下几个层次的内容。

第一,财务报表的形式具有法定性。财务报表并非可以由企业随意制作,其形式具有法定性。我国会计制度对各行业财务报表的种类、格式、编报要求统一作出了规定,如工业企业财务报表、金融企业财务报表、政府会计财务报表等。

第二,财务报表的数据具有集合性。财务报表反映的是一段时间内公司财务数据的总和,单个经济事项内容虽然影响财务报表数据,但一般不在财务报表上直接体现。但是,我们可以通过了解财务报表和财务事实之间的逻辑关系,判断财务事实是否对财务报表造成影响。这样一来,当行为人因信赖受虚假财务事实影响的财务报表而作出错误决策并受到损失时,在没有其他因素介入影响时,应当认定虚假财务事实、虚假财务报表与损失之间存在因果关系。例如,行为人通过虚增商品销售量和销售收入,虚增财务报表净利润,使得决策者因信赖报表显示的净利润而作出决定,并导致自身利益受损，在没有其他因素的影响下，一般认为虚增收入事实、虚假报表以及决策者所受损失之间就存在因果关系。

第三，财务报表反映的内容兼具时点性和期间性。财务报表既反映某一特定日期的财务状况，如年报的资产负债表就是反映12月31日公司的资产、负债和净资产的情况，也反映某一段时期内的经营成果和现金流量，如现金流量表和利润表分别反映的是当期的现金流量和收支利润情况等，但其不能反映非特定时点或超出期间之外的信息，因信赖报表外信息造成损失的，不能认为与报表有因果关系。

二、财务报表的种类

实务中的财务报表因不同的分类标准而被赋予多种不同名称，如资产负债表、中期报表、单体报表等。具体来说，财务报表根据不同的分类标准有以下几种类型。

（一）按服务对象的不同，可以分为对外报表和内部报表

对外报表，是企业必须定期编制、定期向上级主管部门、投资者、财税部门等报送或按规定向社会公布的财务报表。这是一种主要的、定期的、规范化的财务报表。它要求有统一的报表格式、指标体系和编制时间等，资产负债表、利润表和现金流量表等均属于对外报表，这也是我们实务中常见的三种报表。

内部报表，是企业根据其内部经营管理的需要而编制的，供其内部管理人员使用的财务报表。它不要求统一格式，没有统一指标体系，如成本报表、管理用财务报表属于内部报表，这类报表主要是为了内部优化经营和投资决策所使用，其中有些数据甚至已经超出会计"记录"而属于"决策""预测"数据范畴，如"经济利润"这样的指标数额就不能用于诉讼活动，其计算过程包含了"机会成本"这类非实际发生的成本，不是对成本发生的实际反映。

（二）按报表所提供会计信息的不同，可以分为"四表一注"和附表

"四表一注"，指的是资产负债表、利润表、现金流量表、所有者权益变动表和附注。"四表一注"是会计核算流程中产生的主要报表类型，也是诉讼活动中需要收集固定的常见报表类型。下文将对"四表一注"的内容作详细介绍，全书也贯穿对该部分内容的举例和讲解。

除了上述"四表一注"是法律规定企业必须编制的报表外，在有些情况下企业也可以编制一些附表，如利润分配表、资产减值准备明细表、分部报表等，在证明违法分配利润、以减值方式人为调整利润、母子公司违法关联交易等事实时可能会涉及这类附表。

（三）按编制和报送的时间分类，可分为中期财务报表和年度财务报表

中期财务报表包括广义的中期财务报表和狭义的中期财务报表。广义的中期财务报表包括月份、季度、半年期财务报表，狭义的中期财务报表仅指半年期财务报表，上市公司应当在每个会计年度的上半年结束之日起两个月内编制完成中期报告并予以披露。年度财务报表是全面反映企业整个会计年度的经营成果、现金流量情况及年末财务状况的财务报表。上市公司应该按照年度编制财务报表，并在会计年度结束之日起4个月内披露。此外，发生可能对上市公司证券及其衍生品种交易价格产生较大影响的重大事件，投资者尚未得知时，上市公司应当立即披露"临时报告"，说明事件的起因、目前的状态和可能产生的影响。

（四）按编报的会计主体不同，分为个别报表和合并报表

个别报表（也称单体报表）是指在以母公司和子公司组成的具有控股关系的企业集团中，由母公司和子公司各自为主体分别单独编制的报表，分别反映母公司和子公司本身各自的财务状况和经营成果。合并报表是以母公司和子公司组成的企业集团为一会计主体，以母公司和子公司单独编制的个别财务报表为基础，由母公司编制的综合反映企业集团经营成果、财务状况及其资金变动情况的财务报表，当相关财务事实反映在子公司报

表中时，其也会一并影响合并报表的相关数值，事项越重要，影响就越大。

三、财务报表的样式

"财务报表"有多种分类，在实务中最常见的"财务报表"类型主要是"四表一注"，即资产负债表、利润表、现金流量表、所有者权益变动表和附注。除了上述"四表一注"是法律规定企业必须编制的报表外，在有些情况下企业也可以编制一些附表，但附表样式不具有法定性。此处主要介绍"四表一注"的报表样式及内容（完整表格详见本书附录1），办案人员应当对各报表内容熟悉、理解并掌握。

（一）资产负债表

资产负债表，是指反映企业在某一特定日期财务状况的报表。它反映某一特定日期报表主体所拥有或控制的资产、所承担的现时义务以及对净资产的所有权，即对应资产、负债、所有者权益三个会计要素。在资产负债中，存在着"资产＝负债＋所有者权益"这个恒等式，其意味着企事业单位的资产，一部分为股东投资所得，另一部分为举债所得。事实上，会计分录的编录方法，就是根据资产负债表和利润表的结构简化而来，当财会人员因某一经济事项编制会计分录后，分录中会计科目对应的数值最终会反映到报表的不同项目中。

资产负债表采用账户结构，表格分为左右两个大的栏目，左栏为资产，右栏为负债和所有者权益，左右两栏总金额相等，其简表如图5-3-1所示。资产负债表的内容为该项目在某个时点的数额，可以直接反映该时点企业货币资金、存货、总负债、所有者权益等项目的数额，相关技术指标如资产负债率等也是直接根据资产负债表中其中部分项目的数据计算而来。资产负债表还列示了期初和期末数，可以反映相关项目在相应期间的变动情况，这里的期初和期末并不一定是指年初和年末，需要根据它是属于中期财务报表还是年度财务报表来判断间隔期限。资产负债表的实务意义有三：一是通过资产、负债等数据整体反映企业的总体规模，如小型微利工业企业资产总额为不超过 3000 万元；二通过资产负债表某些项目期初期末数额变动，证实某个经济事实的发生，如以大额往来款项挂账的方式虚构企业购销业务；三是对可能存在的真假账以及账证不符等情形提供证据印证。

资产负债表（简化版）						
资产	期末	期初	负债		期末	期初
流动资产：			流动负债：			
货币资金			短期借款			
交易性金融资产			应付账款			
应收账款			……			
其他应收款			流动负债合计			
存货						
……			非流动负债：			
流动资产合计			长期借款			
			长期应付款			
非流动资产：			……			
债权投资			非流动负债合计			
其他债权投资			负债合计			
其他应收款						
长期股权投资			所有者权益			
固定资产			实收资本（股本）			
无形资产			资本公积（含其他综合收益）			
……			盈余公积			
非流动资产合计			未分配利润			
			所有者权益合计			
资产总计			负债所有者权益合计			

图 5-3-1

（二）利润表

利润表，也称损益表，是反映企业在一定会计期间的经营成果的报表。与资产负债表反映"时点数"不同，利润表反映的是"期间数"，即一定会计期间的经营成果，它的各个项目是根据当期发生额填列的。

利润表		
一、营业收入	收入和费用	包括主营业务收入和其他业务收入科目。主营业务收入是销售主营商品取得的收入，其他业务收入主要是销售非主营商品取得的收入，如销售材料收入或租金收入等
减：营业成本		包括主营业务成本和其他业务成本科目，主营是卖主营商品成本，其他业务成本包括卖材料成本等
税金及附加		消费税，资源税，土地增值税等（以前叫"营业税金及附加"）
销售费用		出售商品的销售费用，销售人员的工资费用等
管理费用		固定资产折旧费用，管理层工资等
研发费用		费用化的研发费用（资本化的研发费用计入了资产负债表）
财务费用		借款利息等金融方面的支出（存款利息收入也计入）
资产减值损失		资产减值
信用减值损失		金融工具减值计提
加：其他收益		日常活动相关，但不宜确认收入或冲减成本费用的政府补助
投资收益		投资方面的收益或损失，比如各类金融资产的处置差额
净敞口套期收益		套期保值业务中使用
公允价值变动收益		交易性金融资产价值的变动等
资产处置收益		处置固定资产、无形资产等产生的利得和损失
二、营业利润		
加：营业外收入	利得和损失	政府补助，债务重组收入，意外收入等
减：营业外支出		罚款支出，债务重组支出等
三、利润总额		
减：所得税费用		应交所得税＋递延所得税
四、净利润		
五、其他综合收益的税后净额		
六、综合收益总额		
七、每股收益		

图 5-3-2

利润表内容如图 5-3-2 所示，最右一列内容是笔者对利润表各项目做的简要备注，帮助理解利润表各项目的内容。从利润表整体来看，其主要反映四大部分内容：一是主营业务收支，主要是企业主营产品的收支情况；二是非主营业务收支，如销售原材料、边角料、出租房屋等非主营业务收支情况，对于实务案件中虚构收入、成本的情形，大都列示在一、二部分的相关项目中；三是相关费用支出，如销售、管理、财务、研发等各项费用支出，对于虚开发票冲抵费用逃避缴纳所得税的案件，大多在这部分项目中予以反映；四是偶然性收支，如罚款、捐赠、意外所得、政府补助等情况，这部分收支偶然性大，对企业所得税的影响较大。我们常说的影响"利润表"，一般指的是影响"净利润"的数额，这是因为利润表的一个重要作用是统计收支并初步计算所得税额，从这个角度来说，"净利润"项目可以作为整个利润表的最后一环，也是利润表最重要的数额指标。

利润表并不是一个孤立的报表，它和资产负债表是密切联系的。有这样一个通俗的比喻：如果说资产负债表是一个人体，那么利润表就是一个人的胃。外来的能引起企业价值变化的经济业务，只有通过利润表这个"胃"予以消化，才能被人体所吸收。企业价值也是通过利润表这个通道，源源不断地吸收外来经济价值，去粗取精后吸收壮大的。具体流程可以详见图5-3-3（它将利润表和资产负债表完美地联系起来了）。

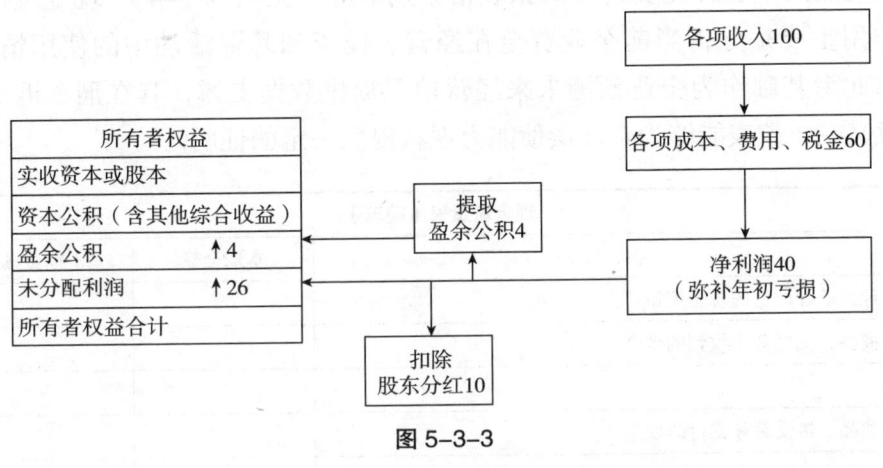

图 5-3-3

从图5-3-3可以看出，利润表的净利润，提取盈余公积、扣除股东分红后，剩余的金额都记入了资产负债表的"未分配利润"项目，提取的盈余公积记入资产负债表的"盈余公积"，"盈余公积"和"未分配利润"合称"留存收益"，其反映了企业累计实现的净收益。这个流程可以清晰地反映出资产负债表和利润表之间的逻辑关系，也可以间接反映经济行为和经济结果之间的因果关系。在经济犯罪实务中，利润表可以反映行为人通过犯罪事实影响企业利润的最终结果，对利润表的审查是办案人员绕不开的一项工作。

（三）现金流量表

现金流量表，是反映企业在一定会计期间内现金和现金等价物流入和流出的报表。与利润表按照"权责发生制"的原则编制不同，现金流量表是按照"收付实现制"的原则来编制，即收支多少，记录多少。现金流量表由三个重要部分组成：经营活动现金流量、投资活动现金流量和筹资活动现金流量。编制现金流量表分为直接法和间接法，直接法是指将经营活动中的现金流入和流出各项目直接列出，是一种正向的编制方法。间接法是指从利润表中的净利润出发，将净利润调整成为经营活动的现金流入和流出，是一种反向的编制方法。直接法和间接法与实务中的"现金流量表"和"现金流量表补充资料"两张表格分别对应（见图5-3-4）。现金流量表的作用主要是分析当前企业资金在经营、投资和筹资活动中的使用情况，并以此为基础作为企业预测未来经营情况提供数据支撑，其在刑事诉讼中的意义在于该表能够为企业偿债能力现状提供一定的证明。

现金流量表（简表）		
项目	本期金额	上期金额
一、经营活动产生的现金流量		
销售商品、提供劳务收到的现金		
……		
购买商品、接受劳务支付的现金		
……		
经营活动产生的现金流量净额		
二、投资活动产生的现金流量		
收回投资收到的现金		
……		
投资支付的现金		
……		

续表

现金流量表（简表）		
项目	本期金额	上期金额
投资活动产生的现金流量净额		
三、筹资活动产生的现金流量		
吸收投资收到的现金		
……		
偿还债务支付的现金		
……		
筹资活动产生的现金流量净额		
四、汇率变动对现金及现金等价物的影响		
五、现金及现金等价物净增加额		
加：期初现金及现金等价物余额		
六、期末现金及现金等价物余额		

现金流量表补充资料		
补充资料	本期金额	上期金额
1.将净利润调节为经营活动现金流量：		
净利润		
加：资产减值准备		
信用损失准备		
固定资产折旧、生产性生物资产折旧		
无形资产摊销		
长期待摊费用摊销		
处置固定资产、无形资产和其他长期资产损失		
……		
经营活动产生的现金流量金额		
2.不涉及现金收支的在重大投资和筹资活动		
债务转为资本		
一年内到期的可转换公司债券		
融资租入固定资产		
3.现金及现金等价物净变动情况：		
现金的期末余额		
减：现金的期初余额		
加：现金等价物的期末余额		
减：现金等价物的期初余额		
现金及现金等价物净增加额		

图 5-3-4

（四）所有者权益变动表

所有者权益变动表，是指反映构成所有者权益各组成部分当期增减变动情况的报表。通俗地说，就是反映资产负债表内"所有者权益"各项目增减变动的表格。所有者权益主要包括股东投入的资本（股本、实收资本）、已消化的利润（盈余公积、未分配利润）、待消化的利润（其他资本公积、其他综合收益），以及外币报表折算所导致的差额（外币报表折算差额记入"其他综合收益"项目）。图5-3-5为所有者权益变动表简表，完整表格详见本书附录1。

所有者权益变动表（简表）										
	股本			其他综合收益	盈余公积			未分配利润		所有者权益合计
	外币	折算汇率	人民币	人民币	外币	折算汇率	人民币	外币	人民币	人民币
一、本年年初余额										
二、本年增减变动金额										
（一）综合收益总额										
（二）利润分配										
1. 提取盈余公积										
2. 对所有者（或股东）的分配										
三、本年年末余额										

图 5-3-5

所有者权益变动表，反映的是企业所有者项目下各项目的明细变化情况，其在办案中有着特殊的意义。例如，该表可以反映出当年实收资本的增减变动情况，以及企事业单位利润分配的情况，在虚报注册资本类案件、私分公司利润类案件中是重要书证。

（五）附注

附注，是指对在资产负债表、利润表、现金流量表和所有者权益变动表等报表中列示项目的文字描述或明细资料，以及对未能在这些报表中列示项目的说明等。①附注，其实是一种文字描述、明细资料或者说明，其内容相当丰富，主要包括以下八类信息。

1. 企事业单位的基本情况

企事业单位的基本情况，包括企业注册地、组织形式、总部地址，企业的业务性质和主要经营活动，母公司及集团最终控制方的名称，财务报告批准报出人以及批准报出日，营业期限等。证明企事业单位的基本信息，除依靠《统一社会信用代码证》证明外，财务报表附注也是一项辅助书证。另外，对于母子公司、最终控制方等未在《统一社会信用代码证》上列示的信息，附注内容体现得更为清晰。

2. 财务报表的编制基础

财务报表的编制基础，是指财务报表是在"持续经营"基础上还是"非持续经营"基础上编制的。企业一般是在持续经营基础上编制财务报表，而清算、破产的法律案件中，会计报表则使用非持续经营基础编制。财务报表的编制基础应当与企业的现实状态相一致。

3. 遵循企业会计准则的声明

企业应当声明编制的财务报表符合企业会计准则的要求，真实、完整地反映企业的财务状况、经营成果和现金流量等相关信息，无隐瞒事实、弄虚作假等情况。这份声明，既是企业的声明，也是企业管理层的声明。

4. 重要会计政策和会计估计

会计政策，是指企业在会计核算时所遵循的具体原则以及企业所采用的具体会计处理方法，只有在对同一经济业务所允许采用的会计处理方法存在多种选择时，会计政策才具有实际意义，因而会计政策存在一个"选择"和"变更"的问题。企业应在附注中披露重要的会计政策，如经营租赁和融资租赁的判断标准。会计政策的选择对报表项目金额的确定具有重要影响，其不仅影响未来经济业务在进行会计处理时的处理方式，还将追溯调整该事项以前年度在报表中的累计金额。

会计估计，是指对结果不确定的交易或事项以最近可利用的信息为基

---

① 陈文铭主编：《基础会计》，东北财经大学出版社2012年版，第454页。

础所作出的判断。为了定期、及时提供有价值的会计信息，企业将持续不断的营业活动（经济业务）划分为各个阶段，如年度、季度、月度，并在权责发生制的基础上编制各期财务报表。然而，某些报表项目的金额，必须依据未来信息作为判断基础，这样就必须进行会计估计。例如，判断固定资产是否减值时，需要估计固定资产的未来可回收金额，将其与公允价值（类似市场价）减去处置费用的差值相比较，从而判断其是否减值。

附注这部分内容列示了公司采用的重要会计政策和会计估计事项的内容，将其和其他证据、政策规定相比较，可以判断企事业单位的会计政策和会计估计的理由是否合理，查明是否明知不符合实际但仍然采用特定会计政策和会计估计的情形，是否存在为达到非法目的而故意违规选择某种会计政策或会计估计的行为。

5. 会计政策和会计估计的变更以及差错更正的说明

会计政策和会计估计的变更以及差错更正的说明是一种解释，如对会计政策、会计估计进行变更或者有前期差错需要更正时，需要在附注中作出相应说明，否则无法对报表项目金额较前期的异常变化作出合理解释。如果说上文第4点是列示企事业单位采取的政策内容，这部分内容则是将相关政策付诸行动，是对实务中政策变更的必要说明。涉及会计政策、会计估计变更和差错变更的事项通常是异常事项且对企事业单位报表影响较大，不排除相关人员通过这种政策变更对财务报表造成直接影响。

6. 报表重要项目的说明

对于重要的报表项目，企事业单位会采用文字描述、数字描述相结合的方式，尽可能披露重要报表项目构成或当期增减变动情况。例如，列示公司收入排行前十位的购买方，公司采购排行前十位的供应商等，报表重要项目列示了对报表项目金额产生重大影响的项目，也列出了部分与其交易密切的上下游企业，这对于判断母子公司以外的关联方有一定帮助。

7. 其他需要说明的重要事项

其他需要说明的事项，是指对企业较为重要，但法律法规并没有明确规定需要披露的事项，如企业承诺事项、担保情况、关联方交易等，这些事项虽然属于表外事项，但应当及时披露，以防承担较大的诉讼风险或财务风险。在某些证券犯罪案件中,就有公司未及时披露重要事项从而导致投资者重大损失的情形。

8. 有助于财务报表使用者评价企业管理资本的目标、政策及程序的信息

有助于财务报表使用者评价企业管理资本的目标、政策及程序的信息,包括但不限于企业资本管理的目标、政策及程序的定性信息、资本结构[①]的定量数据摘要、企业当期是否遵循了其受制的外部强制性资本要求,以及当企业未遵循外部强制性资本要求时,其未遵循的后果等。

四、财务报表与账簿、会计凭证的逻辑关系

财务报表中的数据来源于账簿,账簿的数据来源于会计凭证,会计凭证的数据又来源于原始凭证,其逻辑关系如图 5-4-1 所示。

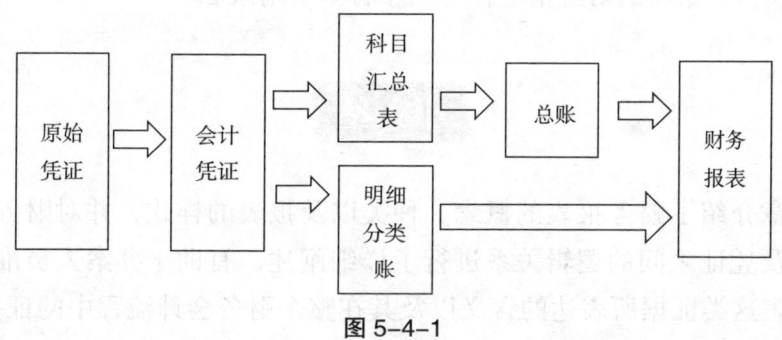

图 5-4-1

财务报表中的数据虽然来源于账簿,但并非根据账簿数据而直接填列。具体来说,财务报表金额的确定主要有以下几种情况。

一是根据总账科目余额直接填列:如"短期借款""实收资本(股本)"等科目。绝大部分报表项目都是根据总账科目余额直接填列。

二是根据明细账科目的余额分析计算填列:如"开发支出",应根据明细账中"研发支出"中的"资本化支出"余额填列(研发支出明细账中,包括了"资本化支出"和"费用化支出"两个明细科目,只有其中符合资

---

① 资本结构,是指公司债务和股权分别占据的比例。

本化条件的"资本化支出"才能归于"开发支出")。

三是根据总账科目和明细账科目余额分析计算填列：如"长期借款"应根据"长期借款"总账科目余额，扣除明细账中"将在一年内到期且不能自主展期的长期借款"填列。如货币资金期末余额，是根据总分类账"库存现金""银行存款""其他货币资金"三个账户余额相加填列。

四是根据有关科目余额减去备抵科目[①]余额后的净额填列。如"固定资产"应根据其科目余额减去其对应的折旧（或摊销）和减值后的余额填列，扣除了折旧摊销和减值后的价值，才能反映资产的真实价值。

以上四种情况为财务报表数据来源的四大途径。从经济业务的发生到原始凭证，再到会计凭证、账簿，最后到报表，其之间有着明晰的逻辑链条，掌握报表金额的确定方式，对理清前后环节之间的逻辑关系和因果关系大有帮助。此处仅仅列举了部分报表数据的来源情况，如需查阅详细财务报表项目和账簿的对应情况，可以参看本书附录2。

小　结

本章介绍了财务报表的概念、种类以及报表的样式，并对财务报表与账簿以及凭证之间的逻辑关系进行了详细阐述，有助于办案人员准确理解财务报表这类证据所表达的含义以及其在整个财务会计流程中的证据作用。在下篇相关章节中，将通过实务案件对财务报表的具体运用进行更为详细的介绍。

---

① 备抵科目，是所对应科目的减项，通常是资产类才有备抵科目。

第六章　司法会计鉴定

在经济类犯罪案件中，办案人员最耳熟能详的就是司法会计鉴定。司法会计鉴定属于司法鉴定的一种，是通过解决诉讼涉及的财务会计问题，获取司法会计鉴定意见作为诉讼证据，从而达到查明财务会计事实目的的一种活动。本章将对司法会计鉴定的概念、发展历程、鉴定类型、鉴定文书等内容作一系统介绍，以提升办案人员对司法会计鉴定证据的整体性认识和规范化运用。

一、司法会计鉴定的基本概念

（一）司法会计鉴定的含义

"司法会计"一词最初出现在 20 世纪 20 年代，经过数十年的发展才逐步形成对"司法会计"词义的系统化解释。"司法会计"一词由"司法"和"会计"组成，其中"司法"一般是指司法诉讼活动，体现了其诉讼活动的属性，"会计"一般是指会计检验、会计鉴定、会计检查等技能的应用，体现了其财会活动的属性。因此，"司法会计"活动是指以财务、会计技能的应用所形成的检查、检验、鉴定等为内容的法律诉讼活动，兼具法律和财会双重属性。

司法会计鉴定，是指在诉讼活动中，为了查明案情，指派或聘请具有司法会计专门知识的人员，对案件中涉及的财务会计资料及相关材料进行检验，对需要解决的财务会计问题进行鉴别判断，并提供意见的一项活动。从事司法会计鉴定的鉴定人员应当具备鉴定资质和鉴定资格。鉴定资质，通常是指司法鉴定人员从事与某类鉴定事项有关的职业资格，如司法会计师取得司法会计鉴定人资格证书（如图6-1-1所示）；而鉴定资格，则是指在具体诉讼中担任司法鉴定人的法定条件，如鉴定机构接受司法机关的委托，指派了某司法会计师作为司法鉴定人。二者的关系类似于民事权利能力和民事行为能力。司法会计鉴定属于司法鉴定的一种类型，其本质上属于一种诉讼活动，应在具备法定的鉴定资质和鉴定资格后，且不存在法定不能担任鉴定人的事由（如是否存在应当回避的情形），再由司法机关指派或聘请后，才能作为合法的鉴定主体参与诉讼活动对涉及的财务会计问题进行鉴定。

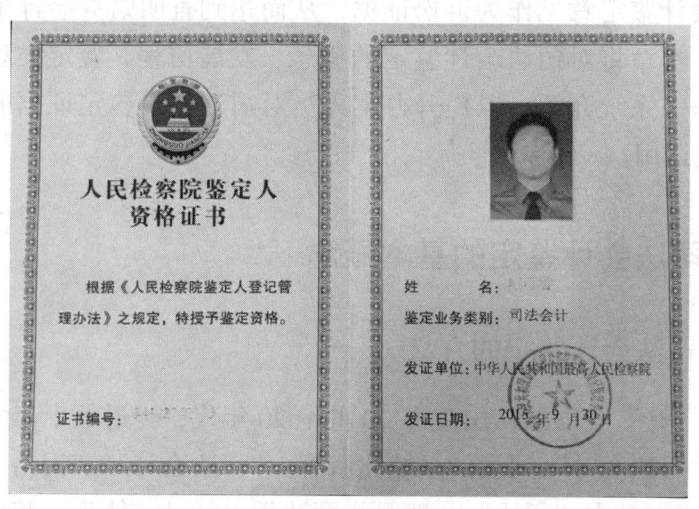

图 6-1-1

（二）我国司法会计鉴定的历史和现状

根据相关资料记载，我国司法会计鉴定实务，主要是从20世纪80年代开始，那时主要是用作贪污类案件的鉴定，此后，基于司法会计鉴定相关的刑事、民事案件数量迅速增加，案件类型也开始多样化，对司法会计鉴定的需求也呈快速上升趋势。例如，我国刑法规定的经济犯罪类型已经有一百多种，民事类案件涉及经济的更是有三四百种，而我们的司法办案人员一般并不具有财会专业知识，很难直接通过财务会计书证获取有效信息直接辅助办案，在这个过程中，对一些复杂的案件就免不了需要通过司法会计鉴定的方式来解决一些财务会计难题，从而为司法机关办案提供专业化帮助。

究竟具备何种资质的人才能作为司法会计鉴定人，就这个问题，我国的司法机关以及司法行政机关在过去的三十年中进行了曲折的探索。

1. 20 世纪 80 年代至 2005 年

1985 年，为了适应办理经济犯罪案件的需求，我国检察机关首先开始设置司法会计岗位，从事司法会计鉴定业务，业务范围从一开始的刑事检察，扩大到后来的民事检察、行政检察。1988 年中央职称改革工作领导小组批准，选用《会计专业职务试行条例》，并在会计专业技术职务前冠以"司法"二字，设立司法会计职务等级，形成助理司法会计师、司法会计师、高级司法会计系列职称序列。20 世纪 90 年代初，最高人民检察院出台有关鉴定资质认证文件规定：对具备一定的专业学历和工作经历并经过司法会计系统培训的检察官颁发鉴定人资格证书，至此，这套司法会计鉴定资质授予流程在检察系统正式得到确立并延续至今。

2000 年，司法部出台了《司法鉴定机构登记管理办法》《司法鉴定人管理办法》，开始对司法鉴定进行一定的探索。此时社会中介机构司法会计鉴定主要由法院和司法行政部门登记管理，与检察机关的司法会计鉴定并行。

2. 2005 年至 2018 年

2005 年 2 月 28 日，《全国人民代表大会常务委员会关于司法鉴定管理问题的决定》（以下简称《决定》）出台，其中，第 2 条规定："国家对从事下列司法鉴定业务的鉴定人和鉴定机构实行登记管理制度：（一）法医类鉴定；（二）物证类鉴定；（三）声像资料鉴定；（四）根据诉讼需要由国务院司法行政部门商最高人民法院、最高人民检察院确定的其他应当对鉴定人和鉴定机构实行登记管理的鉴定事项。法律对前款规定事项的鉴定人和鉴定机构的管理另有规定的，从其规定。"显然，司法会计鉴定并未纳入《决定》中，对此人大法工委认为，司法会计已有会计准则等准则标准，无须再纳入司法鉴定登记管理范围，显然这是混淆了会计和司法会计的概念。由于《决定》规定司法行政部门只能对上述三类鉴定登记管理，面对司法会计需求不断上涨的矛盾，各地人大常委会出台司法鉴定相关条例，将司法会计鉴定纳入司法行政部门管理,此后,原由法院登记管理的社会中介机构的司法会计鉴定业务统一由司法行政部门管理。

2006年,最高人民检察院出台《人民检察院鉴定规则(试行)》,其第5条明确将"司法会计鉴定"纳入鉴定范围,此后,检察机关开展司法会计鉴定工作正式走上正轨,在随后的多年中,各地市级检察机关成立司法会计鉴定中心,通过开展司法会计培训、职称申报等方式,评定司法会计师职称,依法开展司法会计鉴定业务。但是,检察机关内部评定的司法会计师,只有极少数具有注册会计师资格,少数具有会计师(中级)职称,还有相当数量的不是财会科班毕业,因而财会业务水平相较社会中介机构的注册会计师们来说确实还有很大差距。因此,检察机关内部的司法会计师大多针对一些案件事实清楚、计算难度不大的案件出具司法会计鉴定意见,对于疑难复杂的司法会计鉴定,大都还是委托社会中介机构出具,毕竟每个检察院平均只配备了1—2名司法会计师,难以满足不断上涨的办案需求。而今在司法体制改革和监察体制改革后,检察机关原有的司法会计师部分转隶至监察委,部分调入其他业务部门从事检察业务工作而被注销了司法会计鉴定人资格,原本不多的司法会计师人数进一步缩减。

2015年12月21日,最高人民法院、最高人民检察院、司法部联合印发了《关于将环境损害司法鉴定纳入统一登记管理范围的通知》,明确环境损害司法鉴定由司法行政部门实行统一登记管理。至此,司法行政部门统一登记管理的有四类鉴定,其他鉴定事项均属于"四类外"鉴定。

3. 2018年至今

2017年底司法部发文,要求各地严格准入、严格管理、提高司法鉴定质量和公信力。2018年12月5日,司法部办公厅发布了《关于严格依法做好司法鉴定人和司法鉴定机构登记工作的通知》,要求各地司法行政机关要进一步强化法律意识和责任意识,认真贯彻落实《决定》,推进"四类外"鉴定人、鉴定机构规范整改工作,对没有法律依据,拟申请从事"四类外"鉴定的机构和人员,一律不予登记,对已登记从事"四类外"的鉴定机构和鉴定人,要依法注销登记。此后,各地司法行政机关纷纷注销了已登记的社会中介机构的司法会计鉴定机构和鉴定人资格,从表面上看,社会中介机构的司法会计鉴定业务又处于一种无人管理的境况。但此后，社会中介机构为司法机关出具的文书名称开始变得五花八门，如审计报告、专项审计报告、司法会计鉴定意见、司法审计意见、司法检验意见、关于××案的鉴定意见等，这就出现了社会中介机构出具的鉴定文书被法院裁定无法律效力的情形，或者社会中介机构出具审计报告、专项审计报告而法院裁定不属于诉讼法规定的证据类型而不予采纳的情形。于是，在实务中就采用了两种暂时性的过渡方法：一是由当地司法机关达成一致意见，将中介机构出具的鉴定文书作为书证或专家意见予以采纳，虽然2021年最高人民法院《关于适用〈中华人民共和国刑事诉讼法〉的解释》第100条第1款规定对该做法提供了一定的法律依据，但依然有部分法院将该证据予以排除；二是由检察机关的司法会计师出具司法会计鉴定书作为鉴定意见，但由于存在人才短缺等问题，也无法长期实行。以上两种方法仍然是现今状况下的无奈之举，其核心矛盾并没有彻底得到解决。

（三）司法会计活动的类型

从事司法会计活动的主体是司法会计师，具体来说，司法会计师主要可以实施以下三类司法会计活动：

1. 司法会计鉴定

司法会计鉴定，是指司法会计师对诉讼中需要解决的财务会计问题进行鉴别判定的一项司法鉴定活动[①]。司法会计鉴定，是司法会计活动的基本内容，相当多的经济类案件都会聘请司法会计师进行司法会计鉴定。司法会计师进行司法会计鉴定后，出具司法会计鉴定书，在刑事案件中一般作为鉴定意见予以采纳。

2. 司法会计检验

司法会计检验，是指司法会计师对案件所涉及的财务会计资料以及相关证据进行检查、验证的技术性活动。实务中很多案件无法提供会计凭证、账册等会计资料，仅存在银行流水、缴款清单、经济合同等证据，司法会

---

① 于朝：《司法会计概论》，中国检察出版社2014年版，第8页。

计师则可以根据上述资料实施司法会计检验活动。司法会计师实施司法会计检验活动后，出具的司法会计检验报告在刑事案件中可作为检查笔录证据类型。司法会计鉴定和司法会计检验的主要区别如下：鉴定是实施了检验过程并基于检验结论进行论证后发表鉴定意见，而检验仅仅是实施了检验过程，并对检验结果发表结论，并不发表鉴定意见。然而实务中很多司法机关仅根据出具文书的机构和鉴定人是否有鉴定资质和资格而判定文书的证据类型，这种做法是错误的。

3. 司法会计检查

司法会计检查，是指在诉讼活动中，为了查明案情，对涉案财物会计资料及相关财物进行专门检查的一项司法检查活动。司法会计检查，通俗地说就是查账查物，本质上属于一种侦查行为。在一个案件中，司法会计检查通常不止进行一次，而是需要多次实施，其不需要出具正式的结论文书。在国家监察体制改革以前，最常见的司法会计检查活动，由检察机关的司法会计师协助反贪污贿赂部门查账查物，从而帮助检察官们从账务方面打开职务犯罪案件突破口。

司法会计师除了实施上述业务外，在实务中还可能实施第四种业务活动：技术性证据审查。技术性审查，是指具备司法会计鉴定资格的人员，对案件中涉及的相关鉴定文书、报告等证据材料进行审查，并提出审查意见的专门活动。可以说，这项业务属于一种"再审查"，即对已有的鉴定报告、检验报告发表专业意见，主要是从依据的充分性、程序的合法性、推导的严谨性以及结论的合理性等方面进行审查并发表意见。但其审查依然是基于鉴定或者检验活动的基础上，故此处不单列为一种业务活动。

二、司法会计鉴定的范围

《人民检察院司法会计工作细则（试行）》第9条规定："司法会计鉴定范围：（一）资产历史成本的确认；（二）资产应结存额及结存差异的确认；（三）财务往来账项的确认；（四）经营损益、投资损益的确认；（五）会计处理方法及结果的确认；（六）其他需要通过检验分析财务会计资料确认的财务会计问题。"下面就前五项鉴定的具体内容和审查要点分别作介绍：

（一）资产历史成本的确认

资产的历史成本的确认，是指确定诉讼中某项资产或某类资产的历史成本价值。为什么这里不用资产的价值，而用资产的历史成本这个概念？或者说司法会计鉴定也可以确定资产的价值吗？这里需要解释一下：资产的价值有很多种形式，如交易价值、入账价值、账面价值、公允价值（市场价值）、清算价值等，其中前三种属于历史成本的范畴，因而属于本章的司法会计鉴定的范围；第四种公允价值确定属于资产评估领域的鉴定事项；第五种既可能涉及司法会计鉴定，也可能涉及资产评估鉴定。因此，司法会计鉴定对资产的价值鉴定范围限定在历史成本的确认，是为了区别资产评估鉴定的范围。如果司法会计鉴定报告对资产的公允价值作出了鉴定，显然属于超范围鉴定，应予以排除。

然后再对前三种价值做个区分：交易价值，是指以资产的实际交换价格为标准确认的资产价值，而交换价格的证据有发票、收据、金融凭证或者转账凭证等。入账价值，是指在交换价格的基础上，再加上另支付的安装费、运杂费、保险费、装卸费等其他与取得资产直接相关的费用的价值。账面价值，则是在入账价值的基础上，进一步考虑了资产折旧、资产减值后的价值，即资产在某一个特定的时间点会计账面上显示的价值。对于交易时间较近且其他相关费用较少的资产，可以以交易价值作为其价值；对于交易时间较近但运杂费等其他费用较大的资产，可以以入账价值作为其价值，如包含电梯等安装费用较大的资产；账面价值在实务中运用不多，因为其包含了太多调整的因素并受当下环境、条件影响，当资产年限已久或者环境因素影响较大时，该价值可能与原始入账价值相去较远，除非在刑事案件中不方便采用其他资产价值、案件事实本身涉及账面价值这项事实或者在民事案件中双方均认可以账面价值确认涉案资产价值时，才能用账面价值作为其价值。需要注意的是，对资产历史成本的确认是一个客观描述的过程，当该资产入账时间较为久远时，资产的历史成本可能与实际价值相差较大。因此，办案人员需要慎重把握是否以资产的历史成本直接确定为资产的当下价值。在资产购入时间较近且资产价值波动不大的前提下，这也许是个可行的方式。

对这类鉴定报告，一是要审查是否对资产的历史成本错误地以公允价值计量，是否引用了不合规定的资产评估报告；二是要审查对不同类的资产，选取的计量价值是否适当，是否符合上述标准；三是审查历史成本能否符合诉讼目的和诉讼需求，是否有寻求资产评估专家协助的必要。

（二）资产应结存额及结存差异的确认

资产应结存额及结存差异，是指资产在某个时间点应有数额和实有数额的差额。资产实有数，是资产在某个时间点实际有的数额，可以通过盘点等方式确定；资产应有数，是指资产在某个时间点应当拥有的数额，是一种推定的数额，可以通过账面数（可以是账内也可以是账外记载）确定，但有明确证据证明账面数是错误的除外。这里所说的数额，一般是指资产的金额，由于在某一个时间点，资产的单价是恒定的，故应有数额和实有数额主要由资产数量决定，但反映在最终报告中的仍然是资产的金额，而不是数额。在鉴定结论中，资产的应结存额小于实际结存额的为"长库"，资产的应结存额大于实际结存额的为"短库"。

资产应结存额及结存差异的确认的鉴定，常见于贪污、职务侵占等侵犯财产类案件以及玩忽职守、滥用职权等渎职类案件中。对于这类鉴定报告，一要注意审查鉴定人是否将会计记录的资产数额直接作为了资产应结存额，是否有其他证据如盘点表、监盘表推翻会计记录或者存在比会计记录更有证明力的证据；二要审查是否在鉴定结论中误将"短库"描述为"资产损失额""账面损失额"等绝对词汇；三是审查是否存在鉴定意见为"长库"时但鉴定人或司法机关仍认定存在资产损失的情况。

（三）财务往来账项的确认

财务往来账项，是指经济主体之间发生的具有应收或应付性质的往来款项。通过对财务往来账项的确认的鉴定，可以证明以下三个事实：一是可以证明财务往来账项的形成原因和方式，这种形成原因和方式既可以是真实的，也可以是表象的；二是可以证明财务往来账项的账面价值，即在案发时经济主体账务上仍挂账的往来账项金额；三是证明财务往来账项是否结算以及已结算的往来账项金额。

集资类、贷款类、证券类、挪用类案件中可能涉及这类鉴定。对这类鉴定报告，一是要审查鉴定人是否在鉴定结论中使用了"挪用，占有"等法律术语；二是要审查鉴定报告上列示的往来账项和书证中的明细账、会计凭证列示的往来账项是否一致，如鉴定报告中列举的往来账项少于、多于或者异于书证中反映的内容，在这种情况下应对不一致之处进行详细核查，或要求鉴定人作出补充说明；三是要审查鉴定报告是否完全依靠言词证据，因为言词证据不稳定性较高，不能单独作为鉴定检材，对于完全依靠言词证据的鉴定报告不应作为鉴定意见采信。

（四）经营损益、投资损益的确认

经营损益、投资损益，是指公司或行为人将资金用于经营活动或者用于投资活动所产生的损益，如开设公司进行经营活动、股权投资、证券投资、期货投资以及其他投资活动。经营损益、投资损益的确认的鉴定，一是可以证明经营或投资的真实性，即经营和投资是真实存在的，但不对其合法合规性发表意见；二是可以证明经营或投资的初始金额以及资金来源；三是可以证明经营或投资的方式，是以现金、存款还是其他方式经营或投资，是直接方式还是间接方式等；四是可以证明经营或投资在特定期间内的损益额以及最终资金去向。

对于利用赃款投资、虚假陈述、涉税类刑事案件可能会涉及此类鉴定。对于这类鉴定报告，一是要审查报告中是否对经营和投资损益的合法合规性发表意见，司法会计鉴定仅陈述客观事实，不应对其合法合规性发表意见。二是要审查经营、投资损益的计算中，收入和支出是否在同一个期间发生，如果是按年计算的损益，是否存在跨期收入和支出相抵的情况；如果是汇总计算的，是否将期间外的收入和支出纳入计算。三是要审查投资损益的计算是以收付实现制计算还是权责发生制计算，对于这点不能一概而论，对于公司经营损益来说，使用权责发生制计算损益较为合理；对于行政单位、全额拨款的事业单位等，使用收付实现制计算较为合理；对于证券期货类损益计算，使用收付实现制计算较为合理。无论是权责发生制还是收付实现制，应当在计算过程中保持计算原理的一致性，不可兼采。

  此处经营损益、投资损益的鉴定，是建立在送检方能够提供会计凭证、账簿、报表等会计核算资料的前提下，如果送检方不能提供相关资料，则鉴定人不得作为司法会计鉴定受理。对只能提供涉税、投资类案件相关交易和资金流转资料的，可以考虑出具司法会计检验报告书。

（五）会计处理方法及结果的确认

  会计处理方法，是指会计主体对会计事项进行核算的方法。会计处理的结果反映在会计凭证、账簿和会计报表中，后者是会计处理结果的载体。因此，这类鉴定包括对会计凭证及会计分录的鉴定、会计账户的鉴定、会计报表的鉴定等。会计处理方法及结果的确认的鉴定，一是可以证明经济事项是否以会计语言予以记载；二是可以证明已记载的账务处理是否正确，是否为虚假账务处理；三是可以证明会计处理是否合规，即是否符合会计标准；四是可以通过账务处理反映记录的经济事实的具体内容。如"借：银行存款1000，贷：短期借款1000"的会计分录，意味着银行存款增加1000元，短期借款增加了1000元这样的经济事实；当然也可以通过会计处理的鉴定，证明涉案人未进行账务处理，如涉案人采取收入不记账的方式贪污公款的案件。

  违法披露、虚假陈述、职务侵占、贪污类案件可能会涉及此类鉴定。对于这类鉴定报告，一要审查鉴定人是否对会计凭证、账簿、会计报表这类检材的真实性发表意见。对这类书证的真实性提供保证的应当是涉案当事人和司法机关，鉴定人仅对其记录的内容发表意见。二要审查鉴定目的是否明确，委托方是否提出对会计资料进行鉴定、对财务报表进行鉴定这类笼统性要求。对于司法会计鉴定，过宽的鉴定要求，视为没有提出鉴定要求，鉴定人基于上述要求作出的鉴定意见，显然在证据效力上存在很大瑕疵。三要审查对于记账错误、遗漏记账的论证是否完整，如在会计凭证上对会计分录记账错误，显然会影响明细分类账、总账和财务报表，如果涉及货币资金，还可能会涉及银行存款日记账和现金日记账的连锁变化等。四要审查鉴定人是否对记账错误、遗漏记账等情形发表主观意见，如果系财会人员故意或过失做如上会计处理，对于这类事实应由司法机关收集其他证据予以证实。五要根据本书学习的会计分录原理查看检验、论证过程中的是否有明显错误，会计论证过程是否符合会计原理、借贷账户发生额和余额汇总计算是否正确等。

三、司法会计鉴定文书

在实务中，最常用到的鉴定文书主要就是委托书、司法会计鉴定书和司法会计检验报告，下面笔者对三者具体内容以及审查要点分别作介绍。

（一）委托书

委托书，是司法机关用于委托司法鉴定机构实施司法会计鉴定、司法会计检验而制作的程序性文书，司法机关出具委托书后，司法鉴定机构才能正式启动司法鉴定程序，这里需要注意审查三个方面的问题。

1. 委托书不同于聘请书

在实践中经常有人混淆委托书和聘请书的使用，两种文书在司法会计鉴定中作用不同。委托书主要适用于司法会计鉴定、司法会计检验的委托，其委托的对象是司法会计鉴定机构，由司法会计鉴定机构指派司法会计鉴定人开展鉴定、检验工作；聘请书主要适用于司法会计检查，是司法机关聘请司法会计师参与勘验、检查的程序性文书，其聘请的是司法会计师个人，而非机构。委托书和聘请书是案外人参与诉讼过程的重要根据，对于不同的司法会计业务类型，应当注意审查其是否有对应的委托性法律文书。

2. 委托书日期和报告日期相隔时间

在司法机关发出委托书后，司法鉴定机构才开始委派司法会计鉴定人开展工作，但需要注意委托书出具的时间和司法会计鉴定书、司法会计检验报告的时间间隔不应太短，如在非法吸收公众存款类的司法会计检验案件中，如果委托书和司法会计检验报告相隔仅3日，对于这类基础数据极为庞大的案件,在短短 3 日内就可出具报告,显然不符合常理,不符合实际。

3. 委托事项应当明确具体

委托书证实了鉴定意见的来源,在诉讼中起着重要的"鉴真"作用。因此,委托书除了准确写明委托方、受委托方等基本信息外,还必须保证委托事项明确、具体,不能提出"对会计资料进行司法会计鉴定"这类笼统的委托请求,也不能超出司法会计鉴定的法定执业范围进行委托。

(二)司法会计鉴定书

司法会计鉴定书,是指司法会计鉴定人制作的,载明检验鉴定过程和鉴定意见的书面文书,其在法律上归类为鉴定意见。实际上,司法会计鉴定理论上包括两种形式,一种为报告式鉴定,另一种为会议式鉴定。前者是诉讼中最为广泛的一种司法会计鉴定方式;后者是司法会计鉴定人参加鉴定会议,对送检方提请鉴定的问题进行检验分析论证,并提出结论性意见的一种鉴定方式。会议式鉴定在实务中较为少见,其主要是用于对已有鉴定意见的复核,可以由多名司法会计鉴定人参加,在一些疑难复杂的案件中可能会存在这种鉴定意见的形式,但发表意见的基础也遵循报告式鉴定的要求。本章所介绍的司法会计鉴定书的内容是以报告式鉴定为基础编写的。

司法会计鉴定书一般包括文书名称、绪言、检验过程与结果、论证、鉴定结论、附件六个部分。

1. 文书名称

司法会计文书,根据其开展的业务不同,文书名称也不同。司法会计鉴定文书名称有着标准格式,文书名称为"司法会计鉴定书",而并非"司法会计意见""司法审计意见""检验报告""审计报告"等。

2. 绪言

绪言部分,一般写明送检方、鉴定事由、送检材料、鉴定事项和鉴定开始日期等基本内容。

鉴定事由,是指对什么案件涉及的财务会计事项进行鉴定,实务中也常写成"简要案情"。

　　送检材料，是指送检方提供的用于司法会计鉴定的基础资料。送检材料，既是诉讼活动中的证据，也是司法会计鉴定活动的证据，其主要包括财务会计资料、勘验及检查笔录、相关书证以及其他类型证据，以上证据可能是书面形式，也可能是电子形式或者其他形式等。实务中也存在使用言词证据作为司法会计鉴定基础资料的情形，但根据《人民检察院司法会计工作细则（试行）》第24条第2项规定，鉴定意见不得依据犯罪嫌疑人供述、被害人陈述、证人证言等非财务会计资料形成，这是因为言词证据缺乏稳定性，不符合司法会计鉴定的检材要求。然而，在很多案件中，缺少了言词证据，司法会计鉴定就无法进行。对于上述争论，笔者倾向于认为，言词证据可以作为辅助的参考证据，即可以同其他证据一同证明事实，但如果仅有言词证据而没有其他的基本证据，则鉴定意见就不具有可采纳性。如惊动海南、江西两省，历时5年的涂某某等贪污挪用公款一案的办理中，1996年1月至1999年12月，涂某某、王某1指使新大地总公司出纳黄某某、万某某、王某2等人，在南昌市商业银行开设9个个人储蓄账户，将新大地总公司收入的其中一部分入账，另一部分存入上述个人账户，存入个人账户的部分共计人民币2556万元，供个人支配。在这个案子中，海南中级人民法院一审审理后，对涂某某决定执行死刑，缓期二年执行，剥夺政治权利终身，并处没收个人全部财产。然而二审却以事实不清、证据不充分为由对主犯和其他同案犯作出无罪处理。二审裁判的理由为，其主要证据司法会计鉴定意见存在仅用言词证据来确定总公司收入，从而推测账户资金来源的情况，显然不符合鉴定对检材的基本要求。

　　鉴定事项，即送检方提出的鉴定所要解决的具体财务会计问题。上文已经介绍过，司法会计鉴定的范围主要包括六项:(1)资产历史成本的确认;(2)资产应结存额及结存差异的确认;(3)财务往来账项的确认;(4)经营损益、投资损益的确认;(5)会计处理方法及结果的确认;(6)其他需要通过检验分析财务会计资料确认的财务会计问题。鉴定事项一定要明确、具体，且不能超出鉴定范围。首先，不能提出诸如"对某单位的财务会计资料进行全面鉴定""对某案件涉及的财会证据进行鉴定""对涉案资金进行鉴定""对某案件的财务事实进行鉴定"等，这些鉴定事项表述过于笼统，不具有明确性，如果司法会计师根据上述鉴定要求而作出的司法会计鉴定，显然不能作为案件证据采纳；其次，也不能提出"对××贪污数额进行鉴定""对××挪用公款进行鉴定"（或另类表述为资金的所有权、占有权转移）、"××案件造成的经济损失"这类问题进行鉴定，这些都是法律问题，而不是会计问题，都不属于鉴定范围，属于超范围鉴定，但司法会计师可以对这些事项涉及的具体财务会计事实进行鉴定；最后，也不能提出"对某某公司财务会计内容真实性鉴定""对某某公司财务会计凭证进行鉴定并确定责任人""对某某公司财务会计资料中笔迹和痕迹鉴定并确定责任人"等鉴定事项，这些事项中，要么属于司法机关的职责范围，要么应委托相关诸如痕迹检验鉴定专家负责鉴定，不属于此处的司法会计鉴定事项。

3. 检验过程与结果

司法会计鉴定的过程，是先对检材进行检验得出检验结果，然后对检验结果进行论证，最后出具鉴定意见的过程。检验，就是对检材进行检验，从检材中提取出与鉴定结论相关的内容予以记录并得出检验结果的过程。检验部分描述的是鉴定意见成立的事实依据，主要包括检验范围（财会资料的期间、财会资料的名称等）、资金流转过程及结果、验证平衡的检验结果、汇总计算的计算结果以及其他检验过程和结果。对于检验过程的审查，需要注意以下问题：一是在检验过程中司法会计师记录和引用的内容是否来源于送检方提供的检材。二是检验过程是否符合逻辑常理。三是检验结论是否可靠。如在检验过程中仅依靠言词证据得出检验结论则显然不具有可靠性。四是对检验部分的计算错误和笔误进行审查，检验报告一般都会分步列出分项数额，然后汇总成总数额，该数额需要经过一定程度的再验算。在实践中，笔者在审查司法会计鉴定报告时，常常会发现其中存在的笔误以及计算错误的情况。

4. 论证

论证部分的基本内容，是对鉴定意见的论证过程，就是运用鉴定原理（主要为会计学原理）、技术标准对上述检验结果进行分析、论证和说明，从而推导出鉴定意见。论证部分则具有较强的专业性，在不具备财会专业知识的情况下很难读懂。正因如此,第三部分提到的司法会计检验报告不涉及财会账务处理,司法会计师无法通过专业标准对其论证和发表意见,因而将其作为检查笔录这类证据较为合适。

例如:论证可能会涉及以下会计学原理:

××资产期末借方余额=期初借方余额+当期借方发生额-当期贷方发生额

资产在会计分录的借方表示增加,贷方表示减少,掌握了这些会计学原理,就可以掌握论证过程的一些逻辑关系,从而验证报告论证部分的逻辑计算过程是否正确。

再如:登记明细分类账,会引起总账金额的变化,因为总账的金额是根据明细账的金额汇总计算;但是单独登记总账,并不会引起明细分类账金额的变化。在本书上篇第五章"财务报表"章节的第四部分,清楚地介绍了明细分类账和总账的逻辑关系,在下篇的部分章节也会用实例列示二者数额变化的对应关系,可以帮助读者充分理解其中的勾稽关系。只有在读懂和理解的前提下,才能分辨出其论证过程是否有违反会计学原理之处,是否有逻辑错误和计算错误等。在有些情况下,公司在进行经济业务时虽然进行了账务处理,但进行了错误、刻意或虚假的账务处理,从而顺利地实施了犯罪行为,司法会计鉴定可以通过论证揭示这种表征错误,但不对该行为可能存在的主观故意作论证或描述。

5. 鉴定结论

鉴定结论部分,描述的是鉴定人对鉴定事项发表的最终意见。在有些教材中,将鉴定结论又细分为三种类型:鉴定意见、分析意见和咨询意见。鉴定意见,是实务中常见的标准的鉴定意见类型;分析意见,是指鉴定人根据不够充分的检验结果和标准作出的司法鉴定意见;咨询意见,是根据相关方提出的特别假定事项及相应的检验结果、鉴定标准作出的鉴定意见。上述三种鉴定意见的类型,证明力依次降低,后两者鉴定意见类型在实务中极为少见,前文介绍的司法会计鉴定意见的审查内容主要是基于标准的鉴定意见类型。

6. 附件

附件的内容一般包括两部分：一部分是鉴定涉及的各项附表，主要反映检验过程和检验结论中涉及的对检材内容进行分类整理的基础性数据；另一部分是司法会计鉴定人的资质和资格。对于涉及大量基础性数据的司法会计鉴定案件，可能会对部分同类检验过程以附表的形式在附件中予以列示，因此，对于附件这部分附表内容应同报告正文的检验过程一并审查。对于司法会计鉴定人员的资质和资格的审查，应着重审查其是否在有效期内，是否被吊销，特别是在如今司法部清理"四类外"鉴定登记后，会计师事务所的注册会计师的司法会计鉴定资质已经基本被注销，其出具的司法会计鉴定意见在各地屡屡被法院裁定不具有证据效力，应引起办案人员注意。

（三）司法会计检验报告

司法会计检验报告，是指司法会计师等专家对涉案财务会计资料及相关证据进行检查、验证而出具的书面文书，在实务中通常被审判机关作为书证或检查笔录采纳，也有地区错将其作为鉴定意见采纳。司法会计检验是司法会计鉴定的前提，即实施司法会计鉴定必须先对涉案财会资料进行检验得出结论，而后进行论证并发表鉴定意见；司法会计检验则无须对检验结果进行论证和发表鉴定意见。例如，在对某涉案单位的收入进行检验时，我们可以在检验报告中描述，"对于××收入，××公司已经进行了账务处理"，检验报告仅对公司是否记账以及如何记账作出描述，但对账务处理是否正确这一会计问题的判断，则需要由司法会计鉴定人根据会计标准和鉴定标准对其发表鉴定意见，即对"记账是否正确"发表意见。

什么时候应当出具司法会计检验报告呢？一种情形是送检方提供了财务会计资料以及相关证据，涉案单位已经进行了账务处理并有会计凭证等相关书证，虽然满足了进行鉴定的前提条件，但送检方提供的证据依然不足以支持司法会计鉴定人发表鉴定意见；另一种情形是送检方仅提供了财会相关资料，但并未提供财务会计账务处理的如会计凭证、账簿类的会计证据，可能是涉案单位和人员已对账务资料进行销毁或者根本就没有做相应的账务处理，此时就不满足进行司法会计鉴定的前提条件，可以针对其他一些相关的财会证据作出司法会计检验报告。

司法会计检验报告的格式要素包括文书名称、绪言、检验过程、检验结果和附件等，除了没有论证部分，其他部分和司法会计鉴定书大同小异，因此，对于司法会计检验报告的审查，可以参照司法会计鉴定书中相同部分的审查方法，此处不再赘述。

小 结

本章介绍了司法会计鉴定的相关概念、发展历程、鉴定类型以及鉴定文书等内容，除了在理论层面阐述外，还对标准的司法会计鉴定文书的具体内容作了详细介绍，可以对司法办案中的鉴定意见审查起到直接的指引作用。本章内容并非独立章节，其基础知识与上篇其他各章内容相互联系，如检验、论证部分涉及会计核算工作流程、会计分录黄金公式以及其他会计基础原理等，因而需要结合前文各章内容全面把握并灵活运用。

第七章 审计报告

会计和审计是两种不同但又有密切联系的社会活动,民间将会计和审计分别称作"做账"和"查账"也有一定道理。审计是一门独立的学科,其包含的内容极为繁杂,但在诉讼活动中主要涉及的是审计报告这类财会证据,且容易与司法会计鉴定书混用。本章将对审计报告的内容、审查要点以及相关的审计知识作一详细介绍。

一、审计相关概念

(一)审计的概念

什么是审计?人们对它的定义众说纷纭,具有代表性且被广泛引用的是美国会计学会于1972年在其颁布的《基本审计概念公告》中给出的审计定义,即"审计是指为了查明有关经济活动和经济现象的认定与所制定标准之间的一致程度,而客观地收集和评估证据,并将结果传递给有利害关系的使用者的系统过程"。审计包括内审、外审、国家审计三种类型,内审是指公司内部对组织中各类业务和控制进行审计,外审(也称社会审计)是指中介机构接受委托对指定对象进行审计,国家审计是指国家审计机关对各级政府及组成部门的审计。本章所指的审计,指的是外审这种类型。通过审计,注册会计师对财务报表是否存在重大错报提供合理保证,以积极方式提出意见,增强除了管理层以外预期使用者对财务报表的信赖程度。一直以来,独立且专业的审计机构成为办理经济类和职务犯罪案件的司法机关的委托首选,其出具的审计意见在司法审判中起到了举足轻重的作用，虽然现今实务中审计意见的运用遇到了不少阻碍，但不代表这种证据没有了诉讼价值；相反，如果不能正确地认识这类证据，可能对该类证据的审查认定存在偏差和错误，产生一定诉讼风险。

（二）审计报告的类型

根据《中国注册会计师鉴证业务基本准则》（财会〔2006〕4号）的规定，注册会计师执行的业务分为鉴证业务（审计业务、审阅业务、其他鉴证业务）和非鉴证业务（相关服务）。审计业务，也称历史财务信息审计业务，就是我们通常所说的常规审计、年报审计。审计业务出具的是审计报告，能够对报表的合法性和公允性提供"合理保证"，对报表全面发表意见；审阅业务，也称历史财务信息审阅业务，是指对报表的合法性和公允性提供"有限保证"，其提供的保证程序低于审计业务，最终出具的是审阅报告；相关服务主要指的是注册会计师对外提供的财务咨询等业务；其他鉴证业务与司法办案相关性最大，如司法会计鉴定业务（现已注销）和专项审计业务，一般出具的是司法会计鉴定报告书或××案专项审计报告。在其他鉴证业务中，会计师事务所一般按照司法机关的要求对报表某一项或几项事项发表专门意见，在这种情形下，审计目的和审计意见的形式可以由委托方和审计机构自行协商确定。但常规审计业务出具的报告意见类型和内容是法定的，不可由当事人协商确定。在当前实务中，办案人员经常遇到的就是两类报告：一类是常规审计业务产生的审计报告，其主要用途是在某些特定案件中作为书证，如在提供虚假文件证明罪中涉及的虚假审计报告；另一类是其他鉴证业务产生的专项审计报告，如非法吸收公众存款案件中的专项审计报告，司法机关可能会将其视为鉴定意见或者专家意见类型。下面先介绍一下常规审计业务出具的审计意见的类型。

在常规审计业务中，注册会计师出具的审计报告类型分为四种：无保留意见（含标准无保留意见带强调事项段[①]或其他事项段的无保留意见[②]）、保留意见、否定意见和无法表示意见。作为审查证据的专业办案人员来说，应当需要掌握通过审计报告的审计意见的类型，准确判断报表是否存在以及存在哪种性质的问题。

表 7-1-1　审计报告类型及特征汇总表

审计报告类型		特征
无保留意见	标准无保留意见	财务报表已按照会计准则编制，整体不存在重大错报
	带强调事项段或其他事项段的无保留意见	财务报表已按照会计准则编制，整体不存在重大错报，但是存在需要说明的事项，如对持续经营能力产生重大疑虑及重大不确定事项等
保留意见		1. 已对相关事项获取充分、适当的审计证据，财务报表存在重大错报，但不具有广泛性影响 2. 无法对相关事项获取充分、适当的审计证据，该事项可能产生的错报影响重大但不具有广泛性
否定意见		已对相关事项获取充分、适当的审计证据，财务报表存在的错报影响重大且具有广泛性
无法表示意见		无法对相关事项获取充分、适当的审计证据，该事项可能产生的错报影响重大且具有广泛性

审计的目的是注册会计师对财务报表提出合理保证或有限保证，并不代表财务报表一定没有错误，即注册会计师不能将审计风险降到零。在有些情况下，注册会计师保持了职业谨慎并执行了《中国注册会计师审计准则》规定的所有程序后，依然无法防范审计风险的发生。鉴此，法律对注册会计师审计规定了一定的免责情形，在免责情形下，我们不能苛求注册会计师必须提供高质量的审计报告，也不能将财务报表存在重大错报归责于注册会计师的审计行为。

[①] 审计报告的强调事项段，是指审计报告中含有的一个段落，该段落提及已在财务报表中恰当列报或披露的事项，根据注册会计师的职业判断，该事项对财务报表使用者理解财务报表至关重要。

[②] 审计报告的其他事项段，是指审计报告中含有的一个段落，该段落提及未在财务报表中列报或披露的事项，根据注册会计师的职业判断，该事项与财务报表使用者理解审计工作、注册会计师的责任或审计报告相关。

（三）审计报告的用途

这里说的审计报告的用途，是指审计报告在司法办案中的用途。根据审计报告和专项审计报告形式和内容的区别，可以预见到审计报告在司法办案中主要有两种用途：一是由独立的第三方审计机构对涉案财会类凭证的某一项或某几项专门性问题进行审计并出具专项审计报告，帮助司法办案人员厘清案件财务和会计事实；二是在某些特殊的犯罪中，审计报告本身就是作为涉案证据之一被办案人员审查，如在提供虚假证明文件罪、出具证明文件重大失实罪等犯罪中可能会作为书证出现。正是由于审计报告有两种不同的用途，故后文分别就审计报告和专项审计报告作介绍。

二、审计报告

审计报告，是注册会计师根据审计准则的规定，在执行审计工作的基础上，对财务报表发表审计意见的书面文件。与专项审计报告不同，审计报告是对财务报表整体发表意见，专项审计报告是对财务的某一个方面或某几方面的特定事项发表专业意见。在实务中，无保留意见的审计报告是最常见的审计报告类型，下文将详细介绍，对其他三种审计报告，仅简单介绍其与无保留意见审计报告的不同之处。

（一）无保留意见的审计报告

审计报告是对财务报表发表意见的报告，其仅仅是表达了注册会计师对财务报告的意见。因此，四类审计报告的篇幅并不长且格式大同小异，对其审查需要尤其关注报告中的文字细节。

1. 报告要素及审查

无保留意见审计报告的报告要素有九个，分别为：标题、收件人、审计意见、形成审计意见的基础、管理层对财务报表的责任、注册会计师对财务报表审计的责任、按照相关法律法规的要求报告的事项（如适用）、注册会计师的签名和签章及会计师事务所的名称、地址和盖章、报告日期。

(1) 标题

审计报告的标题，就是"审计报告"四个字。如果报告标题为"关于××的审计报告"之类的，则一定不是此处所指的"审计报告"类型，其一般属于专项审计报告的类别，在起诉意见书、起诉书等法律文书上列明证据名称时也应当注意名称这个细节。

(2) 收件人

审计报告的收件人是注册会计师按照业务约定书的内容致送审计报告的对象，一般是审计业务的委托人。收件人的列明将审计报告和收件人之间建立了联系，当收件人使用了报告记载的虚假或不实内容作出决策受到损失时，有权要求审计机构承担责任。

(3) 审计意见

审计意见包括两部分内容，第一部分内容列明了审计的对象，即特定日期的财务报表以及其附注，应注意审查涉案财务报表类型以及报表反映的期间是否在此处涵盖。第二部分是注册会计师对财务报表发表的意见类型。如果为无保留意见，则一般表述为"我们认为，财务报表在所有重大方面按照适用的财务报告编制基础编制，公允反映了被审计单位202×年12月31日的财务状况和202×年的经营成果和现金流量"。其实这里的用词是有考究的，即财务状况指的是资产负债表，资产负债表中的数字为时点数，代表某一个时点的资产和负债，如202×年12月31日的资产负债表；而经营成果指的是利润表，现金流量指的是现金流量表，它们指的都是某一段时间内的发生额和汇总金额，如202×年的利润表和现金流量表。

(4) 形成审计意见的基础

形成审计意见的基础，是指出具审计意见的实践基础，包括注册会计师已经按照准则规定实施了审计，并在实施审计的过程中保持了独立性并履行了职业道德其他方面内容，获取的审计证据是充分且适当的。如果审计机构和委托方以及其他利益相关方相勾结，则违反了其承诺的独立性以及职业道德要求。此外，这部分内容也暗含了注册会计师已经履行了必要的审计程序，如果要进一步获取相关资料以证实注册会计师是否履行相应程序，可以查阅相关审计工作底稿内容。审计工作底稿是出具审计报告的基础，是审计工作的基石，从一开始的业务委托到最终出具审计报告，所有基础资料和审计程序内容都完整地记录在审计工作底稿中。

（5）管理层对财务报表的责任

管理层对财务报表的责任，包括承诺财务报告是按照适用的财务报告编制基础编制了财务报表并使其公允反映，并评估公司是否能够持续经营。如果公司将要或者已经进入破产清算，则不能按照持续经营编制基础来编制财务报表，应采用破产清算编制基础，采用不同的编制基础编制报表，报表内容将会有巨大的差异，将会对投资人的决策产生显著影响。同时，关于财务报表，在民事诉讼中公司及管理层是第一责任人，审计是第二责任人；但在刑事案件中，其各有不同的责任，没有先后之分。

（6）注册会计师对财务报表审计的责任

注册会计师对财务报表审计的责任，主要包括注册会计师的目标是对财务报表整体不存在重大错报获取合理保证，这种合理保证是一种高水平的保证，但不能代表财务报表一定不会发生重大错报或舞弊，不能理所当然地所有审计错误均归责于注册会计师的责任；此外，还包括对主要审计工作进行描述，与公司治理层的沟通情况，对上市公司审计时披露的关键审计事项等。

（7）按照相关法律法规的要求报告的事项（如适用）

如果注册会计师在审计过程中注意到了某些事项，可能需要根据相关法律法规的规定要对这些事项予以报告，或者实施额外的程序并予以报告，对特定事项发表意见并承担责任。例如，会计师事务所在审计过程中，发现公司某项目的建成可能会对环境造成重大污染，这时注册会计师可能就需要根据环保相关法律规定，实施额外程序并依法披露。

（8）注册会计师的签名和签章及会计师事务所的名称、地址和盖章

审计报告应当由项目合伙人和另一名负责该项目的注册会计师签名和盖章，注册会计师在审计报告上的签名和盖章，是其对出具审计报告承担责任的证明。注册会计师将已审计的财务报表附于审计报告之后，是为了便于财务报表使用者能够正确理解和使用审计报告，防止被审计单位替换、更改已审计的财务报表。注意，这里所说的签名和盖章，必须是注册会计师手写签

名并加盖带中国注册会计师编号的执业个人章。此外，还应载明会计师事务所的名称和地址，并加盖会计师事务所公章。

（9）报告日期

审计报告的日期非常重要，审计报告日不得早于注册会计师获取充分、适当的审计证据之日。一般来说，审计报告是依据报告日之前收集的证据制作的。但在实务中，审计报告日和最终财务报表报出日之间还有一段时间，在此期间发生的重大的可能会影响财务报表公允性的事项，注册会计师应当根据《中国注册会计师审计准则第1332号——期后事项》的相关准则规定，获取证据并重新发表意见。因此，注册会计师承担责任的时间，应延长至财务报表最终报出之日，其不得以审计日后发生的事项不应承担审计责任而进行抗辩。但对于财务报表报出日之后发生的事项，注册会计师一般不对其承担责任，除非该事项在报告期间已经存在但注册会计师应发现而未发现（见图7-2-1）。

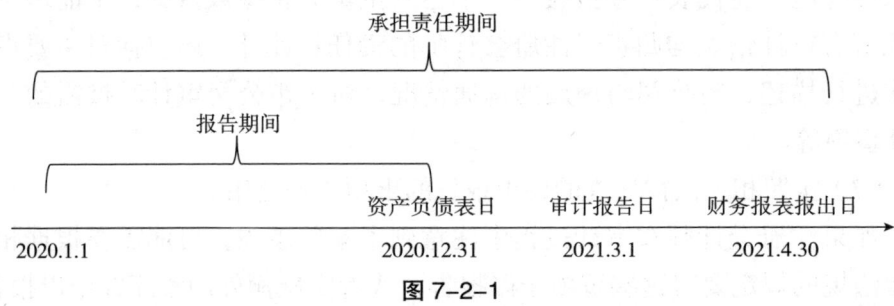

图 7-2-1

2. 审计报告范文

审计报告

ABC股份有限公司全体股东：

一、对财务报表出具的审计报告

（一）审计意见

我们审计了ABC股份有限公司（以下简称ABC公司）财务报表，包括2××1年12月31日的资产负债表，2××1年度的利润表、现金流量表、股东权益变动表以及相关财务报表附注。

我们认为，后附的财务报表在所有重大方面按照企业会计准则的规定编制，公允反映了 ABC 公司 2××1 年 12 月 31 日的财务状况以及 2××1 年度的经营成果和现金流量。

（二）形成审计意见的基础

我们按照《中国注册会计师审计准则》的规定执行了审计工作。审计报告的"注册会计师对财务报表审计的责任"部分进一步阐述了我们在这些准则下的责任。按照《中国注册会计师职业道德守则》，我们独立于 ABC 公司，并履行了职业道德方面的其他责任。我们相信，我们获取的审计证据是充分、适当的，为发表审计意见提供了基础。

（三）关键审计事项

关键审计事项是根据我们的职业判断，认为对本期财务报表审计最为重要的事项。这些事项是在对财务报表整体进行审计并形成意见的背景下进行处理的，我们不对这些事项提供单独的意见。

［按照《中国注册会计师审计准则第 1504 号——在审计报告中沟通关键审计事项》的规定描述每一关键审计事项。］

（四）管理层和治理层对财务报表的责任

管理层负责按照企业会计准则的规定编制财务报表，使其实现公允反映，并设计、执行和维护必要的内部控制，以使财务报表不存在由于舞弊或错误导致的重大错报。

在编制财务报表时，管理层负责评估 ABC 公司的持续经营能力，披露与持续经营相关的事项（如适用），并运用持续经营假设，除非计划清算 ABC 公司、停止营运或别无其他现实的选择。

治理层负责监督 ABC 公司的财务报告过程。

（五）注册会计师对财务报表审计的责任

我们的目标是对财务报表整体是否不存在由于舞弊或错误导致的重大错报获取合理保证，并出具包含审计意见的审计报告。合理保证是高水平的保证，但并不能保证按照审计准则执行的审计在某一重大错报存在时总能发现。错报可能由于舞弊或错误导致，如果合理预期错报单独或汇总起来可能影响财务报表使用者依据财务报表作出的经济决策,则通常认为错报是重大的。

在按照审计准则执行审计的过程中,我们运用了职业判断,保持了职业怀疑。我们同时:

(1)识别和评估由于舞弊或错误导致的财务报表重大错报风险;对这些风险有针对性地设计和实施审计程序;获取充分、适当的审计证据,作为发表审计意见的基础。由于舞弊可能涉及串通、伪造、故意遗漏、虚假陈述或凌驾于内部控制之上,未能发现由于舞弊导致的重大错报的风险高于未能发现由于错误导致的重大错报的风险。

(2)了解与审计相关的内部控制,以设计恰当的审计程序,但目的并非对内部控制的有效性发表意见。

(3)评价管理层选用会计政策的恰当性和作出会计估计及相关披露的合理性。

(4)对管理层使用持续经营假设的恰当性得出结论。同时,根据获取的审计证据,就可能导致对ABC公司持续经营能力产生重大疑虑的事项或情况是否存在重大不确定性得出结论。如果我们得出结论认为存在重大不确定性,审计准则要求我们在审计报告中提请报表使用者注意财务报表中的相关披露;如果披露不充分,我们应当发表非无保留意见。我们的结论基于审计报告日可获得的信息。然而,未来的事项或情况可能导致ABC公司不能持续经营。

(5)评价财务报表的总体列报、结构和内容(包括披露),并评价财务报表是否公允反映相关交易和事项。

我们与治理层就计划的审计范围、时间安排和重大审计发现(包括我们在审计中识别的值得关注的内部控制缺陷)等事项进行沟通。

我们还就遵守关于独立性的相关职业道德要求向治理层提供声明,并就可能被合理认为影响我们独立性的所有关系和其他事项,以及相关的防范措施(如适用)与治理层进行沟通。

从与治理层沟通的事项中,我们确定哪些事项对本期财务报表审计最为重要,因而构成关键审计事项。我们在审计报告中描述这些事项,除非法律法规禁止公开披露这些事项,或在极其罕见的情形下,如果合理预期在审计报告中沟通某事项造成的负面后果超过在公众利益方面产生的益处，我们确定不应在审计报告中沟通该事项。

二、按照相关法律法规的要求报告的事项

［本部分的格式和内容，取决于法律法规对其他报告责任的性质的规定。法律法规规范的事项（其他报告责任）应当在本部分处理，除非其他报告责任与审计准则所要求的报告责任涉及相同的主题。如果涉及相同的主题，其他报告责任可以在审计准则所要求的同一报告要素部分中列示。当其他报告责任和审计准则规定的报告责任涉及同一主题，并且审计报告中的措辞能够将其他报告责任与审计准则规定的责任予以清楚地区分（如差异存在）时，允许将两者合并列示（即包含在"对财务报表出具的审计报告"部分中，并使用适当的副标题）。］

　　××会计师事务所　　　　　中国注册会计师：×××（项目合伙人）
　　　　（盖章）　　　　　　　　　　　　　　（签名并盖章）

　　　　　　　　　　　　　　　中国注册会计师：×××
　　　　　　　　　　　　　　　　　　　　　　（签名并盖章）

　　中国××市　　　　　　　　　二××二年×月×日

（二）非无保留意见的审计报告

1. 非无保留意见审计报告的辨别

非无保留意见的审计报告的标题也是"审计报告"，通过审计报告的标题，我们并不能分清该报告属于哪种报告类型，需要根据审计意见段的内容，判断其属于哪种意见。如果会计师事务所已经出具的是非无保留意见类型，而投资者却将其作为无保留意见报告并依赖其公布的财务数据作出投资决策而亏损，显然二者之间的因果关系联系就不够充分。对非无保留意见审计报告的辨别主要有以下两种方式。

方式一：对于非无保留意见的审计报告，除具备无保留意见的审计报告上述报告要素外，审计意见段后增加了一部分内容，并使用"形成保留意见的基础""形成否定意见的基础""形成无法表示意见的基础"等作为标题，明示了非无保留意见的类型以及导致发表非无保留意见的事项原因。

方式二：在审计意见中，当发表保留意见时，注册会计师会在审计意见段中使用了"除……可能产生的影响外"等措辞。当发表否定意见时，注册会计师会在审计意见段中说明："注册会计师认为，由于形成否定意见的基础部分所述事项的重要性，财务报表没有在所有重大方面按照适用的财务报告编制基础编制，未能实现公允反映。"当发表无法表示意见时，注册会计师会在审计意见段中说明："由于形成无法表示意见的基础部分所述事项的重要性，注册会计师无法获取充分、适当的审计证据以为发表审计意见提供基础，因此，注册会计师不对这些财务报表发表审计意见。"

通过上述两种方式，办案人员可以准确辨别其属于何种类型的审计报告。

2.非无保留意见的审计报告范文

审计报告

ABC 股份有限公司全体股东：

一、对财务报表出具的审计报告

（一）保留意见

我们审计了 ABC 股份有限公司（以下简称 ABC 公司）财务报表，包括 2××1 年 12 月 31 日的资产负债表，2××1 年度的利润表、现金流量表、股东权益变动表以及相关财务报表附注。

我们认为，除"形成保留意见的基础"部分所述事项产生的影响外，后附的财务报表在所有重大方面按照企业会计准则的规定编制，公允反映了 ABC 公司 2××1 年 12 月 31 日的财务状况以及 2××1 年度的经营成果和现金流量。

（二）形成保留意见的基础

ABC 公司 2××1 年 12 月 31 日资产负债表中存货的列示金额为 × 元。管理层根据成本对存货进行计量，而没有根据成本与可变现净值孰低的原则进行计量，这不符合企业会计准则的规定。ABC 公司的会计记录显示，如果管理层以成本与可变现净值孰低来计量存货，存货列示金额将减少 ×

元。相应地，资产减值损失将增加×元，所得税、净利润和股东权益将分别减少×元、×元和×元。

我们按照《中国注册会计师审计准则》的规定执行了审计工作。审计报告的"注册会计师对财务报表审计的责任"部分进一步阐述了我们在这些准则下的责任。按照《中国注册会计师职业道德守则》，我们独立于ABC公司，并履行了职业道德方面的其他责任。我们相信，我们获取的审计证据是充分、适当的，为发表保留意见提供了基础。

（三）关键审计事项

关键审计事项是根据我们的职业判断，认为对本期财务报表审计最为重要的事项。这些事项是在对财务报表整体进行审计并形成意见的背景下进行处理的，我们不对这些事项提供单独的意见。除"形成保留意见的基础"部分所述事项外，我们确定下列事项是需要在审计报告中沟通的关键审计事项。

［按照《中国注册会计师审计准则第1504号——在审计报告中沟通关键审计事项》的规定描述每一关键审计事项。］

（四）管理层和治理层对财务报表的责任

［按照《中国注册会计师审计准则第1501号——对财务报表形成审计意见和出具审计报告》的规定报告，参见无保留意见。］

（五）注册会计师对财务报表审计的责任

［按照《中国注册会计师审计准则第1501号——对财务报表形成审计意见和出具审计报告》的规定报告，参见无保留意见。］

二、按照相关法律法规的要求报告的事项

［按照《中国注册会计师审计准则第1501号——对财务报表形成审计意见和出具审计报告》的规定报告，参见无保留意见。］

××会计师事务所	中国注册会计师：×××（项目合伙人）
（盖章）	（签名并盖章）
	中国注册会计师：×××
	（签名并盖章）
中国××市	二××二年×月×日

三、专项审计报告

专项审计报告有很多种类型,其可能产生于其他鉴证业务中,也可能产生于相关服务中,司法实务中相当多的冠以审计报告之名的报告类型,事实上属于这里的专项审计报告,其格式大多参照了司法会计鉴定意见的内容,无论是审计目的还是报告内容,都明显区别于前文中的常规审计报告。

(一)专项审计报告的概念

专项审计报告不同于常规审计报告,专项审计报告是注册会计师接受委托,在实施审计工作的基础上对被审计单位的财务或会计上的某一事项或某几个事项发表审计意见的书面文件。在司法办案实务中,注册会计师接受司法机关的委托,对涉案单位的某一财务或会计事项进行审计,其目的并不是被审计单位整体财务报表发表意见,而是对某一专门性问题进行审计,出具的报告类型就是专项审计报告,但实务中有很多人将其误认为是鉴定意见,甚至有很多未接受过司法会计专业培训或无相关法律基础的注册会计师们都不能分清二者之间的区别,这是两种完全不同类型的法律文书。

(二)专项审计报告的内容

在2018年司法部清理"四类外"鉴定前,会计师事务所在接受司法机关委托后,通常将审计报告、专项审计报告、司法会计鉴定报告书三者混用,都用于指代司法会计鉴定意见。但司法部清理"四类外"登记后,由于会计师事务所和注册会计师的鉴定资质均被注销,均被注销,大多数司法机关不再承认会计师事务所出具的司法会计鉴定意见,因而有不少地区将专项审计报告作为书证,以取代实务中司法会计鉴定意见的作用,从而在一定程度上缓解司法机关的"鉴定需求",这也就造成了各地的专项审计报告完全照搬了第六章司法会计鉴定书或司法会计检验报告的格式。因此,本节就不再详细介绍专项审计报告的具体格式,其具体内容以及审查要点可以详见第六章的鉴定文书内容。

（三）专项审计报告的证据类型

对于专项审计报告，在实务中最大的难点在于其在刑事诉讼法中的证据归类。

有人认为其应当归类为鉴定意见，理由是 2018 年有人大代表就资产评估鉴定问题咨询了最高人民法院，最高人民法院办公厅书面答复如下①："2005 年 2 月，第十届全国人大常委会第十四次会议通过《关于司法鉴定管理问题的决定》，第二条规定，'国家对从事下列司法鉴定业务的鉴定人和鉴定机构实行登记管理制度：（一）法医类鉴定；（二）物证类鉴定；（三）声像资料鉴定；（四）……四类鉴定（以下简称四类鉴定）由司法行政部门统一登记管理。其他如产品质量鉴定、会计审计、工程造价、建设工程质量鉴定等社会通用性强的鉴定类别，根据《中华人民共和国会计法》《中华人民共和国建筑法》等法律规定，主管部门分别为市场监管总局（原质检总局）、财政部、住房和城乡建设部等……'"就此份答复可以看出，最高人民法院认为审计、评估等领域仅仅是不在司法行政部门登记管理，其鉴定事项以及资质可以由相应的主管部门规定，并未排斥这类报告的鉴定属性，因此将专项审计报告视为鉴定意见也属有理可循。

也有人认为其不属于鉴定意见。根据最高人民法院《关于适用〈中华人民共和国刑事诉讼法〉的解释》（以下简称《刑诉法解释》）第 100 条第 1 款规定：因无鉴定机构，或者根据法律、司法解释的规定，指派、聘请有专门知识的人就案件的专门性问题出具的报告，可以作为证据使用。另根据《刑诉法解释》第 98 条规定，鉴定机构不具备法定资质的，鉴定意见不得作为定案的根据。从以上法条来看，《刑诉法解释》第 100 条规定的无鉴定机构时出具报告的情形，其报告应当不属于鉴定意见这种证据类型，否则就会导致这类报告不得作为定案根据的情形出现，这显然与《刑诉法解释》第 100 条的立法本意相违背。

还有人认为其属于书证，但这种观点也值得商榷。首先，从证据的形成时间来看，书证形成于案件发生前或案件发生过程中，而专项审计报告

---

① 最高人民法院对十三届全国人大一次会议第 1756 号建议的答复。

则形成于案件发生之后,系办案机关委托会计师事务所在收集的证据基础之上形成的材料,因此后者虽然是以书面材料为载体,但本质上区别于书证,不符合书证的形成时间。其次,从证据本质来看,专项审计报告属于一种专业性较强的言词证据,本质上是由注册会计师根据自己的经验和专业知识给出的意见,不同的注册会计师作出的结论内容可能会有所区别,其在客观性和稳定性上均不同于书证。此外,如若将专项审计报告认为是书证,那么其证明力度大大强于其他证据。对于书证,除非存在来源、收集程序有疑问,不能作出合理解释或者不能证明物证、书证来源的情形,才不得作为定案的根据。但专项审计报告只是一种意见证据,只能作为定案依据的参考性标准,而不能单独成为定案依据。因此,如果赋予专项审计报告书证的性质,必然会增强证明案件事实的力度,然而其本身达不到如此高标准的证明力度。

因此,现阶段只能倾向于将专项审计报告归于《刑诉法解释》第100条规定的"专门知识的人的报告",属"专门知识的人的意见类",系有专门知识的人根据证据提供的专业判断,虽不属于八大证据类型,但也一样可以作为刑事诉讼证据使用,作为定案的根据。这可以从最高人民法院指导案例147号"张永明、毛伟明、张鹭故意损毁名胜古迹案"得到佐证,该案将四名地学专家提供的意见作为定案根据,但也没有明确其归属于哪种证据类型,仅称作"专家意见"。

小 结

本章介绍了审计的概念、审计报告的类型等内容,并对实务中的审计报告和专项审计报告用途和具体内容作了详细阐述,可以帮助办案人员认清这类证据的法律定位,准确判断其报告类型并明晰其审查重点。同理,本章的内容体系并不是单独存在,也依托于其他各章内容基础特别是会计学原理的相关内容,应共同理解把握。

第八章 资产评估报告

资产评估严格来说并不属于财会领域，而应当归于评估领域。但资产评估属于价值判断的范畴，涉及资产价值的资产评估报告会直接影响企业的各项财务数据，从这个角度来说，财会和评估在一定程度上存在着不小的交集，而这种交集会对司法实务中某些案件定性和量刑有一定影响。因此，本书也对资产评估报告这类书证作简单介绍。

一、资产评估相关概念

（一）资产评估的概念

资产评估，是指由专门机构和专业评估人员，根据特定的目的选择适用的原则和标准，按照法定的程序和科学的方法对资产进行评定和估价的过程。资产评估的主体，就是资产评估师。

（二）资产评估师的种类

在实务中被经常提及的资产评估师有以下几类：资产评估师（注册）、珠宝评估师、房地产估价师、土地估价师、旧机动车鉴定评估师、矿业权评估师、林木评估师。下面分别介绍这几种评估师的区别。

资产评估师（指通常所说的注册资产评估师）是由财政部设立的。这类评估师其实可以细分为两种，即资产评估师和珠宝评估师，前者评估范围较广，理论上所有资产都可以评估，但也存在业务范围广但评估精度不高的缺陷，且无珠宝评估资质；后者主要针对的是珠宝评估方向，只有这类评估师，才具有评估珠宝的资质。

房地产估价师，简称房地师，是指经全国统一考试，取得房地产估价师执业资格证书，并注册登记后从事房地产估价活动的人员。住房和城乡建设部或其授权的部门为房地产估价师资格的注册管理机构。因此，对于房地产这类资产，应由房地产估价师评估。

值得一提的是，国务院已经取消了土地估价师、旧机动车鉴定评估师、矿业权评估师、林木评估师资格认定，将其原有内容与资产评估师的评估内容合并，形成了"大评估"，避免了各行政主管部门之间评估管理职能的重复和交叉，提高了行政效率。也就是说，目前的资产评估领域，仅资产评估师、资产评估师（珠宝）、房地产估价师尚在执业。

需要注意的是，本章介绍的资产评估应当区别于对扣押、追缴、没收的物品估价。后者是对地方价格认证中心接受司法机关委托，对扣押、追缴、没收的物品进行估价并出具估价报告书的过程。因此，对于被扣押、追缴、没收的物品，应当由地方价格认证中心进行估价，对于特殊物品的鉴定，可以在资产评估等专业机构的协助下得出估价结论。

总的来说，对于房地产，应由房地产估价师进行评估；对于珠宝，应由具有珠宝资质的资产评估师进行评估；对于下文中介绍的六大类资产，则由资产评估师进行评估。当然，房地产也属于六大类之中的不动产，由资产评估师进行评估也是符合法律规定的，其和房地产估价师在工作内容上存在一定的交叉之处。在办案中取得资产评估报告时首先应根据评估事项判断评估机构和评估专业人员是否有相应的评估资质。

（三）资产评估的范围

本章介绍的资产评估，主要是第一类资产评估师，由于其评估范围最广，其他资产评估的方法和内容均有被其收录，因而掌握此种资产评估报告，即可掌握其他两种类型的报告。

根据资产评估法第 2 条规定，本法所称资产评估，是指评估机构及其评估专业人员根据委托对不动产、动产、无形资产、企业价值、资产损失或者其他经济权益进行评定、估算，并出具评估报告的专业服务行为。因此，资产评估的对象被限定为六类资产：不动产、动产、无形资产、企业价值、资产损失或者其他经济权益。这种评估是按照资产形态进行的，是一个大评估的概念，不仅包括财政部门管理的资产评估，而且包括其他政府主管部门管理的房地产估价、土地估价、矿业权评估、旧机动车鉴定估价和保险公估在内的评估领域。

资产评估的对象中，动产和不动产的概念比较好理解，如上文中的房地产就属于不动产，机动车就属于动产。无形资产，是指特定主体拥有或控制的，没有实物形态，能持续发挥作用且能带来经济利益的非货币性资产，如专利权、商标权、著作权、商誉等。企业价值评估，是指评估机构及评估专业人员根据相关法律规定，对评估基准日特定目的下的企业整体价值、股东全部权益价值或股东部分权益价值进行评定和估算，并出具评估报告的专业服务行为，主要适用于公司设立、企业改制、合并或分立、融资、抵押贷款、破产清算等评估目的。资产损失评估，包括自然灾害损失评估、侵权损失评估和保险公估。前两个概念容易理解，保险公估，是指接受保险公司的委托，对保险事故涉及的保险标的进行评定、估算并出具评估报告的专业服务行为。其他经济权益，是指上述五类以外的其他经济权益的评估。

二、资产评估的方法

资产评估方法，是指评定资产价值的途径和手段，它是资产评估报告中的重要内容，选择不同的资产评估方法将会计算出完全不同的资产价值，是影响资产评估报告结论乃至影响案件定案数额的重要因素。资产评估是一门复合型学科，其评估方法是运用多种其他学科的技术方法，特别是会计学科和的财务管理学科知识，并结合了资产评估行业一些特有的运作规律和行业特点形成的一整套方法体系。一般来说，资产评估方法主要包括三种：市场法、收益法和成本法，三种方法各有其不同的适用条件和计算方式，评估方法的选择对资产评估报告的结论有着直接影响。

（一）市场法

市场法，也称比较法、市场比较法，是指将评估对象与可比参照物进行比较，以可比参照物的市场价格为基础确定评估对象的价值的方法。市场法的应用需要具备两个条件：一是评估对象的可比参照物具有公开的交易市场，如评估某地区商品房价值时，可以参照其周边交易活跃的同类商品房；又如上市公司可以参照同类上市公司价值。二是有关交易的必要信息可以获得。市场法既可以用来评估单项资产，也可以评估企业整体价值。市场法的计算一般有以下两种方式：

评估对象价值 = 参照物价值 × 修正系数 1 × 修正系数 2 × ⋯ × 修正系数 n

评估对象价值 = 参照物价值 ± 特征差额 1 ± 特征差额 2 ± ⋯ ± 特征差额 n

根据上述计算公式，替换修正系数和特征差额的内容，可以引申为很多种调整方法，如现行市价法、市价折扣法、功能价值类比法、价格指数法、成新率价格调整法、市场售价类比法、价值比率法等。市场法具有计算直观简洁、便于操作的特点，容易被大众理解和接受。如果在符合市场法评估的条件下，应优先选择市场法。

（二）收益法

收益法，是指将资产未来产生的收益进行折现或资本化，用于确定现有资产价值的评估方法。这种方法主要利用了财务管理中的"货币的时间价值"原理，即先估算资产未来每年能产生的现金流量，然后选定适当的折现率将其折现，折现后的现值，则为市场在当前时点的价值。货币的时间价值，是指在每经过一个计息期后，都要将所生利息加入本金，以计算下期的利息。我们都知道，钱存在银行，随着时间的推移，货币的价值会越来越高，因为钱在银行是有存款利息的。本金不变的情况下，利息不断复利，本息和也越来越高。

例 8-2-1：10000 元存在银行，年利率 3%，一年后可以拿到 10300 元。这就是因为货币本身也是有时间价值的，随着时间的推移，货币的价值越来越高。

一年后的本利和 = 10000 ×（1+3%）= 10300（元）。（10300 元为终值）

反过来说,一年后的 10300 元货币,在今天这个时点,它的价值是多少呢?这个价值我们把它叫作现值,现值 =10300÷(1+3%)=10000(元)。

由于该种方法较为复杂,可以参照下述例题:

例 8-2-2:企业购买某 5 年期债券,面值 1000 元,每年末收到利息 50 元,满 5 年取回本金 1000 元,折现率 6%,请评估该债券的价值:

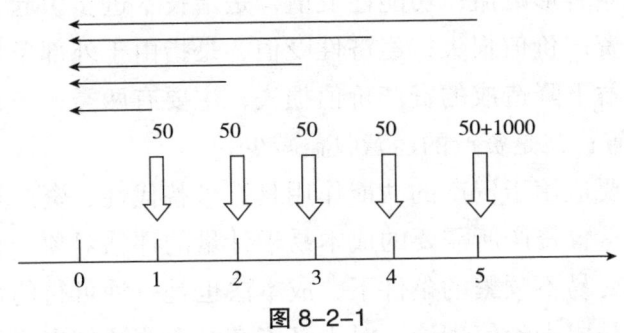

图 8-2-1

$$现值 = \frac{50}{1+6\%} + \frac{50}{(1+6\%)^2} + \frac{50}{(1+6\%)^3} + \frac{50}{(1+6\%)^4} + \frac{50}{(1+6\%)^5} + \frac{1000}{(1+6\%)^5} = 957.88(元)。$$

使用收益法评估,应当具备以下三个前提:一是能预估评估对象未来产生的收益,二是折现率或者资本化率可以确定,三是评估对象取得预期收益的时间。收益法通常适用于企业价值、无形资产、房地产、可独立产生收益的机器设备,以及非上市交易的股票、债券等资产的评估。但对于没有收益、收益不能用货币计量,以及风险报酬率无法计算的资产,收益法则无法使用,且收益法自身也存在较大的主观性,其对参数的预估受到人为因素的影响,容易导致评估结果产生偏差。

(三)成本法

成本法,是将重建或重置成本作为确定评估对象的价值的方法。有人认为成本法就是取得原评估对象投入的总价值,这种说法是错误的,因为在过去投入资产和现在重建一个相同资产,支出是完全不同的。成本法的思路，是在重建或重置成本的基础上，考虑贬值因素后，确定评估对象的价值。成本法的计算公式为：

评估价值＝重置成本－实体性贬值－功能性贬值－经济性贬值

其中，重置成本，就是现行条件下取得同样资产所支出的成本；实体性贬值，是指资产由于使用或自然力的作用导致资产物理性能下降引起的资产损失，也叫有形贬值；功能性贬值，是指技术进步引起资产功能相对落后而造成的资产价值损失；经济性贬值，是指由于外部条件变化引起的资产闲置、收益下降造成的资产价值损失，主要有两类：一是资产利用率下降，甚至闲置；二是资产的运营收益减少。

成本法主要适用于资产的功能作用具有可替代性、资产重置没有法律和技术障碍、重置资产所需要的成本易于计量的评估对象。在无法预测未来收益和市场交易不频繁的条件下，成本法也是一种可行的评估方法。但该方法的基础是成本价值理论，对于轻资产的企业评估来说，由于未能考虑其他的企业无形资产的价值，无法全面反映企业的整体价值，因此其评估价值可能与市场法、收益法相差较大。

（四）评估方法的选择

当满足不同评估方法的条件时，评估专业人员应当选择两个或两个以上的评估方法，并通过综合分析形成结论，只有在以下三种情况下，才能选择一种评估方法：(1) 基于相关法律、行政法规和财政部部门规章的规定可以采用一种评估方法；(2) 由于评估对象仅满足一种评估方法的适用条件而采用一种评估方法；(3) 由于操作条件的限制而采用一种评估方法。这种限制应当是资产评估行业通常的执业方式普遍无法排除的，不得以个别资产评估机构或个别资产评估专业人员的操作能力和条件作为标准。

因此，在对资产评估报告的评估方法进行审查时，要特别注意审查其评估方法的选择是否适当，是否存在可以选择两种评估方法但仅选取一种评估方法的情形；在选择评估方法后，使用的参数和参照物是否合理等。

三、资产评估报告

（一）报告要素

资产评估报告，是根据《资产评估执业准则——资产评估报告》编制的法定报告文书，其包括标题、文号、声明、摘要、正文、附件等内容。

标题采用"企业名称+经济行为关键词+评估对象+资产评估报告"的格式，但如果评估机构和评估人员执行的是与估算相关的其他业务时，虽然参照评估准则出具报告，但标题不得用"资产评估报告"字样。

评估报告声明一般包括以下内容：（1）评估报告是按照资产评估相关准则编制；（2）委托人和报告使用人应当依法和根据报告载明的评估范围使用报告，否则评估机构不承担责任；（3）评估报告仅供委托人、约定的报告使用人以及法律法规规定的特定的人使用；（4）评估报告不是可实现价格的保证；（5）应当关注评估结论的假设前提，特别事项和使用限制；（6）评估机构和评估人员应当遵循独立、客观的立场和原则；（7）其他声明事项。

评估人员可以根据评估业务的性质、评估对象复杂程度、委托人要求等，合理确定摘要中应当披露的信息，但披露的信息内容应当与正文和其他内容保持一致，不得有虚假、夸大等误导性内容。

评估报告正文应当包括的内容有：（1）委托人及其他资产评估报告使用人。（2）评估目的：如投资、收购、重组、司法拍卖等，不同的评估目的决定了不同的价值类型，进而选择不同的评估方法。（3）评估对象和评估范围。（4）价值类型：可供选择的有市场价值、投资价值、在用价值、清算价值和残余价值等，对于以司法使用为目的的价值类型，通常选择以市场法优先。（5）评估基准日：资产在不同时点其价值是不一样的；与追溯性、现实性、预测性业务相对应，基准日可以为过去、现在和未来的时点，在很多具有司法用途的评估报告中，基准日往往使用案发日时点。（6）评估依据。（7）评估方法：应当说明所选用的评估方法名称、定义以及选择理由。（8）评估程序的实施过程和情况。（9）评估假设：包括交易假设、公开市场假设、持续经营假设、有序清算假设、强制清算假设、原地使用假设、移地使用假设、最佳使用假设、非真实性假设[①]和特别假设。(10)评估结论:评估结论通常是确定性的数值,是根据选择的评估方法计算出的数值,结合实际情况合理确定,可以是其中一种数值,也可以是算术平均、加权平均等方式计算出的数值。(11)特别事项说明:包括权属不完整或瑕疵、未决事项和法律纠纷、利用专家情况、委托人未提供的关键资料、重大期后事项、评估报告受限事项等。(12)评估报告使用限制:包括使用人、使用范围、使用方式的限制。(13)资产评估报告日:通常为评估结论形成的日期,即采信的数据截至当日,该日期可以不同于资产评估报告签署日。(14)资产评估专业人员签名和评估机构印章。资产评估报告需要有至少两名评估专业人员签字,注意这里的评估专业人员包括评估师和其他具有评估专业知识及实践经验的评估从业人员,也就是说签字人可以是不具有资产评估师资格的评估专业人员,但国有资产评估报告必须由至少两名具有资产评估师资格的专业人员签名,并加盖资产评估机构印章方有效。

评估报告的附件包括:(1)评估对象所涉及的主要权属资料;(2)委托人和相关当事人的承诺函;(3)资产评估机构及签名资产评估专业人员的备案文件或资格证明文件;(4)资产评估汇总表和明细表。

(二)报告审查要点

资产评估报告在司法办案中经常作为鉴定意见或者专家意见来证明待证事实。评估报告能够给涉案资产的价值认定提供参考,往往能对定案数额产生极大影响,因而,司法办案人员在取得资产评估报告后需要对其进行以下几个方面的审查。

1. 审查评估机构和评估人员资格和资质情况

在取得资产评估报告时,首先需要审查的是评估机构和评估专业人员对评估事项是否有评估资质和资格,如对珠宝的评估需要由珠宝资质的评估师评估,房地产估价师不能评估房地产以外的其他资产价值等。

---

① 非真实性假设,是指为进行分析而作出的与现实情况相反的假设条件。

2. 审查评估报告签名情况

根据资产评估法第 8 条第 1 款规定，评估专业人员包括评估师和其他具有评估专业知识及实践经验的评估从业人员。也就是说，在资产评估报告上签字的人员，不一定具有资产评估师资格（具有一定评估工作年限即可），但国有资产评估除外。因此，在办理涉及国有资产评估的案件时，应注意审查评估报告是否有两个以上具有评估师资格的评估师签名。如果仅有一名或没有具有评估师资格的评估师签名，则资产评估报告不应作为证据采信。此外，还需对附件中的评估师的资格和评估机构的资质进行审查，是否存在过期尚未年检、被吊销等情形。

3. 审查报告使用是否在报告使用期内

在评估报告中，已经注明了报告使用期，《资产评估执业准则——资产评估程序》规定，只有当评估基准日到经济行为实现日不超过 1 年时，才可以使用评估报告。我国《企业国有资产管理评估管理暂行办法》第 21 条明确规定，经核准或备案的资产评估报告结果使用有效期为评估基准日起 1 年。对于在案件中原已存在的资产评估报告，应关注当事人是否在报告使用期内使用了该资产评估报告；对于司法机关针对评估事项委托评估后取得的资产评估报告，应注意审查资产评估报告是否尚在报告的有效使用期内。超出报告使用期的报告，评估结论可能不再有效，因此也一般不宜再作为证据采信。

4. 审查评估报告引用其他报告的情况

在遇到专业性较强的领域事项需要引用其他类型的报告时，应注意审查基准日和报告基准期是否与本报告一致。例如，如果引用了审计报告，审计报告截止日应当与资产评估报告的基准日相一致。特殊情况不适宜进行专项审计的，应当引用最近一期的年度审计报告。如果引用了土地使用权或者其他类型的专业报告，应当关注所引用报告评估基准日、评估结论使用有效期等要素是否一致。又如，在进行企业价值评估时，引用的资产评估报告和土地使用权评估报告基准日相同，但前者有效期为一年，后者有效期为半年，显然二者报告考虑的时间范围不同，不能直接引用。此外，还需要关注出具被引用报告的机构和人员是否有法定资质和资格。

5. 审查评估方法的选择是否恰当

资产评估可以选择市场法、收益法和成本法作为评估方法。根据《资产评估法》第 26 条规定，评估专业人员应当恰当选择评估方法，除依据评估执业准则只能选择一种评估方法的外，应当选择两种以上评估方法，经综合分析，形成评估结论，编制评估报告。显然，在资产评估报告中应选择两种以上评估方法，在以下四种情况下才可以使用一种评估方法：（1）基于相关法律、行政法规、规章的要求或者限制而采用一种评估方法。（2）由于评估对象仅满足一种评估方法的适用条件而采用一种评估方法。（3）因操作条件限制而采用一种评估方法。（4）依据资产评估执业准则，经分析现有评估方法的适用性，只能选择一种评估方法的，应当在资产评估报告中说明理由。实务中应着重审查评估报告中只选取一种评估方法时是否满足上文条件之一，是否存在能选而不选、不能选而选最终导致评估结果不恰当的情形。

例如，在《刑事审判参考》第 796 号案例汪李芳盗窃案中，检察机关和辩护人就"被害代理商在行为人盗窃既遂后从移动公司获取销售手机 SIM 卡的返利，返利是否应当在认定盗窃数额时扣除"产生了争议，法院最终从资产评估的角度，分别分析了三种评估方法的适用性，认为该涉案手机 SIM 卡未来收益不确定应排除收益法适用，又认为由于代理商不愿或者无法提供其销售手机 SIM 卡的具体数量和相应价格使得市场法无法直接适用（但肯定市场价与 9 万元接近），最终以被窃手机 SIM 卡价值扣除返利这样的成本法方式确定了被窃手机卡的价值为 9 万元，裁定驳回了检察机关的抗诉。在这个案例中，承办法官从资产评估的角度，以扎实的资产评估知识分析了涉案财产价值的形成基础，这种以法理结合专业知识的说理思路，确实值得我们学习。

6. 审查评估报告所引用的参数

若评估方法选择恰当，还应当审查评估方法中所选用的重要参数是否符合现实情况。例如，在选择市场法评估时，选用的参照物交易时间明显相隔过长、建筑物坐落地点明显过远、资产类型明显不同；在选择收益法时，折现率、收益额明显过低或过高，折现期明显过长或过短；选择成本法时，重置成本的构成和原资产的价值构成有显著不同等。

7. 审查评估报告中存在的笔误

对于很多中介机构尤其是规模不大的中介机构,由于缺少风险控制部门或者质量控制部门,其出具的报告中很容易存在一些疏漏和错误,如累计金额计算错误,对不同的项目"张冠李戴"等,例如,以其他公司的资产评估报告为模板套用时就很容易出现文字错误。在办案人员的细致审查下,一定可以发现其中存在的问题。

8. 审查评估报告结论是否存在明显异常

评估报告结论虽然是基于客观情况作出,但难免受评估师本人的主观意志影响,因此,评估报告结论仅供司法机关参考。如果司法机关认为评估机构出具的评估报告结论明显异常,违背常理,可以提出正当理由,并申请评估机构重新评估。

(三)资产评估报告范文(摘要略,仅介绍正文)

××××资产评估报告书

海××资评报字〔20××〕第××号

一、绪言

×××资产评估有限公司接受 A 公司的委托,根据国家有关资产评估的规定,本着独立、客观、公正、科学的原则,按照公认的资产评估方法,为满足 A 公司转让其所持有的 B 公司股权及其相关资产之目的,而对委托评估的 B 公司的全部资产和负债进行了评估工作。本公司评估人员按照必要的评估程序对委托资产实施了实地查勘、市场调查与询证,对委估资产在 20×× 年 × 月 × 日所表现的市场价值作出了公允反映。现将资产评估情况及评估结果报告如下:

二、委托方、产权持有者和委托方以外的其他评估报告使用者

(一)委托方

委托方名称:A 公司

注册地址:

公司法定代表人:

（二）产权持有者

B 公司于 20××年×月×日经××省工商行政管理局核准设立，注册号：×××，注册资本：×××万元；住所：×××；法定代表人：×××。经营范围：……

（三）委托方以外的其他评估报告使用者

委托方以外的其他评估报告使用者主要包括 B 公司的全体股东、本项股权及资产转让中的受让方及相关政府监管部门。

三、评估目的

本次评估目的是为委托方转让其所持有的 B 公司股权及其相关资产提供价值参考依据。

四、评估对象和评估范围

本次评估对象和范围为 B 公司截至××××年××月××日的全部资产和负债，其中涉及的资产包括：……等。各项资产、负债和所有者权益的账面价值如下表所示：……

具体范围以 B 公司提供的"资产负债表"和"资产清查评估明细表"为准。

五、价值类型及其定义

本次评估的价值类型为市场价值。市场价值是指自愿买方和自愿卖方在各自理性行事且未受任何强迫的情况下，评估对象在评估基准日进行正常公平交易的价值估计数额。

六、评估基准日

根据我公司与委托方的约定，本项目资产评估基准日定为××××年××月××日。

本项目资产评估基准日是由×××资产评估有限公司与 A 公司在充分考虑了经济行为的性质，在有利于保证评估结论有效地服务于评估目的，准确地划定评估范围和合理选取评估依据等前提下商定的。

在本次资产评估工作中，资产评估范围的界定、评估价格的确定、评估参数的选取等，均以该日外部经济环境以及市场情况而定。本报告书中一切取价标准均为评估基准日有效的价格标准。

七、评估依据

我们在本次资产评估工作中所遵循的国家、地方政府和有关部门的法律法规，以及在评估中参考的文件资料主要有：

（一）主要法律法规

1. 中国资产评估协会《中国资产评估准则20××》；

2. 财政部《关于印发〈资产评估准则——基本准则〉和〈资产评估职业道德准则——基本准则〉的通知》；

3.《中华人民共和国公司法》；

4.《中华人民共和国企业会计制度》；

5.《中华人民共和国城市房地产管理法》；

6.《中华人民共和国土地法》；

7. 其他相关法律法规。

（二）经济行为文件

A公司与本评估机构签订的资产评估业务约定书。

（三）重大合同协议、产权证明文件

1. 委托方及产权持有者的企业法人营业执照复印件；

2. B公司章程；

3. 委托方及资产占有方出具的资产评估委托方承诺函、资产评估占有方承诺函；

4. 经C会计师事务所有限公司审计的B公司截至20××年×月×日会计报表及前三年度会计报表；

5. B公司填写、申报的资产清查评估申报表；

6. 相关房屋、土地产权证明及规划报建等资料；

7. 车辆行驶证等车辆产权登记证明资料；

8. B公司提供的会计凭证、合同及其他会计资料；

9. B公司出具的房产证未办理手续的说明、土地未办理过户的说明及未使用过配件的说明；

10. B公司出具的关于评估事项的说明；

11. C会计师事务所有限公司 ×× 第 ×× 号审计报告；

12. 其他相关资料。

（四）采用的取价标准

1. B 公司填写、申报的资产清查评估申报表；

2. C 会计师事务所有限公司 20×× 第 ×× 号审计报告；

3. 评估人员通过市场调查和询价取得的委估资产所在地价格信息资料；

4.《资产评估常用数据与参数手册》；

5. 向设备生产厂家进行询价的信息资料；

6. 政府有关部门颁布的房地产及土地估价规程、房地产价格信息资料；

7. 有关建筑工程施工预算、结算、决算资料及外部造价审计资料；

8. 本评估机构评估专业人员通过市场调查以及查阅相关书刊资料和网站等途径获取的相关评估依据等。

八、评估方法

根据国家国有资产管理与评估的有关法规，遵循独立、客观、公正和科学的原则及其他一般公认的评估原则，我们对 B 公司整体资产主要采用 ××× 法进行了评估，并采用 ××× 法进行了验证。在采用 ××× 法进行评估时，对各分项资产评估时又分别采用了不同的评估方法。

1. 在对各项流动资产（除存货外）和流动负债主要以审计确认后的账面值作为评估值；

2. 存货，对库存汽车主要采用 ××× 法评估……等情况，本次评估主要以经审计后账面值作为评估值；

3. 固定资产评估时主要采用 ××× 法进行评估。

九、评估程序实施过程和情况

我们接受 A 公司评估委托后，随即选派资产评估人员进点，配合企业进行资产评估前期准备工作，制订资产评估前期工作计划。随后资产评估组正式进驻现场，开展资产评估工作。

本次评估于 20×× 年 × 月 × 日开始进行前期工作，20×× 年 × 月 × 日进驻现场，于 20×× 年 × 月 × 日出具正式资产评估报告书。我们根据国有资产评估的有关原则和规定，对评估范围内的资产进行了评估和产权界定，整个评估工作分四个阶段进行。

（一）评估前期准备工作阶段

本阶段的主要工作是：根据我公司资产评估工作的需要，向各评估单位布置资产评估申报表，协助企业进行资产申报工作；同时收集资产评估所需文件资料，制订资产评估工作计划。

（二）现场评估阶段

根据国有资产评估的有关原则和规定，对评估范围内的资产进行了评估和产权界定，具体步骤如下：

1. 听取企业有关人员对企业情况以及委估资产历史和现状的介绍；
2. 根据委估的内容到现场进行实地核实，并对资产状况进行察看、记录；并与资产管理人员进行交谈，了解资产的经营、管理状况；
3. 根据委估资产的实际状况和特点，制订各类资产的具体评估方法；
4. 查阅委估资产的产权证明文件；
5. 查阅工程概预算及决算材料；
6. 开展市场调研、询价工作，走访有关设计、施工、制造、管理单位。

（三）评估汇总阶段

根据各专业组对各类资产的初步评估结果，进行汇总分析工作，确认评估工作中没有发生重评和漏评的情况，并根据汇总分析情况，对资产评估结果进行调整、修改和完善。

（四）提交报告阶段

根据评估工作情况，起草资产评估报告书，向委托方提交资产评估报告书初稿，根据委托方意见，进行必要的修改，在经委托方确认无误后，向委托方提交正式资产评估报告书。

十、评估假设

1. 本报告所称"评估价值"系指我们对所评估资产在现有用途不变并持续经营，以及在评估基准日之状况和外部经济环境前提下，为本报告书所列明的目的而提出的公允估值意见。

2. 根据A公司的委托，对B公司全部资产、负债进行评估，本次评估对象和范围是以委托方要求评估资产范围为限。本次评估是为A公司转让其所持有的B公司股权及其相关资产之目的，而对B公司整体资产进行评估。

3. 本报告评估结论是对本次评估基准日20××年×月×日这一时点所评估资产的公允价值反映，评估机构对评估基准日以后委估资产价值发生的重大变化不负任何责任。

4. 本次评估结论是反映评估对象在本次评估目的下，根据公开市场的原则发表的公允价值意见，没有考虑将来可能承担的抵押、担保等事宜，以及特殊的交易方可能追加付出的价格等对评估价格的影响，同时，本报告也未考虑国家和海南省宏观经济政策发生变化以及遇有自然力和其他不可抗力对资产价格的影响。

5. 当前述条件以及评估中遵循的持续经营原则等其他情况发生变化时，评估结论一般会失效。

十一、评估结论

在实施了上述资产评估程序和方法后，截至评估基准日20××年×月×日，在假设企业持续经营前提下，B公司全部资产、负债及权益的评估结果如下：……

十二、特别事项说明

1. 本报告是在委托方及资产占有方提供基础文件数据资料基础上做出的，资产占有方对所提供相关资料的真实性和可靠性负责。本报告评估结论是对20××年×月×日这一基准日所评估资产价值的客观公允反映，我公司对这一基准日以后该资产价值发生的重大变化不负任何责任。

2. 本项目评估基准日至评估报告提出日之间评估人员未发现对评估结论有重大影响的事项发生，资产价格亦未发生明显变化。在评估基准日后有效期以内，资产数量发生的变化，应根据原评估方法对资产额进行相应调整。当评估方法为重置成本法时，应按实际发生额进行调整；若资产价格标准发生变化，并对资产评估价格已产生明显作用时，委托方应及时聘请评估机构重新确定评估价。

由于评估基准日后资产数量、价格标准的变化，委托方在资产实际作价时应给予充分考虑，并进行相应调整。

3. 本报告含有若干备查文件，备查文件构成本报告之重要组成部分，与本报告正文具有同等法律效力。

十三、评估报告使用限制说明

1. 本评估报告只能用于评估报告中载明的评估目的和用途，不得另作他用。

2. 本评估报告只能由评估报告载明的评估报告使用者使用。包括：委托方A公司、产权持有者B公司、委托方以外的其他评估报告使用者主要包括B公司的全体股东、本项股权及资产转让中的受让方及相关政府监管部门。

3. 未征得出具评估报告的评估机构同意，评估报告的内容不得被摘抄、引用或披露于公开媒体，法律、法规规定以及相关当事方另有约定的除外。

4. 本资产评估报告有效期为自评估基准日至经济行为实现日一年内有效。

当评估结论在评估基准日成立，在基准日后的某个时期经济行为发生时，如市场环境未发生较大变化，评估结论在此期间有效；如评估基准日至经济行为发生日尽管不到一年，但市场条件或资产状况已发生重大变化，评估报告的结论不能反映经济行为实现日价值，这时评估结论失效。

十四、评估报告日

本评估报告提出日期为20××年×月×日。

谨此报告！

（此页为B公司资产评估报告书正文之重要组成部分）

×××资产评估有限公司

中国 海南 海口

资产评估师：×××
资产评估师：×××
20××年×月×日

下 篇
实 务 篇

第九章　虚报注册资本罪的证据与审查

虚报注册资本罪,是指申请公司登记的个人或单位在申请公司登记的过程中,使用虚假的证明文件或者其他诈骗手段,虚报注册资本数额巨大,后果严重或者其他严重情节的行为。在办理这类虚报注册资本类刑事案件中,其相关证据具有较强的财会属性,对其审查需要一定的财会基础知识和阅读技巧。

一、基本知识

(一)虚报注册资本罪的构成要件

本罪是由《全国人民代表大会常务委员会关于惩治违反公司法的犯罪决定》第 2 条的规定,吸收改为刑法的具体规定的,1979 年刑法无虚报注册资本罪的规定。本罪的犯罪主体是特殊主体,必须是申请公司登记的个人或者单位;本罪侵犯的客体是国家对公司的管理制度;主观要件是直接故意,且只能是直接故意,间接故意和过失不构成本罪;客观方面表现为使用虚假证明文件或者采取其他欺诈手段虚报注册资本,欺骗公司登记主管部门,取得公司登记,虚报注册资本数额巨大,后果严重或者有其他严重情节的行为。

(二)注册资本、认缴制和实缴制的概念

从虚报注册资本罪的罪名来看,注册资本是一个核心词汇,是指公司在登记机关登记注册的资本额,也叫法定资本,其本质是公司股东认缴的出资资本。在有限责任公司的资产负债表上,所有者权益类中的"实收资本"的项目,也代表股东的出资资本,二者既有区别,也有联系。区别在

于，注册资本代表的是公司股东认缴的出资额，而资产负债表上的"实收资本"，代表股东实缴的出资额。联系在于，一旦股东缴足登记的注册资本额，注册资本和实收资本金额相同。

需要注意的是，2013年公司法修改，将公司注册资本实缴登记制改为认缴登记制。除法律、行政法规以及国务院决定对公司注册资本实缴有另行规定的以外，取消了关于公司股东（发起人）应自公司成立之日起两年内缴足出资、投资公司在5年内缴足出资的规定，取消了一人有限责任公司股东应一次足额缴纳出资的规定，转而采取公司股东（发起人）自主约定认缴出资额、出资方式、出资期限等，并记载于公司章程的方式。根据2014年4月24日全国人大常委会《关于〈中华人民共和国刑法〉第一百五十八条、第一百五十九条的解释》规定，该罪只适用于依法实行注册资本实缴登记的公司，对于认缴登记制的公司，可不再依照刑法第158、159条的规定追究刑事责任。同时，最高人民检察院、公安部《关于严格依法办理虚报注册资本和虚假出资抽逃出资刑事案件的通知》（公经〔2014〕247号）规定，除依法实行注册资本实缴登记制的公司〔参见《国务院关于印发注册资本登记制度改革方案的通知》（国发〔2014〕7号）〕以外，对申请公司登记的单位和个人不得以虚报注册资本罪追究刑事责任；对公司股东、发起人不得以虚假出资、抽逃出资罪追究刑事责任。

虽然认缴登记制的公司可不再依照此规定追究刑事责任，但不代表注册资本类罪名不再重要。经梳理，仍然有27类[①]公司或企业属于实缴制，详见表9-1-1。

表9-1-1

实行实缴制的公司		
序号	公司类别	法律依据
1	募集设立的股份公司	公司法第80条第2款："股份有限公司采取募集方式设立的，注册资本为在公司登记机关登记的实收股本总额。"（如果股份有限公司采取发起设立，依然采用认缴制）

[①] 《国务院关于印发注册资本登记制度改革方案的通知》（国发〔2014〕7号）。

续表

实行实缴制的公司		
序号	公司类别	法律依据
2	商业银行	《商业银行法》第13条第1款:"设立全国性商业银行的注册资本最低限额为十亿元人民币。设立城市商业银行的注册资本最低限额为一亿元人民币,设立农村商业银行的注册资本最低限额为五千万元人民币。注册资本应当是实缴资本。"
3	外资银行	《外资银行管理条例》第8条第1款:"外商独资银行、中外合资银行的注册资本最低限额为10亿元人民币或者等值的自由兑换货币。注册资本应当是实缴资本。"
4	金融资产管理公司	《金融资产管理公司条例》第5条:"金融资产管理公司的注册资本为人民币100亿元,由财政部核拨。"
5	信托公司	《信托公司管理办法》第10条第1款:"信托公司注册资本最低限额为3亿元人民币或等值的可自由兑换货币,注册资本为实缴货币资本。"
6	企业集团财务公司	《企业集团财务公司管理办法》第10条第1款:"设立财务公司的注册资本金最低为1亿元人民币。财务公司的注册资本金应当是实缴的人民币或者等值的可自由兑换货币。"
7	金融租赁公司	《金融租赁公司管理办法》第7条:"申请设立金融租赁公司,应当具备以下条件:……(三)注册资本为一次性实缴货币资本,最低限额为1亿元人民币或等值的可自由兑换货币……"
8	汽车金融公司	《汽车金融公司管理办法》第10条第1款:"汽车金融公司注册资本的最低限额为5亿元人民币或等值的可自由兑换货币。注册资本为一次性实缴货币资本。"
9	消费金融公司	《消费金融公司试点管理办法》第12条第1款:"消费金融公司的注册资本应当为一次性实缴货币资本,最低限额为3亿元人民币或等值的可自由兑换货币。"
10	货币经纪公司	《货币经纪公司试点管理办法》第11条第1款:"货币经纪公司注册资本的最低限额为2000万元人民币或者等值的自由兑换货币,注册资本为实缴货币资本。"
11	村镇银行	《村镇银行管理暂行规定》第8条:"设立村镇银行应当具备下列条件:……(四)注册资本为实收货币资本,且由发起人或出资人一次性缴足……"
12	贷款公司	《贷款公司管理暂行规定》第8条:"设立贷款公司应当符合下列条件:……(二)注册资本不低于50万元人民币,为实收货币资本,由投资人一次足额缴纳……"
13	农村信用合作联社	《农村信用社省(自治区、直辖市)联合社管理暂行规定》第19条:"社员社必须以货币资金入股,股金必须一次募足。"
14	农村资金互助社	《农村资金互助社管理暂行规定》第9条:"设立农村资金互助社应符合以下条件:……(三)有符合本规定要求的注册资本。在乡(镇)设立的,注册资本不低于30万元人民币,在行政村设立的,注册资本不低于10万元人民币,注册资本应为实缴资本……"

续表

实行实缴制的公司		
序号	公司类别	法律依据
15	证券公司	证券法第121条第1款："……证券公司的注册资本应当是实缴资本。"
16	期货公司	《期货交易管理条例》第16条第2款："国务院期货监督管理机构根据审慎监管原则和各项业务的风险程度，可以提高注册资本最低限额。注册资本应当是实缴资本。"
17	管理公开募集基金的基金管理公司	证券投资基金法第13条："设立管理公开募集基金的基金管理公司，应当具备下列条件，并经国务院证券监督管理机构批准：……（二）注册资本不低于一亿元人民币，且必须为实缴货币资本……"
18	保险公司	保险法第69条第3款："保险公司的注册资本必须为实缴货币资本。"
19	保险经纪公司、保险专业代理公司	《保险经纪人监管规定》第10条第3款："保险经济公司的注册资本必须为实缴货币资本。" 《保险代理人监管规定》第10条第3款："保险专业代理公司的注册资本必须为实缴货币资本。"
20	外资保险公司	《外资保险公司管理条例》第7条第1款："合资保险公司、独资保险公司的注册资本最低限额为2亿元人民币或者等值的自由兑换货币；其注册资本最低限额必须为实缴货币资本。"
21	直销企业	《直销管理条例》第7条："申请成为直销企业，应当具备下列条件：……（二）实缴注册资本不低于人民币8000万元……"
22	对外劳务合作企业	《对外劳务合作管理条例》第6条："申请对外劳务合作经营资格，应当具备下列条件：……（二）实缴注册资本不低于600万元人民币……"
23	融资性担保公司	《融资性担保公司管理暂行办法》第10条："监管部门根据当地实际情况规定融资性担保公司注册资本的最低限额，但不得低于人民币500万元。注册资本为实缴货币资本。"
24	劳务派遣公司	
25	典当行	
26	保险资产管理公司	2013年10月25日国务院第28次常务会议决定。
27	小额贷款公司	

（三）虚假证明文件的认识误区

本罪中提到的虚假证明文件，主要是指依法设立的会计师事务所对申请公司登记的单位和个人提交的注册资本进行验证后，出具的不真实的验资报告、其他相关验资证明或由资产评估事务所出具的不真实的资产评估报告等书面资料。此处的虚假证明文件主要包括会计师事务所出具的验资报告和资产评估师事务所出具的资产评估报告，但笔者发现，在很多刑法相关书籍中，对虚假证明文件涉及的文件名称、出具文件的中介机构名称以及二者的对应关系存在认识误区，如将"会计师事务所"称为"注册会计师事务所""审计师事务所"，还有将"评估报告"写成"由会计师事务所出具"等。各类证明文件和对应的中介机构详见表9-1-2。

表 9-1-2

序号	事务所类型	报告类型
1	会计师事务所	审计报告、审阅报告、验资报告、其他鉴证报告等
2	税务师事务所	所得税汇算清缴鉴证报告、企业税前弥补亏损鉴证报告、财产损失鉴证报告、纳税审查报告等
3	资产评估事务所（含珠宝评估）	不动产评估报告、动产评估报告、无形资产评估报告、企业价值评估报告、资产损失评估报告或者其他经济权益资产评估报告（珠宝评估单列，必须有珠宝评估资质方可出具报告）
4	司法会计鉴定机构	司法会计鉴定书、司法会计检验报告等

（四）虚报注册资本罪的常见行为方式

梳理具体犯罪的常见行为方式，一是可以帮助办案人员熟悉经济犯罪在实务中常见的作案手段，拓宽知识边界、提高实务经验；二是可以帮助办案人员结合案件背景更准确地理解财会证据在案件中所起的作用。

行为人构成虚报注册资本罪，主要是采取了使用虚假证明文件或者采取其他欺诈手段的行为方式，具体来说实践中有以下两种常见情形。

一是行为人使用了伪造、变造、涂改等方式制作的身份资格证明、现金缴款单、验资报告、验资证明、资产评估报告等重要书面文件。例如：2012年黑龙江省哈尔滨市的刘某某指使张某某通过非法途径，利用虚假的验资报告、现金缴款单等证明文件，虚构出资2000万元的事实，欺骗公司登记主管部门，于9月1日取得了其公司的工商登记。

二是行为人以伪造、变造、涂改等方式制作成立公司企业所必需的政府批文、特别许可、申报材料等文件。例如：2014年，吉林省梨树县王某1，明知注资公司不符合申报条件，要求王某2制作不真实的申报材料，并提供给吉林省工业和信息化厅，从而使得梨树县某担保有限公司于2014年9月29日取得融资性担保机构经营许可证，注册资本1亿元。

二、常见财会证据

从下篇实务篇开始，将逐章介绍实务中涉及的常见财会证据，包括证据的常见样式、证明内容以及审查要点。本章主要介绍在办理虚报注册资本相关案件中常见的财会证据，包括以下几类。

（一）营业执照

自2015年起，我国开始实行三证合一政策，将工商营业执照、组织机构代码证和税务登记证三证合并为社会信用组织代码证并印有18位"统一社会信用代码"，简化了登记办理手续，在降低行政管理成本的同时也放宽了市场准入的要求。

营业执照是虚报注册资本案件中必不可少的证据之一，其上列明了企业的名称、类型、住所、法定代表人、成立日期、注册资本等企业基本信息，办案人员应当关注该信息与其他证据反映的信息、法律文书记载的信息是否一致。其中的注册资本额一般与工商行政管理部门登记的金额相一致，但可能不同于企业的实缴资本额，该金额反映了股东认缴的注册资本额。

图 9-2-1

我们信赖并使用营业执照上注明的信息，是建立在该营业执照所反映的信息是真实且准确的前提下。通过统一社会信用代码，办案人员可以在"全国组织机构统一社会信用代码公示查询"官方网站（www.cods.org.cn）查询该营业执照的信息真伪以及变更情况，确保没有使用伪造的、已过期的或现已变更的营业执照。通过其他一些如等付费软件还可以进一步查询更为详细的关于公司股东持股、股权变更等各类工商信息。

图 9-2-2

（二）出资证明书、股权证书

出资证明书和股权证书都是股东出资情况的证明，但二者有所不同。出资证明书是表现有限责任公司股东地位或者股东权益的一种要式证券（如图9-2-3所示），而股权证书是股份公司向股东出具的证明其投资数量、拥有股份数量及相应权益和义务的书面凭证（如图9-2-4所示），二者为不同的公司类型所使用。出资证明书和股权证书是证明股东身份和股东出资情况的重要证据之一，是辅助核实公司注册资本的书证之一。

出资证明书	骑	出资证明书
（正本）	缝	（副本）
编号：_____	章	编号：_____
公司名称：_____		公司名称：_____
股东姓名：_____		股东姓名：_____
身份证号码：_____		身份证号码：_____
出资金额：_____		出资金额：_____
股权比例：_____		股权比例：_____
出资日期：_____		出资日期：_____
法定代表人：		法定代表人：
核发日期： 年 月 日		核发日期： 年 月 日
说明：		说明：
1. 本出资证明书仅证明股东已缴纳出资款，未经章程规定程序批准，不得转让或作其他用途。		1. 本出资证明书仅证明股东已缴纳出资款，未经章程规定程序批准，不得转让或作其他用途。
2. 本出资证明书在骑缝章处加盖公司公章后方为有效。		2. 本出资证明书在骑缝章处加盖公司公章后方为有效。

图 9-2-3

××公司
股权证书

股东姓名：	所属股权类型：
身份证号：	证书编号：
投资资金：	法人代表：
投资方式：	地址：
股份数量：	出资日期：
所占股权比：	发证机构（盖章）：

发证日期：

兹证明是××公司股东，持上述股份公司股份××××股

图 9-2-4

(三)验资报告、询证函

验资报告,是指注册会计师根据审计准则规定,在实施验资工作的基础上对被验资单位的股东出资情况发表审验意见的书面文件。验资报告的类型包括:内资投资企业验资报告、外资企业验资报告和其他验资报告。具体又可以各自细分为:开业登记验资、普通增资、二期缴付或缴足、增资验资、减资验资、合并验资、分立验资、改制验资等。在现行法律规定下,实行认缴制的公司在工商登记时无须再出具验资报告,但实行实缴制的公司,一般仍需要提供验资报告。

说到验资,就不得不提询证程序。询证作为审计中一种常用的程序和方法,包括查询和函证。查询是审计人员对有关人员进行书面或口头询问以获取审计证据的方法。函证,是指审计人员为印证被审计单位会计记录所载事项而向第三方发函询证的一种方法,发出的函件,就被称为"询证函"。而在验资过程中,询证函通常由会计师事务所制作,以企业的名义发出,并经银行书面确认,询证函直接显示了截至某一时点,被验资(或审计)单位的验资账户(某账户)的实时余额。正因为询证函是由银行这类金融机构最终确认,并经中介机构监督,故其证明力较高,是验资(审计)过程中不可或缺的重要证据,其对验资报告的准确性起着直接支撑作用。询证函载明的信息可以证明在验资时公司验资账户的实际余额,在证明公司实缴资金的事实上有着相当高的证明力,但由于其作为验资工作底稿保存在会计师事务所,在被验资的公司中没有备份,因而该证据往往被遗漏收集。

在这类刑事案件中,验资报告也是需要重点审查的书证之一,办案人员要着重审查:(1)验资报告是否为专业审计中介机构制作,该中介机构是否有法定资质,验资报告是否为伪造。(2)缴纳投资款的时间是否与验资报告、询证函相一致,是否存在提前或推后的情况。(3)注意实际资本缴付情况的描述,是否存在验资额小于询证函金额的情形,是否存在部分缴付的情形;对于非货币出资的,还需要审查是否对股东办理财产转移手续的情况和财产评估情况作出说明以及是否有资产评估报告作支撑。对于以资本公积、盈余公积和未分配利润转增注册资本及实收资本的,应当重点审查财务报表有关科目的调整、转增后股东的出资额等情况。(4)审查验资报告的附件如出资凭证复印件与验资报告内容记载是否一致。

银行询证函

编号:XXXXXX

本单位聘请的ABC会计师事务所正在对单位的注册资本实收情况进行审验。按照国家有关法规的规定和中国注册会计师独立审计准则的要求,应当询证本单位股东向贵行缴存的出资额。下列数据如与贵行记录相符,请在本函下端"数据证明无误"处盖章证明;如有不符,请在"数据不符"处列明不符金额。有关询证费用可直接从本公司(筹)存款账户中收取。回函请直接寄至ABC会计师事务所有限公司。

通信地址:
联系人:
邮政编码:　　　　电话:　　　　传真:
截至2022年　月　日,本单位投入的出资额列示如下:

货币单位:万元

缴款人	缴入日期	银行账号	币种	金额	款项用途	备注
				****	验资款	

合计金额(大写)	

法定代表或委托代理人:
　　　　　　　　　20　年　月　日

结论:
1. 数据证明无误　　　　2. 数据不符,请列明不符金额
银行盖章:　　　　　　　银行盖章:
　年　月　日　　　　　　年　月　日
经办人:　　　　　　　　经办人:

图 9-2-5

(四)会计凭证

从本章开始,每一章都会详细介绍各个罪名可能涉及的凭证中的会计分录。通过对第三章会计分录基本原理的运用,办案人员可以熟练掌握常

见的会计分录知识，理解大部分经济案件中的会计凭证所反映的含义。会计凭证的样式、因会计分录而产生的会计账簿和会计报表的变化在每章证据中也会详细介绍。

1. 有限责任公司收到投资款

原则：有限责任公司收到投资款，一般记入"实收资本"科目。

例9-2-1：甲、乙、丙2019年1月共同设立A有限责任公司，注册资本为1000万元，甲、乙、丙持股比例分别为55%、20%、25%，甲、乙、丙投入资本分别为550万元、200万元、250万元，均以银行存款支付：

```
借：银行存款                    1000万
    贷：实收资本——甲            550万
             ——乙            200万
             ——丙            250万
```

分析：该书证反映了有限责任公司的银行存款增加了1000万元，其中550万元为甲出资，200万元为乙出资，250万元为丙出资，实收资本科目就是用来反映各方出资金额。

接上例：2019年5月，丁欲入股，根据其与公司签订的合同约定，丁投入资本300万元，甲公司将注册资本提升到1200万元，丁占比20%，甲占比44%，乙占比16%，丙占比20%。

```
借：银行存款              300万
    贷：实收资本——丁      240万（1200×20%=240万）
        资本公积——资本溢价  60万（后来者额外支付一定的溢价）
```

分析：该书证反映了公司的银行存款增加了300万元，其中240万元记作丁对公司的出资，另外60万元作为丁出资向公司支付的溢价款，账面上不作为丁的出资额。

在这张会计凭证中就存在这样一个问题，即股东实际出资额为300万元，而账面上的实收资本才240万元，二者不一致。实际上，这种情况较为少见，但也偶尔会存在，因而需要作为例外情况掌握。2013年中稷公司和国电南宁公司争讼的原因就是在于此，即股东投入的在会计分录中记为"资本公积——资本溢价"的部分，是否可以作为股东实缴额。

根据民事审判实践观点，这种情形需要区分对待，即需要根据投资者投入资金时的真实意愿和目的作出判断：如果其是作为超出注册资本的股本溢价投入，不作为股东的实缴资本，这部分资金相当于对公司的赠予。而如果投资者是以登记为注册资本为投入目的，即使会计凭证上（240万元）与银行缴存凭证（300万元）书证内容不一致，也应当将实缴的300万元资金全部认定为实缴的注册资本。在无法确定投资人的主观目的时，将实缴的300万元资金全部认定为实缴的注册资本。而对于刑事案件，从有利于被告人的角度来说，还是应当将投入的全部资本作为股东的实际出资金额。

2. 股份有限公司收到投资款

原则：股份有限公司收到投资款，一般记入"股本"科目和"资本公积——股本溢价"科目（注：有限责任公司使用"资本溢价"，股份有限公司使用"股本溢价"）。

实际上，股本和注册资本并没有直接联系。股本，是经公司章程授权、代表公司所有权的全部股份，既包括普通股也包括优先股。注册资本，是指公司在登记机关登记注册的资本额。股本可能会随着送股和配股而不断增加，而在增加股本的同时是可以不用增加注册资本的。因此，对于股份有限公司，核定注册资本金额，主要还是以工商部门登记文件以及营业执照金额为准，可以辅助参考现金缴款单、电汇凭证、会计凭证等书证。

例9-2-2：A股份有限公司发行股份100万股，每股面值1元，每股发行价格10元。假定股票发行成功，另支付手续费、佣金等费用2万元。

借：银行存款	1000万
贷：股本	100万
资本公积——股本溢价	900万

同时支付手续费、佣金等交易费用：

借：资本公积——股本溢价　　　　　　　　　　2万
　　贷：银行存款　　　　　　　　　　　　　　　　2万

两张会计凭证通常以一张凭证汇总显示：

借：银行存款　　　　　　998万
　　贷：股本　　　　　　　100万（100万股×1元）
　　　　资本公积——股本溢价　898万

分析：该凭证反映了公司支付了2万元的手续费，实际收到了998万元银行存款，其中100万元作为股份有限公司的股本，另外898万元作为购买股本的溢价，这是与有限责任公司会计凭证处理的最大不同。因为我国法律规定，股份责任公司的股本面值为法定1元，超出金额只能作为溢价在账面反映。与有限责任公司一样，当事人实际出资金额不能仅凭股本金额认定，而应结合其实际出资金额综合认定。

根据公司法第27条规定，股东可以用货币出资，也可以用实物、知识产权、土地使用权等可以用货币估价并可以依法转让的非货币财产作价出资。当股东以货币性资产出资时，则会计凭证借方显示上述"银行存款"。"库存现金"等会计科目；当股东以"非货币性资产"出资时，则会计凭证借方为"固定资产""存货""长期股权投资""无形资产"等会计科目，不影响会计凭证所反映的会计事实，但通常附有资产评估报告以证明非货币性资产的公允价值。需要注意的是，如果收到非货币性资产时，公司也取得了一笔增值税进项税额，此时在会计凭证的借方会单列增值税科目并标明增值税金额，该增值税金额应当和非货币性资产不含税金额共同作为股东实缴资本。

（五）明细分类账和财务报表

在涉及公司注册资本类刑事案件中，除了关注会计凭证所表达的内容外，还需要收集明细分类账以及财务报表共同作为证据。当股东以货币性资产出资时，则应当关注"银行存款""库存现金"的对应明细账；当股东以"非货币性资产"出资时，则应关注"固定资产""存货""长期股权投资""无形资产"等明细分类账的变化，涉及增值税的非货币性资产，还应当关注"应交增值税"明细分类账的变化，同时对进项税额抵扣的相关证据也应一并搜集，作为股东实缴注册资本的书证予以固定。

对于财务报表来说，股东出资也会对财务报表四张报表中的资产负债表和股东权益变动表造成影响，财务报表中项目的金额为累计数，一般情况下很难从财务报表的金额变化中得到印证，但实收资本、股本金额的变化频率较低，该数额变化通常可以在资产负债表的比较报表①中得到反映，但对于货币资金（银行存款）、固定资产等项目金额的变化，则很难在财务报表中体现出来。资产负债表简表变化如图9-2-6所示。

资产负债表					
资产	银行存款	↑	负债		
	存货	↑			
	固定资产	↑	所有者权益	实收资本或股本	↑
				资本公积	↑

图9-2-6

对于所有者权益变动表，只有涉及实收资本变动、分配股利、分配利润等造成所有者权益变动时，才会涉及这张表。而今大部分公司使用的是注册资本登记制，因而注册资本的变化，不一定会有实收资本的变化，也就不一定会涉及该表内容。当实缴注册资本变化时，该表中"实收资本（股本）、所有者权益合计"中的相应项目金额也随之变化。所有者权益变动表简表如图9-2-7所示。

---

① 比较报表，是将两年或连续几年的报表项目并排列示的会计报表格式。

所有者权益变动表						
	实收资本（或股本）	资本公积	盈余公积	未分配利润	……	所有者权益合计
一、上年年末余额						
二、本年年初余额						
三、本年增减变动金额： （一）净利润 （二）直接计入所有者权益的利得和损失 （三）所有者投入和减少资本 （四）利润分配 （五）所有者权益内部结转	↑	↑				↑
四、本年年末余额	↑	↑				↑

图 9-2-7

三、实务案例

案例一 郑某某虚报注册资本案

【基本案情】

2009 年，被告人郑某某从他人手中受让 B 担保公司，并担任该公司法定代表人。后郑某某决定将公司注册资本分两期从 5900 万元增加到 12000 万元。

2010 年 5 月、10 月，被告人郑某某委托他人代办验资手续，利用他人提供的金额累计 2100 万元、4000 万元的现金缴款单等取得验资报告，至 H 市某工商行政管理局办理公司变更登记，分两次将 B 担保公司实收资本分别由 5900 万元变更为 8000 万元、由 8000 万元变更为 12000 万元。经鉴定，被告人郑某某委托他人代办验资的现金缴款单、银行存款发生额、余额证明上"某县农村信用合作联社 A 镇信用社业务清讫"章印文均与"某县农村信用合作联社 A 镇信用社业务清讫"章印文不一致，现金缴款单、银行存款均为伪造。

2020 年 10 月 29 日，H 市 D 区人民法院依法判决：被告人郑某某犯虚报注册资本罪，判处有期徒刑 1 年 6 个月，缓刑 1 年 6 个月。

【实务分析】

在上述案例中，B 担保公司的注册资本经历过两次变更。第一次由 5900 万元变更为 8000 万元，第二次由 8000 万元变更为 12000 万元。

（一）会计凭证审查

第二次变更注册资本时，由 5900 万元变更为 8000 万元，注册资本增加了 2100 万元，其公司并未实际收到款项，而是通过伪造的现金缴款单、验资报告增加了公司注册资本，骗得了工商部门的登记。

借：其他应收款	2100 万
贷：实收资本	2100 万

分析："其他应收款"属于"资产"，"实收资本"属于"所有者权益"，根据会计分录原理："其他应收款"增加 2100 万元，"实收资本"增加 2100 万元。该会计凭证证明了公司注册资本增加了 2100 万元，但并未实际收到股东转来的款项，而是作为往来借款挂账。

一般情况下，如果会计分录未涉及"银行存款"科目，则不需要查看"银行存款日记账"，但本案中，银行存款日记账无记录，则代表着公司未收到银行存款，恰恰可以印证案件事实。

第二次变更注册资本时，由 8000 万元增加到 12000 万元，注册资本增加了 4000 万元：

```
借：其他应收款              4000 万
    贷：实收资本            4000 万
```

其作案手法类似于第一次，公司并未实际收到款项，而是通过伪造的现金缴款单、验资报告增加了公司注册资本，骗得了工商部门的登记。

分析："其他应收款"属于"资产"，"实收资本"属于"所有者权益"，根据会计分录原理："其他应收款"增加4000万元，"实收资本"增加4000万元。该会计凭证证明了公司注册资本增加了4000万元，但并未实际收到股东转来的款项，而是作为往来借款挂账。

（二）银行存款日记账、银行对账单的审查

通过审查银行存款日记账、银行对账单后可以发现，真实的银行存款日记账和银行对账单上B担保公司并没有实际收到股东投资款的记录，可以反向证明股东并未实际出资。

（三）明细分类账的审查

此外，通过审查其他应收款明细分类账、实收资本明细分类账等账簿，查看账簿是否反映了行为人增资记录情况。如果已反映，则应当与会计凭证一同作为书证固定，可以证明公司增资的发生额和账面金额变化情况以及其股东未实际出资的事实。

其他应收款						单位：万元
日期	凭证编号	摘要	借方	贷方	（借或贷）	余额
期初						0
2020.5	1	增资	2100		借	2100
2020.10	2	增资	4000		借	6100
期末					借	6100

从"其他应收款"明细分类账中可以看出，借方发生额分别有2100万元和4000万元，由于"其他应收款"属于"资产"，在借方

表示增加，余额也一般在借方，在两次增资后，借方余额从0增加到6100万元，证明公司尚挂账6100万元的债权，这个债权款就是股东投资应当缴纳的投资款。这个6100万元债权长期挂账，无人认领。

实收资本　　　　　　　　　　　　　　　　　单位：万元

日期	凭证编号	摘要	借方	贷方	（借或贷）	余额
期初					贷	5900
2020.5	1	增资		2100	贷	8000
2020.10	2	增资		4000	贷	12000
期末					贷	12000

从"实收资本"的明细分类账中可以看出，通过2100万元和4000万元的两次增资，"实收资本"从5900万元增加到12000万元，余额为12000万元，证明了公司当年注册资本的发生额以及余额情况。

（四）资产负债表的审查

资产负债表变化如下所示：

资产			负债和所有者权益		
项目	借方	贷方	项目	借方	贷方
银行存款			……		
其他应收款	2100↑ 4000↑		实收资本		2100↑ 4000↑

从资产负债表中可以看出，从会计凭证到明细分类账，再到财务报表之间的数据变化情况。在实际案件中，资产负债表各项目金额是涉及该项目的多个事项的金额汇总，因而不一定能从资产负债表中直接看出数据变化。此处列明资产负债表数值，只是借该案介绍这几类财会凭证的数据之间的逻辑关系。

在本案中，被告人郑某某利用他人提供的金额累计2100万元、4000万元的现金缴款单等取得验资报告，这恰恰证明了注册会计师在

> 验资程序中未遵循谨慎的执业态度，其工作底稿必然存在程序缺失和相应瑕疵。具体来说，注册会计师未能直接向银行发出询证函并取得银行直接回函，而是根据伪造的现金缴款单和余额证明作为审计证据径行出具了验资报告，在审计程序上存在严重过失。对于审计工作中的询证程序产生的相关审计工作底稿应当一并收集予以固定，该证据对被告人完成虚假注册资本登记有着直接的影响。

通过银行对账单、银行存款日记账、会计凭证、明细分类账、审计工作底稿等财会证据的深入阅读和全面审查，可以充分还原案件事实和相应细节，提高诉讼质量。同时，从会计和审计的双重角度固定相关证据，不仅有利于将案件办成铁案，还有助于在更多的证据中发现新的案件线索。

在实务中，虚报注册资本罪和抽逃出资罪有一定的相似性，二者的财会证据也有一定的相似性。因此，此处再列举一个抽逃出资罪的实务案例，帮助办案人员区分二者在财会证据方面的实质内容。

案例二　蔡某某抽逃出资案

【基本案情】

2010年6月，河南省A市蔡某某先后通过亲戚、朋友介绍按照成立小额贷款公司，股东数量要求使用孔某、卢某、曹某、刘某、赵某霞、徐某、王某2、王某等18人的身份信息和蔡某某自己担任公司股东，但孔某等8人只是挂名股东，不参与公司经营和分红，公司成立所需的2000万元注册资金实际由蔡某某自己出资并担任公司法人。后蔡某某通过何某介绍向何某的一个朋友借款2000万元作为公司成立的注册资金，并根据蔡某某制作的股东会决议、股东出资承诺书、担保证明、验资报告等文书申请成立了R小额贷款公司。公司成立后，因蔡某某与 2000 万元注册资金借款人约定借款期限为一个月，后蔡某某在借款期限到期后将 2000 万元出资从公司对公账户内转出还给了借款人。后蔡某某以公司名义对外吸收存款、发放贷款，2014 年，因公司对外借款收不回来造成资金链断裂无法经营。

公司登记后至 2013 年，该公司每年向工商部门提供虚假的年审报告。

【实务分析】

上述案件中，蔡某某通过借款注册验资成立了小额贷款公司，在公司成立后不久就将注册资本抽逃。该案主要涉及银行对账单、银行存款日记账、会计凭证、明细分类账等财会证据。

（一）会计凭证

该公司会计凭证上记载的会计分录如下所示：

1. 公司收到借来的资金 2000 万元时，该款先转到公司验资银行账户验资，验资完成进行工商登记后，做如下会计分录：

借：银行存款——验资户	2000 万
贷：实收资本	2000 万

分析：该凭证反映了公司的专用验资银行账户收到了 2000 万元银行存款，公司的实收资本（股东的投资资本）增加了 2000 万元。

验资完成后，将银行存款从验资户转到银行基本户：

借：银行存款——基本户	2000 万
贷：银行存款——验资户	2000 万

分析：属于银行存款的内部账户资金转移，即基本户资金增加 2000 万元，验资户的资金减少了 2000 万元，银行存款总额不变。

2. 公司归还款项时：

```
借：其他应收款          2000 万
    贷：银行存款        2000 万
```

分析：银行存款属于"资产"，其他应收款属于"资产"，根据会计分录原理：银行存款减少2000万元，其他应收款增加2000万元。在验资完成后，将公司2000万元银行存款转出，同时账面的债权类科目"其他应收款"增加了2000万元，证明了公司将银行存款转出，但将其作为一项债权（往来款）挂账。

（二）银行存款日记账

如果案件涉及现金，则查阅现金日记账；如果涉及银行存款，则查阅银行存款日记账。该案涉及银行存款收支，因而需要查阅银行存款日记账：

银行存款日记账						单位：万元
日期	凭证编号	摘要	借方	贷方	（借或贷）	余额
2013.6	记1	收验资款	2000		借	2000
2013.6	记2	借款		2000	借	0

"银行存款"属于"资产"，其借方代表"银行存款"增加，贷方代表"银行存款"减少，在该案中，"银行存款"在借、贷方通过一增一减的方式，实现了验资登记以及转出存款的双重目的。

银行存款日记账是由出纳人员记录，除了核实银行存款日记账外，还需要将银行对账单与银行存款日记账相比对，查明银行存款日记账的内容是否完整，是否与银行对账单一致。在比对一致的情况下，才能将二者作为证据固定。如果银行对账单中有收支记录但未在会计凭证和财务报表这类财会书证中登记，则证明犯罪嫌疑人以支出未入账的方式转出存款，相较前述已入账的情形来说具有更直接的犯罪故意。

（三）明细分类账

从会计分录涉及的会计科目中，我们可以收集对应的明细分类账。这样做一是可以验证账簿是否真实记录会计分录的内容；二是可以和会计凭证一起证明案件事实；三是可以通过明细分类账查明是否有遗漏的同类型犯罪事实。

其他应收款						单位：万元
日期	凭证编号	摘要	借方	贷方	（借或贷）	余额
期初						0
2013.6	记2	借款	2000		借	2000
期末					借	2000

从该案明细分类账中可以看出，借方代表着"其他应收款"增加2000万元，期末余额为2000万元，证明这笔应由股东偿还的往来款一直在账面挂账，可以证实抽逃出资的金额以及未还款的事实。

财会证据具有其独有证据价值，其自身就能够直接反映一定的会计事实，并能为完善整个案件事实以及证据链提供助力，而连接证据和事实的桥梁就在于承办人对财会证据的解读。选用虚报注册资本罪作为本书实务篇的开篇，主要是因为其会计凭证内容较为简单，容易理解，有利于帮助办案人员快速上手熟悉这些办案中常见的会计证据的阅读方法以及其证明含义。在阅读实务章节内容时，特别需要提醒办案人员注意的是，财会证据作为一类专业证据，仅体现一定的会计事实，不能完全等同于真实的案件事实，更不能直接以会计事实代替法律事实。在理解、运用财会证据时，仍然需要与其他相关证据一同理解和把握，保证法律事实的准确性和证明逻辑的一致性。

第十章　欺诈发行证券罪的证据与审查

欺诈发行证券罪是由原欺诈发行股票、债券罪调整而来，用于规制在债券发行文件中隐瞒重要事实、编造重大虚假内容的严重欺诈发行的犯罪行为。虽然目前实务中该类案件不算太多，但随着国家将IPO由"核准制"[①]改为"注册制"[②]，可以预见未来发行证券的数量、规模较以往将会大大增加，与之对应的违法风险也会增加。证券领域对于办案人员来说毕竟属于新领域，很多基层地区司法机关这类案件较少、接触不多，因此，在办理这类证券类违法犯罪案件前，有必要先了解一些证券领域常识，并在此基础上进一步掌握本罪常见的财会证据类型。

一、基本知识

（一）欺诈发行证券罪的构成要件

本罪是由《全国人民代表大会常务委员会关于惩治违反公司法的犯罪决定》第2条的规定，吸收改为刑法的具体规定的。本罪的犯罪主体为特殊主体，即只有法律规定有权发行股票、债券的单位和个人才能构成本罪；本罪侵犯的客体为国家对股票、债券的发行管理制度；主观方面是由故意

[①]　核准制，是指证券的发行不仅要以真实状况的充分公开为条件，而且必须符合证券管理机构制定的若干适于发行的实质条件。符合条件的发行公司，经证券管理机关批准后方可取得发行资格，在证券市场上发行证券。

[②]　注册制，是指发行人申请发行股票时，必须依法将公开的各种资料完全准确地向证券监管机构申报。证券监管机构的职责是对申报文件的全面性、准确性、真实性和及时性作形式审查，不对发行人的资质进行实质性审核和价值判断，而将发行公司股票的良莠留给市场来决定。

构成,并以募集资金为目的,过失不构成本罪;客观方面表现为在招股说明书、认股书、公司、企业债券募集办法中隐瞒重要事实或者编造重大虚假内容,发行股票或者公司、企业债券,数额巨大、后果严重或有其他严重情节的行为。

(二)股票、债券、存托凭证的概念

1. 股票

(1) 含义

股票,是股份公司所有权的一部分,也是发行的所有权凭证,是股份公司为筹集资金而发行给各个股东作为持股凭证并借以取得股息和红利的一种有价证券。股票可以在市场上转让、买卖,是资本市场的主要长期信用工具,持有股票的投资者不能要求公司返还其出资,但公司可以主动回购股票。

(2) 股票的类型

中国上市公司的股票有 A 股、B 股、H 股、N 股和 S 股,具体来说,A 股是人民币普通股票,也是我国公民最常买卖的股票类型;B 股是人民币特种股票,它是以人民币标明面值,以外币认购和买卖的在中国境内证券交易所上市交易的外资股;H 股,即注册地在内地、上市地在香港的外资股,认购和交易均用港币;N 股指在中国大陆注册、在纽约上市的外资股;S 股是指尚未进行股权分置改革或者已进入改革程序但尚未实施股权分置改革方案的股票。

(3) 股票发行的方式

股票的发行方式可分为两类:公开间接发行和不公开直接发行。公开间接发行,是指通过中介机构,公开向社会公众发行股票。这种发行方式的发行范围广、发行对象多,易于足额募集资本,股票的变现性强,流通性好;缺点在于手续繁杂,发行费用较高,耗费时间过长。不公开直接发行,是指不公开对外发行股票,只向少数特定的对象直接发行。此种发行方式优点是成本低,发行弹性大;缺点是发行范围小,股票变现性差。

此外，企业的公开间接发行又包括包销发行和代理发行两种方式。包销发行，是由代理股票发行的证券商一次性将上市公司新发行的全部或部分股票承购下来，并垫支相当股票发行价格的全部资本，如果企业发行股票的数量金额过大，可以由多家证券商联合包销。代理发行，是由上市公司自己发行，中间只委托证券公司代为推销，证券公司代销证券只向上市公司收取一定的代理手续费，在此种方式下，公司可能会募集到更多的资金，支付给证券商的成本费用也较低，但可能存在募集时间过长以及募集失败的风险。

（4）我国股票市场分类

国内存在着多层次的资本市场，用来进行股票交易的市场主要是 A 股市场和三板市场。其中，A 股市场包括主板、创业板、中小板和科创板，三板市场包括新三板和老三板。此外，还包括 B 股市场（极度缺乏流动性）和 H 股市场（港股），与该罪名联系不大的市场不再详细介绍。下面详细介绍 A 股市场和三板市场，这两类是该证券类犯罪涉及的主要市场类型。

① 主板：主要针对大型蓝筹企业挂牌上市，分为上海证券交易所主板（股票代码以 60 开头）和深圳证券交易所主板（股票代码以 000 开头）。

② 创业板：主要针对科技成长型中小企业，属于深圳交易所的一个板块（股票代码 300 开头）。

③ 中小板：主要针对中型稳定发展，但是未达到主板挂牌要求的企业，属于深圳交易所的一个板块（股票代码以 002 开头）。需要注意的是，2021 年 2 月 5 日，证监会批准深交所主板和中小板合并，目前中小板股票已经并入主板板块，但由于中小板块的股票上市条件与主板股票上市条件有很大不同，因而此处仍然单列该板块。

④ 科创板：是由国家主席习近平于 2018 年 11 月 5 日在首届中国国际进口博览会开幕式上宣布设立，是独立于现有主板市场的新设板块，并在该板块内进行注册制试点。科创板（股票代码以 688 开头）主要服务于符合国家战略、突破关键核心技术、市场认可度高的科技创新企业。

⑤ 三板：三板包括新三板和老三板。老三板主要包括历史遗留问题公

司，主要指从 STAQ①、NET② 法人股市场转过来的股票和因为连年亏损、走投无路而被迫从主板上摘牌的股票；新三板，也叫"全国中小企业股份转让系统"，简称"全国股转系统"，是经国务院批准，依证券法设立的，继上海证券交易所、深圳证券交易所之后第三家全国性证券交易场所，定位于为创新、创业、成长性中小微企业提供股票公开转让、融资及资产重组等服务，股票上市门槛相较前几类市场大为降低。新三板市场又细分为基础层、创新层和精选层，不同资质的公司在这三个不同的平台挂牌，前两者不属于上市公司，而精选层已于 2021 年 11 月全部移至北交所③ 上市，属于上市公司。

主板、创业板、中小板、科创板四类共同构成了我们国家的 A 股市场，公司通过 IPO④ 方式在 A 股市场发行股票，香港资金也可以通过沪股通、深股通购买我国 A 股股票。欺诈发行证券罪中列明的发行股票，主要是指在 A 股市场和三板市场发行股票。

2. 债券

（1）含义

债券，是政府、企业、银行等债务人为筹集资金，按照法定程序发行并向债权人承诺于指定日期还本付息的有价证券。

（2）债券市场

债券市场是发行和买卖债券的场所，是金融市场的一个重要组成部分。根据不同的标准，债券市场可分为不同的类别。

---

① STAQ 系统，指全国证券交易自动报价系统，是一个基于计算机网络进行有价证券交易的综合性场外交易市场。系统中心设在北京。

② NET 系统，是由中国证券交易系统有限公司（简称中证交）设计。利用覆盖全国 100 多个城市的卫星数据通讯网络连接起来的计算机网络系统，为证券市场提供证券的集中交易及报价、清算、交割、登记、托管、咨询等服务。

③ 北交所，2021 年 9 月 3 日北京证券交易所（简称"北交所"）正式注册成立，是经国务院批准设立的中国第一家公司制证券交易所，受中国证监会监督管理，经营范围为依法为证券集中交易提供场所和设施、组织和监督证券交易以及证券市场管理服务等业务。

④ IPO，一般指首次公开募股（Initial Public Offering），是指一家企业第一次将它的股份向公众出售。

根据债券的发行过程和市场的基本功能，可将债券市场分为发行市场和流通市场。债券发行市场，又称一级市场，是发行单位初次出售新债券的市场。债券流通市场，又称二级市场，指已发行债券买卖转让的市场。债券一经认购，即确立了一定期限的债权债务关系，但通过债券流通市场，投资者可以转让债权，把债券变现。

根据市场组织形式，债券流通市场又可进一步分为场内交易市场和场外交易市场。在证券交易所内买卖债券所形成的市场，就是场内交易市场，这种市场组织形式是债券流通市场较为规范的形式，如我国的上海证券交易所和深圳证券交易所。场外交易市场是在证券交易所以外进行证券交易的市场，柜台市场为场外交易市场的主体。许多证券经营机构都设有专门的证券柜台，通过柜台进行债券买卖。在柜台交易市场中，证券经营机构既是交易的组织者，又是交易的参与者。此外，场外交易市场还包括银行间交易市场，以及一些机构投资者通过电话、计算机等通信手段形成的市场等。目前，我国债券流通市场主要由两部分组成，即沪深证券交易所市场、银行间交易市场。

根据债券发行对象不同，可以分为大公募、小公募、私募债券。大公募债券，是指面向公众投资者公开发行的公司债券，一般超过200人；小公募债券面向合格投资者公开发行，包括各类金融机构，300万元以上金融资产个人等，认购人数没有限制；私募债券也叫非公开发行的公司债券，主要面向合格投资者，但每次发行对象不超过200人，证券交易所对私募债券核对的关注点是信息披露完备性，并不对发行人经营能力、债券投资风险进行实质性判断。

（3）债券种类

债券按照不同标准，可以划分为很多种类。例如，按发行主体，可以划分为政府债券、金融债券、公司债券、国际债券，本罪主要涉及的是金融债券和公司债券；按债券形态，可以划分为实物债券、凭证式债券、记账式债券；按偿还期限，可以划分为长期债券、中期债券、短期债券；按付息方式，可以划分为零息债券、附息债券、息票累计债券等。对于上述划分标准简单了解即可，在实务中最需要掌握且能第一时间辨别的债券种类有以下三种。

① 普通公司债券

普通公司债券，是指按照既定利率，到期获得本息，不参与发行公司任何管理事项的一般公司债券。普通公司债券是一种典型的公司债券，可以说是公司债券的基本形式。通常情况下，普通公司债券的信用度比政府债券略低，但其利率比政府债券略高。少数大公司的普通公司债券也是中央银行在公开市场业务中买进或卖出的交易对象。普通公司债券相比股票，具有不稀释股权、融资成本低等优势，是企业的重要筹资手段之一。

② 可转换公司债券

可转换公司债券，是指债券持有人可按照发行时约定的价格将债券转换成公司普通股票的债券。债券持有人享有转股或不转股的选择权利，如果债券持有人不想转换，则可以继续持有债券，直到偿还期满时收取本金和利息。由于可转换公司债券的持有人享有转股权，故其债券利息相对于普通债券要低很多，如果可转换公司债券对应的股票标的未来价格大幅上升，则投资者可以获取不菲的收益。近年来，我国可转换公司债券市场异常火爆，特别是 2019 年以来，可转债数量和规模在资本市场上迎来井喷。

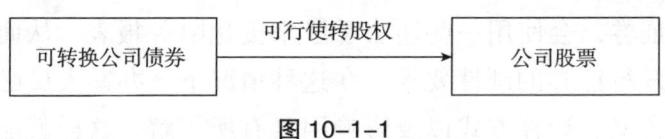

图 10-1-1

③ 可分离交易的可转换公司债券

可分离交易的可转换公司债券，是指公司债券附有认股权①证，持有人依法享有在一定期间内按约定价格认购公司股票的权利。其和可转换公司债券的区别在于，可转换公司债券转换为股票后，债券就不复存在了，而可分离交易可转换公司债券，在持有人行使认股权后，债券依然存在，即认股权和债券相分离，这也是它附带的权利被称为认股权的原因，认股不影响债券，而转股权，是将债券转为股票。

---

① 认股权，包括认购权和认沽权，前者是买入股票的权利，后者是卖出股票的权利。

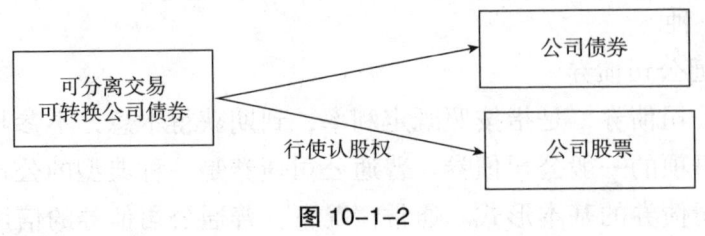

图 10-1-2

3. 存托凭证

存托凭证（Depository Receipts，DR），又称存券收据或存股证，是指在一国证券市场流通的代表外国公司有价证券的可转让凭证。例如，美国存托凭证（American Depository Receipt，ADR）、欧洲存托凭证（European Depository Receipt，EDR）、全球存托凭证（Global Depository Receipts，GDR）、中国存托凭证（Chinese Depository Receipt，CDR）等。这类凭证在该罪实务中使用不多，简单了解即可。

（三）常见财务指标的含义和计算

在企业发行证券的过程中，证券法等相关法律法规对企业发行证券有一些财务指标上的硬性要求，有些不满足发行证券硬性条件的企业为了能够顺利发行证券，会使用一些违法手段来美化财务报表，从而使得财务指标能够达到发行证券的硬性要求。在这种情况下，办案人员必须对常见的财务指标的含义、计算方式以及影响因素有所了解，这样就能够清楚地知道企业和行为人使用的违法手段如何影响财务指标，进而在财会证据上呈现的。对财会证据的实质性审查，相对于传统证据来说，更应当注重对其产生、变化和结果作全局性审查。此处主要介绍一些办案实务中常见的财务指标，更为完整的财务指标计算详见本书附录4。

1. 资产负债率

资产负债率[①]，又称"举债经营比率"或"负债比率"，它是根据（负债/资产）计算得来，基础数据直接来源于资产负债表的"资产"和"负债"的

[①] 刘玉平：《资产评估原理》，高等教育出版社2015年版，第190页。

项目数额,是用以反映企业负债和资产比例的一种资本结构。该指标是用来评估公司资金结构合理性的一种指标,在实务中被广泛运用,是被社会公众广为知晓的一个指标,也是投资者用以决策的重要指标。该指标数值越高,企业偿债能力越差,财务风险越大;反之,偿还债务的能力越强。当然,对企业来说并不是该指标越低越好,适当地举债提升财务杠杆,有利于企业发展,著名学者郎咸平也曾说过:"适当的负债是社会进步的表现,有利于扩大内需,促进经济增长。"

除了资产负债率,我们还需要了解其衍生出来的两个指标:产权比率、权益乘数。这两个指标虽然从名称上看较为陌生,但其与资产负债率都属于用于证明企业偿债能力的同源指标。其中,产权比率=(负债/所有者权益),权益乘数=(资产/所有者权益)。这三个指标的本质意义就是用来体现公司的资本结构,可以反映公司资产、负债和所有者权益三者的比例关系,它们不仅是投资者用于决策的重要指标,且衍生出来的相关指标计算在很长一段时间内也曾是发行某类特殊债券的硬性要求。例如,中国证券监督管理委员会公告〔2008〕41号《上市公司股东发行可交换公司债券试行》规定,申请发行可交换公司债券,应当符合下列规定:……(五)本次发行后累计公司债券余额不超过最近一期末净资产额的40%;此处的"净资产额",是指资产负债表中的"所有者权益"项目数额,与"资产减去负债"的金额相等;"累计公司债券余额"则是指"负债"项目中的已发行债券数额汇总,属于"负债"的一部分,二者相除后的数额,本质上就是对公司资本结构作的硬性数额要求。

2. 可供分配利润

证券法第15条规定,公开发行公司债券,应当符合"(二)最近三年平均可分配利润足以支付公司债券一年的利息"的要求。"可供分配利润"也是发行债券的硬性指标,其计算公式如下:

可供分配利润=净利润+年初未分配利润+盈余公积补亏+其他调整因素后的金额

"净利润"可以直接在利润表取数,"未分配利润"可以在年初资产负债表中所有者权益项目中的"未分配利润"中取数,"盈余公积补亏"可以在所有者权益变动表中取数,其他调整因素主要是指差错更正等影响因素。

"可供分配利润",需要和"可供投资者分配利润"以及"期末未分配利润"区别开来,在相关证据中既要注意三者的名称表述,也要注意它们的计算区别。"可供分配利润",是企业所有可分配利润的总和,扣除提取的盈余公积后,则是"可供投资者分配利润",再扣除分配给投资者的利润后,则是"期末未分配利润"。计算等式如下:

可供投资者分配利润 = 可供分配利润 – 提取的盈余公积

期末未分配利润 = 可供分配利润 – 提取的盈余公积 – 向投资者分配利润

3. 净资产收益率

净资产收益率,也叫"股东权益报酬率""所有者权益报酬率""权益净利率",是企业一定时期内净利润与股东权益平均总额的比率,其计算公式如下:

$$净资产收益率 = \frac{净利润}{平均股东权益} = \frac{净利润}{(期初股东权益 + 期末股东权益)/2}$$

净资产收益率是一个同时涵盖资产负债表和利润表核心项目数值的指标,也是杜邦财务分析体系[①]的核心指标,其在证券投资中被很多投资者用以作为投资决策使用。在实务中,在此基础上又衍生出"扣非加权平均净资产收益率"的概念,如《上市公司证券发行管理办法》中规定增发股票和发行可转换公司债券均应满足:最近3个会计年度加权平均净资产收益率平均不低于6%。扣除非经常性损益后的净利润与扣除前的净利润相比,以低者作为加权平均净资产收益率的计算依据。

"扣非加权平均净资产收益率"与"净资产收益率"相比有几个区别,一是其分子是根据扣除非经常损益后的净利润与原净利润孰低计算,这是

---

① 杜邦分析法(DuPont Analysis)是利用几种主要的财务比率之间的关系来综合地分析企业的财务状况。具体来说,它是一种用来评价公司盈利能力和股东权益回报水平,从财务角度评价企业绩效的一种经典方法。其基本思想是将企业净资产收益率逐级分解为多项财务比率乘积,这样有助于深入分析比较企业经营业绩。由于这种分析方法最早由美国杜邦公司使用,故名杜邦分析法。

为了防止企业通过政府补助、出售大额非流动资产等方式取得临时收益从而提高净利润，也可以避免企业当年因意外损失从而导致当年净利润过低。二是分母股东权益是以加权计算而得，在当年有发行新股或者配股时，计算更为科学和精确，扣非加权平均净资产收益率计算公式如下（其中的期末股东权益为未向投资者分配利润前的股东权益额）：

$$扣非加权平均净资产收益率 = \frac{扣非净利润}{（期初股东权益+期末股东权益）/2 \pm 当年增减资额 \times 当年所占月份/12}$$

例如：某公司当年净利润5400万元，扣非净利润5000万元，期初净资产50000万元，期末净资产54000万元，当年7月1日公司发行股票增资20000万元，则有：

$$扣非加权平均净资产收益率 = \frac{5000}{（50000+54000）/2+20000\times6/12}$$

4. 市盈率

市盈率是以企业盈利能力为基础的市场估值指标。市盈率是反映市场价值与盈利能力之间关系的一个重要财务比率，由于大部分市场投资者并没有足够能力可以分析财务报表，因此，根据财务报表数据计算出的各项财务指标是投资者获取的第一手数据，而市盈率指标可以说是投资者用于分析决策的首要参考。市盈率计算公式如下：

$$市盈率 = \frac{每股市价}{每股收益}$$

该指标的数值大小意味着以当前市价购入股票，通过每年股票收益回收本金需要的年数。该指标数据容易取得且计算简单，把价格和收益联系起来，能直观地反映投入和产出的关系，涵盖了风险补偿率、增长率、股利支付率的影响，具有很高的综合性。但如果收益是负值，市盈率就失去了意义，因而该比率适合连续盈利的企业。除了市盈率之外，还需要同时掌握市净率和市销率指标的计算，两个指标的分子均为每股市价。市净率指标的分母并非每股收益，而是"每股净资产"，市净率极少为负值，由于大多数企业净资产账面价值的数据容易取得，该比率适合拥有大量资产、净资产为正值的企业。市销率指标的分母为"每股销售收入",销售收入不会出现负值,对于亏损企业和资不抵债的企业,也可以计算出一个有意义的市销率,该比率适用于营业成本率较低的服务类企业,或者营业成本率趋同的传统行业的企业。

(四)欺诈发行证券罪的常见行为方式

由于注册制的全面推行,发行证券的条件大大降低,因而,从证券监管部门审查角度来看,其对公司财务状况的硬性要求和审查要求也随之降低,公司在发行文件中隐瞒重要事实或者编造重大虚假内容的可能性也在增加,值得司法办案人员注意。

一是行为人在招股说明书、债券募集说明书以及财务报表中,隐瞒公司财务状况(如隐瞒公司重大负债、担保情况),或者隐瞒或编造公司重大的能显著影响公司财务状况的事项(如隐瞒重要项目未开工、未投产的情况或编造中标重大项目、开工投产重要项目等)。这种类型在实务中最为常见,2011年,丹东欣泰电气股份有限公司(以下简称欣泰电气公司)提出在创业板上市,但因持续盈利能力不符合条件而被证监会驳回。此后的2年多时间里,公司董事长温某某和总会计师刘某某采取虚减应收账款、少计提坏账准备等手段虚构了财务报告并将内容载入《招股说明书》,从而使得该公司于2014年1月3日在创业板成功上市,发行价16.31元,共募集资金2.57亿元。最终,欣泰电气公司因构成欺诈发行股票罪被判处罚金832万元,并成为创业板"欺诈发行退市第一股";温某某因构成欺诈发行股票罪、违规披露重要信息罪被判处有期徒刑3年,并处罚金10万元;刘某某因构成欺诈发行股票罪、违规披露重要信息罪被判处有期徒刑2年,并处罚金8万元。

二是营造股票、债券发行已被大量认购的假象,或者串通他人对公司发行的股票、债券进行虚假认购,造成发行股票、债券发行顺利的假象,吸引被害人认购。例如,本章第三部分的典型案例中,江苏J科技有限公司在发行债券过程中,在投资者认购意向不足,该债券面临发行失败时,由杨某1(另案处理)及被告人杨某甲出面借款6700万元,分别以江苏Y公司的名义虚假认购 700 万元、以深圳市 H 投资发展有限公司的名义虚假认购 6000 万元，认购完成后随即归还出借人，最终实际募集到被害人 S 公司认购的 2700 万元资金。最终江苏 J 科技有限公司因犯欺诈发行债券罪被判处罚金人民币 100 万元，并向投资者退赔违法所得，杨某甲因犯欺诈发行债券罪被判处有期徒刑 1 年 3 个月。

二、常见财会证据

此部分主要介绍本章犯罪实务中常见且特有的财会证据类型。对于其他一些的财会证据已在前文部分介绍过，此处则不再赘述。

（一）招股说明书

招股说明书[①]，是股份公司公开发行股票时，就募股事宜发布的书面通告。招股说明书是发行股票时必备的文件之一，需经证券管理机构审核、批准，也是投资者特别是公众投资者认购该公司股票的重要参考，它是这类案件中的重要书证之一。

招股说明书由股份公司发起人或筹备委员会起草，送交政府证券管理机构审查批准。其主要内容包括：（1）公司状况：公司历史、性质、公司组织和人员状况、董事、经理、监察人和发起人名单；（2）公司经营计划，主要是资金的分配和收支及盈余的预算；（3）公司业务现状和预测，设备情况、生产经营品种、范围和方式、市场营销分析和预测；（4）专家对公司业务、技术和财务的审查意见；（5）股本和股票发行，股本形成、股权结构、最近几年净值的变化，股票市价的变动情况、股息分配情形，股票发行的起止日期，总额及每股金额、股票种类及其参股限额，股息分配办法，购买股份申请手续，公司股票包销或代销机构；（6）公司财务状况，注册资本，清产核算后的资产负债表和损益表；（7）公司近几年年度报告书；（8）附公司章程及有关规定；（9）附公司股东大会重要决议；（10）其他事

---

① 李伟民：《金融大辞典》，黑龙江人民出版社 2002 年版，第 1578 页。

项。在对招股说明书进行审查时,应注意其各部分内容是否和案件其他书证、证人证言、被告人供述相吻合。除上述内容外,更需要注重对招股说明书的附录内容的审查,隐瞒重要事实或者编造重大虚假内容的部分,通常就在附录内容体现。具体来说,招股说明的附录内容包括:

(1)财务报表及其附注和审计报告;

(2)财务报表差异调节表;如果发行人既发行A股,又发行B股或者既在境内发行,又在境外发行,由于会计准则的不同导致不同类型的股票同期财务报表数据不完全相同,应当对其差异编制调节表,说明差异的原因;

(3)资产评估报告;

(4)盈利预测报告和注册会计师的意见;

(5)法律意见书;

(6)发行人的公司章程和细则;

(7)发行人的营业执照。

具体来说,隐瞒重要事实或者编造重大虚假内容的部分常常隐藏在附录的财务报表及附注、审计报告、资产评估报告、盈利预测报告等直接体现公司经营状况、财务状况和资产状况的内容中,需要结合案件事实,对其进行分析:(1)与发行股票、债券相关的指标计算相关的报表项目数据是否正确反映。如资产总额、负债总额、所有者权益总额、净利润总额、资产负债率、流动比率、速动比率、市盈率、市净率、市销率、净资产收益率、净资产收益率等比率涉及的报表项目数额是否正确列示(常用财务比率计算详见本书附录4)。(2)是否在财务报表附注部分隐瞒可能影响公司运营的重大事项,如重大债务担保、重大诉讼风险以及其他重大事宜。(3)是否存在未合理利用资产评估报告结果的情形。(4)审计报告是否为标准无保留意见报告,审计报告是否列明公司财务状况存在的异常以及是否带强调事项段的无保留意见审计报告等。对评估报告和审计报告的附带审查,还可以证明中介机构在欺诈发行证券过程中是否存在过错,结合其他证据证明其该过错属于故意还是过失,审计报告和评估报告的具体内容参见本书第七章和第八章。

公司的招股说明书，在其上市的上海证券交易所、深圳证券交易所网站可以直接查询。

（二）认股书

认股书，是认股人在股份有限公司参股的书面认购凭证。股份有限公司的股份是由发起人和认股人共同认购的，认股人按照所认购股数缴纳股款。公司法第85条规定，"认股书应当载明本法第八十六条所列事项，由认股人填写认购股数、金额、住所，并签名、盖章"。认股书主要证明认股人实际认缴的股数和股款。

```
                ××股份有限公司认股书

    ××股份有限公司经××机构批准发行普通股票500000股，每股
××元，××持此认购书认购××股份有限公司普通股票××股，按该
法律规定和相关管理要求，认股人据此书支付股款××元。


    证明人（或单位）：


    认股人：


    详细地址：


    日期：    年   月   日
```

图10-2-1

（三）企业、公司债券筹集办法（募集说明书）

招股说明书和认股书是发行股票过程中涉及的主要书证，企业、公司债券筹集办法是在债券发行过程中涉及的主要书证。

企业、公司债券筹集办法，也称"募集说明书"，根据《公开发行证券的公司信息披露内容与格式准则第26号上市公司重大资产重组（2022年修订）》规定，其主要内容包括：（1）发行的核准文件；（2）票面金额；（3）债

券期限、还本付息的方式；(4) 债券利率或其确定方式、发行价格或其确定方式；(5) 赎回条款或回售条款（如有）；(6) 担保情况（如有）；(7) 信用级别及资信评级机构；(8) 债券受托管理人；(9) 发行方式与发行对象；(10) 承销方式等。

企业、公司债券筹集办法（募集说明书），可以证明公司发行债券拟募集资金的总金额、约定支付利息金额、募集日期、核准文件内容、担保情况、信用评级情况、资金用途等。债券的评级是由债券信用评级机构评价目前国际上公认的最具权威性的信用评级机构，主要有美国标准·普尔公司和穆迪投资服务公司。前者确定的信用等级标准从高到低可划分为：AAA级、AA级、A级、BBB级、BB级、B级、CCC级、CC级 C级和 D级。后者确定的信用等级标准从高到低可划分为：Aaa级、Aa级、A级、Baa级、Ba级、B级、Caa级、Ca级、C级。两家机构信用等级划分大同小异，从前到后，债券信誉从高到低，风险从小到大。

（四）会计凭证

本罪名称是"欺诈发行证券罪"，主要涉及发行股票、公司、企业债券、存托凭证的会计凭证，由于发行存托凭证在实务中较为少见，此处主要介绍发行股票、债券的会计凭证的实务含义。

1. 发行股票

```
借：银行存款                （实际收到款项）
    贷：股本                （股数×1元）
        资本公积——股本溢价   （差额倒挤）
```

发行股票的会计分录，在虚报注册资本罪第二部分的会计凭证内容中，已经详细介绍，此处就不再赘述。

2. 发行债券

实务中发行的债券，大多为普通债券和一般可转换公司债券，对于可分离交易可转换公司债券，其账务处理和一般可转换公司债券有一定的相似性，故本节只介绍普通债券和一般可转换公司债券的会计凭证上的实务含义。

（1）发行普通债券

公司发行普通债券的发行方式有三种：面值发行、溢价发行、折价发行。正常情况下为面值发行，即平价发行，如果遇到溢价或折价发行，则应按摊余成本法进行后续计量。此处仅介绍常见的平价发行债券的会计处理。收到的款项记入"银行存款"科目，对于发行债券承担的负债，记入"应付债券"会计科目，按期计提的利息记入"应付利息"科目，并根据利息用途，分摊至其他受益科目。

例10-2-1：2019年12月31日，甲公司经批准发行5年期一次还本、分期付息的公司债券1000万元，利息在每年12月31日支付，票面利率为6%。

```
借：银行存款                    1000万
    贷：应付债券——面值          1000万
```

分析：该凭证反映了公司实际收到1000万元银行存款，同时把它作为一项债券类长期负债，1000万元是债券本金。

2020年12月31日，计算利息费用时：

```
借：财务费用等科目                60万
    贷：应付利息                  60万
（如果债券用于生产用途，可以记入"生产成本"等科目）
```

分析：该凭证反映了公司需要支付的利息60万元，作为"应付利息"这项负债挂账，是应付而未付的利息。借方财务费用表示债券用于一般用途，如果用于生产经营满足利息资本化条件（满足成为资产的条件），则借方会以"生产成本"等科目反映。

2021年12月31日，支付利息时：

```
借：应付利息                    60万
    贷：银行存款                 60万
```

分析:"应付利息"属于"负债","银行存款"属于"资产",根据会计分录原理:"应付利息"减少 60 万元,"银行存款"减少 60 万元。意味着公司挂账的利息已经支付,银行存款减少了 60 万元。

通过统计上述会计凭证的会计分录中"应付债券"借贷相抵后的余额,或者"应付债券"的明细账贷方余额情况,可以证明该债券的现有规模,即未来需要支付的债券金额;通过统计涉及"应付利息"会计分录借贷方发生额以及"应付利息"明细账借贷方发生额,可以证明累计计提利息和支付利息的情况;通过"应付利息"的借方对应科目(此处为"财务费用"),可以证明该贷款的实际用途。如果贷款用于生产产品,借方的利息一般体现在"生产成本"或"制造费用"科目;如果贷款用于建造建筑物,借方的利息一般体现在"在建工程"科目;如果用于非生产用途,如仅用于经营运转或者单纯融资需要,则借方的利息一般体现在"财务费用"上。

(2)发行可转换公司债券

可转换公司债券分为一般可转换公司债券和可分离交易的可转换公司债券,二者的主要区别在于,前者债券到期转换为股票后,债券不复存在;后者是在债券上附带认股或认沽权证,到期行使权证权利后,不影响原债券的存续,债券和权证是分离存在的;对于一般可转换公司债权,由于其附带有普通债券不具有的转股权,因而其票面利率低于一般债券,对于可转换公司债券收到的价款,入账有个分拆的过程,即分拆为纯债券价值和转股价值,具体来说:该债券现值作为负债成分价值计入"应付债券",剩余金额作为权益成分价值计入"其他权益工具","应付债券"采用摊余成本法进行后续计量。由于其内容相较于初学者来说较为复杂,故简单了解即可(可以参考第八章第二部分中收益法的相关内容)。

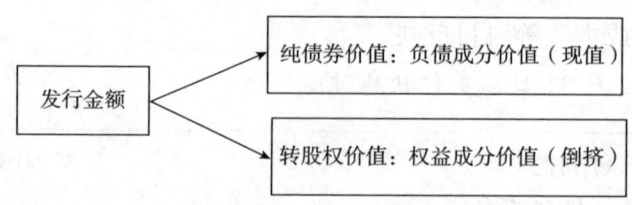

例 10-2-2:2019 年 12 月 31 日,甲公司经批准发行 5 年期一次还本、

分期付息的可转换公司债券1000万元,利息在每年12月31日支付,票面利率为6%,发行时市场利率为9%,债券转股价为每股10元。

首先根据现值方法计算负债成分价值

$$=1000×（P/F,9\%,5）+1000×6\%×（P/A,9\%,5）$$
$$=1000×0.6499+1000×6\%×3.8897=883.28 \text{万元}$$

然后倒挤,权益成分价值=1000−883.28=116.72万元

借：银行存款	1000万
应付债券——可转换公司债券（利息调整）	116.72万
贷：应付债券——可转换公司债券（面值）	1000万
其他权益工具	116.72万　（倒挤）

（应付债券的摊余成本=应付债券的借贷相抵后的余额=1000−116.72=883.28万元,贷方的"其他权益工具"116.72万元代表着该债券附带的"转股权"价值）。

该凭证反映了公司收到了1000万元银行存款,并在账面记作债券本金为1000万元,借方的"利息调整"和贷方的"其他权益工具"116.72万元反映1000万元款项中,有116.72万元是转股权[①]的价值,纯债券价值为"应付债券"借贷金额相抵（贷1000−借116.72）后的883.28万元。

三、实务案例

江苏J科技有限公司、杨某甲欺诈发行证券案

【基本案情】

J公司于2009年12月注册成立,注册资本5000万元,后增资至

---

① 债券转股权,是指债券在未来一定时期可以以一定金额转换为股票的权利。

143

11000万元。杨某甲系 J 公司法定代表人、执行董事，负责公司全面工作。2010 年左右，杨某甲代表 J 公司与北京工业大学光电子技术实验室开展合作，由 J 公司出资购买 LED 生产设备及支付实验室相关费用，该实验室帮助 J 公司组建生产线、培训技术骨干，并提供生产技术、芯片产品样品等。

2012 年，杨某甲为解决融资问题决定发行私募债券 1 亿元，并由中山证券承销，拟向上海证券交易所申请非公开发行中小企业私募债券。2013 年 3 月，被告单位 J 公司在中山证券负责的《江苏 J 科技有限公司 2013 年中小企业私募债券募集说明书》中隐瞒公司尚未建成投产、尚无销售收入和利润的重大事项，提交了伪造的审计报告、纳税证明等材料，骗取上海证券交易所备案，备案金额为不超过 1 亿元，债券期限为 3 年期，销售期限为 6 个月。2013 年 9 月，在投资者认购意向不足，该债券面临发行失败时，由杨某 1（另案处理）及被告人杨某甲出面借款 6700 万元，分别以江苏 Y 公司的名义虚假认购 700 万元、以深圳市 H 公司的名义虚假认购 6000 万元，制造热销假象，认购完成后随即归还出借人。最终实际募集到 S 公司认购的 2700 万元资金。

2016 年 6 月，S 公司与 Z 公司签订债权转让协议，约定 Z 公司以 2635 万元的价格受让 S 公司持有的前述面值为 2700 万元的债券，但仍由 S 公司代持。2016 年 9 月，该债券到期后 J 公司未按约支付本息。

另查明，根据无锡市公安局出具的鉴定意见，证明：送检的《江苏 J 科技有限公司二〇一〇年度财务报表审计报告》上的"中国注册会计师"处的"周某某""石某某""殷某某""齐某某""潘某某"等可疑签名与样本上的签名字迹不是同一人书写；送检的印文"江苏天华大彭会计师事务所有限公司""中国注册会计师周某某 32000014××××""无锡市宜兴地方税务局第八税务分局""宜兴市国家税务局第一税务分局"与对应样本上相同内容印文均不是同一枚印章盖印。江苏某会计师事务所有限公司称未与J公司签订中小企业私募债的业务委托书,也未为该公司发行中小企业私募债出具任何文件及审计报告。

【实务分析】

本案的被告人杨某甲在债券募集说明书中隐瞒重大事项,并伪造审计报告和税务单据,欺诈发行了债券,取得了融资款2700万元,后未依约还款给投资人造成了重大损失。本案中涉及的私募债券从本质上讲符合"依照法定程序发行、约定在一定期限还本付息"的公司债券的基本特征,因而符合欺诈发行证券罪的规制对象[①],其相关财务凭证也适用一般公司债券的证据审查方法。

(一)首先应审查公司收到募集资金款的相关会计凭证

1. 发行债券收到款项时:

借:银行存款	9400万
贷:应付债券——江苏Y公司	700万
——深圳H公司	6000万
——S公司	2700万

分析:该凭证反映了公司银行存款增加9400万元,其中江苏Y公司认购了700万元,深圳H公司认购了6000万元,S公司认购了2700万元。虽然江苏Y公司和深圳H公司是杨某甲以虚假名义出资的,但公司确实收到了这部分钱,因而全都在会计凭证中反映出来。

---

① 参见最高人民法院刑事审判第一、二、三、四、五庭:《刑事审判参考》2021年第1辑,法律出版社2021年版,第1—7页。

2. 将江苏 Y 公司和深圳 H 公司借款转出。

```
借：其他应收款——江苏 Y 公司        700 万
         ——深圳 H 公司         6000 万
    贷：银行存款                 6700 万
```

分析：该凭证反映了公司银行存款减少了 6700 万元，但增加了两项金钱债权，一是对江苏 Y 公司的 700 万元债权，二是对深圳 H 公司的 6000 万元债权。如此操作，在未来债券到期还本时，该借款和公司债券金额互相冲抵就会使得债权债务同时消灭。

3. 2016 年 6 月，S 公司将债券转让给 Z 公司，债权人变更，J 公司在账务上调整债权人：

```
借：应付债券——S 公司           2700 万
    贷：应付债券——Z 公司        2700 万
```

分析：该凭证反映了对 S 公司的债务减少了 2700 万元，对 Z 公司的债务增加了 2700 万元，即 S 公司将债券转让给了 Z 公司，Z 公司替代 S 公司持有债券，公司未来将对 Z 公司还本付息。

2016 年 9 月，该债券到期后 J 公司未按约支付本息，给 Z 公司带来重大损失。

（二）银行存款日记账

银行存款日记账							单位：万元
日期	凭证编号	摘要	借方	贷方	（借或贷）	余额
2013.8.12	记 3	收 S 公司认购款	2700		借	2700
2013.9.1	记 11	收江苏 Y 公司认购款	700		借	3400
2013.9.2	记 12	收深圳 H 公司认购款	6000		借	9400
2013.9.25	记 21	借款给江苏 Y 公司		700	借	8700
2013.9.25	记 22	借款给深圳 H 公司		6000	借	2700

银行存款日记账，反映了该案涉案资金在账簿上进出的实际日期和实际金额，应将其与银行对账单一并收集固定，并加以核对，核实银行存款日记账是否和银行对账单内容相一致。银行存款日记账中，"借"代表着账簿账面上银行存款的增加，"贷"代表着账簿账面上银行存款的减少。在实务中，以上记录不太可能存在于连续的位置，一般需要进行查找、筛选后，才能找出对应的账簿记录，并将该记录作为书证予以固定。

（三）"应付债券""其他应收款"明细分类账

本案的会计凭证涉及了"应付债券"和"其他应收款"会计科目，因而需要收集二者的明细分类账并加以审查，用以证明公司账簿上融资款和往来借贷款的变化情况。

应付债券　　　　　　　　　　　　　　　　　单位：万元

日期	凭证编号	摘要	借方	贷方	（借或贷）	余额
期初						0
2013.8.12	记3	收S公司认购款		2700	借	2700
2013.9.1	记11	收江苏Y公司认购款		700	借	3400
2013.9.2	记12	收深圳H公司认购款		6000	借	9400
期末					借	9400

"应付债券"明细账中，"日期""摘要""贷方"金额清晰地记录了公司通过发行债券取得融资款的投资方明细以及融资变动额和总金额，期末为借方余额，代表着账面上挂账的应付债券"本金"为9400万元。对于分期付息，到期还本的债券，利息不在"应付债券"而在"应付利息"中予以反映，对于一次还本付息的债券，利息才可以在"应付债券"中反映。

其他应收款——江苏 Y 公司					单位：万元
日期	凭证编号	摘要	借方	贷方	（借或贷）	余额
期初						0
2013.9.25	记 21	借款给江苏 Y 公司	700		借	700
期末					借	700

其他应收款——深圳 H 公司					单位：万元
日期	凭证编号	摘要	借方	贷方	（借或贷）	余额
期初						0
2013.9.25	记 22	借款给深圳 H 公司	6000		借	6000
期末					借	6000

对于"其他应收款"的明细账中，分别借给江苏 Y 公司和深圳 H 公司 700 万元和 6000 万元。虽然通过其他证据我们可以得知这个借款就是转回原认购款，但单纯的账面记录并不能证明这个事实。此外，在对司法会计鉴定报告书审查时，应审查是否将"其他应收款"的科目余额 6700 万元作为"应付债券"科目余额 9400 万的抵减，从而将债权总额 9400 万元错误描述成债券余额 2700 万元。从法律角度来说，本案存在三个数额，一是备案数额 1 亿元，即向证券交易所备案的金额，由债券募集办法证明；二是销售数额 9400 万元，即使其中有虚假成分，但不影响总销售额，这与公司明细账也一致；三是结果数额 2700 万元，是由销售数额 9400 万元扣除虚假认购数额 6700 万元得来，是行为人实际募集的数额，此部分由司法机关予以最终认定为发行数额。因此，鉴定报告应当本着客观实际，对财会事实进行客观描述，不应包含主观认定和法律认定。

（四）审查投产、生产、入库、销售类财会证据

欺诈发行证券罪客观方面表现为在公司、企业债券募集办法中隐瞒重要事实或者编造重大虚假内容，而本案中，J 公司处于起步阶段，虽然购置了部分生产设备，但一直没有建成投产，没有实际生产能力，

没有销售收入。其采取债券募集办法中伪造了销售收入以及公司净资产额，这属于编造重大虚假内容，同时其故意隐瞒和遗漏公司所负债务，这属于隐瞒重要事实，因此，对于认定其伪造收入、夸大净资产额以及隐瞒债务的行为，应当有财会证据予以支撑。

当公司将设备投入建设生产线以及验收完工时，会涉及"在建工程"这个会计科目，在建设生产线时相关资产金额会转入该科目，完工时转出到"固定资产"。因此，该案应当关注"在建工程"和"固定资产"的会计凭证以及明细账，以证实其是否确有将购买的设备建成生产线，是否完成产品试生产。如果相关的"在建工程"科目仍然存在大额金额挂账，则该公司很可能生产线尚未完工或并没有稳定的生产能力。

当公司生产线验收完工后进行产品生产，会涉及"生产成本""库存商品"会计科目，在生产产品时，相关成本会归集到"生产成本"这个科目，产品完工时会转入"库存商品"科目，因而关注产品生产情况时需要关注"生产成本""库存商品"的相关会计凭证、明细账以及原材料和产成品出入库清单，以证实是否有真实成本归集以及产品入库情况。

当公司将产品出售时，由于需要确认收入、结转成本、缴纳增值税，因此会涉及"主营业务收入""主营业务成本""应交税费（应交增值税）""应收账款"等会计科目，所以需要关注上述会计科目相关的会计凭证、产成品出库记录、物流记录、银行对账单以及纳税申报表等资产，证实公司是否确实有稳定的产品销售收入。在前文曾介绍过，公司的净利润在扣除分红后会计入公司所有者权益，因而公司虚构收入增加，一般会造成公司净资产（所有者权益）同时增大，这两个指标也是投资者用以决策参考的重要指标。本案中，虽然被告公司还提供了虚假的销售收入、纳税证明、纳税申报表、法律意见书以及审计报告等资料，但假的财会资料必然会存在遗漏，只需从各环节的

> 财会证据出发，通过延伸倒查的方式，一定可以发现其不合理之处。上述伪造的财会证据，为证明当事人隐瞒重要事实和编造重大虚假内容提供了有相当证明力的书证。

欺诈发行证券类的刑事案件中，公司、企业隐瞒的重要事实或者编造的重大虚假内容大都属于财务事实，并与财会证据密切相关。办案人员既要关注在发行过程中募集资金的相关财会证据，也要收集在发行前置环节中所产生的能直接或间接反映公司隐瞒或虚构事实的财会证据和相关资料，以翔实的证据形成案件证据链条闭环，为案件定性提供牢固的证据支持。

第十一章　高利转贷罪的证据与审查

高利转贷罪，是指以转贷牟利为目的，套取金融机构信贷资金再高利转贷给他人，违法所得数额较大的行为。由于高利转贷罪的犯罪主体可以由自然人和单位构成，在涉及单位时会涉及更多更专业的财会证据，因而本章主要介绍高利转贷犯罪在涉及单位时的财会证据，而对于纯自然人犯罪的情形参照本章和其他章节内容加以理解即可。

一、基本知识

（一）高利转贷罪的构成要件

本罪是1997年刑法增设的罪名，本罪的主体可以由自然人和单位构成；本罪侵犯的客体是国家金融信贷资金管理制度；主观方面由故意构成，且行为人是以转贷牟利为目的；客观方面表现为将套取的金融机构的信贷资金以高于银行的利率转贷给他人，获取非法利益，违法所得数额较大的行为。

（二）金融机构、贷款、高利转贷和违法所得

在理解高利转贷罪的证据之前，需要先掌握该罪构成要件中涉及的一些名词，如"金融机构""贷款""高利转贷和违法所得"。

所谓"金融机构"，包括银行和非银行金融机构。其中银行主要是指工、农、建、中四大国有独资商业银行、交通银行、民生银行等股份制银行、集体经济性质的城市合作制银行等；银行以外的金融机构主要指依法享有存、贷款经营权的非银行金融单位，如信托投资部门，保险机构，金

融租赁公司,城市、农村信用合作社等。

这里的"贷款",主要是指金融机构的贷款,包括银行和非银行金融机构的贷款。根据《贷款通则》的规定,贷款包括信用贷款、担保贷款、保证贷款、抵押贷款、质押贷款、票据贴现贷款六类。其中,有担保、保证、抵押的贷款是否构成高利转贷罪,在实务中仍然存在争议,但存在足额担保且能够履行的案件倾向于不作为犯罪案件处理。

高利转贷,是指将金融机构信贷资金以高于金融机构贷款的利率转贷给他人,一般只要高于金融机构贷款利率即可,具体高出贷款利率多少,不影响本罪成立,过高的转贷利率仅仅是高利转贷罪的表象特征。

根据法条规定,高利转贷罪需要"违法所得数额较大"才能构成,这里所说的"违法所得",是指金融机构贷款利息和转贷利息的差额,如果贷款本金小,即使利率很高,差额无法达到立案标准的无法构成本罪;相反,如果贷款本金特别巨大,即使转贷利率高出贷款利率不多,依然可能达到数额较大的标准从而构成该罪。实务中,要特别注意审查支付给金融机构的贷款利息和转贷收取利息的相关书证,从而可以准确认定违法数额。

(三)常见行为方式

其一,行为人以转贷为目的,虚构购销合同或者贷款用途从银行贷款,后高息转贷给他人获取非法利益。例如,2013年四川省广安市汪某某将其妻吴甲名下的7个门市抵押,以广安三桥租赁站的名义向广安区中桥信用社贷款350万元,贷款合同约定贷款用途为"购买租赁建材",贷款月利率9.4813‰。该贷款放贷后,汪某某将该贷款以年息25%的高息全部借给兰某某,自2013年12月24日至2014年3月28日,汪某某将350万元贷款高利转贷后违法所得共计12.4494万元。

其二,行为人将银行承兑汇票转借给他人,或以承兑汇票向银行贴现后取得银行贷款后转贷给他人,谋取差额利息。虽然银行承兑汇票与银行贷款的表现形式不同,借贷关系和票据关系在法律上也有一定不同之处,但银行承兑汇票是纳入信贷科目管理,在银行内部的管理模式和性质是相同的。如姚某高利转贷案中①，被告人姚某以农垦工贸公司的名义向银行申请办理银行承兑汇票 990 万元，并将银行承兑汇票转借给某轧钢厂用于资金周转，从中获利 40 万元。

其三，行为人以提供抵押物的方式，取得银行抵押贷款，后将取得的贷款高利转贷给他人获取非法利益。例如，2014 年 12 月，湖北 R 商贸有限公司和湖北 S 房地产有限公司需要资金周转，但没有向银行申请贷款的资格，上述两家公司的股东胡某 4 便与洪某某商定，由胡某 4 一方向银行提供抵押物，以洪某某控股的黄冈市 D 汽车出租有限公司的名义，向黄冈市建设银行 Z 支行申请贷款 1200 万元，并口头约定银行批准贷款后双方各使用 600 万元。2014 年 12 月，洪某某按照约定以黄冈市 D 汽车出租有限公司的名义，以购置出租车为由，以 6.72% 的年利率套取黄冈市建设银行 Z 支行贷款 1200 万元，贷款期限一年。2014 年 12 月 25 日，建行 Z 支行根据贷款合同将 1200 万元信贷资金受托支付到指定账户。同日，洪某某将该贷款中的 900 万元转付给胡某 4，其中的 300 万元以 2.5% 的月利率计息，获利 57.23 万元。

二、常见财会证据

（一）借款合同和转贷合同

1. 借款合同

借款合同，是指贷款人从银行或者其他金融机构借款签订的书面文件。银行借款合同一般都是格式文本，内容较为规范和完整，很容易获取案件所需信息。具体来说，一是审查借款合同的主体是单位还是个人；二是审查借款的本金金额，借款利率，是单利付息还是复利付息，还款方式是一次还本付息、多次付息一次还本、等额本金还是等额本息方式。实务中常见的贷款合同有三种：第一种是长期贷款，一般为三到五年，按年付息，

---

① 中华人民共和国最高人民法院刑事审判第一、二、三、四、五庭主办：《刑事审判参考（1999—2011 分类集成）》，法律出版社 2012 年版，第 158—160 页。

一次还本；第二种是循环贷，即由银行授予贷款额度，借款人在贷款额度内依据自身需要，自主选择贷款金额、贷款以及还款方式，每次贷款使用最长一年，到期还本付息后根据需要重新贷款，超过授信期需要重新授信；第三种是分期贷，是指银行向贷款人下发贷款后，分期（一般按月）等额收取贷款人本金和利息的贷款，贷款期限1年到5年不等，类似支付宝花呗分期。

由于高利转贷罪的立案追诉标准是违法所得数额在10万元以上，即转贷人需要将贷款以高于原贷款利率的利率转贷出去从而获取利息差额，因而，原贷款和转贷款利率的确定是办理该类案件的重点。值得注意的是，在当前金融环境下，贷款形式和种类多样，原贷款合同中注明的利率不一定就是该贷款的实际利率，很多时候二者之间有个换算过程，从资金的时间价值以及有利于犯罪嫌疑人的角度来说，使用实际利率明显比使用合同利率更科学，也更符合立法精神。

（1）收款法：最常见的方式，直接注明年利率。

如果借款合同直接注明为年利率，且按年付息，则该利率既是合同利率，也是实际利率，二者相等，在办案中可以直接使用该利率作为原贷款利率。如果合同规定的是年利率，但半年付息一次，则实际利率就和合同利率不一致。例如，某人从银行贷款10000元，年利率为10%，半年付息一次，其实际利率为：

$[1+（合同年利率/年内付息次数）]^{年内付息次数}-1=[1+（10\%/2）]^2-1=10.25\%$[①]

（2）贴现法：下放贷款时直接从本金中扣除应收利息，到期直接归还本金。这种方法除了用于某些特定贷款，更常见的是用于承兑汇票向银行贴现的情形。

例如，某企业从银行取得借款200万元，期限1年，利率6%，下放贷款时直接收取利息12万元，实际发放188万元。此例中，能将6%认为是银行贷款年利率吗？显然不能。因为资金是有时间价值的，年初支付12万

---

① "^"是指数符号，为某数的某次方的简写，即A年内付息次数。

元和年末支付利息 12 万元意义是不一样的,显然年初支付 12 万元利息形成的贷款利率更大。因此,其实际利率计算方式为[①]:

实际年利率 = 本金 × 合同利率 /(本金 − 贴现的利息)
　　　　　=200 × 6%/(200−12)=6.38%

(3)加息法:将贷款本金和利息总额,分期等额偿还,在目前网络贷款中极为常见。

为什么加息法目前网络贷款中极为常见呢?因为其类似于贴现法,即实际利息和其标明的利率不一致,实际利率远超于标明的利率,大约为标明利率的 2 倍。很多贷款虽然标明利率为 3% 到 4%,但通过这种等额归还本息的方式,使得其实际利率达到了标明利率的 2 倍,这种隐藏真实利率的方式已经成为网络贷款商家的常用手段。例如,某人从网络平台借入日息为 3.5‰ 的贷款 20000 元(换算为年利率 10.95%),分 12 个月等额偿还本息,每期还款(20000+20000 × 10.95%)/12=1849.17 元,其实际利率计算方式为:

实际利率 = 本金 × 合同利率 /(本金 /2)
　　　　=20000 × 10.95%/(20000/2)=21.9%

为什么会出现利率翻倍的情况呢?简单举个例子,假设借款人借了 12 万元,利率为 10%。如果是一次还本付息,则全年各月占用的贷款本金一直是 12 万元,全年利息按照 12 × 10% 计算符合实际。但如果分期还本付息,分 12 期偿还,每期归还本金 1 万元和利息 1000 元,则全年各月占用贷款本金分别为 12 万元、11 万元……2 万元、1 万元,相当于每月平均占用 6 万元,在利息不变但本金减少一半的情况下,利率就会翻倍。

因此,在办理高利转贷案中,要特别注意审查利率的计算方式,不能单纯地只看原贷款的利息和收取转贷贷款利息之间的差额,也许存在收取的转贷贷款的利息比原贷款的利息总金额要多,但实际利率却可能低于原贷款利率的情形,因为利息在不同的时间点,其价值是不一样的,特别是

---

① 荆新、王化成、刘俊彦:《财务管理学》,中国人民大学出版社 2009 年版,第 334 页。

在长期贷款中，利息的价值差距更明显。

说到加息法，笔者不得不给上海金融法院适用民法典审判的第一案点赞，贷款方在合同首部注明年利率约11.88%，却采用了分期等额归还本息的方式，导致实际利率已经达到20%多，一审法院驳回原告请求，但上海金融法院最终改判，要求贷款方退回多余支付的利息，支持了借款方的诉讼请求。由此可见，上海金融法院的法官已经明显注意到货币的时间价值给案件带来的影响。

2. 转贷合同

转贷合同有多种表现形式，可能是贷款合同，也可能是借款借据，还可能是收条等。对其审查，应注意以下几点：一是转贷合同的贷款人是个人名义还是单位名义，转贷利息是归个人所有还是公司所有，这是区别自然人犯罪还是单位犯罪的关键。在云南省泸西县谢某某高利转贷案中，被告人谢某某辩称原贷款是公司向银行取得，因而应当定单位犯罪，实际上谢某某以其经营的H公司名义申请到金融机构贷款后，将资金多次转账后再转到个人账户内，没有以公司名义签订转贷合同，而是以个人名义转借他人，利息差额也归个人所有，最终法院认定其为自然人犯罪。二是审查转贷合同约定的借款金额，借款利率，借款期限、还款方式等事项，从而可以计算确定转贷合同约定的转贷利息。三是审查转贷合同的贷款期限是否在原贷款合同的贷款期限内，注意转贷期限在原贷款期限之内，关注是否存在超出转贷期限的贷款本金和利息。四是审查转贷合同是否规定了其他的高利方式。根据刑法第175条对高利转贷罪的罪状表述，仅仅规定了"高利转贷给他人"，并没有将"高利"中的"利"明确否定为以"利息"方式收取，在转贷合同中应审查是否有以其他各种名义获取的报酬，有必要一并作为转贷利息的计算依据。

（二）银行对账单

高利转贷罪自然人和单位都可能单独构成，无论是个人还是单位高利转贷，银行对账单（银行流水）也是必不可少的财会证据之一。对于银行对账单，一是要重点审查原贷款的银行存款实际放贷日期、还息日期、还本日期等,并将其与借款合同进行核对;二是审查通过公司贷款、个人转贷情形中,公司向个人转账的银行记录,在这种情形中,金融贷款首先下放给公司,随后公司再转给个人进行转贷,应注意单位、个人对账单之间以及个人对账单之间时间和金额的对应性;三是审查通过银行账户转贷的本金和收取的转贷的本金和利息,将其与转贷合同进行核对是否一致,并根据本金和利息,测算实际利率加以比较。只有在转贷利率高于原利率时,计算得出的转贷利息差额才有实际意义。

如何利用银行对账单确定高利转贷违法所得数额的起算点和结算点?违法所得数额的起算点较易确定,一般为银行对账单上行为人将信贷资金转贷给实际用款人之日。结算点的确定分情况而有所不同:当行为人与实际用款人之间的借贷关系先于行为人与金融机构之间的借贷关系终止时,即实际用款人先向行为人还贷,行为人再向银行还贷,则结算点应当为银行对账单上实际用款人先向行为人还贷之日;当行为人与金融机构之间的借贷关系先于行为人与实际用款人之间的借贷关系终止时,即行为人先向银行还贷,实际用款人后向行为人还贷,从维护金融管理秩序罪的角度来说,行为人向银行还贷后,不应再继续计算违法牟利数额,即结算日应当为行为人向银行还贷之日;当案发时,行为人既没有向银行还贷,转贷人也没有向行为人还款,结算日应当为案发日,应以银行对账单上借款日和案发日之间的期间计算违法所得利息。

(三)会计凭证

由于高利转贷罪可以由自然人和单位构成,因而需要根据两种不同情形,区分审查会计凭证的内容。对于以个人名义直接借款转贷,此种情形不涉及公司、企业,也就不涉及会计凭证这类书证。此处仅介绍以公司名义贷款后转贷的会计凭证的内容,具体又可以分为以个人名义转贷和以公司名义转贷。

1. 以公司名义借款,以个人名义转贷

(1)公司从银行取得借款100万元时,年利率6%:

```
借：银行存款                          100 万
    贷：短期借款或长期借款             100 万
（如果是 1 年以内借款，则用短期借款科目；如果为超过
1 年的长期贷款，则用长期借款科目）
```

分析：该凭证反映了公司正式收到银行下放的贷款 100 万元，同时记作"短期贷款"或"长期贷款"增加 100 万元。对于公司来说，1 年以内（含 1 年）的贷款归为短期贷款，超过 1 年的贷款则归为长期贷款。

（2）公司将贷款 100 万元转给个人时：

```
借：其他应收款或其他货币资金          100 万
    贷：银行存款                      100 万
```

分析：该凭证反映了公司将 100 万元转给其他个人，并记作债权科目"其他应收款"或者资金类科目"其他货币资金"。借方不同的会计科目反映出行为人不同的心理活动。记作"其他应收款"意味着行为人并没有刻意在账务上隐瞒借贷，该科目为明确的往来债权类科目。而记作"其他货币资金"则反映出行为人有一定的隐瞒倾向，因为在资产负债表中，"货币资金"项目总额是"库存现金""银行存款""其他货币资金"三者之和，由"银行存款"转入"其他货币资金"，"货币资金"总额不变，从资产负债表的"货币资金"项目上就看不出有变化，便于行为人在财务报表上隐瞒资金减少的事实。

（3）按期计提利息：

```
计提利息：
借：财务费用                          6 万
    贷：应付利息                      6 万（本金×利率）
```

分析：该凭证反映公司计提了应当支付给银行的利息 6 万元，但该 6 万元尚未支付。也有部分账务处理不规范的公司，跳过该凭证直接支付利息。

（4）收取本金和利息 106 万元，由于是个人转贷，因而收回的超过 6

万元的利息由个人掌控，不在会计凭证中反映。如实际收到 120 万元，则仅在会计凭证中反映 106 万元，14 万元由行为人在账外掌控。

收回本息 106 万：
借：银行存款　　　　　　　　　　　　　　　106 万
　　贷：其他应收款或其他货币资金　　　　　100 万
　　　　财务费用　　　　　　　　　　　　　　6 万

分析：该凭证反映公司实际收回了转贷出去的 106 万元本金和利息，其中 100 万元勾销了原登记的债权余额，另外 6 万元用来弥补应支付给银行的利息。

（5）到期偿还给银行本金和利息 106 万元：

支付银行本息：
借：短期借款或长期借款　　　　　　　　　　100 万
　　应付利息　　　　　　　　　　　　　　　　6 万
　　贷：银行存款　　　　　　　　　　　　　106 万

分析：该凭证反映公司向银行支付银行存款 106 万元，其中 100 万元是贷款本金，6 万元为支付的利息，并在账面上冲销了原账务登记的债权和利息余额。

2. 以公司名义借款，以公司名义转贷

这种情形下会计凭证的内容较为简单，公司在取得贷款后直接将贷款转贷给其他公司，不经过个人转贷。

（1）2020 年 1 月 1 日公司从银行取得借款 100 万元时，年利率 6%：

借：银行存款　　　　　　　　　　　　　　　100 万
　　贷：短期借款或长期借款　　　　　　　　100 万
（如果是 1 年以内借款，则用短期借款科目；如果为超过 1 年的长期贷款，则用长期借款科目）

分析内容同上文。

（2）同日，公司将贷款100万元借给他人或其他公司，约定利率为16%：

```
借：其他应收款或其他货币资金         100万
    贷：银行存款                    100万
```

分析内容同上文。

（3）2020年12月31日，按期计提应付利息和应收利息：

```
计提应付利息：
借：财务费用                      6万
    贷：应付利息                  6万（本金×利率）
```

```
计提应收利息：
借：应收利息                      16万
    贷：财务费用                 16万（本金×利率）
```

分析：上一张会计凭证反映了贷款应支付给银行的利息，下一张会计凭证反映了转贷应收取的利息，两张凭证收支金额不一致，多收的利息归入了公司账户，属于转贷利息差额，但仅仅是计提利息的过程，不代表已经实际收支，当涉及"银行存款"等资金类科目变化时，才属于实际收支。

（4）收回转贷款本息：

```
借：银行存款                      116万
    贷：其他应收款或其他货币资金     100万
        应收利息                  16万
```

分析：该笔凭证反映了公司实际收回了116万元转贷款的本息，其中100万元为转贷款的本金，冲销了财务上的转贷款余额，16万元为转贷利息，冲销了财务上的转贷款应收利息。

（5）2021年1月1日到期偿还给银行本金和利息106万元：

支付银行本息：	
借：短期借款	100万
应付利息	6万
贷：银行存款	106万

分析：该凭证反映了公司实际支付106万元给银行，偿还了原贷款，其中100万元为原贷款本金，冲销了账务上登记的贷款本金余额，6万元为利息，冲销了账务上计提的6万元应付利息余额。

（四）账簿

沿用上述"以公司名义借款，以公司名义转贷"的案例，我们来看下其在账簿中的变化。对于这类案件，主要涉及的账簿就是银行存款日记账和往来科目的明细分类账，下面一一进行介绍。

1. 银行存款日记账

由于本例中使用的是银行存款转账方式，因此需要审查银行存款日记账。

银行存款日记账						单位：万元
日期	凭证编号	摘要	借方	贷方	（借或贷）	余额
2020.1.1	1	收银行借款	100		借	100
2020.1.1	2	借款		100	借	0
……						
2020.12.31	100	收回借款	116		借	116
2020.12.31	101	偿还本息		106	借	10

图11-2-1

银行存款日记账借方表述银行存款的增加，贷方表示银行存款的减少，余额为借方，代表银行存款余额为正数。从银行存款日记账可以看出，最终该事项导致银行存款增加了116-106=10万元，余额在借方。

此外，需要注意的是，如果转贷款采用的是现金，则需要审查现金日记账，关注实际领取现金的日期，一般以财务凭证后的领条日期或者现金日记账上支出日期为准,不能仅以出纳的支票存根日期为准,因为支票存根日期是指出纳从银行取款日期,这个日期和实际支付现金的日期之间,可能存在一定的时间差。

2. 短期负债明细账

短期负债明细账——银行　　　　　　　　　　　　　　　单位:万元

日期	凭证编号	摘要	借方	贷方	(借或贷)	余额
2020.1.1	1	收银行借款		100	贷	100
……						
2020.12.31	101	偿还银行贷款	100		借	0

图 11-2-2

短期负债明细账,贷方代表增加,借方代表减少,从短期借款明细账可以清楚地看出短期借款的本金入账和归还日期,如果有多笔借款,可以在明细账上清楚地看出借款的来龙去脉,需要注意的是,这个日期指的是财务记账日期,与实际借款日期和还款日期不一定一致,查阅准确的借款和还款日期,以银行对账单和会计凭证后附的附件证明为准。该证据主要证明公司与金融机构之间债权债务的本金变化情况。此外,如果是借款超过1年,则可以查阅长期借款明细账。

3. 其他应收款明细账

"其他应收款"明细账反映了公司对特定对象的债权关系,其明细账借方金额代表公司的债权增加,贷方金额表示公司债权的减少,借方余额表示债权余额,贷方余额表示债务余额。

其他应收款　　　　　　　　　　　　　　　　　　　　　单位:万元

日期	凭证编号	摘要	借方	贷方	(借或贷)	余额
期初						0
2020.1.1	2	借款	100		借	100
……						
2020.12.31	100	收回借款		100	借	0
期末						0

图 11-2-3

4. 财务费用明细账

"财务费用"是利润表项目,利润表项目的特点是期末没有余额,利润表项目余额在年末均需要转入"本年利润"中核算,最终净收益扣除分红后转入资产负债表的留存收益中存放。因此,利润表科目一般统计其发生额,其差额证明了高利转贷所带来的利息差额。

财务费用					单位:万元
日期	凭证编号	摘要	借方	贷方	(借或贷)	余额
期初						0
2020.12.31	98	计提利息	6		借	6
2020.12.31	99			16	贷	10
……						
2020.12.31	102	结转本年利润	10		借	0
期末						0

图 11-2-4

"财务费用"明细账反映了公司各类与金融、财务相关的支出,如贷款利息、银行交易手续费等,图 11-2-4 中,借方 6 万元和贷方 16 万元,分别代表原贷款利息 6 万元和转贷款利息 16 万元,转贷款利息在贷方代表着负的财务费用,即 16 万元为公司财务利息收益。

5. 应付利息明细账

应付利息明细账						单位:万元
日期	凭证编号	摘要	借方	贷方	(借或贷)	余额
期初						0
2020.12.31	98	计提利息		6	贷	6
……						
2020.12.31	100	支付银行利息	6		贷	0
期末						0

图 11-2-5

应付利息,为公司计提的应支付给银行的利息,即原贷款利息,其贷方余额代表应付未付利息。如果为借方余额,代表提前预付的银行利息。该明细账证明向银行等金融机构计提和支付利息的情况。

(五)应收利息明细账

应收利息明细账　　　　　　　　　　　　　　　　　　　单位:万元

日期	凭证编号	摘要	借方	贷方	(借或贷)	余额
2020.12.31	98	计提利息	16		借	16
……						
2020.12.31	100	收到转贷利息		16	借	0

图11-2-6

应收利息,为公司计提的应收取的转贷款的利息。借方代表利息的增加,贷方代表利息的减少,其借方余额代表应收未收利息。如果为贷方余额,代表提前预收了银行利息。从该明细账中可以看出,应收利息先增加了16万元,后减少了16万元,已经完全收取了转贷的利息。

(六)财务报表

单个事项虽然会对财务报表产生影响,但财务报表的各项目数据为很多事项的合计数,单个事项引起的变化很难在资产负债表上直接获取信息,除非资产负债表该项目金额完全由该事项产生的数据构成。因而此处介绍财务报表,仅仅让办案人员了解会计分录内容如何引起财务报表项目金额的变化。

1. 资产负债表

如果是"以公司名义借款,以公司名义转贷"的案例,则资产负债表余额变化如图11-2-7所示。

资产		单位：万元	负债和所有者权益		单位：万元
项目	借方	贷方	项目	借方	贷方
货币资金	100 ↑ 100 ↓ 116 ↑ 106 ↓		短期借款		100 ↑ 100 ↓
其他应收款	100 ↑ 100 ↓		未分配利润		7.5 ↑

图 11-2-7

资产负债表的变化，是跟着会计分录的变化而变化，需要注意的是，财务费用是利润表科目，财务费用变动会影响当期净利润。利润表最终计算出的净利润，扣除分红之类的事项，余额结转至资产负债表的留存收益（盈余公积＋未分配利润），作为公司累计盈余汇总。由于高利转贷，给公司带来了税前差额利息 10 万元，扣除所得税 25% 后，当期净利润增加了 7.5 万元，在不考虑分红的情况下，最终资产负债表中的留存收益增加了 7.5 万元。

2. 利润表

贷款和转贷的利息，引起了财务费用的变动，进而影响了利润表中净利润的金额。在利润表中，财务费用先后增加 6 万元，减少 16 万元，最终利润总额增加了 10 万元，扣除 25% 所得税后，净利润增加了 7.5 万元，这就是高利转贷行为对公司利润的最终影响。

利润表	单位：万元
项目	金额
营业收入	
营业成本	
……	
财务费用	6 ↑ 16 ↓
……	
利润总额	10 ↑
所得税费用	2.5 ↑
净利润	7.5 ↑

图 11-2-8

三、实务案例

苏某某高利转贷案

【基本案情】

苏某某的单位 ABC 粮库系全民所有制企业，企业主营计划调拨粮食、粮食收购、仓储、物流配送等，被告人苏某某于 2002 年 3 月 15 日至 2011 年 8 月 14 日担任 ABC 粮库主任、法定代表人。吴某某系 H 粮食公司的老板，在东北、福建等地经营粮食生意，与 ABC 粮库及苏某某曾有业务往来。ABC 粮库为本单位私利，经时任主任的苏某某与吴某某商议，并告知粮库职工后，以购销粮食为由并提供虚假交易合同先后多次向中国农业发展银行 D 市分行贷款，再以月息 1% 转借给吴某某。其中，ABC 粮库自 2006 年 11 月 14 日至 2010 年 5 月 26 日先后将共计 8621.5 万元贷款转借给吴某某，共收取吴某某支付的利息 227.00795 万元，支付银行贷款利息 104.254183 万元，获取违法所得 122.753767 万元。法院最终判决：ABC 粮库以转贷牟利为目的，套取金融机构信贷资金高利转贷他人，违法所得达 122.753767 万元，其行为已构成高利转贷罪，苏某某作为该单位直接负责的主管人员，其行为亦已构成高利转贷罪。

【实务分析】

（一）会计凭证

ABC 粮库制作的会计凭证如下（以下凭证为多笔多张会计凭证累计）：

1. ABC 粮库收到农业发展银行借款时：

```
借：银行存款                                    ××××
    贷：长期借款——中国农业发展银行 D 市分行    ××××
```

分析：该凭证反映了 ABC 粮库在一定时期内收到中国农业发展银行 D 市分行转来的银行存款 ××××万元，同时 ABC 粮库在一定时期内在账务上记作长期债务"长期借款"。

2. 苏某某多次将 ABC 粮库贷款转借给吴某某（以下凭证为多笔多张会计凭证累计）：

```
借：其他应收款——H 粮食公司      8621.5 万
    贷：银行存款                 8621.5 万
```

分析：该凭证反映了 ABC 粮库在一定时期内将银行存款转出 8621.5 万元给 H 粮食公司，并将 ABC 粮库转给 H 粮食公司的款项作为"其他应收款"这项债权登记入账。上图仅为转出资金的凭证页，后附有 ABC 粮库转出资金的银行电子转账凭证等原始凭证，二者可以共同证实 ABC 粮库将资金转给吴某某经营的 H 粮食公司的事实。

3. ABC 粮库计提应收利息和应付利息：

```
借：财务费用                                      104.254183 万
    贷：应付利息——中国农业发展银行 D 市分行       104.254183 万
借：应收利息——吴某某                             227.00795 万
    贷：财务费用                                  227.00795 万
```

分析：该凭证反映了 ABC 粮库在一定时间内计提（先行计算）原贷款利息以及转贷款利息的事实。其中，"应付利息"代表着原贷款应支付给银行 104.254183 万元，应付而未付，是 ABC 粮库的债务；"应收利息"代表着转贷给吴某某经营的 H 粮食公司应收的利息 227.00795 万元，应收而未收，是 ABC 粮库的债权。以上利息为计提过程，并未实际收支。

4. ABC 粮库实际收取利息，并偿还农业发展银行利息时：

收取利息时：
借：银行存款　　　　　　　　　　　　　　227.00795 万
　　贷：应收利息——H 粮食公司　　　　　227.00795 万
支付利息时：
借：应付利息——中国农业发展银行 D 市分行　104.254183 万
　　贷：银行存款　　　　　　　　　　　　104.254183 万

分析：该凭证反映了一段期间内 ABC 粮库实际收取 H 粮食公司的转贷利息款和支付给农业发展银行 D 市分行的原贷款利息款。其中：应收利息减少 227.00795 万元，银行存款增加 227.00795 万元，意味着 ABC 粮库实际收到 H 粮食公司的利息款，利息债权的消灭；应付利息减少 104.254183 万元，银行存款减少 104.254183 万元，意味着 ABC 粮库实际向农业发展银行 D 市分行转出利息款，利息债务的消灭。实际收支利息的差额 122.753767 万元，就是高利转贷的违法所得额。

（二）转贷合同

本案中，转贷合同上明确了 ABC 粮食公司将贷款转贷的金额、利率和时间。其中提到按照月息 1% 转贷，那么换算为年利率则为 12%。为什么不是翻倍按照 24% 计算呢？这是因为翻倍的情况，是存在于分期支付或收回本金的情形下，占用本金的金额相当于减少一半，而此处以月计息的方式，并不会对占用本金造成影响，因而在年利率的计算上无须进行特别调整，直接以月利率乘以 12 即可作为年利率。

（三）银行对账单、银行存款日记账

银行对账单是外部证据，银行存款日记账为内部证据，二者各有其证明力和证明意义。银行对账单，可以证明原贷款发放日期和实际发放金额，转贷款的发放日期和实际转贷金额，收回转贷款本金和利息的日期和金额，归还原贷款本金和利息的日期和金额。银行对账单侧重于反映资金借贷的对象以及借贷金额的准确性，银行存款日记账辅证了上述事实并以摘要形式明晰了资金借贷过程中的细节内容。另外，考虑到该案中存在多次借息、还息的情况，对违法所得利息的计算，应当根据前文所述的三种结息情形分别计算汇总违法所得利息，在特定情形下，需要对会计凭证和银行对账单中的利息进行部分修正。

（四）其他财会凭证

此外，应将与会计凭证中的会计科目对应的"应收利息""应付利息""长期借款""其他应收款""财务费用"的明细分类账簿等财会书证一并收集；一是比对上述数据是否一致，是否存在虚假账、账外账的情形；二是比对在账簿上是否存在遗漏转贷数额、利息甚至遗漏转贷对象的情形；具体内容在本章第二部分已经详细介绍，此处不再赘述。

高利转贷罪案件的办理离不开对财会证据的固定与审查，其涉及的贷款本息、转贷本息、违法所得金额的确定和计算大多直接来源于财会证据，从反映事实到修正事实，从验证事实再到查找遗漏事实，各财会证据各有其不同证明力和证明意义。司法人员应秉持公正客观的态度区分审查，发挥各财会证据本身的证明作用。

第十二章 骗取贷款、票据承兑、金融票证罪的证据与审查

骗取贷款、票据承兑、金融票证罪,是指以欺骗手段取得银行或者其他金融机构贷款、票据承兑、信用证、保函等,给银行或者其他金融机构造成重大损失或者有其他严重情节的行为。本章将对实务中该罪涉及的各类票据、票证等财会证据的样式和内容作具体介绍,以帮助办案人员更深刻地理解该类证据并对其进行实质性审查。

一、基本知识

(一)骗取贷款、票据承兑、金融票证罪的构成要件

骗取贷款、票据承兑、金融票证罪是《刑法修正案(六)》第10条增设的罪名。本罪的犯罪主体是一般主体,自然人和单位都可以成为本罪的主体;本罪侵犯的客体是金融秩序和安全;主观方面表现为故意,不要求行为人有特定目的;客观方面表现为以欺骗手段取得银行或者其他金融机构贷款、票据承兑、信用证、保函等,给银行或者其他金融机构造成重大损失或者有其他严重情节的行为。从该罪构成要件来看,贷款、票据、金融票证类相关的财会证据应属于重点审查的内容,这类证据从表面上看起来容易辨别,但其实很容易混淆,如票证和票据的区别是什么,二者分别包括哪些内容,下文将对上述财会证据的概念、内容、样式以及审查要点分别作介绍。

（二）贷款、票据承兑、金融票证、信用证、保函的概念

1. 贷款

贷款是银行或其他金融机构按一定利率和按时归还本息等条件出借货币资金的一种信用活动形式。广义的"贷款"是指贷款、贴现、透支等出贷资金的总称。与上一章高利转贷罪类似，我们所说的贷款，主要是金融机构发放的贷款。

根据《贷款通则》的规定，"贷款"可以分为自营贷款、委托贷款和特定贷款。自营贷款，是指贷款人以合法方式筹集资金自主发放的贷款，其风险由贷款人承担，并由贷款人收回本金和利息，是本罪和上一章的罪名主要涉及的贷款类型。委托贷款，是指由政府部门、企事业单位及个人等委托人提供资金，由贷款人（受托人）根据委托人确定的贷款对象、用途、金额期限、利率等代为发放、监督使用并协助收回的贷款，贷款人（受托人）只收取手续费，不承担贷款风险。对于骗取该种贷款的行为，实务中一般不将其归为此类犯罪处理。特定贷款，系指国务院批准并对贷款可能造成的损失采取相应补救措施后责成国有独资商业银行发放的贷款，这种贷款属于政策性的成分比较多，如国家重点工程建设项目、国家重点扶贫项目，且有国家兜底，一般也不宜为本罪涉及的贷款种类。

2. 票据承兑

票据承兑，就是对票据进行"承兑"，"承兑"就是保证付款的意思。本罪所指的票据，是"商业汇票"[①]中的"银行承兑汇票"，即由出票人签发汇票，由银行承兑，最终由银行付款。如果银行作为付款人签字承兑，承兑银行必须承担到期无条件付款的责任，否则持票人有权对其提起诉讼。因此，票据承兑属于银行的一项授信业务，骗取承兑票据侵犯的是金融秩序和安全。需要注意的是，本罪和票据诈骗罪中的"票据"含义不同，本罪仅包括银行承兑汇票一种类型，而票据诈骗罪包括汇票、本票、支票三种类型，其"汇票"包括"银行汇票"和"商业汇票"，其中商业汇票又可

---

① 商业汇票包括商业承兑汇票和银行承兑汇票。商业承兑汇票是由公司出票，非银行公司承兑；银行承兑汇票是公司出票，银行承兑。

以细分为"商业承兑汇票"和"银行承兑汇票",故本罪中的"银行承兑汇票"是其"汇票"的一种。而对于"商业承兑汇票",由于是公司出票公司承兑,不涉及金融机构,不会侵害金融管理秩序,故不属于本章"票据承兑"的范畴。

此外,也需要注意"银行承兑汇票"和"银行汇票"的区别。银行汇票,是指由出票银行签发的,由其在见票时按照实际结算金额无条件付给收款人或者持票人的票据。开具"银行汇票"时公司银行账户必须有足额款项时才能申请银行开具。而"银行承兑汇票",可以交纳保证金、提供抵押等方式,在银行账户资金不足额时请求银行等金融机构承兑。二者支付方面的差别,详见图12-1-1与图12-1-2。

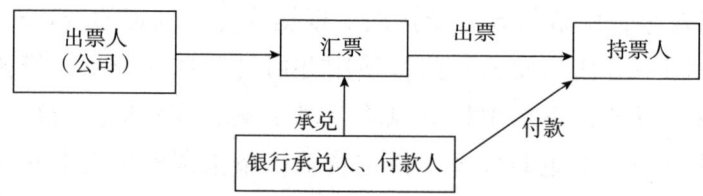

图 12-1-1 银行承兑汇票的支付流程

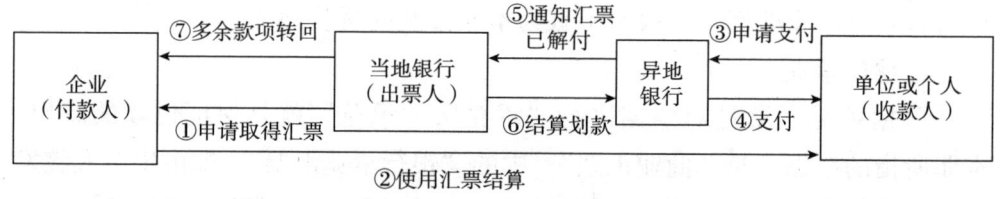

图 12-1-2 银行汇票的支付流程

3. 金融票证

根据骗取贷款、票据承兑、金融票证罪刑法相关条文规定以及最高人民检察院、公安部2022年修订的《关于公安机关管辖的刑事案件立案追诉标准的规定(二)》第22条对该罪的立案标准规定,"金融票证"包括信用证、保函等。

信用证,是指银行根据进口人(买方)的请求,开给出口人(卖方)

的一种保证承担支付货款责任的书面凭证，由出口人所在地的代理银行（议付行）对出口人付款，信用证主要用于进出口业务，其支付流程如图12-1-3所示（以 CIF[①] 为例）。保函，又称保证书，是指银行、保险公司、担保公司等金融机构应申请人请求，向第三方开立的一种书面信用担保凭证，其类似于"保证书"。由于本罪侵害的法益是金融秩序和安全，因而此处的保函，主要是指金融机构的保函，常见的有银行出具的保函和担保公司出具的保函。在实践中，开具保函的金融机构常因担保还款而遭受重大损失。

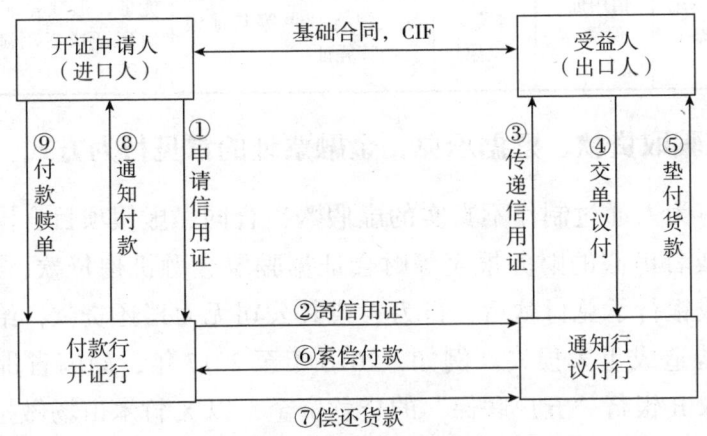

图 12-1-3　信用证支付流程（以 CIF 为例）

同时，刑法第 177 条规定了伪造、变造金融票证罪，其"金融票证"是否和这里的"金融票证"含义相同呢？具体来看，刑法第 177 条列举了"金融票证"的范围，包括汇票、本票、支票、委托收款凭证、汇款凭证、银行存单、信用证或者附随的单据、文件等，显然两罪涉及的"金融票证"种类不完全相同。

此外，刑法第 194 条第 2 款规定了金融凭证诈骗罪，其"金融凭证"是否和这里的"金融票证"含义相同呢，通过刑法第 194 条第 2 款法条可以

---

① 国际贸易专用术语，中译名为成本加保险费加运费。

看出,"金融凭证"包括委托收款凭证、汇款凭证、银行存单等其他银行结算凭证,二者进行对比后,发现本章的"金融票证"和其"金融凭证"概念也有所区别。再加上前文介绍的票据诈骗罪涉及的"票据"概念,为了方便办案人员理解,现将四罪名涉及的证据类型作一对比,如下表所示。

表 12-1-1 四罪名票证类型对比

罪名	骗取贷款、票据承兑、金融票证罪	票据诈骗罪	金融凭证诈骗罪	伪造、变造金融票证罪
概念	票据承兑	金融票证	票据	金融凭证	金融票证
含义	银行承兑汇票	信用证、保函等	汇票、本票、支票	委托收款凭证、汇款凭证、银行存单等其他银行结算凭证	汇票、本票、支票、委托收款凭证、汇款凭证、银行存单、信用证或者附随的单据、文件等

(三)骗取贷款、票据承兑、金融票证的常见行为方式

一是行为人通过制作不真实的虚假购销合同、虚假项目合同、不真实的抵押物或者虚假的财务报表等财会证据骗取金融机构贷款、票据承兑,取得贷款或银行承兑付款后,行为人或其公司无力偿还贷款,给银行及其他金融机构造成重大损失。例如,2016年至2017年,湖南省邵阳市熊某某为了套取R银行"五户联保"的贷款资金,以X竹木市场做担保,伪造亲友、员工和经营户的贷款资料共计骗取贷款10700万元,截至案发仍有2400万元无法归还。

二是行为人通过制作不真实的虚假购销合同、虚假提单、虚构贸易背景、变造增值税发票,质押承兑汇票等方式向银行申请开具相应的信用证,后将信用证通过境外银行进行贴现,赚取国内存款、贷款利息与香港贷款利息的差额,即"转口套利"。例如,2013年4月至2015年5月,梁某某和吴某某利用我国境内银行存款、贷款利率高于境外香港银行贷款利率的特点,通过向他人收购银行承兑汇票,虚构相应贸易背景,利用其控制的境内公司佛山市H贸易有限公司等名义制作虚假购销合同,并将虚开的小额增值税专用发票复印件变造成大额面值增值税专用发票复印件,再将银行承兑汇票质押给银行,或是通过购买银行理财产品、信托业务或定期存

款等方式以向银行提供足额担保申请开具相应金额的信用证。后将信用证通过香港 X 银行等境外银行进行贴现，赚取国内存款、贷款利息与香港贷款利息的差额。被告人梁某某、吴某某骗取境内四家银行信用证共计 159 份，信用证金额共计约人民币 66 亿余元。

三是行为人通过不真实的虚假采购合同、虚假项目合同、不真实的抵押物或者虚假的财务报表先骗取担保公司的保函，随后通过保函到银行等金融机构贷款，后无力偿还贷款，由担保公司承担担保责任，给担保公司造成重大损失。例如，2015 年 8 月，吉林省辽源市李某某以 Z 建材公司名义，向 X 担保公司提供重复、不实抵押物及虚假供销、采购、买卖等业务合同，骗取 X 担保公司的保证合同，在 H 银行贷款 1500 万元人民币，此款大部分用于偿债。上述贷款到期后，Z 建材公司无力偿还，X 担保公司为其代偿本息共计人民币 1546.5415 万元。

二、常见财会证据

（一）银行承兑汇票

银行承兑汇票的定义和支付流程，在上一节已经详细介绍过，由于很多办案人员，在未办理过骗取贷款、票据承兑、金融票证案以及类似经济案件之前，可能并未见过银行承兑汇票，因此，此处主要介绍下银行承兑汇票的样式以及审查要点。

银行承兑汇票一式三联，第一联卡片联，此联承兑行留存备查，到期支付票款时作借方凭证附件；第二联银行承兑汇票正联，此联收款人开户行随委托收款结算凭证寄给付款行作借方凭证的附件，可用于背书转让；第三联作存根联，此联出票人存查并编制有关凭证。

常见的银行承兑汇票，如图 12-2-1 所示（汇票上的 2 代表第二联），上面记录了出票人名称、收款人名称、出票金额、付款银行、承兑银行、出票日期、承兑日期等内容，应一一与其他书证核对，特别是要与公司票据登记簿、会计凭证记录登记内容相比对，审查是否存在漏记、错记、多记的情况，相关会计凭证将在后文详细介绍。

	银行承兑汇票	2	31300052
	出票日期　　　年　月　日 　　　　（大写）		24655943

出票人全称		收款人	全　称		此联收款人开户行随托收凭证寄付款行作
出票人账号			账　号		
付款行全称			开户银行		
出票金额	人民币 （大写）		亿 千 百 十 万 千 百 十 元 角 分		
汇票到期日 （大写）		付款行	行　号		
承兑协议编号			地　址		
本汇票请你行承兑，到期无条件付款。		本汇票已经承兑，到期日由本行付款。		密押	
		备注：			

图 12-2-1　银行承兑汇票票样（正面）

在审查承兑汇票的时候，很多人容易忽略的一点就是遗漏审查承兑汇票的背面。如图 12-2-2 所示，承兑汇票的背面完整地记录了承兑汇票背书情况，完整的票据背书，应当由被背书人（受让人）和背书人（转让人）同时签章。背书过程，反映了票据法律关系主体的变化，因而一定不能忽视审查承兑汇票背面的内容。

粘　单	
被背书人	被背书人
   　　　　背书人签章 　　　　年　月　日	 　　　　背书人签章 　　　　年　月　日

图 12-2-2　银行承兑汇票（背面）

(二)信用证

信用证一般是在进出口业务中使用,进出口双方当事人应在买卖合同中,明确规定采用信用证方式付款。信用证申请书的样式如图12-2-3所示。

		信用证(副本)										
		开证日期: 年 月 日										
开证申请人	全 称		受益人	全 称								
	地址、邮编			地址、邮编								
	账号			账号								
	开户行			开户行								
开证金额	人民币(大写)		亿	千	百	十	万	千	百	十	元	角	分
有效日期及有效地点												
通知行名称及行号												

运输方式:_____ 交付期:_____
分散装运:允许□ 不允许□ 付款方式:即期付款□ 延期付款□ 依付□
转 运:允许□ 不允许□
货物运输起止地:自____至_____ 议付行名称及行号:_____
最迟装运日期:____年___月___日 付款期限:即期□
运输单据日后_____天
货物描述:_____

受益人应提交的单据:_____

其他条款:_____

本信用证依据中国人民银行《国内信用证结算办法》和申请人的开证申请书开立。本信用证为不可撤销、不可转让信用证。我行保障在收到单证相符的单据后,履行付款的责任。如信用证系议付信用证,受益人应将每次提交单据情况背书记录在正本信用证背面。

图12-2-3 ××银行信用证(模板)

信用证反映的内容比较丰富,包括开证申请人、受益人、议附行、通知行、开证金额、运输方式、运输起止地等内容,但信用证反映的内容和

177

真实情况可能并不完全一致，如开证申请人是否是行为人或者其公司，申请金额和信用证的金额以及最终兑付金额是否相符，受益人应提交的单据是提单①还是其他单据，对应证据是否调取。在没有真实交易而欺骗银行开具信用证时，其提交的提单一般也为虚假提单。

（三）保函

保函的概念在前文已经介绍过，此处主要介绍保函的种类。保函可分为信用保函②和付款保函。

信用保函，指被保证人不对受益人履行义务时，保证人应负责赔偿受益人经济损失的保函。主要有借款保函、投标保函、履约保函、维修保函、质量保函等。也就是说，被保证人不履行法定义务时，保证人要赔偿受益人损失责任，受益人一般为买方，被保证人一般为卖方。

付款保函，是指保函的受益人在合同规定的期限内履行了义务，被保证人就要履行付款责任，否则付款责任就应由保证人承担的保函。这类保函比较常见，受益人一般为卖方，被保证人一般为买方。一般来说，信用保函是担保义务的履行，而付款保函担保的是付款的履行。这类保函，类似于信用证，只不过信用证是见票即付，而保函是在被保证人不付款时，保证人才承担付款责任。保函的样式比较多，一般也没有固定格式，各家出具的保函各有各的格式。

保函是以银行信用替代商业信用的书面文件，有利于交易行为的执行。从保函和基础交易的关系来看，保函还可以分为独立保函和非独立保函。前者根据基础交易订立，但本身效力并不依附于基础交易合同，付款责任仅依附于自身条款，二者的保函效力依附于基础交易合同。对于保函的审查，应重点关注保函的申请人、受益人、担保人、最大承保金额、支付货币类别等基本信息是否相符，保函履行时是否在实际有效期内，是否具有

---

① 提单，是指用以证明海上货物运输合同和货物已经由承运人接收或者装船，以及承运人保证据以交付货物的单证。

② 李伟民：《金融大辞典》，黑龙江人民出版社2002年版，第1923页。

失效条件或为无效保函，是否具有反担保，实际造成的损失是否要扣除反担保履行后的金额等。

中国建设银行
见索即付履约保函

保函编号：A00001111
开立日期：2018 年 3 月 30 日

_____有限责任公司：
　　根据相关法律法规要求，应_____公司申请，我行特开立以_____公司为受益人的履约保函：
　　一、保函金额为人民币五百万元整。
　　二、我行将在收到收益人的索赔通知和本保函原件后 30 个工作日内，以保函金额为限，向受益人支付款项。
　　三、本保函的担保金额将随我方支付的金额而自动抵减。
　　四、受益人转让本保函项下权利的，应经我行书面同意，否则我行将不再承担担保责任。
　　五、本保函自开立之日起生效，有效期至 2019 年 3 月 29 日。
　　六、书面索赔通知必须在有效期内送达我行，否则我行在本保函项目下的责任自动解除。
　　七、保函超过有效期或我行的担保义务履行完毕，本保函即行失效，无论本保函是否退回我行注销。

银行（公章）：中国建设银行股份有限公司某某支行
负责人、授权代理人（签字）：_____
2018 年 3 月 30 日

图 12-2-4　建设银行保函

（四）银行对账单

　　银行对账单是办理这类案件不可或缺的财会书证之一，对于骗取贷款、票据承兑、金融票证罪来说，主要审查对账单上银行放款账号、放款日期、实际放款金额、还款日期、还款金额等内容是否与其他证据一致，各银行的对账单各不相同，但都大同小异。银行对账单反映的不是银行的流水，而是公司的银行存款流水，在银行对账单上，一般"借"代表公司银行存款的减少，"贷"代表公司银行存款的增加，有少数银行"借""贷"代表的方向正好相反。对于取得银行款项后的资金用途，银行对账单也能提供很多有价值的信息，特别是将银行款项转账给他人或其他公司，大部分银行账号均显示对方账号和对方户名。

客户名称：贾二 客户编号：16318015091×××××× 存款类型：一户通 币别：人民币元									
交易日期	交易时间	交易账号	摘要	借贷标志	交易金额	账户余额	交易机构号	对方账号	对方户名
2012.5.21	09：44：41	1631801500023914	现金开户	贷	172194.73	172194.73	43046860		
2012.5.22	08：49：58	1631801500023914	现金支取	借	44162.00	128032.73	43046860	242872347862387	××公司
2012.5.22	08：52：58	1631801500023914	发放贷款	贷	500000.00	628032.73	430468608	432987923492384322	××银行
2012.5.22	10：33：21	1631801500023914	转账支出	借	500000.00	128032.73	43046860	163180150910023926	张三

图 12-2-5 建设银行对账单

（五）会计凭证

由于骗取贷款、票据承兑、金融票证罪涉及的票证类型较多，对应的书证内容也较广。本书主要选取了常见的贷款、银行承兑汇票和金融票证所涉及的会计凭证，介绍其在案件中所反映的信息内容。

1. 贷款

在骗取贷款、票据承兑、金融票证罪实务中，贷款类犯罪同时涉及银行和公司两方，因而需要同时调取双方的会计凭证，并对其内容进行横向比对，此处对双方的会计凭证分别予以介绍。

（1）银行制作的会计凭证

银行属于金融业，其不适用工业企业会计准则，应适用金融企业会计准则，故其会计凭证内的相关会计科目与工业企业会计科目有所区别。

① 银行授予向客户发放贷款时，会计分录为：

> 借：贷款——本金——某公司
> 　贷：吸收存款——企业存款——某公司

分析："贷款"是银行的资产科目，吸收存款是负债科目，凭证上的金额可证明银行授权给客户的贷款额度,客户可以在此额度范围内支取贷款。该会计凭证可以证明银行对"某公司"货款额度的授信情况,额度授信并不代表贷款的实际支取。

② 客户实际支取贷款时:

```
借:吸收存款——企业存款——某公司
    贷:现金或联行往来
```

分析:该凭证反映银行实际发放了贷款,即"某公司"实际支取的贷款数额,"现金或联行往来",反映了银行发放贷款是采取现金还是银行存款方式。另外,需要注意该凭证制作日期并不等同于贷款实际放款日期,后者应以银行对账单的日期为准。

(2)贷款公司制作的会计凭证

① 公司收到银行贷款后,制作了如下会计凭证:

```
借:银行存款
    贷:短期借款或长期借款
```

分析:借方"银行存款"的数额代表着实际收到的银行存款金额,"短期借款或长期借款"意味着该笔借款属于长期还是短期借款,一般来说,1年以内(含1年)为短期借款,超过1年的借款为长期借款。

② 公司实际使用贷款时,制作了如下会计凭证:

```
借:生产成本             (生产产品)
    其他应收款          (借款出去)
    预付账款            (预付其他款项)
    管理费用            (管理类相关费用)
    销售费用            (销售类相关费用)
    短期借款            (偿还短期借款)
    贷:银行存款
```

分析：该凭证可以反映公司使用贷款资金的实际用途。例如，列示"生产成本"则意味着用于生产经营产品使用，列示"其他应收款"意味着将款项借与他人，列示"管理费用、销售费用"意味着将资金用于支出管理和销售环节的相关费用，列示"短期借款"则意味着以新债还旧债等。上述内容仅仅是会计凭证表面上所反映的事实，实际用途可能不一致，也可能存在以会计凭证列示资金虚假用途的情形。

2. 银行承兑汇票

（1）将开具的 200 万元商业汇票向办理银行承兑，向银行缴纳 100 万元保证金，公司所做的会计凭证为：

借：其他货币资金——保证金	100 万
贷：银行存款	100 万

分析：该凭证反映了公司将银行存款这种资产转换为保证金形式存在了银行，从性质上来说，二者均属于随时变现的资产，将财务报表统一反映在"货币资金"项目下，属于资产内部的形态变化。

（2）将承兑汇票款交由收款人前往银行取款（该类案件中，一般无真实交易）：

借：预付账款——某公司	200 万
贷：应付票据	200 万

分析：该凭证反映了银行代公司预付给其他公司 200 万元，同时公司欠银行 200 万元的票据款需要偿还。该会计分录可以间接证明银行向收款人支付的票据款项。在很多这类案件中收款人和开票人并无真实交易，因为这里作为"预付账款"或"其他应收款"记录在账目上，对方公司收到款项后立即将款项转给行为人或行为公司，从而将贷款顺利转作他用。在办理该类票据犯罪案件中，需要调取出票人、付款银行、收款人三方银行流水以及财务凭证，互相对比，查明贷款走向和实际贷款用途。

（3）票据到期，保证金转回，扣除承兑费用2万元：

借：银行存款　　　　　　　　　　　　　　98万
　　财务费用——承兑手续费　　　　　　　2万
　　贷：其他货币资金——保证金　　　　100万

分析：该凭证反映了公司票据保证金减少了100万元，收回银行存款98万元，另支付给银行2万元票据承兑手续费。

（4）支付到期票据200万元：

借：应付票据　　　　　　　　　　　　　200万
　　贷：银行存款　　　　　　　　　　　200万

分析：该凭证反映了公司用200万元银行存款支付了银行代付的票据款。该罪实务中出票人大多无力偿还银行票据款，因此，公司账务上可能没有该笔凭证或者只有部分前述凭证，即"应付票据"科目明细账尚有余额。

此外，由于转账电子回单一般附在会计凭证后作为附件，因此，需要将上述会计凭证及后附凭据整理齐全，用以证明公司实际已还银行款项。另"应付票据"明细分类账也属于重要证据，此处一并列示，如图12-2-6所示。

应付票据——××银行承兑汇票明细分类账						单位：万元
日期	凭证编号	摘要	借方	贷方	（借或贷）	余额
期初					贷	0
2020.12.1		银行支付票据款		200	贷	200
2020.12.31		归还票据款	200		贷	200
期末					贷	0

图12-2-6　××银行承兑汇票明细分类账

3. 金融票证

信用证会计凭证内容类似上述票据会计凭证内容。

（1）企业向银行申请开出信用证时，支付信用证保证金10万元，且提供了其他担保或者书面材料。

```
借：其他货币资金——信用证存款        10 万
    贷：银行存款                      10 万
```

分析：银行存款减少 10 万元，保证金增加 10 万元，该凭证反映公司支付 10 万元给银行用作信用证开证保证金。

（2）支付开具信用证的手续费 0.5 万元：

```
借：财务费用——手续费                0.5 万
    贷：银行存款                     0.5 万
```

分析：该凭证反映公司向银行支付了 0.5 万元信用证开证手续费。与金融有关的费用，如贷款利息、银行交易手续费等金额都体现在凭证中的财务费用中。

（3）收到供货单位信用证结算凭证及所附发票账单，并经核对无误后进行账务处理：

```
借：原材料                                          50 万
    应交税费——应交增值税（进项税额）              6.5 万
    贷：其他货币资金——信用证存款                  10 万
        应付账款——银行信用证款                    46.5 万
```

分析：该凭证反映公司原材料增加了 50 万元，另取得 6.5 万元增值税进项税专用发票，以信用证抵扣货款 10 万元，尚欠 46.5 万元货款尚未支付。

4. 如果后续公司继续还款 10 万元，则冲减"应付账款"余额

```
借：应付账款——银行信用证款          10 万
    贷：银行存款                     10 万
```

分析：该凭证反映了公司通过银行存款还款 10 万元，欠付的货款减少

10万元。在公司货款未还完的情况下,"应付账款——银行信用证款"尚有余额,可以查阅明细账,获取科目余额,用以证明公司未还本金,不含利息。

"应付账款"明细分类账如图12-2-7所示。

应付账款——银行信用证款明细分类账						单位:万元
日期	凭证编号	摘要	借方	贷方	(借或贷)	余额
期初						
2020.12.1		货物结算		46.5	贷	46.5
2020.12.31		归还票据款	10		贷	36.5
期末					贷	36.5

图12-2-7 应付账款——银行信用证款明细分类账

此外,除上述会计凭证外,需要同时查阅银行存款日记账、现金日记账以及其他相关科目明细分类账等书证,会计凭证反映了案件事实的发生过程,账簿及明细分类账反映了事实发生后的财务结果。对于犯罪造成的本金损失额,一般都会在账簿和明细分类账中以余额的方式反映出来。

三、实务案例

齐某铝材公司、赵某某、杨某某骗取贷款案(节选)

【基本案情】

山东省B市Z区人民检察院于2019年1月10日以Z检诉刑诉(2019)4号起诉书指控被告单位齐某铝材、被告人赵某某、杨某某犯骗取票据承兑罪。

2016年4月,在齐某铝材公司从齐商银行A支行办理商业承兑汇票(票面金额为5000万元)贴现授信业务的过程中,被告人赵某某、杨某某安排公司财务人员向银行提供虚假的工矿产品购销合同、资产负债表、利润表、现金流量表和增值税专用发票等财务资料,并在B供电公司不知情的情况下,提供该公司虚假担保、伪造该公司负责人签名,骗取银行承兑4995万元。截至案发,尚欠齐商银行A支行贷款4995万元,利息839.16万元,本息共计5834.16万元。

山东省B市Z区人民法院经审理认为:被告单位齐某铝材公司在办理商业承兑汇票贴现授信业务时,提供虚假材料,骗取银行信贷资金,情节特别严重,其行为已构成骗取贷款罪,应处罚金。被告人赵某某、杨某某是被告单位齐某铝材公司骗取贷款行为的直接负责的主管人员,亦应构成骗取贷款罪,应处3年以上7年以下有期徒刑,并处罚金。公诉机关指控被告单位齐某铝材公司及被告人赵某某、杨某某犯骗取票据承兑罪,事实清楚,证据确实充分,予以确认,但指控罪名不准确,予以纠正。

【实务分析】

本案公诉机关是以骗取票据承兑罪提起公诉,最终法院以骗取贷款罪改判,这是因为本案主要财会证据涉及的是商业承兑汇票,并非银行承兑汇票。商业承兑汇票是公司出票且公司承兑,齐某铝材公司以商业承兑汇票进行贴现授信,本质上是以该公司信誉以及供电公司的"保证"为条件,向银行贴现融资,因而齐某铝材公司不构成骗取承兑票据罪,而构成骗取贷款罪。

相关财会书证审查过程如下:

（一）查阅齐某铝材公司收到银行贴现款后的会计凭证

借：银行存款		4995万
财务费用		5万
贷：应收票据——商业承兑汇票		5000万

分析：该凭证反映了齐某铝材公司收到齐商银行A支行银行存款4995万元，并在账务上将减少了商业承兑汇票5000万元，差额5万元为支付给齐商银行A支行的贴现利息。证明公司直接以商业承兑汇票向银行贴现授信取得资金，属于以票据进行融资，并非银行对票据进行承兑。

（二）查阅齐某铝材公司"应收票据——商业承兑汇票"明细分类账及应收票据备查簿

应收票据——商业承兑汇票 明细分类账　　　　单位：万元

日期	凭证编号	摘要	借方	贷方	（借或贷）	余额
期初					借	5000
2016.4		向银行贴现授信		5000	贷	0
期末					贷	0

分析：应收票据明细账可以反映齐某铝材公司在账面上减少了商业承兑汇票本金5000万元。通过检视该明细账，未发现其他应收票据的贴现相关记录，可以基本排除公司以商业承兑汇票进行贴现的其他犯罪事实。应收票据备查簿则可以证明该票据的出票金额、到期日期以及实际进出记录，可以证明公司在向银行贴现授信时，票据尚未到期且真实存在。

（三）审查齐某铝材公司银行对账单以及银行存款日记账

通过审查银行对账单银行存款日记账，一是核实公司确实收到了银行贷款；二是核实公司在案发时确实未归还、无能力归还银行贷款；

三是通过银行对账单结合相关会计凭证，核实贷款的真实用途和大致去向，既可以此为依据判断公司及主要负责人在贴现、使用资金过程中是否具有以非法占有为目的，也可以为后期追赃挽损提供间接帮助。为什么要将银行对账单和银行存款日记账同时审查呢？如果单看银行对账单，由于银行对账单上的信息较为简略，很难判断收入和支出的具体事由；而结合银行存款日记账则可以很好地确定相关收支的具体内容。反过来，如果只审查银行存款日记账，而不看银行对账单，则很有可能被一些伪造的银行存款日记账所误导，日记账容易伪造，而且本案中已经存在虚假财务资料，更应对财会证据的真实性保持警惕，而对账单是金融机构出具且由侦查机关直接在银行调取，其不易伪造，证明力相对较高。

（四）审查其他相关财会证据

在本案中，齐某铝材公司向银行提供了两项虚假证明，一是提供了虚假的工矿产品购销合同、资产负债表、利润表、现金流量表和增值税专用发票等财务资料，二是在B供电公司不知情的情况下，提供该公司的虚假担保。后者可通过B供电公司提供的相关资料以及笔迹鉴定等证据证明，前者则主要依靠齐某铝材公司的财务资料证明，具体来说：一是核对银行提供的虚假资产负债表、利润表、现金流量表与其原报表的不同之处，特别关注其中虚增资产、隐瞒负债、夸大收入、减少支出、虚增经营现金流等明显夸大经营业绩的虚假行为，也就是说，既要关注公司提供虚假材料的行为，也要关注制作虚假材料的过程、目的、方法以及虚假内容对银行的倾向性影响。二是核对公司的大额原材料、库存商品的购销记录，通过审查原材料采购、在产品生产、成本分配、产成品入库、商品出库等流程相关材料是否完整、符合逻辑，可以证明公司提供了虚假的工矿产品购销记录。三是核实增值税纳税申报表以及税务机关提供的公司纳税证明等资料，可以证明公司提供了不实的增值税专用发票。

办理骗取贷款、票据承兑、金融票证案件，相关合同、票据、票证以及其在会计凭证、账簿上的流转痕迹是案件审查的重点，行为人使用的"欺骗手段"往往就隐藏在这些财会证据的细节中。在审查证据的同时，应当穿透证据本身看到案件的实质，涉及承兑汇票不一定就认定为骗取票据承兑罪，而应根据证据的实质内容，还原案件本身以及实际侵害的法益来综合判断罪名的适用。

第十三章　非法吸收公众存款罪的证据与审查

非法吸收公众存款罪，是指违反国家金融管理法规非法吸收公众存款或变相吸收公众存款，扰乱金融秩序的行为。本罪是典型的涉众型犯罪，该类案件具有涉案金额大、受害人数多、波及范围广等特点，并涉及了大量的财会证据，本章将对该类案件相关财会证据的审查提供一定的思路。

一、基本知识

（一）非法吸收公众存款罪的构成要件

本罪源于《全国人民代表大会常务委员会关于惩治破坏金融秩序犯罪的决定》第 7 条的规定，1997 年被吸收进刑法。本罪的犯罪主体为自然人和单位，侵犯的客体是国家的金融管理制度，主观方面为具有非法牟利目的的直接故意，是否真正获利不影响本罪成立；客观方面表现为非法向社会公开吸收存款或者变相吸收存款的行为。

（二）非法吸收公众存款中的"吸收"和"回报"

最高人民法院 2022 年修正的《关于审理非法集资刑事案件具体应用法律若干问题的解释》（以下简称《非法集资解释》）规定，承诺在一定期限内以货币、实物、股权等方式还本付息或者给付回报是认定构成"非法吸收公众存款或者变相吸收公众存款"应具备的条件之一。从该内容来看，吸收的是资金，而回报的是货币、实物、股权等。根据吸收和回报的内容不同，在财会证据上关注的重点也是不同的。此处的资金应做狭义理解，仅包括现金、银行存款等货币类资产，因而在这个环节需要重点关注资金类相关证据，如银行对账单、微信和支付宝的转账记录、现金日记账、银行存款日记账等直接证明资金往来的相关证据，而回报的资产范围较广，既可能涉及货币资金，也可能涉及实物和股权等，因而关注的财会证据除上述证据外，还需要关注存货进出库记录、会计领用凭证、股权转让合同、股权变更登记资料等证据。此外，财会证据上宣传费用的支出，也可以部分反映行为人向社会公开宣传使用的方式和媒介。

（三）非法吸收公众存款罪的常见情形

本罪的常见情形，已经在《非法集资解释》第 2 条中被详细列举，共包括 12 种，这里简要介绍几种较为典型的情形。

一是不具有房产销售的真实内容或者不以房产销售为主要目的，以返本销售、售后包租、约定回购、销售房产份额等方式非法吸收资金。例如，张某 1、张某 2、喻某某于 2006 年 11 月至 2013 年底期间，先后依托北京市延庆县百果园养老服务中心、北京市延庆大仁健康养老服务中心等单位，通过《北京晚报》等公开发行的报纸以及《大仁健康报》等自行印刷的宣传材料，配合口口相传的形式，向社会公开宣传，以收取黎母山项目购房款、会员费、保证金、借款等为名，承诺可高价回购房屋，或者到期返还本金并支付 7%—15% 不等的年利息，或者赠送一定价值的疗养服务等物质回报，吸收张某 1 等 370 余人资金共计人民币 3100 余万元，造成集资款损失共计人民币 2500 余万元。

二是不具有销售商品、提供服务的真实内容或者不以销售商品、提供服务为主要目的，以商品回购、寄存代售等方式非法吸收资金。例如，轰动一时的陕西省渭南市尤湖塔园公司、惠某非法吸收公众存款案[①]中，尤湖塔园公司主要是开发、销售塔位用于殉葬，惠某作为尤湖塔园公司法定代表人，其

[①] 中华人民共和国最高人民法院刑事审判第一、二、三、四、五庭主办：《刑事审判参考》（1999—2011 分类集成），法律出版社 2012 年版，第 135—137 页。

将塔位分为使用型和投资型两种,并招聘大量销售人员,印制宣传材料,大肆宣传塔位投资价值,承诺投资两年后可以更名或者退单,并不定期提高塔位销售价格,给人塔位不断升值的假象。一段时间内,尤湖塔园公司招募了很多民办大学大学生和当地的中年妇女,为公司承揽了不少订单,共吸引了4334人前来投资,共计非法吸收公众存款9698万元,未退金额为7192万元。

三是以委托理财、融资租赁等方式非法吸收资金。例如,2015年湖南省株洲市罗某某在明知公司未经金融监管机构批准和未取得相关金融许可证的情况下,仍违法经营"易乾月""易乾季""易双季""易满年""易定季""易定顺""易定满""易定盈"等系列理财业务。通过公司举行开业典礼、不定期召开产品说明会、在超市摆放展台、发放宣传单等方式,采用允诺年化收益率5%—14.9%的高额利息回报的手法,向560余人销售"易乾宁"理财产品,非法吸收公众存款7408万元,未能退赔金额5277.1583万元。

四是利用民间"会""社"等组织非法吸收资金。例如,1995年至1996年,高某以高额利息为诱饵,利用"经济互助会"形式,采取"会书"承诺的方法"邀会",共非法集资3404.285万元。该案先后经市中级人民法院、省高级人民法院审判,认定其构成非法集资罪,后经最高人民法院改判为非法吸收公众存款罪。

此外,还有类似转让林权并代为管护,以代种植(养殖)或租种植(养殖)、联合种植等方式,虚假转让股权或发售虚构债券,假冒保险公司或伪造保险单据,假借境外基金或发售虚构基金,投资入股等方式非法吸收公众存款。

二、常见财会证据

(一)银行对账单

对于非法吸收公众存款罪的案件,最常见的财会证据就是银行对账单,其真实地反映了部分投资者将款项转给行为人或公司以及收到货币性返利的过程，是认定非法吸收公众存款行为的直接财会证据之一。

非法吸收公众存款的行为虽然有多种形式，但从吸收资金的管理途径来看，主要有两种方式：一是将行为人将资金吸收进公司管理，二是行为人将资金吸收进个人账户管理。无论哪种方式，银行转账都是重要支付手段，哪怕是通过现金交纳、支付宝和微信支付等，最终也可能会被存入银行管理或经过银行取出使用。银行对账单的样式在前文已经详细介绍过，此处不再赘述。

在侦查阶段，为了统计筛查方便，公安机关在调取纸质银行对账单的同时，也会调取电子对账单作为电子证据随案移送。虽然整理银行对账单的数据，确实可以大致认定非法吸收公众存款人数、数额等事实，但实践操作起来难度极大：一是银行对账单数据某些关键信息如付款人信息显示过于简略，难以直接对应和还原全部案件事实；二是银行对账单数据过于庞杂，单个案件的银行对账单数据可能高达几千页几万页，如果单靠办案人员机械地整理，显然不太现实。因此，对于非法吸收公众存款类案件，不得不依靠专业机构和专业人员，来对银行对账单以及财会凭证这些书证的数据进行整理，出具司法会计鉴定书或司法会计检验报告，从而为办案提供参考。事实上，相当多的案件中审判机关是直接以司法会计鉴定书或司法会计检验报告的数额作为最终定案数据认定的。

即便已经存在司法会计鉴定书和检验报告这类证据，承办人也不能忽视对银行对账单这类原始证据的审查。具体来说，一是要注意审查电子银行对账单数据的准确性和完整性。从实践来看，电子银行对账单数据部分来源于该银行卡开户行，部分来源于开户地所在省行，还有部分来源于公安机关专用查询平台，在导出数据时可能因人为误操作导致数据不准确或者不完整，存在数据缺失、数据错位、数据重复等情形，从而使得基础数据的真实性和可靠性存疑。在这种情况下，承办人要对银行对账单中的部分数据特别是大额数据进行逻辑验算，如通过 Excel 简单加减函数的方式来验证期初余额，本期发生额以及期末余额的逻辑对应关系是否正确。二是验看是否存在重复冲账数据，如转入的款项系因系统出错，又被银行及时转出，这类因系统原因导致的冲账数据就不能计入非法吸收公众存款的总额。三是要验看用于非法吸收公众存款的各银行之间是否存在相互转账的情形。这类数据金额属于行为人在各账户之间的资金转移，其原始金额已经在前置银行卡中被记录，不应重复汇总。

（二）现金日记账、银行日记账、存款凭据、合同、工资发放表

如果在这类案件中，有着单独的现金日记账、银行日记账，或者类似日记账的流水账，那整个案件的数据整理难度将大大降低，工作的重心由分析转向整理，同时也给案件的审查工作带来极大便利。然而，在实践中，很少会有纯粹记录收支记录的日记账、流水账，即便是有公司的现金日记账、银行存款日记账，那也是混合着公司正常经营业务收支一并记录，或者说将某日或某段时间的收入打包为一笔收入，或者将某日或某段时间的收入扣除支出后的净额[①]打包计入日记账，还有仅仅在 Excel 表格中记录收支甚至将后数据覆盖前数据的做法，这样就给办案工作带来很大难度。

投资人在行为人及公司处存款时，一般会签订合同或者电子合同，并由行为人及其公司向存款人开具收据，其上记录了存款本金、日期、期限、利率等事项，合同及存款凭据对证明存款人人数、存款本金、存款利率等事实起重要作用。然而，由于这类案件发生时，仅有部分投资人前来报案，且行为人及公司合同、存款凭据大多以电子方式记录，同时，经常对已经兑付完成的存款人的数据进行删除，故合同和存款凭据大多不够齐全，这就要求承办人在各证据之间相互比对验证，尽最大努力还原案件事实。

具体来说，针对日记账、存款凭据、银行对账单的审查，都不应该是单个审查，而应结合司法会计鉴定书或司法会计检验报告的附表进行全面审查。首先，我们应将司法会计鉴定书或司法会计检验报告的附表当作重点审查内容，将其数据和银行对账单、日记账、投资票据、合同相核对。倘若鉴定报告后没有附表或者附表仅有汇总数据，则可能是办案人员和司法鉴定人员在前期沟通报告形式和内容方面存在疏漏。对于非法吸收公众存款类案件，鉴定附表非常重要，其可以帮助办案人员清晰地辨别鉴定数

---

① 注意，一般不允许对现金使用净额记录，应对收入和支出分别记录，否则就属于"坐支"现金。

据来源及鉴定过程。如果没有详细的附表，很难对单个鉴定结论进行审查。此类案件的财务会计处理并不复杂，只是一些财会书证的统计工作较为烦琐，因而可以在前期沟通时，要求鉴定人将附表做得更详细一些，方便后期司法人员进行审查。

投资一览表

序号	姓名	投资日期	投资金额	利率	缴款方式	银行对账单	现金日记账	银行日记账	合同	收据	业务员
1	张三	2018.7.10	50000.00	12%	现金	无	有、一致	无	HG180707（A）	有、一致	李三
2	张四	2018.10.9	30000.00	12%	转账	有、一致	无	有、一致	无	无	李四

图 13-2-1　投资一览表

如图 13-2-1 所示，在附表——投资一览表中，清晰地注明了每笔投资本金的投入日期、利率、缴款方式、对账单、日记账、合同、收据等情况，办案人员可以对这些内容互相比对。由于案件中的报案书证也非常多，故办案人员一般要求鉴定人对表格的内容以及证人证言等内容也加以核对，对这部分内容，鉴定人可以在表格汇总时再加一列"报案人核实情况"，如果是检验报告，那么检验人可以针对这部分内容得出检验结论；如果是鉴定报告（证人证言不得作为司法会计鉴定的检材），可以备注一列鉴定情况，方便办案人员审查核对，但不能依据其作出最终的鉴定意见。其中还需要注意四个问题：一是投资一览表的每一行代表的是每一次投资，如果存款人到期取回本金或收益后又重新续投，应重复计算投资金额，单列一行，但如果未收回本金和利息，直接以到期金额继续续投，本质上被告人的吸收行为只实施了一次，犯罪对象仍系集资参与人首次交付的本金，存款人签订的新的合同只是变相延长了借款期限，没有侵犯新的法益，所以，不应将这部分续投的金额累计相加作为吸收金额。二是犯罪嫌疑人自身投入非法集资的资金不应当计入犯罪数额。三是需要在表格中单列各笔投资所对应的业务员，对判断业务员是否构成本罪以及定罪量刑方面起着重要作用，因而也需要单独列示。四是对于鉴定人剔除且未反映在鉴定结论的原始数据，应当单列一列备注表示剔除，该数据虽不计入鉴定结论，但可以方便司法人员对剔除的原始数据进行进一步审查，以防存在鉴定人错误剔除的情况。

此外，对于变相吸收公众存款的案件，如将不特定的社会公众吸收为公司员工后再向其吸收存款的案件，还应当将劳务合同和工资发放明细表作为重要书证并审查，通过对特定期间连续的工资发放明细表的审查，可以清楚地查明公司将投资人被吸纳入公司的时间，是否向投资人真实支付工资、缴纳社保，还是单纯地仅为吸收其为临时工，工资支付额度是否与劳务合同内容相匹配等，从而判定公司是否是以吸收不特定公众作为员工进公司从而变相吸收公众存款。

员工姓名	基本工资	职务岗位津贴	交通电话费	业务提成	工龄	全勤	加班	……	合计	领款人签名
张三	1800	300	100	20000	100		300	…	22600	
张四	1800	300	100	18000	100	100	200	…	20600	
李五	1800	200	100	12000	100		200	…	14500	
郑六	1800	200	100	8000	100	100	200	…	10500	
刘七	1800	200	100	12000	100	100		…	14300	
李八	1800	200	100	21000		100		…	23200	

图 13-2-2　业务员工资发放明细表

（三）司法会计鉴定书和司法会计检验报告

首先，不是所有涉及财会证据的案件，都可以制作司法会计鉴定书。例如，在本罪中，如果在犯罪过程中产生了财务会计记录，如财务会计凭证、会计账簿、会计报表等，则可以由具有专业资质的机构出具司法会计鉴定书，但如果是通过行为人的个人账户管理资金，公司仅仅是用以吸收资金的幌子，且公司未产生财务会计记录，这种情况下专业机构就不能出具司法会计鉴定书，因为司法会计鉴定书是对账务问题进行鉴定，如果财务会计凭证都没有，谈何鉴定？在非法吸收公众存款罪的案件中，很多时候仅有银行对账单以及部分 Excel 表格、投资凭据等书证，并无会计凭证和财务报表等财会资料，此时鉴定检材严重不符合鉴定要求，如果在这种情况下出具了鉴定报告，辩护人完全可以申请审判机关对其进行证据排除。

如果上述情况下不能出具鉴定报告，那么，有没有什么其他解决方法呢？实践中常用的替代方法主要有两种：一是由有资质的机构制作司法会计检验报告，这里的"检验"，可以理解为通常所说的"统计"，其与司法会计鉴定书的主要区别在于前者仅仅是"检验"，后者是"检验"后并运用专业知识进行"论证"，因此，出具检验报告的鉴定人仅仅对相关财务会计资料进行一个检验、整理和统计，最终出具检验报告，得出检验结论。二是将会计师事务所出具专项审计报告作为书证证明案件事实。对于这种做法，在实践中也存在很大争议，即《专项审计报告》的证据属性是什么？首先，无论是从报告名称还是鉴定方法来看，专项审计报告当然不属于鉴定意见；其次，其是否属于书证也存在疑问，有些法院甚至省高级人民法院的判决中将其认定为书证，当然也有不少法院将其排除，认为其不具有书证的证据属性，因为其产生于案件发生后，仅能作为一种专家意见，而这种意见只能是一种参考意见，并不具有书证的属性。对第二种做法，2020年新修订的最高人民法院《关于适用〈中华人民共和国刑事诉讼法〉的解释》第100条第1款为其提供了法律依据："因无鉴定机构，或者根据法律、司法解释的规定，指派、聘请有专门知识的人就案件的专门性问题出具的报告，可以作为证据使用。"因此，当前情况下两种做法均是可取的。

再来说非法吸收公众存款案件涉及的司法会计鉴定书和司法会计检验报告的审查要点。对于一些常见的审查要点，如鉴定资质是否符合、鉴定过程和方法是否合理、鉴定程序是否合法、检材来源是否真实、鉴定意见是否明确和矛盾、与事实关联性是否紧密以及其中金额计算是否正确等，均已在本书第七章加以介绍，此处仅介绍实务中该类证据存在的几个特有问题。

一是关于"造成的直接经济损失"。《非法集资解释》第3条规定，"非法吸收或者变相吸收公众存款，给存款人造成直接经济损失数额在50万元以上的"该情形属于刑法第176条规定的"数额巨大或者有其他严重情节"。因此，很多侦查机关在委托鉴定机构进行司法会计鉴定时，都对鉴定机构提出了鉴定"造成的直接经济损失"这一要求。实际上，"造成的直接经济损失"是一个法律概念，其并不是一个会计概念，司法会计鉴定人没有能力也没有资格对其作出鉴定,如果在非法吸收公众存款案件的鉴定报告中出现这类用词,显然属于超范围鉴定,类似于在鉴定报告中指出被告人贪污××元。笔者也理解司法机关对于"造成的直接经济损失"这一数额的迫切需求,但司法会计鉴定人只能就客观事实作出表述,如可以考虑表述为"截至××××年××月××日,尚有××本金尚未归还给存款人",至于最终"造成的直接经济损失"是多少,应由司法机关根据多项证据综合认定。

二是司法会计鉴定书(含司法会计检验报告,下同)结论部分应包含的内容。对于非法吸收公众存款案件的司法会计鉴定书,其结论一般应包含以下几部分:(1)累计吸收投资客户人数;(2)累计存款数额;(3)已归还投资客户数额;(4)投资客户未兑付本金数额;(5)已累计支付利息金额;(6)各业务员吸收存款情况以及薪资收入情况;(7)资金的主要去向,包括高息借款给他人、营业费用、工资、房租、固定资产、杂费、股东分红、其他消费等。以上由于包含的内容以及数据较多,一般司法会计鉴定书在正文中主要介绍第7项资金的主要去向详细检验过程,对于其他6点在报告正文中主要介绍检验方法,具体内容归入附表中体现。因此,办案人员需要审查以上数据所对应的附表。笔者建议,在移送案件的时候,应当一并移送鉴定书附表的 Excel 表格,方便办案人员筛查检验。总的来说,这类案件司法会计鉴定书的审查,专业门槛低,涉及财会专业知识不多,难点在于数据审查工作量大,需要一定的耐心和细心。

三是鉴定意见或检验报告的数据确定需要遵循刑事法律相关规定。在出具前述报告的过程中,虽然报告的主体内容主要涉及统计工作,但很多细节内容仍需要刑事法律知识作为支撑,因此,在委托纯会计背景的司法会计鉴定人作出上述报告时,司法机关应当将该类案件中涉及的一些刑法基本知识与鉴定人进行沟通,以保证最终出具报告的合法性、合理性和科学性。例如,对于投资人投入存款时预先扣除的利息金额,不应计入吸收存款总额,对于之后定期发放的利息金额,则不从吸收存款总额中扣除,但可以抵减投资人的未归还本金金额;对于投资人不取回本金而直接续投的情况,不应重复计算投资本金,利息同理;案发前已归还的款项应当计算在内,但可以作为定罪量刑的情节;等等。

（四）会计凭证

非法吸收公众存款案件中，有相当数量的案件资金是由投资人直接转入私人账户统一管理，但也有不少案件投资人是将资金先转入公司账户。前者不涉及会计凭证这类书证，后者涉及的会计凭证为重要书证。投资者将资金转入公司又可以细分为两种情况，一是以公司账户为媒介，转入公司账户后公司随即将资金转出到个人账户，此时公司账户仅仅是临时中转账户，不涉及会计凭证；二是转入公司由公司账户保存，并制作和保存了相应会计凭证和账簿，下文主要介绍这种情况下会计凭证所反映的含义。

1. 收到投资人交来的存款

> 借：其他货币资金　　　　　　　　　　××
> 贷：其他应付款　　　　　　　　　　　××

分析：该凭证反映了公司收到了货币类资金，同时将其作为一项负债（对投资的欠款）。

2. 支付投资人存款及利息

> 借：其他应付款　　　　　　　　　　　××
> 　　财务费用　　　　　　　　　　　　××
> 　　贷：其他货币资金　　　　　　　　××

分析：该凭证反映了公司归还了本金××元，以借方"其他应付款"表示；支付了利息××元，以"财务费用"表示；合计减少资金××元，以贷方"其他货币资金"表示。

3. 将资金借贷给他人

> 借：其他应收款——张三　　　　　　　××
> 贷：其他货币资金　　　　　　　　　　××

分析：在这类犯罪案件中，行为人经常将非法吸收的资金用于投资或者借贷给他人，因而该类会计凭证在实务中出现频率较高。该凭证反映了公司资金减少××元，以贷方"其他货币资金"表示；对张三的债权增加了××元，以借方"其他应收款——张三"表示。

4. 收回借贷资金

```
借：其他货币资金              ××
    贷：其他应收款——张三      ××
        投资收益或财务费用      ××
```

该凭证反映了公司资金增加××元，以借方"其他货币资金"表示；收到的款项中有××元系张三归还本金，以贷方"其他应收款"表示，有××元系张三支付利息，以贷方"财务费用"表示，财务费用的减少属于公司收到的财务收益、利息收入。

以上常见会计凭证的内容简单掌握即可，在实务中可以根据实际情况灵活运用会计分录原理对这类财会书证进行解读。此外，对于会计凭证对应的明细分类账和总账内容，应当在办案过程中一并收集并对应审查，具体内容此处不再详述，详见前文相应章节的部分内容。

三、实务案例

谢某某非法吸收公众存款案

【基本案情】

2013年3月19日，安徽省某市某区谢某某与方某、王某、陆某、吴某1共同出资500万元注册成立了H投资担保有限公司。2014年6月3日H投资担保有限公司更名为HF投资担保有限公司，谢某某任公司法定代表人、董事长，为公司实际控制人，其余四人为挂名董事，不参与公司的实际经营管理。公司成立后,前期主营业务是将公司注册资本对外进行高利放贷,后因存在资金缺口,被告人谢某某在未经相关金融主管部门批准的情况下,通过口口相传的宣传模式,开始向T镇、Z区等地群众吸收资金,并设定高利回报(月息1.25%—2%),承诺在约定期限内还本付息。后各股东意见不合,2014年10月15日该公司申请注销。被告人谢某某遂邀集王某、陆某、吴某1、程某某于2014年11月26日在HF投资担保有限公司原址上注册成立了H自然源旅游开发有限公司。谢某某继续以H自然源旅游开发有限公司的名义,经营非法吸收存款和放贷业务,其余股东也未参与公司实际经营管理。2019年6月,因所放贷款难以收回等原因,导致其资金链断裂。其所吸资金主要用于支付投资者利息、高利放贷、投资、个人消费等。截至2019年6月,被告人谢某某以上述方式非法吸收吕某等259人资金共计人民币43389.6150万元,投资客户未兑付本金金额人民币8447.6650万元。

【实务分析】

本案属于比较常见的非法吸收公众存款的案件,在这类案件中,涉案人数多,涉案金额大,在非法吸收存款各项数据的认定上存在着较大困难,这些数据认定依赖大量的财会证据。下面分别从非法吸收存款投资人总数、非法吸收存款总金额、已支付利息、未兑付本金等金额的认定上介绍相应的财会证据审查方式。

(一)投资总人数、总金额的财会证据认定

对于非法吸收公众存款案件,无论是依据司法会计鉴定意见,还是根据相关书证,在确定非法吸收总金额之前,必须确定的就是投资总人数。确定投资总人数是确定非法吸收总金额的基础,并应与"投资总人次"概念区分,因为后者包括了投资人续投的情形,会使得"投资总人次"高于投资总人数。具体到本案来说,投资总人数应根据投资合同、集资账册以及报案人提供的资金流水记录等证据，初步确定投资总人数。再根据投资人报案记录、证人证言等方式，进一步确定投资总人数。这里面存在一个问题，即司法会计意见是否能将言词证据作为检材？答案是不能。因此，笔者建议对会计账务处理不多的集资类案件，尽量出具司法会计检验报告这类检查笔录以替代鉴定意见。

在确定了投资总人数后，将可以根据每名投资人的情况确定吸收存款总金额。在实务中经常见到的一种情形就是，投资人续投时续投本金是否应当累计计算。对于这种情况，通常的做法是如果投资人实际将资金取出后又重新续投的，应作累计计算；对于直接书面约定或口头约定继续续投方式的，不宜作累计计算。此时，应当根据嫌疑人提供的资金流水与投资人提供的转账记录、言词证据相比对，进而确定投资人是直接续投还是取后再投，对每名投资人以"一对一"的方式计算各投资人的投资金额。此外，对于前期盈利集资参与人的集资本金也应计入非法集资总额，其所获得的高息不属于应扣除的归还数额，也应一并计入犯罪数额。本案中，司法会计检验报告后附的附表列示了每名投资人的投资情况，证实了被告人谢某某以上述方式非法吸收吕某等259人资金共计人民币43389.6150万元。这也给办案人员一个提醒，即案件在侦查、检察环节时，就务必将检验报告所需数据和格式要求向司法会计鉴定人交代清楚，以防存在数据遗漏、计算不准确或计算错误的情形。本案庭审过程中，辩护人就曾对投资本金重复计算的问题提出辩护意见，在公诉方提出翔实的证据后，辩护意见却最终被法院驳回。

（二）已支付利息的财会证据认定

本案中，由于公司未进行相应的会计处理，故依据集资账户的银行对账单以及其他书证确定已付利息。具体来说，应当根据账本记录的已支付投资客户的利息金额,结合涉案嫌疑人银行交易记录及投资人报案资料整理分析:(1)账面记录的,对比报案客户金额后,以一致金额为已支付利息;(2)账面未记录的,以报案客户经公安机关核实的已领取金额作为已付利息金额;(3)账面记录的××利息,无法与投资客户一一核对的,则作为整体支付的利息处理。

对于没有会计凭证仅有银行流水相关资料的案件,吸收存款的本金和利息的确定难度较大,特别是在银行对账单内容混乱、确实无法核实已支付利息的情况下,也可以适当采用估算的方式确定利息,但应遵循有利于被告人的原则。

（三）未兑付本金的财会证据认定

关于未兑付本金的确定,应当根据账本记录的投资金额,结合公安机关提供的涉案嫌疑人银行记录,将其与报案客户的报案资料进行逐笔核对:(1)账面上登记出资人信息是股东的,将投资金额和借款金额相互抵消后确认;(2)账面上登记的2013年以前未归还的投资,且投资客户未报案,也无法查询到银行记录,本次暂以0元计;(3)将报案的投资客户提供的合同、转账记录与账面登记的未归还数额核对,一致的确认为客户未兑付本金,不一致的,需根据报案客户提供的投资合同、转账记录等内容加以核对;(4)账面上登记的2013年以后的未归还投资且未报案,以公司账面数确定未兑付投资本金数额;有相关交易记录、流水资料的,结合涉案嫌疑人的银行交易记录与账面登记的未归还本金金额一致的转账记录,以二者一致金额确认为客户的未兑付本金。

非法吸收公众存款案件,由于涉案人数广、涉案金额大,财会证据多,故司法机关一般聘请司法会计鉴定人出具报告完成以上数据的整理、剔除、总结工作,在委托鉴定的同时,建议可以将财会证据与事实认定之间的基本逻辑关系与鉴定人进行充分沟通，由鉴定人将证据的检验逻辑记载于司法会计检验报告正文中，以方便在庭审中接受各方质证和辩论。在非法吸收公众存款类案件庭审中，鉴定意见或检验报告常常是各方辩论的焦点，因而提前明确财会证据认定逻辑，有利于达到明晰辩论重点、提高庭审效率、提高诉讼质量的目的。

第十四章　集资诈骗罪的证据与审查

集资诈骗罪，是指以非法占有为目的，使用诈骗方法非法集资，数额较大的行为。集资诈骗罪和非法吸收公众存款罪在行为方式上类似，在实务中区分也存在一定的困难。本章内容一方面帮助办案人员认识并掌握该罪可能涉及的常见财会证据；另一方面尝试从财会证据的角度上分析集资诈骗罪和非法吸收公众存款罪的区别，供办案人员在区分两罪时提供参考。

一、基本知识

（一）集资诈骗罪的构成要件

本罪源于《全国人民代表大会常务委员会关于惩治破坏金融秩序犯罪的决定》第8条的规定，1997年被吸收进刑法。本罪的主体是一般主体，自然人和单位均可构成本罪；主观方面是故意且是直接故意，间接故意和过失不构成本罪；本罪侵犯的客体是国家的金融管理秩序和公私财产所有权；客观方面表现为使用诈骗方法非法集资，数额较大的行为。

（二）集资诈骗罪和非法吸收公众存款罪的区分

在实践中，集资诈骗罪和非法吸收公众存款罪存在手段上有很多相似之处，如在最高人民法院《关于审理非法集资刑事案件具体应用法律若干问题的解释》（以下简称《非法集资解释》）中第7条规定，以非法占有为目的，使用诈骗方法实施本解释第2条规定（共12种）所列行为的，应当依照刑法第192条（集资诈骗罪）的规定，以集资诈骗罪定罪处罚。集资诈骗罪与非法吸收公众存款罪的区别在于：(1)犯罪目的不同。集资诈骗罪的犯罪目的是非法占有向社会公众吸收募集的资金,而非法吸收公众存款罪则是希望通过吸收公众存款的方式进行营利,主观上并没有非法占用公众存款的目的,这是两罪最根本的区别。(2)侵犯的客体不同。集资诈骗罪侵犯的是双重客体,即国家的金融管理秩序和公私财产所有权,非法吸收公众存款罪侵犯的是国家的金融管理秩序。(3)犯罪手段不同。集资诈骗罪要求行为人在吸收公众资金过程中使用诈骗方法,而非法吸收公众存款罪不要求行为人必须使用诈骗方法。

基于非法吸收公众存款罪和集资诈骗罪在犯罪构成方面有上述区别,我们可以延伸分析两罪在财会证据审查上的差异。两罪最大的区别在于行为人是否具有以非法占有为目的,应侧重审查财会证据中所反映出的事实和细节:一是审查吸取资金的实际用途,可根据用于生产经营和约定用途的比例加以判断,其间,存在用途变化的应进一步分析是否存在犯意内容变化以及变化的具体时间,这对确定最终犯罪数额有着重要意义;二是审查吸取资金的最终去向,通过梳理案件资金流水观察资金的最终走向,判断行为人的犯罪意图,赃款赃物的最终去向,为追赃挽损提供帮助;三是确定是否有着伪造、变造或虚假记载财会证据等明显隐瞒资金用途的情形。对于故意伪造、变造或虚假记载财会证据且不能说明正当理由的,一般考虑认定具有以非法占有为目的。

(三)集资诈骗罪的常见行为方式

《非法集资解释》第 7 条规定了"以非法占有为目的"的含义:"以非法占有为目的,使用诈骗方法实施本解释第二条规定所列行为的,应当依照刑法第一百九十二条的规定,以集资诈骗罪定罪处罚。"使用诈骗方法非法集资,具有下列情形之一的,可以认定为"以非法占有为目的":(1)集资后不用于生产经营活动或者用于生产经营活动与筹集资金规模明显不成比例,致使集资款不能返还的;(2)肆意挥霍集资款,致使集资款不能返还的;(3)携带集资款逃匿的;(4)将集资款用于违法犯罪活动的;(5)抽逃、转移资金、隐匿财产,逃避返还资金的;(6)隐匿、销毁账目,或者搞假破产、假倒闭,逃避返还资金的;(7)拒不交代资金去向,逃避返还资金的;

（8）其他可以认定非法占有目的的情形。

根据上述司法解释，集资诈骗罪相比非法吸收公众存款罪对财会证据的审查提出了更明晰的方向指引，如根据资金流水和会计凭证记录金额计算生产经营活动与筹集资金规模的比例，根据会计凭证和明细账记录查明资金借贷或转移行为人以及其关联方的情况，根据财务报表、审计报告等记录判断是否以虚假财务背景况作宣传、是否在不满足资不抵债等法定情形就申请破产、倒闭等。

二、常见财会证据

本罪与非法吸收公众存款罪在证据上具有一定的一致性，两罪相同的证据将简略介绍，着重介绍本罪证据上的不同之处。

（一）银行对账单

银行对账单（含微信、支付宝等平台转账记录）是集资类案件最重要的证据之一，可以直接证明资金在整个案件中的运行流转情况。银行对账单的审查与上一章内容类似：一是要审查账单数据本身的真实性、准确性和完整性，对数据的适当逻辑验证是有效审查的必经程序；二是审查是否有重复计算数据的情况，如集资银行卡内部资金的划转以及行为人自缴资金是否扣除等；三是将司法会计鉴定书或司法会计检验报告的附件内容与银行对账单进行双向验证，核实非法集资的作案时间、人数、进账金额、未兑付金额以及资金去向等内容，计算募集资金用于实际生产经营的规模比例等。

（二）现金日记账、银行日记账、存款凭据、合同

集资诈骗罪要求行为人或单位要"以非法占有为目的"，因此，在审查现金日记账、银行日记账时，应着重关注资金去向问题。现金日记账、银行日记账已经在前文介绍过，相当于资金流水账，客观地记录公司的收入、支出和余额，应关注吸收的资金是用于公司还是用于个人。如果集资款项

主要用于公司，一般系单位犯罪，如果集资款项主要用于个人，则一般系披着公司外衣的个人犯罪。此外，实践中也曾出现过伪造现金日记账、银行日记账的情形，因此，在对现金日记账、银行日记账审查之前，首先要确定的是现金日记账、银行日记账本身的真伪，可以选取日记账中部分收支与银行对账单、现金领条等内容核对是否一致。再者，要重点关注其大额支出或频繁类似支出，估算用于生产经营活动的资金和其他开支的占比，或者频繁将公司资金转入特定个人账户的情形，综合判断行为人或公司是否具有"以非法占有为目的"。

（三）司法会计鉴定书

鉴定报告是用以证明集资诈骗犯罪事实的核心证据。由于鉴定报告篇幅有限，其正文一般无法详尽描述所有内容，因而鉴定报告应区分正文和附件部分分别审查。在正文部分，一是审查其检验过程中对相关数据的基本检验规则是否符合基本财会常识和刑事法律规则。二是审查其中的大额收入、大额支出等描述内容是否与其他相关证据相一致，其中，大额支出反映的内容经常作为区分非法吸收公众存款罪和集资诈骗罪的关键点，无论是计算筹资资金用于生产经营规模的比例、使用集资款肆意消费的金额，还是抽逃、转移资金、隐匿财产的过程，大多会在大额支出中直接或间接地体现出来。对于大额支出，我们需要先期确定对大额支出的标准问题，是 50 万元还是 100 万元为标准。在确定标准后再核实是否所有高于该标准的支出都被留意和核查，累计大额支出是否占据总支出相当高的比例等。三是审查报告内容是有超范围鉴定等情况，如对诈骗金额进行认定。在附件部分，详细列明了吸收存款总额、人数、未归还本金等明细情况，应结合证人证言、会计凭证、日记账、明细分类账簿等其他财会证据进行交叉印证，以鉴定报告比对其他财会证据可验证鉴定报告内容的真实性和准确性，以其他财会证据比对鉴定报告可验证鉴定报告的完整性和准确性。

（四）会计凭证

由于会计凭证这类财会证据一般存在于以公司企业名义的集资诈骗类案件中，此处主要介绍涉公司企业类的集资诈骗中的会计凭证的审查。当集资款项由公司账户收入且财会人员已做相应的会计处理，则应一并审查公司的相关会计凭证以及对应账簿。笔者根据"公司收入个人使用"和"公司收入公司使用"两种情况，分别介绍常见会计凭证的阅读与审查。

1. 公司收入个人使用

具体又细分为两种情况，第一种情况是投资人将资金转入公司，公司立刻将资金转入个人账户的情形，此种情况下，仅有银行对账单反映了收入和支出资金情况，公司银行日记账和会计凭证均不做任何记录，如果不查阅银行对账单，则很难发现公司存在频繁的大额收支情况，但是这种资金流转方式，往往是实务中最常见的情形。第二种情况是投资人将资金转入公司，并制作会计凭证，登记入账簿，由公司统一管理并最终归入个人。第二种情况下，相关会计凭证如下所示（分录中的"其他货币资产"科目可以由"银行存款"或"库存现金"科目替换，均可以用来指代"资金"）：

（1）公司收到资金时：

```
借：其他货币资金           ××
    贷：其他应付款          ××
```

分析：该凭证反映了公司收到了投资者交来的资金，并在账务上记作一笔负债"其他应付款"，代表公司对投资人的债务。

（2）公司将资金转给个人时：

对于集资诈骗案件，资金在公司中转后转入个人账户却在会计凭证上有所记录的情形很少，以第一种情况和下一类"公司收入公司使用"的情形居多。

```
借：其他应收款——张某人     ××
    贷：其他货币资金        ××
```

分析：该凭证反映了公司将资金转账给张某人，并在账务上记作对张某人的债权。

2. 公司收入公司使用

（1）收到投资人交来的存款时：

```
借：其他货币资金                    ××
    贷：其他应付款                  ××
```

分析：同上，该凭证反映公司收到了投资者交来的资金，并在账务上记作一笔负债"其他应付款"。收到的资金可能是以"其他货币资金"显示，也可能以"银行存款""现金"等显示。

（2）支付投资人存款利息时：

```
借：财务费用                        ××
    贷：其他货币资金                ××
```

分析：该凭证反映公司以资金支付了投资款利息，贷方"其他货币资金"反映支出资金的数额，借方"财务费用"代表支出资金的用途属于"财务类支出"，利息就是一种典型的财务类、金融性支出。

（3）将资金借贷给他人

```
借：其他应收款——张三              ××
    贷：其他货币资金                ××
```

分析：同上，该凭证反映了公司将资金转账给张三，并在账务上记作对张三的债权。

（4）收回借贷资金

```
借：其他货币资金                    ××
    贷：其他应收款——张三            ××
        投资收益或财务费用           ××
```

分析：该凭证反映公司收到了张三交回的部分贷款和利息。借方"其他货币资金"代表账务上实际收到的款项，贷方"其他应收款——张三"代表公司对张三贷款债权本金的减少，"投资收益或财务费用"代表着公司所得的利息收益。

3. 公司款项的去向

如果从会计凭证这类书证的角度来区分集资诈骗罪和非法吸收公众存款罪，最重要的就是需要关注吸收资金的最终流向问题。虽然介绍了将资金借贷给他人这种用途的会计凭证内容，但这种用途并不能用来准确区分两罪，换句话说，两罪实务中都可能出现将资金借贷给他人的情形。因此，我们需要从"以非法占有为目的"这个核心区别出发，关注公司所吸收的款项的最终去向，并根据资金实际用途的客观事实来判断行为人是否具有非法占有目的。在判断公司吸收资金的使用用途时，可以通过大额支出的相应会计凭证和附件内容，判断该笔分录的实际用途，常见会计分录如下所示。贷方代表着资金的支出以及支出方式，借方代表支出归属的类别，如生产成本则意味着用于生产产品，其他应收款意味着对外借款等。通过梳理、统计各种不同类型的支出项目，量化各类型支出比例，区分合理与不合理类型，综合判断行为人对吸取资金的主要用途。

```
借：生产成本              （生产产品）
    固定资产              （购买固定资产，含房产、小汽车等）
    库存商品              （购买商品）
    其他应收款            （借款出去）
    预付账款              （预付其他款项）
    管理费用、销售费用    （支付各项销售和管理以及其他各项消费）
    短期借款、长期借款、其他应付款
                          （偿还借款）
    其他货币资金          （以该科目为幌子，将资金转移至账外做其
                            他用途）
贷：银行存款或其他货币资金
```

三、实务案例

方某某集资诈骗案

【基本案情】

2012年4月12日,被告人方某某成立R公司,方某某系法定代表人、实际控制人。2012年4月14日吸收第一笔资金,自此该公司以吸收公众存款为主要业务,通过客户经理以口口相传的方式对外宣传,虚构R公司有资格向社会公众吸收资金,且在方某某所经营的平顶山市LN汽车销售服务有限公司(以下简称LN4S店)、平顶山市JL汽车销售服务有限公司(以下简称JL4S店)及河南Y餐饮管理有限公司(以下简称Y餐饮)连年亏损、未盈利的情况下,向集资参与人宣传上述公司经营状况良好,并许以1.3%—2%的高息,以上述公司为借款人,吸收社会不特定人群的资金。截至2016年2月,R公司共吸收资金60490.31万元,未兑付20405.8423万元。方某某将非法吸收的资金少部分用于合同约定的借款公司经营,大部分用于支付所吸收资金到期本金和利息、购买房产及个人消费等,其中:支付利息7331.7392万元,R公司某分公司经营费用1121.355万元,无偿借给JL4S店资金1668.9863万元,LN4S店资金312.642万元,Y餐饮2018.8208万元,购买金水W房产及契税支付591.8808万元,购买亿昇H房产支付1412.1244万元,支付陈某1900万元(债权和抵押权),购买蓝湾×房产141.1331万元,购买九天C房产254万元,转给杜某2资金500万元(支付给陈某、杜某2的资金,均为方某某个人债务)。

法院审理后最终认定:R公司吸收公众存款6亿余元,方某某在所经营的实体公司亏损的情况下,仍不顾投资风险,继续吸收公众存款,将集资款任意投资、挥霍,造成了2亿余元集资款无法追回的巨大损失,且其所吸收的资金过半用于还息、购买房产及个人消费,而用于合同借款公司不足20%，且JL4S店、LN4S店、Y餐饮三个公司账面记载使用R公司资金，但未见付利息，其行为符合集资诈骗罪的构成要件。判决：方某某犯集资诈骗罪，判处无期徒刑，剥夺政治权利终身，并处没收个人全部财产。

【实务分析】

本案中，方某某将非法集资的资金虽然转入了其个人账户，但依然在公司上做了吸收存款的相应会计处理，这意味着，钱是由个人账户保管，但收支记录依然在账上体现，相当于自己的账户就是公司的一个银行账户，因而在会计凭证上以"其他货币资金"科目来记录吸取但不存放在公司的存款，故本案可以根据"其他货币资金"科目的金额变化情况，对相应的财会证据进行高效审查。

（一）审查收到集资和退款的会计凭证：

1. 收到投资人资金时：

借：其他货币资金	60490.31万
贷：其他应付款	60490.31万

分析：该凭证反映了公司收到资金60490.31万元，同时在账务上记作对投资人的负债。该会计凭证的数额是多张会计凭证汇总后并经过一定调整后的数额，此处仅用总数指代所有相关会计凭证。会计凭证使用"其他货币资金"有更深的含义，即公司资金可以随意转入个人账户，并不会影响账面上"银行存款"大涨大跌的过程。"其他货币资金"科目的设置仅仅是账面上的幌子，其相当于公司的"小金库"，可以随意支取，对于支取过程和记录，则需要银行对账单等原始凭证证明。

2. 归还投资人资金时：

借：其他应付款	40084.4677万
贷：其他货币资金	40084.4677万

分析：该凭证反映了公司归还投资者部分资金，公司资金减少40084.4677万元，记作的负债金额减少40084.4677万元。该会计凭证内容与上一会计凭证内容相反，将两者"其他应付款"科目相抵，尚有20405.8423万元未归还，仍挂账。

此外，法院还在判决书中提到："根据会计师事务所提供的情况说明证实，'其他货币资金'和'其他应付款'这两个科目，实际上是同一个科目，是对冲关系。"笔者认为这样的说法值得商榷，"其他货币资金"反映的是公司资金的发生额和余额，"其他应付款"反映的是公司欠付投资人资金的发生额和余额，前者是资产科目，后者是负债科目，不属于同一科目，也没有对冲关系，更何况，二者发生额、余额在很多时候是不一致的。例如：假设前者收取投资款1000万元，支出600万元自用，100万元归还投资款，余额为300万元；而后者余额为1000万元扣除100万元归还投资款，余额为900万元，此时二者发生额、余额就显然不一致，应当区分认识两个会计科目所反映的法律含义。

（二）根据JL4S店、LN4S店、Y餐饮经营利润表，审查三家公司经营情况并与司法会计鉴定书核对。利润表最后一行"净利润"数据，代表了公司当年盈亏情况，详细数据如下图所示（单位：元）：

年份	JL4S店	LN4S店	Y餐饮
2012	−459,671.67	−8,890.00	—
2013	−1,675,568.97	−587,227.86	—
2014	−1,925,639.03	−1,669,199.39	−5,418,250.97
2015	−818,451.87	−1,775,656.90	−5,620,448.71
合计	−4,879,331.54	−4,040,974.15	−11,038,699.68

（由于案例数据较多，未写在上文的案例正文中，直接在此处介绍）

三家公司利润表的内容反映了JL4S店、LN4S店、Y餐饮公司连年亏损的财务事实。

（三）根据司法会计鉴定书审查财会凭证证实未兑付的集资资金去向：

1. 第一个资金去向：归还利息，共支付利息7331.9372万元。

借：财务费用	7331.9372 万
贷：其他货币资金	7331.9372 万

分析：该会计凭证反映了公司资金减少了7331.9372万元，支出用途为财务费用支出（金融利息支出）。

2. 第二个资金去向：支付R公司某分公司费用（包含利息、工资、提成和经营费用）1121.355万元。

借：管理费用——R公司某分公司	1121.355 万
贷：其他货币资金	1121.355 万

分析：该凭证反映公司资金减少了1121.355万元，用途为公司管理性费用支出，二级明细可以反映该管理费用的实际使用单位为R公司某分公司。

3. 第三个资金去向：JL4S店、LN4S店、Y餐饮三家公司使用资金共计4001.4491万元。其中：JL4S店使用资金1669.9863万元，LN4S店使用资金312.642万元，Y餐饮使用资金2018.8208万元。

借：其他应收款——JL4S店	1669.9863 万
——LN4S店	312.642 万
——Y餐饮	2018.8208 万
贷：其他货币资金	4001.4491 万

同时应在JL4S店、LN4S店、Y餐饮三家公司的财会书证中反查是否支付借款利息给R公司，具体来说，可以通过查询会计凭证和"应

收利息"相关明细账，如果公司对这三家公司计提并收取利息，则应做如下分录。如果没有如下分录，则代表未支付利息（相关科目明细账无记录同理）。经查，R公司未制作如下会计凭证，相关银行流水未见相关利息费用支付情况，可证实三家公司未支付利息给R公司。

```
计提利息：
  借：应收利息——JL4S店、LN4S店、Y餐饮      ××
    贷：投资收益                              ××
收取利息：                                   ××
  借：其他货币资金                           ××
    贷：应收利息——JL4S店、LN4S店、Y餐饮    ××
```

4. 第四个资金去向：购买金水W房产及契税支付591.8808万元，购买亿昇H房产支付1412.1244万元，支付陈某1900万元（债权和抵押权），购买蓝湾X房产141.1331万元，购买九天C房产254万元，共计4799.1383万元，转给杜某2资金500万元（支付给陈某、杜某2的资金，均为方某某个人债务，会计凭证上体现在方某某个人借款2400万元）。

```
借：固定资产——金水W房产        591.8808万
      ——亿昇H房产             1412.1244万
      ——蓝湾X房产              141.1331万
      ——九天C房产              254万
  其他应收款——方某某           2400万
  贷：其他货币资金              4799.1383万
```

通过财会证据梳理公司的资金去向，可以发现，在公司连年亏损的情况下，仍然非法集资，集资的资金主要用于以新换旧和个人支出，用于支付利息共计7331.9372万元，用于个人使用4799.1383万元，合计

12131.0755万元，占未兑付的20405.8423万元资金过半数以上，最终，法院认为其所吸收的资金过半用于还息、购买房产及个人消费，而用于合同借款公司的不足20%，且JL4S店、LN4S店、Y餐饮三家公司账面记载使用R公司资金，但未见付利息，其属于"用于生产经营活动与筹集资金规模明显不成比例"的情形，方某某的行为符合集资诈骗罪的构成要件。

集资诈骗和非法吸收公众存款案件都是典型的涉众型犯罪案件，涉及的证据数量和种类极多，其中以财会证据为甚。在这类案件中，一般以司法会计鉴定意见为核心，统筹概括其他财会证据内容，因而，在审查认定案件财务事实时，笔者建议采取以审查司法会计鉴定意见为核心，反查涉及相关大额收支的会计凭证、银行对账单以及其他原始凭证的方法。由于篇幅所限，无法对案件涉及的所有财会证据都详细介绍，故仅介绍其中最常见和最难懂的证据，更详细的证据理解可在办案实践中结合理论篇内容加以体悟。

第十五章 票据诈骗罪的证据与审查

票据诈骗罪,是指以非法占有为目的,明知是伪造、变造的汇票、本票、支票而使用的;明知是作废的汇票、本票、支票而使用的;冒用他人的汇票、本票、支票的;签发空头支票或者与其预留印鉴不符的支票,骗取财物的;汇票、本票的出票人签发无资金保证的汇票、本票或者在出票时作虚假记载进行诈骗活动,骗取财物数额较大的行为。在该罪实务中涉及很多类似汇票、本票等票据类财会证据,具有一定的专业性,本章将对这些常见的财会证据逐一进行介绍。

一、基本知识

(一)票据诈骗罪的构成要件

本罪源于《全国人民代表大会常务委员会关于惩治破坏金融秩序犯罪的决定》第12条的规定,1997年被吸收进刑法。本罪的主体为一般主体,年满16周岁的自然人和单位均可构成本罪;本罪的主观方面为直接故意,具有非法占有为目的;本罪侵犯的客体是国家对金融票据的管理制度和公私财产的所有权;客观方面表现为使用上述五种方法以及其他方法进行金融票据诈骗,数额较大的行为。

(二)金融票据

本罪所指的金融票据,包括汇票、本票、支票三种,与骗取贷款、票据承兑、金融票证罪中的"票据承兑"以及"金融票证"含义不一样,后者的"票据承兑"指的是银行承兑汇票,"金融票证"指的是信用证、保函等。此外，票据诈骗罪与金融凭证诈骗罪中的"金融凭证"以及伪造、变造金融票证罪中的"金融票证"也不一样。

票据诈骗罪，骗取贷款、票据承兑、金融票证罪，金融凭证诈骗罪，伪造、变造金融票证罪四罪的关于票据、金融凭证、金融票证等的区分，在前文已经详细介绍过，为方便办案人员阅读，此处再将表格列出。

罪名	骗取贷款、票据承兑、金融票证罪		票据诈骗罪	金融凭证诈骗罪	伪造、变造金融票证罪
概念	票据承兑	金融票证	票据	金融凭证	金融票证
含义	银行承兑汇票	信用证、保函等	汇票、本票、支票	委托收款凭证、汇款凭证、银行存单等其他银行结算凭证	汇票、本票、支票、委托收款凭证、汇款凭证、银行存单、信用证或者附随的单据、文件等

图 15-1-1

（三）汇票、本票、支票相关知识

1. 汇票

汇票是出票人签发的，委托付款人在见票时，或者在指定日期无条件支付确定的金额给收款人或者持票人的票据。按照出票人划分，汇票包括"商业汇票"和"银行汇票"，其中"商业汇票"又分为"商业承兑汇票"和"银行承兑汇票"。

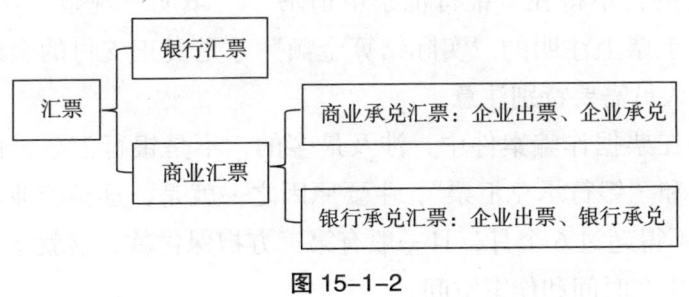

图 15-1-2

此外，如果按照有无随附商业单据来分，汇票可分为跟单汇票和光票。如果按照付款时间不同来分，汇票可分为远期汇票和即期汇票。我们常说的，使用最多的汇票一般都是银行汇票，是指汇款人将款项交存当地出票银行，由出票银行签发的，由其在见票时，按照实际结算金额无条件支付给收款人或持票人的票据。银行汇票的付款期限为自出票日起1个月内，具有使用灵活、票随人到、兑现性强等特点，在现实生活中被广泛运用，特别适用于异地采购的结算。

银行汇票一式四联，第一联为卡片，为出票行结算汇票借方凭证；第二联为汇票联，与第三联解讫通知一并由汇款人自带，在付款行付款后此联做联行往来账付出传票；第三联解讫通知，在付款行付款后报给出票行，由出票行做余款收入传票；第四联是多余款通知，在出票行结清后交汇款人。详见图15-1-3（当地银行为出票行，异地银行为付款行）。

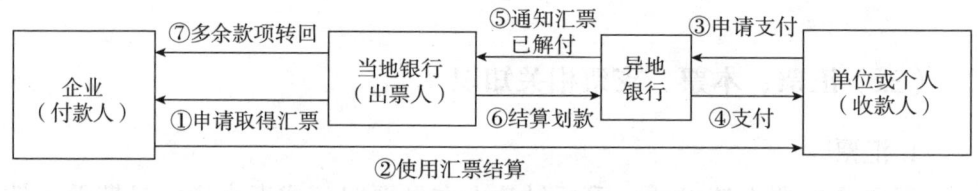

图15-1-3　银行汇票的支付流程

单位和个人各种款项的结算，均可使用银行汇票。银行汇票可以用于转账，填明"现金"字样的银行汇票也可以用于支取现金。申请人或者收款人为单位的，不得在"银行汇票申请书"上填明"现金"字样。此外，需要注意，汇票上注明的"实际结算金额"才是真正支付的金额，在审查证据时办案人员需要特别注意。

然而，在票据诈骗案件中，涉及最多的，不是银行汇票，而是"商业承兑汇票"和"银行承兑汇票"，主要原因之一就是，这类商业汇票的付款期限，最长不得超过6个月，且一般有第三方担保付款，这就给犯罪分子留下了充足的作案时间和作案空间。

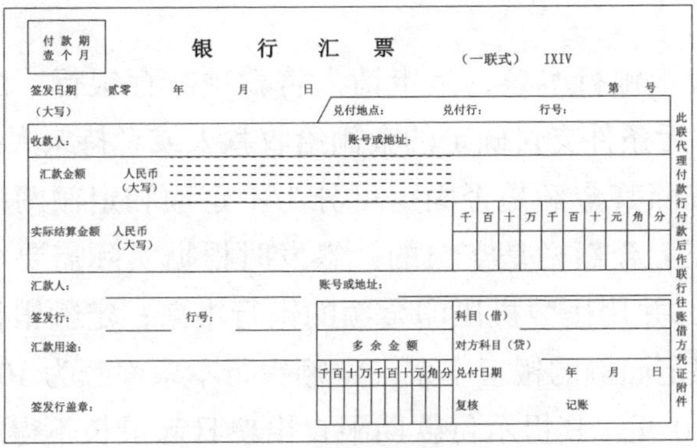

图 15-1-4　银行汇票（票样）

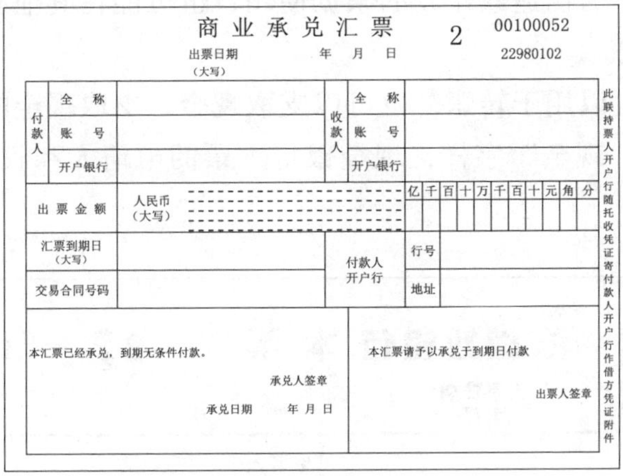

图 15-1-5　商业承兑汇票（票样）

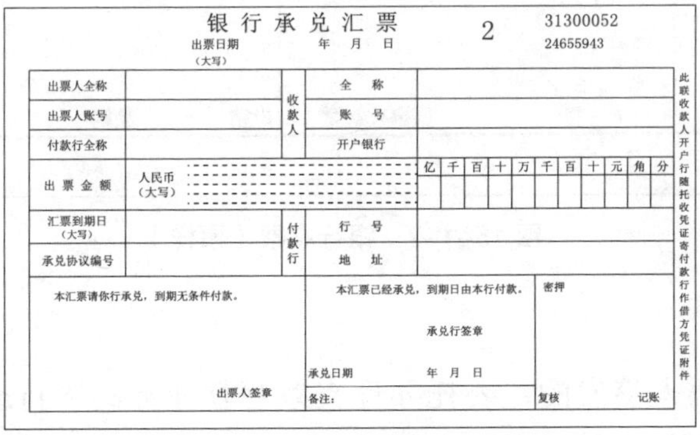

图 15-1-6　银行承兑汇票（票样）

2. 本票

本票，一般指银行本票，是申请人将款项交存银行，由银行签发的承诺自己在见票时无条件支付确定的金额给收款人或者持票人的票据。

银行本票按照其金额是否固定可分为不定额和定额两种。不定额银行本票，是指凭证上金额栏是空白的，签发时根据实际需要填写金额（起点金额为 100 元），并用压数机压印金额的银行本票；定额银行本票，是指凭证上预先印有固定面额的银行本票。定额银行本票面额为 1000 元、5000 元、10000 元和 50000 元，其提示付款期限自出票日起最长不得超过 2 个月。银行本票，见票即付，不予挂失，当场抵用，付款保证程度高。银行本票既可能在本罪中作为伪造或作废的票据使用，也可能在其他犯罪中作为一种重要的交易方式。

银行本票可以用于转账，也可以支取现金，支取现金的银行本票必须在本票上填明"现金"字样，现金银行本票的申请人和收款人均为个人，不能是企业。

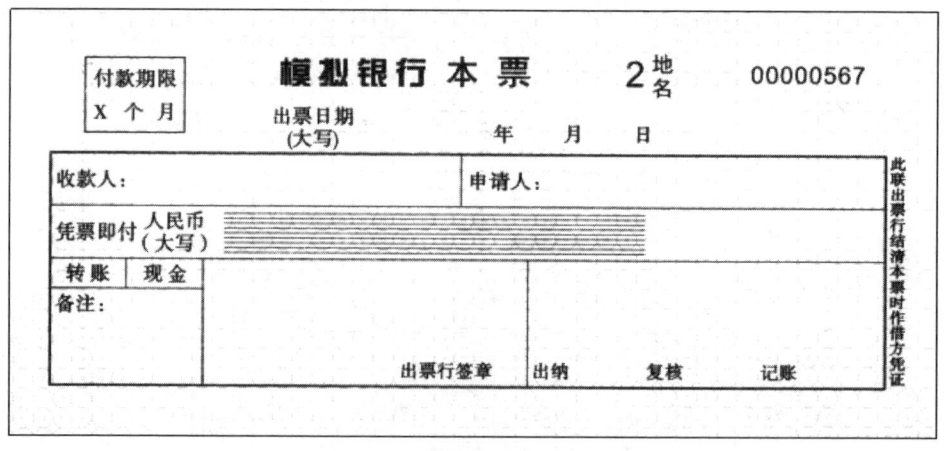

图 15-1-7　银行本票（票样）

3. 支票

支票是出票人签发的，委托办理支票存款业务的银行或者其他金融机构在见票时无条件支付确定的金额给收款人或者持票人的票据，支票的提示付款期限自出票之日起 10 日内。我国支票主要分为普通支票、现金支票和转账支票。普通支票可以用于支取现金，也可以用于转账。但在普通支票左上角划两条平行线的为划线支票，只能用于转账，不能支取现金。现金支票只能用于支取现金，转账支票只能用于同城转账。

支票的绝对应记载事项有：表明"支票"的字样，无条件支付的委托，确定的金额，付款人名称，出票日期，出票人签章。支票上的金额和收款人姓名可以"授权补记"。

支票和汇票的区别主要在于：（1）支票的付款人限于银行；而汇票的付款人则不以银行为限。（2）支票均为见票即付，而汇票则不限于见票即付。（3）支票仅限于办理同城转账结算，汇票可以办理异地转账结算。

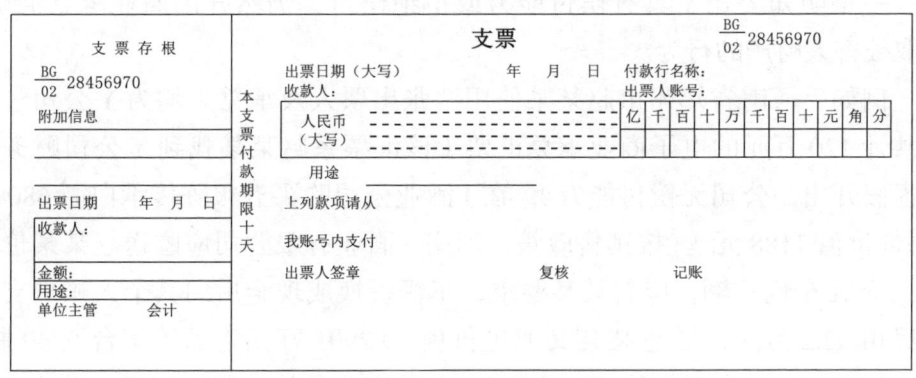

图 15-1-8　普通支票（模拟票样）

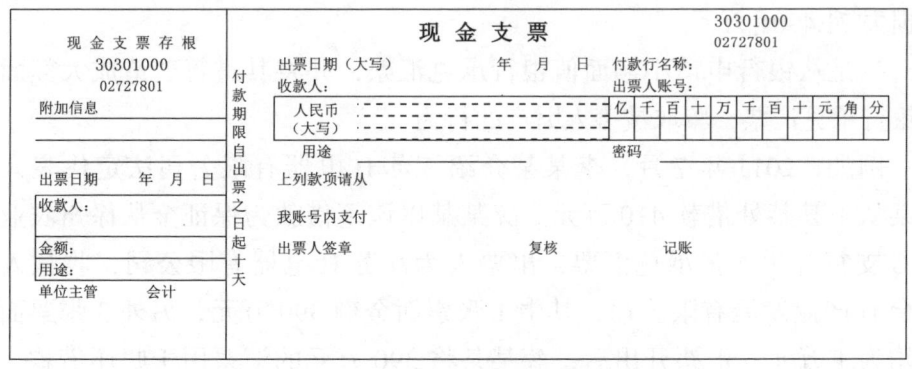

图 15-1-9　现金支票（模拟票样）

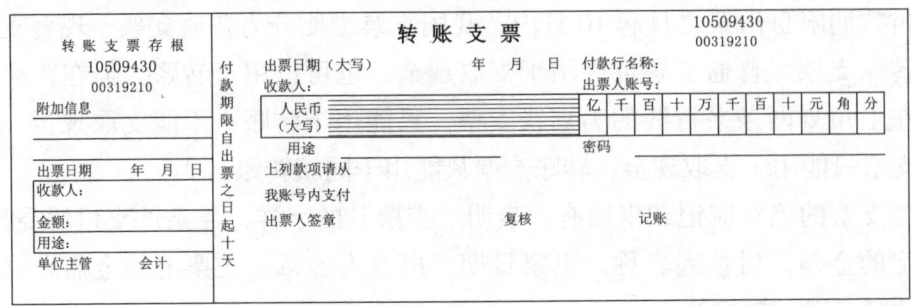

图 15-1-10 转账支票（模拟票样）

（四）票据诈骗罪的常见行为方式

一是明知公司不具有偿付能力或拒绝偿付，仍然开出商业承兑汇票，骗取被害人财产的行为。

例如，河南省郑州市赵某某使用两张出票人及承兑人均为 Y 公司、金额共计 120 万元的电子商业承兑汇票（该汇票系赵某某找到 Y 公司财务人员虚假开出，公司无偿付能力），在 J 酒业公司购买五粮陈传承白酒 680 件（每件价值 1188 元）。按销售政策，河南 J 酒业有限公司应赠送赵某某价值 42 万余元车辆一辆，应赵某某要求，车辆折换成现金后向其个人账户支付人民币 42.2 万元，后赵某某又取走价值 29.2901 万元物品（茅台酒 49 瓶、五粮液酒 111 瓶、五粮陈酒 416 瓶）。电子商业承兑汇票到期后，承兑人拒绝也无力兑付，被告人也拒不退回货物或支付货款，致使 J 酒业公司遭受经济损失 71.4901 万元。

二是从银行申请小额面值银行承兑汇票，并将其进行变造成大额面值的银行承兑汇票，骗取被害人财产的行为。

例如，2011 年 7 月，李某某介绍江苏 H 电器有限公司法定代表人薛某某从王某某处借款 410 万元。薛某某以该笔借款为保证金从徐州农业银行 G 支行开出 4 张承兑汇票，出票人为江苏 H 电器有限公司，收款人为烟台 D 产业发展有限公司，其中 1 张票面金额 390 万元，另外 3 张票面金额均为 1 万元。汇票开出后，薛某某将 390 万元的汇票用于归还借款。李某某、薛某某等人到广州，通过他人将 3 张金额为 1 万元的承兑汇票均变造为票面金额390万元的承兑汇票。同年7月14日，李某某等人将1张变造为390万元的承兑汇票质押给洪某某，诈骗洪某某现金206万元以及30万元的承兑汇票。

三是制作或购买伪造的银行承兑汇票，使用该虚假汇票支付款项，骗取被害人财物。

例如，2019年7月，河南省洛阳市于某某在网上购买一张30万元假银行承兑汇票，通过伪造某公司1的印章及骗得某公司4对该汇票背书的方式，将该伪造的银行承兑汇票用于向河南K公司支付27万元药款。

四是开具空白支票交付，骗取被害人的货物。

例如，2010年12月2日，管某以P公司法定代表人的身份，在明知其公司银行账户资金不足的情况下，向陕西X公司留置了一张票号为07177715的空白转账支票，后分别于2010年12月8日、10日从该公司提走钢材81.146吨，货值共计人民币38.11746万元。后经X公司多次催要，管某于2011年12月1日通过P公司账户向X公司转账支付货款3万元，截至立案时尚欠货款35.11747万元。

二、常见财会证据

（一）汇票

在实践中，通过"商业承兑汇票"和"银行承兑汇票"诈骗被害人财物，已经成为该罪的主要行为方式，下面主要介绍"商业承兑汇票"和"银行承兑汇票"在实务中具体的审查方式。

1. 商业承兑汇票

商业承兑汇票是由企业出具、企业承兑，虽然开具方式简便，但也存在着社会认可度不高的问题，因为该汇票的社会认可度是以公司的信誉为背书的。正是由于"商业承兑汇票"开具较为方便，在办案中经常出现"商业承兑汇票"的承兑人无力或拒绝付款的情形，具体来说，应注意审查如下三方面内容。

（1）"商业承兑汇票"是否伪造、变造或虚开。一般伪造或变造"商业承兑汇票"，都是伪造或变造知名公司的汇票，很少会伪造或变造本公司出具的汇票，因为本公司的汇票可以自行开具，无须伪造或变造。这里的伪造、变造是指商业承兑汇票本身是假的，或者票据上冒用其他企业作为出票企业或承兑企业，这就需要其他的如痕迹检验鉴定等证据辅助证实。如果是虚假开出商业承兑票据，如前文赵某某找到Y公司财务人员虚假开出商业承兑汇票，则需要通过Y公司的声明、财务人员的证言以及Y公司开票、兑付时的财产状况辅助证明虚开汇票的事实。

（2）如果是企业自行开具"商业承兑汇票"，应关注出票日期、承兑日期、提示付款日期的企业财务情况，其是否有能力支付汇票款项，可以根据开具票据时与提示付款日时企业的"现金日记账""银行日记账"以及总账科目余额、银行对账单来查看企业即时账面货币资金和流动资产的情况，也可以结合证人证言以及被告人供述，综合判断其是否在明知无偿付能力的情况下仍开具或承兑商业汇票。

（3）对"商业承兑汇票"的一般性审查主要是核实汇票上的信息和其他证据是否相一致，如出票日期、出票人名称、出票人账号、收款人名称、收款人账号、付款开户行、付款账号以及公章是否齐全，背书是否连续等内容。"商业承兑汇票"的一般性审查内容，既是核实案件事实细节的需要，也可以反映出被害人被票据诈骗的直接原因。被害人因信赖票据被诈骗，可能是出于对出票人的信赖，也可能出于对承兑人的信赖，抑或受票据其他方面因素的影响，票据上的每一项内容包括票据本身，都可能是让被害人陷入信赖陷阱的原因。

2. 银行承兑汇票

通过"银行承兑汇票"进行诈骗的行为在该罪判例中占据相当多的数量，主要作案方式就是变造"银行承兑汇票"，下文简单介绍行为人变造"银行承兑汇票"的常见手段。

不法分子一般向银行申请开立一张200万—500万元的银行承兑汇票，同时申请开立若干张1万元左右的小面额银行承兑汇票，然后请"专家"采取将小面额汇票的不同要素变造成与大额汇票一致，后在经济交往中实施诈骗或向银行申请贴现、提示付款，由于该变票的票据原本就是真实票据，对其小幅改动极具欺骗性。

至于不法行为人为何要一次性开具多张票，是因为大金额汇票和小金额汇票的票据号码存在连续性，有利于将小额汇票的票据号码以及金额，完全变造成和大金额票据一模一样，所谓"变动越小，痕迹越少"。对于上述这些变造的银行承兑汇票，应当将细节内容和鉴定意见、言词证据等内容进行核对，细化作案过程和行为目的的相关描述。

对"银行承兑汇票"的一般性审查，包括出票日期、出票人名称和账号、出票金额、承兑银行、到期日、收款人名称、收款人账号、收款人开户行是否和其他证据相一致，鉴定意见的结论是否支持票据系变造或伪造的事实。此外，行为人使用"银行承兑汇票"支付货款或者进行诈骗时，需要对该承兑汇票背书，如果是质押，背面一般注明"质押"字样，票据背书和质押等事实可以在票据背面得到印证。

（二）银行支票

银行支票，是由公司或个人开具，开具票据金额大小完全可以自主控制，通常是不法行为人明知银行账户资金不足无法到期兑付，仍然开具超出自有资金限额的支票，骗取被害人钱财。对银行支票，一是审查其支票金额是否经过更改，出票日期、收款人、付款银行、出票人账号是否与其他证据一致；二是审查支票用途是否与案件其他证据所反映的支付用途相一致，如增值税发票、发货清单、运输单等反映的购买物品用途；三是开具支票的相关事实是否与支票上签字的复核人、记账人的证言描述相一致；四是支票是否背书（现金支票不可背书），背书过程是否连续，是否能证明案件事实；五是核实支票开具日期以及提示付款日期的出票人账号对应的银行对账单余额，核实账号资金是否充裕，是否足以支付支票金额，是否从一开始就以开具空白支票骗取他人钱财为目的。

（三）备查账簿

备查账簿，是指对一些在序时账簿和分类账簿中不能记载或记载不全的经济业务进行补充登记的账簿。公司在进行票据管理时，一般会将相关票据信息登记在"票据备查簿"上，具体又分为"应收票据备查簿"和"应付票据备查簿"。用于支付款项的票据，登记在"应付票据备查簿"中，可以通过"应付票据备查簿"辅助证明票据开具时间、金额。

编号	票据种类	号数（自动编号）	签发日期	到期日期	票面金额
1	商业汇票	SY2012001	2020/1/3	2020/5/4	￥21485.00
2	商业汇票	SY2012002	2020/1/4	2020/5/5	￥25651.00
3	商业汇票	SY2012003	2020/1/5	2020/5/6	￥31689.00
4	商业汇票	SY2012004	2020/1/6	2020/5/7	￥3595.00
5	商业汇票	SY2012005	2020/1/7	2020/5/8	￥59855.00
6	银行汇票	YH2012001	2020/1/8	2020/5/9	￥31145.00
7	银行汇票	YH2012002	2020/1/9	2020/5/10	￥89632.50
8	商业汇票	SY2012006	2020/1/10	2020/5/11	￥48569.00
9	银行汇票	YH2012003	2020/1/11	2020/5/12	￥6554.60
10	商业汇票	SY2012007	2020/1/12	2020/5/13	￥2589.90

图15-2-1 应付票据备查簿

（四）会计凭证

对于涉及公司的该类案件，公司可能在账务上记录了开具票据、支付款项的账务处理，对于这些财会证据应当及时收集固定并加以分析，下文将根据不同票据种类分别介绍会计凭证的内容。

1. 银行汇票

（1）向银行交纳1万元，取得银行汇票一张：

借：其他货币资金——银行汇票	1万
贷：银行存款	1万

分析：该凭证反映了公司支出银行存款1万元，账面上"银行汇票"这类其他货币资金增加了1万元，可以证明公司以银行存款1万元换取了面值1万元的银行汇票。

（2）用银行汇票支付应付款项1万元：

借：应付账款	1万
贷：其他货币资金——银行汇票	1万

分析：该凭证反映公司账面记录的"银行汇票"金额减少了1万元，欠付的经营负债也减少了1万元，可以证实公司是以银行汇票偿还了经营负债1万元。凭证中的"应付账款"一般指代经营负债，对于"其他应付款"则一般代指其他类型的负债。

2. 银行承兑汇票和商业承兑汇票

（1）开出100万元银行承兑汇票，交纳30万元保证金。

借：其他货币资金——保证金	30万
贷：银行存款	30万

分析：该凭证反映了公司银行存款减少了30万元，账面上记录的"保证金"增加了30万元，可以证明公司支出30万元作为保证金。

（2）以银行承兑汇票支付100万元货款时：

借：应付账款	100万
贷：应付票据	100万

分析：该凭证反映公司的票据应付款增加了100万元，同时经营负债减少了100万元，证实了公司以尚未到期的承兑汇票支付了经营负债100万元，该款项公司尚未实际支付，只是由银行承兑中。

（3）票据到期，支付100万元款项时（持票人可能还会收到一笔利息）：

借：应付票据	100万
贷：银行存款	100万

分析：该凭证反映公司银行存款减少了100万元，应付的票据负债也就减少了100万元，证明公司实际以100万元偿还了应付的承兑汇票款。然而，案件实务中，该笔款项很多时候公司无力支出而由承兑银行代付，因而公司向客户承担的票据负债就转为对银行承担的票据负债。第3笔会计凭证一般以如下凭证所示：

借：应付票据	100万
贷：应付账款——承兑人银行	100万

分析：该凭证反映公司的票据负债减少了100万元，对银行的债务款增加了100万元，意味着公司无力承担票据款支付，由承兑银行代付票据款，公司对客户的负债转为对承兑银行的负债挂账。

3. 商业承兑汇票

商业承兑汇票在以银行以外的其他付款人为承兑人时，会计凭证内容同上文"银行承兑汇票"大致相同。此处仅介绍以出票人为承兑人的会计凭证的内容解读。

（1）商业承兑汇票出票时无须做账，仅需在备查簿登记，在背书转让时会有如下会计凭证：

借：应付账款	100万
贷：应付票据	100万

分析：该凭证反映公司票据债务增加了100万元，经营负债减少了100万元，证明公司以票据抵经营负债100万元，但尚未实际以资金支付，票据负债余额100万元。

（2）票据到期公司无法偿付时：

| 借：应付票据 | 100 万 |
| 贷：应付账款 | 100 万 |

分析：该凭证反映公司在账务上减少了 100 万元票据负债，新增了 100 万元经营负债。意味着票据到期无法兑付，公司应付的票据负债转为一般性负债（此处未考虑利息）。

4. 支票

支票由于提示付款期限比较短，仅为 10 日，因而不计入"应付票据"科目，直接以"库存现金"和"银行存款"科目代替。

（1）以现金支票支付时：

借：库存现金	1 万
贷：银行存款	1 万
借：应付账款	1 万
贷：库存现金	1 万

分析：第一笔分录中，"银行存款"减少 1 万元，"库存现金"增加 1 万元，意味着公司将 1 万元银行存款转为了现金支票。第二笔分录，"库存现金"减少了 1 万元，"应付账款"减少了 1 万元，意味着公司使用现金支票偿还了债务 1 万元。注意这里是实际且足额支付。

（2）以转账支票支付时：

| 借：应付账款 | 1 万 |
| 贷：银行存款 | 1 万 |

分析："应付账款"减少 1 万元，"银行存款"减少 1 万元，意味着公司使用 1 万元转账支票，支付了货款，这里是实际且足额支付款项，如银行转账凭证相互印证，不是虚假支付。

如果公司开具的是空头支票，则没有上述会计凭证；如果公司虚假制作了上述会计凭证,其银行存款账面余额必然与实际对账单金额不相符,在这种情况下办案人员更应注意审查,一般需要在司法会计鉴定意见的"论证"部分加以体现。

5. 汇票的贴现

实务中,经常出现"贴现"或者"贴息"这个名词,它是商业用语,一般指的是持票人将持有的银行承兑汇票向银行等金融机构提出申请将票据提前变现,银行对该汇票收取部分利息,这部分利息就叫"贴息",在汇票未到期之前提前收到的汇票款就是"贴现款"。离汇票到期日越长,贴现率越高,贴现利息越大,"贴现"本质上是一种融资行为。

(1)企业将汇票向银行贴现时,若银行无追索权时,企业会计凭证上的分录如下(假设10万元汇票,贴现利息0.5万元):

借:银行存款	9.5 万
财务费用	0.5 万
贷:应收票据——银行承兑汇票	10 万

分析:该凭证反映公司账务上的票据余额减少了10万元,银行存款增加了9.5万元,另有0.5万元作为贴现利息。

(2)企业将汇票向银行贴现时,若银行有追索权,企业会计凭证上的分录如下(假设10万元汇票,贴现利息0.5万元):

借:银行存款	9.5 万
财务费用	0.5 万
贷:短期借款——汇票贴现	10 万

分析:该凭证反映了公司从银行取得9.5万元银行存款,另外支付了0.5万元利息给银行,但没有在账面冲销"应收票据",万一银行期满无法取得票据款,会把票据还给公司并要求公司继续付款,因而这里作为一项短期负债10万元入账。

①若票据到期，银行顺利取得票据款：

```
借：短期借款——汇票贴现          10万
    贷：应收票据——汇票贴现          10万
```

分析：该凭证反映了公司账务上记作的对银行的"短期贷款"减少10万元，应付票据余额减少了10万元，证明了银行已实际收到票据款，票据权利已实现，银行的追索权也随之消失，短期借款余额减少10万元。

②若到期银行无法取得票据款，向出票企业追索时：

```
借：应收账款                      10万
    贷：应收票据——汇票贴现          10万
```

分析：当银行未取得相应票据款时，应由公司赔付票据款，此时，公司有权向出票人追索。该凭证反映了公司账务上应收票据余额减少10万元，转为公司对出票人的追索债权10万元。如果公司为出票人，则无该会计凭证，直接向银行赔付即可。

三、实务案例

方某某、游某某票据诈骗案（节选）

【基本案情】

被告人方某某系M旅游开发有限公司（以下简称M公司）法定代表人。2009年1月，该公司在长沙市W区的旅游开发项目缺少资金，方某某遂欲骗取他人资金用于项目及个人其他用途。中间人丁某（另案处理）向其介绍游某某，游某某称愿提供一张面额为500万元的银行承兑汇票帮助方某某融资，条件是拿出90万元给出票方Z青岛进出口公司（以下简称Z公司）并支付介绍费。2009年1月

24日，游某某向方某某出示一张500万元的假银行汇票，方某某、游某某明知是假汇票而持假票到某汽车世界的长沙银行N支行与李某1碰面。方某某将该假汇票背书后交给李某1，李某1以为该汇票为真票，获得该汇票后，转账给方某某M公司489万元。方某某骗得489万元后，按游某某要求给Z公司付款90万元，支付给游某某、丁某介绍费40万元，其余款项用于M公司支付工程款和其他欠款。2009年2月3日，李某1拿该张500万元面额银行承兑汇票到中国银行L分行营业部进行贴现时被银行电函出票行查验后发现系假票。事后，方某某退赔50万元给李某1后无力偿还其他款项。法院判决：方某某犯票据诈骗罪，判处有期徒刑12年，并处罚金人民币10万元；游某某犯票据诈骗罪，判处有期徒刑10年，并处罚金人民币5万元。

【实务分析】

本案是公司与公司之间直接转账，因而公司方面可以提供很多有价值的书证，因此，本案主要应审查以下财会类书证。

（一）银行对账单

被害人李某1将汇票款489万元转给了被告人方某某的M公司，方某某又将部分款项转给游某某以及丁某等人，通过审查M公司和Z公司以及游某、丁某个人等银行对账单，可以证明诈骗款项来龙去脉。本案既涉及个人对账单，也涉及公司对账单，因而对于M公司和Z公司的银行日记账应当一并收集，对账单反映资金进出，日记账反映每笔内容，二者结合，可以更好地证明案件事实。

（二）会计凭证

M公司和Z公司在这个案件中主要是通过银行对公账户进行转账，因而除了关注公司对账单外，还需要关注两公司的会计凭证。

1. M 公司制作的会计凭证

（1）M 公司收到 Z 公司票据时：

> 借：应收票据——Z 公司　　　　　　　　　　90 万
> 　　贷：其他应付款——Z 公司　　　　　　　　90 万

分析：该凭证反映 M 公司收到一张票据，同时记作应付 Z 公司欠款 90 万元，因此，按实际支付的价格入账也符合事实，也方便在转让的时候准确计算转让利得。

（2）M 公司将票据转卖给李某 1，收到款项时：

> 借：银行存款　　　　　　　　　　　　　　489 万
> 　　贷：应收票据——Z 公司　　　　　　　　　90 万
> 　　　　营业外收入　　　　　　　　　　　　399 万

分析：该凭证反映 M 公司银行存款增加了 489 万元，减少了账面记录的票据余额 90 万元，差额收益记作 399 万元，证明了 M 公司将票据转售后取得款项并计算收益的过程。

（3）M 公司支付款项时，支付 Z 公司 90 万元，支付介绍费 40 万元，剩余款项用于支付工程款：

> 借：其他应付款——Z 公司　　　　　　　　　90 万
> 　　管理费用——介绍费　　　　　　　　　　40 万
> 　　应付账款——工程款等　　　　　　　　　××
> 　　贷：银行存款　　　　　　　　　　　　　××

分析：该凭证反映了 M 公司使用资金的各项用途情况。借方"其他应付款——Z 公司"代表对 Z 公司负债减少 90 万元，借方"管理费用——介绍费"代表有 40 万元支出属于介绍费，"应付账款——工程款等"代表资金用于支付欠付的工程款 ×× 万元。

2. Z 公司制作的会计凭证

（1）Z 公司开出票据时：

| 借：其他应收款——M 公司 | 90 万 |
| 贷：应付票据——银行承兑汇票 | 90 万 |

分析：该凭证反映 Z 公司应付的承兑票据负债增加了 90 万元，对 M 公司的债权增加了 90 万元，意味着 Z 公司开出了 90 万元票据，M 公司应付 Z 公司 90 万元（该笔虚假会计凭证实务中很可能没有，因为开出的是虚假票据，并不是真票据，账面可以不体现）。

（2）Z 公司收到转来的票据款时：

| 借：银行存款 | 90 万 |
| 贷：营业外收入 | 90 万 |

分析：该凭证反映 Z 公司银行存款增加了 90 万元，并将其作为一笔其他收入入账。该凭证反映了 Z 公司在未开具真实票据的情况下收到了一笔额外收入。

| 借：应付票据——银行承兑汇票 | 90 万 |
| 贷：其他应收款——M 公司 | 90 万 |

分析：该凭证反映了 Z 公司将原虚假记录的开出票据的记录反做，冲销了原记录的票据负债和对外债权的余额。当然，如果当时 Z 公司未做前文（1）的虚假会计凭证，此处也就没有该反向凭证。

（三）账簿及其他证据

本案除了对银行对账单、银行存款日记账、会计凭证等书证审查外，还需要将会计凭证相应的明细账以及开具票据的存根联、记账联以及应收票据登记簿、应付票据登记簿等书证纳入审查范围，其中：

> 应付票据明细账、应付票据登记簿反映了公司开具票据的明细记录，既可以印证本案事实，也可以查验是否遗漏其他犯罪事实。

总的来说，票据诈骗案件不仅要对虚假票据本身进行"鉴真"审查，还原虚假票据的本来面貌和实际价值，还应着重审查该票据在后续各环节中留下的证据痕迹，用以证实该票据所引起的各类资金的流动情况、对被害人合法利益的侵害情况以及是否将诈骗票据款项用于其他违法犯罪活动等。

第十六章　金融凭证诈骗罪的证据与审查

金融凭证诈骗罪，是指以非法占有为目的，采用虚构事实、隐瞒真相的方法，使用伪造、变造的委托收款凭证、汇款凭证、银行存单等其他银行结算凭证，骗取他人财物，数额较大的行为。不同于上一章内容，本罪涉及了委托收款凭证、汇款凭证、银行存单等财会证据，这些书证各有不同的表现内容和审查要点。

一、基本知识

（一）金融凭证诈骗罪的构成要件

本罪源于《全国人民代表大会常务委员会关于惩治破坏金融秩序犯罪的决定》第12款的规定，1997年被吸收进刑法。本罪的主体为一般主体，年满16周岁的自然人和单位均可构成本罪；本罪的主观方面为直接故意，具有非法占有他人财物为目的；本罪侵犯的客体是国家对金融凭证的管理制度和公私财产的所有权；客观方面表现为使用伪造、编造的委托收款凭证、汇款凭证、银行存单等其他银行结算凭证骗取财物，数额较大的行为。

（二）金融凭证的概念

本罪中的金融凭证，主要包括委托收款凭证、汇款凭证、银行存单等银行结算凭证。与上章主要介绍票据不同，本章主要介绍的是银行结算凭证，它是收付款双方及银行办理转账结算的书面凭证。银行结算凭证涉及了收款方、付款方和银行三方，既是办理转账结算和现金收付的重要依据，也是银行、单位和个人记录经济业务、明确经济责任的书面证明。下面主要介绍法条中提及的三种常见的银行结算凭证。

1. 委托收款凭证

委托收款凭证，就是行为人在委托银行向付款人收取款项时所填写、提供的凭据和证明。委托收款，是指收款人委托银行向付款人收取款项的结算方式，就是由收款人向开户银行提交委托收款凭证和有关债务证明，并办理委托收款手续，付款人所在地银行在接到寄来的委托收款凭证及债务证明，并经审查无误后通知付款人付款。如果付款人拒绝付款，应在付款期内填制"委托收款结算全部拒绝付款理由书"，并加盖银行预留印鉴章，连同有关单证送交开户银行，银行不负责审查拒付理由。付款人在付款期满日、银行营业终了前若无足够资金支付全部款项，视为无款支付，银行将委托收款凭证和债务证明退还给开户银行。

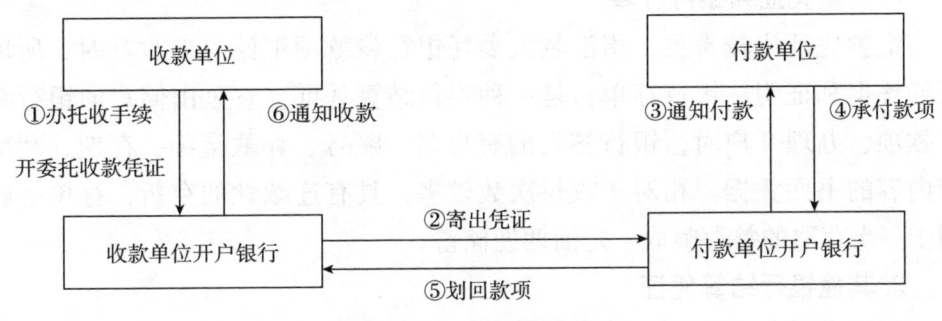

图 16-1-1　委托收款流程

具体来说，委托收款可以细分为邮寄划回和电报划回两种方式。前者是以邮寄方式由收款人开户银行向付款人开户银行转送委托收款凭证、提供收款依据的方式；后者则是以电报方式由收款人开户银行向付款人开户银行转送委托收款凭证、提供收款依据的方式。邮寄划回和电报划回凭证均一式五联。第一联回单，是由收款人开户行给收款人的回单；第二联收款凭证，是由收款人开户行作收入传票；第三联支款凭证，是由付款人开户行作付出传票；第四联收款通知，是由收款人开户行在款项收妥后给收款人的收款通知；第五联付款通知，是由付款人开户行给付款人按期付款的通知。

239

此外,"委托收款"也不同于"托收承付",虽然形式上二者看起来相同,但又区别很大。办理"托收承付"的收款单位和付款单位必须是国有企业、供销合作社以及经营管理较好,并经开户银行审查同意的城乡集体所有制工业企业,如新华书店;而"委托收款"的收款人和付款人的范围较广,适用于在银行开立账户的各种企业、经济组织或者个人。"托收承付"结算只适用于异地的款项结算,并且办理计算的款项必须是商品交易以及因商品交易而产生的劳务供应的款项,代销、寄销、赊销商品的款项不得办理托收承付结算。"委托收款"同城、异地均可以办理,而且适用各种款项的结算,既适用于水电、邮电、电话等劳务款项的结算,也适用于单位和个人凭已经承兑的商业汇票、债券、存单等付款人债务证明办理款项的结算。总的来说,"委托收款"的办理范围比"托收承付"要广泛。

2. 汇款凭证和银行存单

汇款凭证比较常见,指汇款人委托银行将款项汇给外地收款时,所填写的凭据和证明。银行存单,是一种银行结算凭证,它是由储户向银行缴存款项、办理开户时,银行签发的有户名、账号、存款金额、存期、利率等内容的书面凭据。相对于收付次数较多,具有连续性的存折,存单一般用于一次存取的整存整取、定活两便储蓄。

3. 其他银行结算凭证

根据中国人民银行办公厅银办函〔2003〕573号《关于其他银行结算凭证有关问题的复函》的规定,办理票据、信用卡和汇兑、托收承付、委托收款等转账结算业务所使用的凭证均属于银行结算凭证,对于银行办理现金缴存、支取业务使用的有关凭证也属于银行结算凭证,常见的有凭证式国债。判断是否属于该罪名中的"其他银行结算凭证"的重要标准就是审查其是否同时具有"证明"和"结算"功能。对于单位定期存款开户证实书、对账单、银行询证函等,仅仅具有证明作用,而不能要求给付货币或者进行资金清算,则不属于结算凭证。

(三)金融凭证诈骗罪的常见行为方式

一是行为人伪造委托收款凭证、汇款凭证、银行存单以及其他结算凭证给被害人，骗取被害人的资金。例如，2014年6月，徐某某为赚取好处费，与被告人张某某、王某某商议后，以高息引诱郑州市储户汤某某到汝州农商银行办理300万元定期存款业务，约定存期1年。张某某、王某某为使用该笔资金，在无还款能力的情况下，仍让黄某某伪造汤某某300万元定期存单，骗取了汤某某300万元存款。

二是行为人将伪造的银行存单、其他结算凭证交给被害人办理质押贷款，骗取手续费。例如，2014年10月，被害人丁某经营的某项目管理有限公司需要贷款，经王某2介绍，丁某找到了被告人杨某某、张某某、胡某某、周某某谋求贷款。四被告人伪造了凭证式国债，以湖北某电动汽车有限公司法人的名义与丁某签订了国债凭证质押贷款合同，商定每年按凭证式国债上金额的15%收取服务费用，共骗取了丁某35万元。

三是行为人购买伪造的委托收款凭证、汇款凭证、银行存单以及其他结算凭证供自己使用，意图诈骗银行等金融机构资金。例如，2010年初，被告人施某某为办理出国手续，在某市中心公园附近找到一个妇女，提供个人信息，伪造一本中国邮政储蓄银行无卡活期存折，开户日期2004年2月26日，内有截至2009年11月19日的多次交易记录，存折余额1090706.82元。2015年6月25日上午，施某某持本人居民身份证及上述假存折，到中国邮政储蓄银行某市支行，要求银行工作人员进行销户结算操作，银行工作人员发现该存折系伪造后报警，被告人施某某被当场抓获。

二、常见财会证据

（一）委托收款凭证

对委托收款凭证，首先要审查的是委托收款方式是"委邮"还是"委电"，其次应根据委托收款凭证的序号以及右列的红字备注，确定该证据的来源，避免与其他证据证实的来源相矛盾。对于凭证上标注的收款人、付款人、委收金额、付款日期等审查都是常规审查项，并关注是否有单证内容和凭证内容不符的情形存在。

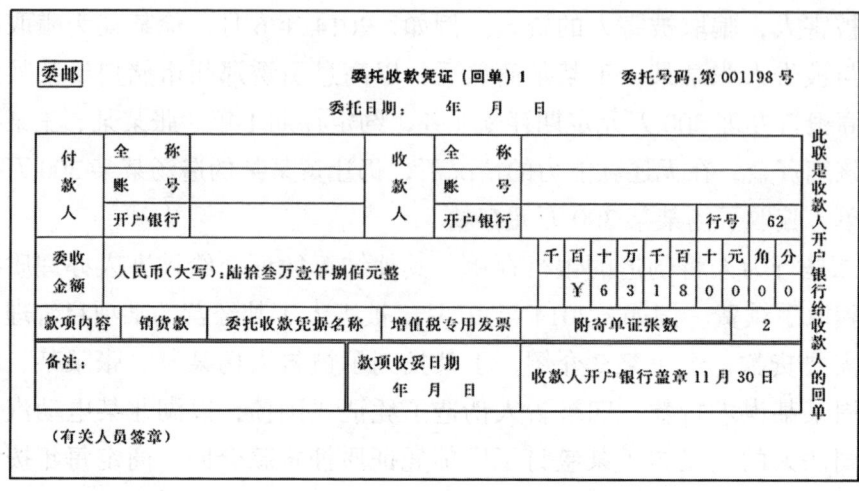

图 16-2-1 委托收款凭证（回单）

（二）汇款凭证

如今汇款一般采用电汇的方式，汇款凭证也常常反映为电汇凭证的形式。当然，实务中电汇也反映为手写和网络转账的电汇形式，无论是哪种形式，如果是公司转账，其会作为重要单据附于会计凭证后。对于这种即时到账的单据，在实务中可能会被行为人伪造用来证明其资金能力和商业信誉。

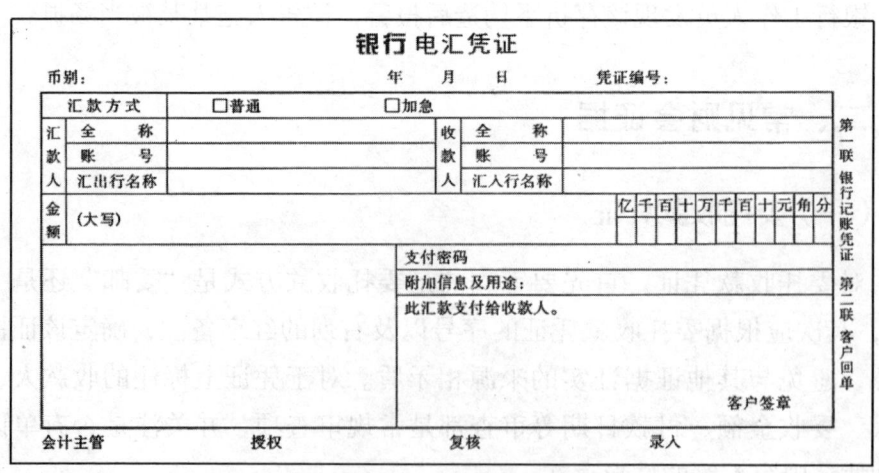

图 16-2-2 银行电汇凭证

（三）银行存单

银行存单这种具有理财性质的结算凭证，在实务中经常被犯罪分子使用。由于银行存单存期长、贴现手续费高等特点，故其给了犯罪分子实施诈骗行为的可乘之机。实务中各家银行的存单样式各不相同，但内容大同小异，主要审查其存入账号、户名、币种、存入日期、存期、利率、支取日、账号等信息是否和其他证据相一致。当然，在实施本罪时，相当多的银行存单都是虚假存单，包括"存单真内容假"和"存单假内容假"两种情况，在这种情况下需要对应的银行和鉴定机构出具相关证明和鉴定意见以证实该存单系伪造的事实。

```
中国建设银行（    ）储蓄特种存单   NO 000000000000
本存单最高限额为人民币壹佰万元（或等值外币）超过限额无效    储蓄所负责人签字：_____
                                                      管辖行负责人签字：_____

账号_____                户名_____                              第
币种_____                                                       三
金额（大写）            （小写）_____        （银行签章）              联
                                                                  业
| 存入日 | 存入期 | 利率 | 起息日 | 到期利息 | 支取方式 | 约定转存期限 |  务
|        |        |      |        |          |          |              |  部
                                                                        门
| 支取日 | 账号 | 本金支取金额 | 利息 | 流水号 | 通兑 |               留
|        |      |              |      |        |      |               存
 稽核        支取复核        存入复核           记账
```

图 16-2-3

（四）凭证式国债

凭证式国债，是一种常见的"其他银行结算凭证"类型，是指国家采取不印刷实物券，而用填制国库券收款凭证的方式发行的国债。它是以国债收款凭单的形式来作为债权证明，不可上市流通转让，从购买之日起计息。从债券形式来看，我国发行的国债可分为凭证式国债、无记名（实物）国债和记账式国债三种。无记名国债比较少见，凭证式国债主要在广大银行的营业网点购买，记账式国债是通过交易所交易系统以记账的方式办理发行，投资者必须拥有证券交易所的证券账户，并在证券经营机构开立资金账户才能购买记账式国债。银行存单、凭证式国债也经常被行为人伪造用于诈骗被害人钱财，也需要对应的银行出具相关证明以证实该存单系伪造的事实。

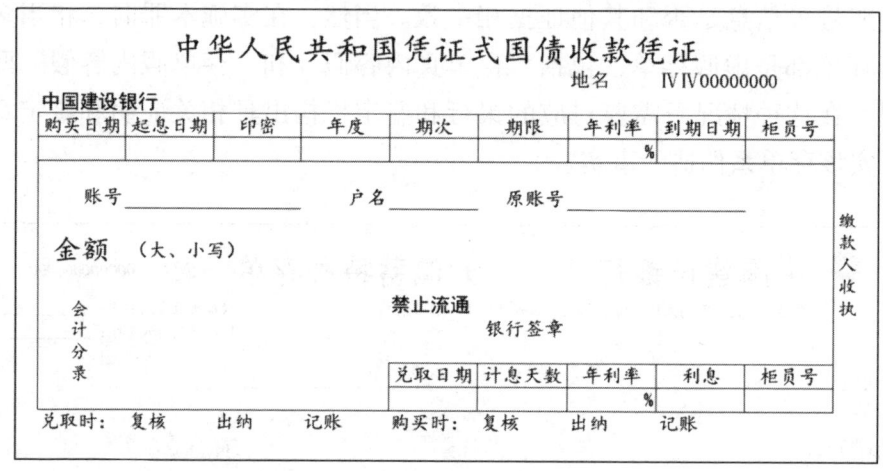

图 16-2-4

（五）会计凭证

本罪鲜少涉及公司，大多为自然人犯罪，但此处简单介绍一下公司从事相关业务时相应的会计处理，方便办案人员在遇到类似案件时对会计凭证反映的内容进行审查。

1. 委托收款

（1）收款人销售113万元含税价货物给买方，办理好委托收款手续时：

借：应收账款	113 万
贷：主营业务收入	100 万
应交税费——应交增值税（销项税额）	13 万

分析：该凭证反映公司销售了 100 万元的货物，需要交纳 13 万元的增

值税销项税，这 113 万元系对买方的债权，在账务上记作应收款。

（2）收款人收到银行转来收款通知单，实际收到款项后：

| 借：银行存款 | 113 万 |
| 贷：应收账款 | 113 万 |

分析：该凭证反映了公司收到买方转来的 113 万元货款，并将账面记作的应收款债权 113 万元划销。

2. 汇款凭证

汇款凭证，其反映的主要是支出款项，性质上同委托收款凭证刚好相反。

付款人购买 113 万元含税价原材料，并将款项支付给买方时：

借：原材料	100 万
应交税费——应交增值税（进项税额）	13 万
贷：银行存款	113 万

分析：该凭证反映了公司付出 113 万元银行存款，得到了 100 万元原材料，以及可以冲抵销项税的进项税额 13 万元。由于汇款凭证具有即时性，故一般在钱货两清时使用。

3. 银行存单和凭证式国债

公司取得银行存单或买入凭证式国债时，一般在会计凭证上以"其他货币资金"反映：

（1）假设，公司买入 100 万元凭证式国债，或将 100 万元存为银行定期存单：

| 借：其他货币资金——存单或凭证式国债 | 100 万 |
| 贷：银行存款 | 100 万 |

分析："其他货币资金"属于"资产"，"银行存款"属于"资产"，根据会计分录原理，"其他货币资金"增加 100 万元，"银行存款"减少 100 万

元，意味着公司用100万元银行存款，换取了银行存单和凭证式国债。

（2）收到利息2万元时（也可能先计入"应收利息"后转入"银行存款"）：

| 借：银行存款 | 2万 |
| 贷：财务费用或投资收益 | 2万 |

分析：该凭证反映了公司收到2万元银行存款，属于利息收入，账务上记作利息收入或支出费用的减少。

（3）银行存单、国债到期，收回本金100万元：

| 借：银行存款 | 100万 |
| 贷：其他货币资金——存单或凭证式国债 | 100万 |

分析：该凭证反映了公司收到100万元银行存款，并在账面上注销了凭证式国债的余额100万元。事实上受到诈骗的公司往往拿不回本金，账面上也就没有或者仅有部分该会计凭证的内容，其"其他货币资金——存单或凭证式国债"未冲销的余额就是公司尚未收到的本金。

三、实务案例

谭某金融凭证诈骗案

【基本案情】

2013年6月3日，B县人民检察院以B检刑诉〔2013〕36号起诉书指控被告人谭某犯金融凭证诈骗罪，B县人民检察院起诉指控：被告人谭某所在的B县S生态农业发展有限公司（以下简称S公司）利用伪造、变造的银行借款凭证、借款合同和利息单等资料累计骗取三峡产业发展基金贷款贴息资金87.32万元。该资金只通过该公司银行账户过账，在公司财务账上无记账反映，直接转入被告人谭某的个人存折账户中。公诉机关就指控的犯罪事实，向法院提交了B县工商行政管理局出具的企业信息表及企业变更信息表、B县农村信用合作联社营业部出具的证明、×库区产业发展基金贷款贴息利息单据、抵押担保借款合同、贷款收回利息清单、B县农村信用合作联社J信用社出具的证明、记账凭证等书证、证人证言、被告人的供述及讯问被告人谭某全程同步录音录像光盘等证据。公诉机关认为，被告人谭某身为B县S生态农业发展有限公司法定代表人，利用伪造、变造的银行借款凭证、借款合同和利息单等资料骗取财政贴息资金，其行为已触犯《中华人民共和国刑法》第194条第2款、第200条之规定，应当以金融凭证诈骗罪追究其刑事责任。

事实经过：S公司成立于2004年6月10日，法定代表人为谭某。被告人谭某所在的S公司利用伪造、变造的银行借款凭证、借款合同和利息单等资料骗取三峡产业发展基金贷款贴息资金87.32万元。分别是：

（1）2008年6月30日，S公司利用其于2006年9月12日、9月16日分别在B县信用联社借款450万元的借款合同、借款凭证共计900万元和利息清单、假借款证明，骗取三峡产业发展基金贷款贴息资金58万元。经查，该公司2008年实际贷款300万元，可享受贴息补贴22.68万元，实际骗取资金35.32万元。

（2）2011年3月17日，S公司利用2008年7月10日在J信用社借款300万元的借款合同、借款凭证变造成为借款966万元并伪造利息清单等资料，骗取三峡产业发展基金贷款贴息资金52万元。

辩护人另提供部分财会证据：

证据一：被告人谭某所在的S公司2008年至2011年的银行存款日记账复印件两份，用以证实2008年7月1日S公司财务人员将谭某获取的58万元的贴息资金计入了银行的借方和贷方。2011年3月17日，S公司将52万元贴息资金计入了银行的借方和贷方。但是没有在其他科目反映。同时证实 S 公司在获取两笔贴息资金之后，其财务人员分别在公司银行账务上记载，并非直接打入被告人谭某个人账户。

证据二：S 公司 2007 年至 2010 年 "其他应付款" 科目账页 2 份，记载凭证 26 份，借支单 29 份，收据 5 份，工资表 12 份，共计 74 份，用以证实被告人谭某与公司借账 29 次，工资抵账 12 次，谭某个人为公司垫付其他资金 5 次，以及 S 公司 2008 年 6 月 30 日和 2011 年 3 月 17 日在将获取的贴息资金转入谭某账户之前，先后欠下谭某个人的借款近 100 万元，被告人谭某没有个人非法占有贴息资金的主观故意。

法院审理后认为，S 公司属私营法人企业，被告人谭某作为该公司法定代表人，利用政府对农业企业进行资金支持政策，以本公司"有机茶超微粉加工"经营项目为名，通过伪造、变造的银行借款凭证、借款合同和利息单等资料的手段骗取三峡产业发展基金贷款贴息资金 87.32 万元的事实清楚。在申报贷款贴息资金的过程中，被告人谭某对伪造、变造的银行借款凭证、借款合同和利息单等资料的事实是明知的，仍积极指使单位项目负责人向 B 县人民政府、B 县移民局等部门提供虚假的申报贴息资金材料，其主观上具有采取欺骗手段取得政府资金谋取不当利益的故意。被告人谭某作为单位主管人员或直接责任人员，以其公司名义实施了骗取贴息资金的行为，该行为没有经公司股东会或董事会的讨论、决定，但其行为是以公司法定代表人的身份完成，行为目的是为公司取得经营资金，实行的条件主要是基于公司存在政府扶持的项目，所得资金用于公司，故本案骗取贴息资金的行为应认定是 S 公司的单位行为。本院在审理中建议公诉机关对涉案单位补充起诉，公诉机关表达了不补充起诉的意见，故本院依法按照单位犯罪对其直接负责的主管人员即本案被告人谭某追究刑事责任，被告人谭某的行为构成金融凭证诈骗罪，数额巨大，公诉机关对被告人谭某犯金融凭证诈骗罪的指控成立。对辩护人提出的本案涉及的整个事件不属于自然人犯罪的范畴，应按照单位犯罪的有关规定对被告人谭某予以处罚的辩护意见，本院予以采纳。

经法院审判委员会讨论并作出决定，依照《中华人民共和国刑法》第194条、第200条、第67条第1款、第63条第1款、第37条、第64条之规定，判决如下：（1）被告人谭某犯金融凭证诈骗罪，免予刑事处罚。（2）S公司违法所得87.32万元予以追缴（已追缴）。

【实务分析】

在本罪中，检察机关是以自然人犯罪起诉，而辩护人却提出了相当分量的财会证据，最终法院认定该案为单位犯罪。从该案的审理过程中，笔者认为该辩护人有着相当扎实的财会知识功底，通过财会证据全面准确地还原了案件事实，最终获得了法院的认可。因此，本案中辩护人的做法，对司法实践中办案人员认真审查财会证据有一定的参考价值。

首先，检察机关指控，被告人谭某所在的S公司利用伪造、变造的银行借款凭证、借款合同和利息单等资料累计骗取三峡产业发展基金贷款贴息资金87.32万元，该资金只通过该公司银行账户过账，在公司财务账上则无记账反映，直接转入被告人谭某的个人存折账户中。而辩护人却出示了2008年至2011年的银行存款日记账复印件两份，证实了2008年7月1日S公司财务人员将谭某获取的58万元的贴息资金计入了银行的借方和贷方，并进行了相应的会计处理。2011年3月17日，S公司将52万元的贴息资金计入了银行的借方和贷方（准确描述应当是"计入了银行日记账"）。前文提到，银行存款日记账是账簿的一种，也是财务会计资料的一种，会计人员也依据日记账做了相应的会计处理，显然和检察机关指控的"在财务账上无记账反映"的事实不符。

其次，辩护人出示了S公司2007年至2010年"其他应付款"

科目账页 2 份，记载凭证 26 份，借支单 29 份，收据 5 份，工资表 12 份，共计 74 份，用以证实被告人谭某与公司借账 29 次，工资抵账 12 次，谭某个人为公司垫付其他资金 5 次，以及 S 公司 2008 年 6 月 30 日和 2011 年 3 月 17 日在将获取的贴息资金转入谭某账户之前，先后欠下谭某个人的借款近 100 万元，用以证实被告人谭某没有个人非法占有贴息资金的主观故意。显然，辩护人对收到贴息资金附近的时间点的账务处理进行了深入研究，"其他应付款"科目，代表公司欠付其他人款项，公司是债务人。该账页和会计凭证可以反映出，在贴息资金下发前，是由谭某将款项借给公司运营，贴息款项下发后，其将款项转为公司对谭某的还款，在逻辑和法理上也站得住脚，还款行为和侵占行为有明显不同，可以证明谭某个人确无非法占有贴息资金的目的。当然，公司伪造、变造的银行借款凭证、借款合同和利息单等资料骗取贴息利息给公司使用，仍构成单位犯罪。

该案中，S 公司会计凭证内容如下所示：

一是公司向谭某借款时：

```
借：银行存款                    ××
    贷：其他应付款——谭某        ××
```

分析：该凭证反映了公司收到银行存款 ×× 元，并在账面上记作公司欠谭某 ×× 元。

二是公司以谭某工资垫资时：

```
借：管理费用                    ××
    贷：应付职工薪酬            ××
```

分析：该凭证反映了公司为谭某计提了工资 ×× 元，贷方"应付职工薪酬"代表了公司应付谭某而未付的工资，在结合其他工作人员工资已发放的前提下,可以证明公司占用了谭某的工资。计提工资的时间应当与政府贴息下拨时间对比,以证实占用工资在先,政府贴息下拨时间在后。

三是公司收到财政贴息资金后:

分析:该凭证反映了公司实际收到了财政贴息资金,银行存款增加了××万元,并在账务上记作政府补助"营业外收入"(财政贴息在财务上属于政府补助的一种,现今为"其他收益")。

四是公司偿还谭某垫资的款项和所欠工资:

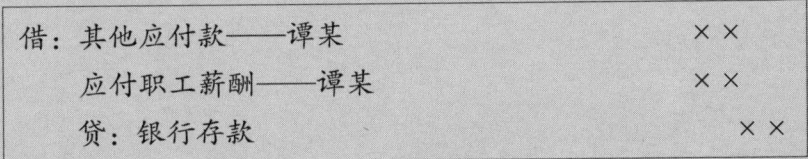

分析:该凭证反映了公司银行存款减少了××万元,对谭某应付未付的工资余额和个人借款减少了××万元,证明了公司用银行存款××元支付了谭某的借款和欠付的工资。对该会计凭证的审查,要以该凭证后附原始凭证证明工资实际支付时间和前文计提工资时间之间的期间为公司实际占用工资的时间。

整个案件在辩护人提供了相应证据后,证明了S公司以伪造的金融凭证骗取银行贴息后,用以归还先前公司对谭某的借款,如果从财会证据链的完整性角度来看,司法机关应当继续收集财会证据,用以证明谭某先前的借款确系用于公司生产经营,而不是借款给公司后用于购买个人物品或者分红等,从判决书中可以看出,司法机关并未再收集相关财会证据对辩护人的观点进行反驳,从有利于被告人的角度来看,最终辩护人的观点得到了采纳。

从财会证据审查的角度来说，本章金融凭证诈骗案件与上一章票据诈骗案件类似，既包括对金融凭证这类关键书证的"真假鉴定"的审查，也包括对相关公司、个人产生的财务记录和资金流水影响的审查。前者关键书证的"真假鉴定"一般以专业机构的鉴定意见为准，庭审中双方也并无太大异议，而对于后者则高度依赖办案人员对财会证据审查的基本功及细致程度，在缺乏相关知识以及未做好充足诉前准备的前提下，可能会在庭审活动中落于下风，影响案件办理的效率效果。

第十七章 逃税罪的证据与审查

本章开始介绍涉税类案件的财会证据，其不仅同时涉及法律、会计知识，还融入了税法知识。学习好涉税犯罪内容，仅掌握基础会计知识是完全不够的，还要对该相关税法知识有一定的理解，离开税法知识谈税务证据是空中楼阁。因此，本书对涉税类罪名的实务内容介绍将区别于前文各章节，既要介绍财会证据，也要介绍相关税法知识，只有这样，才能从真正意义上帮助办案人员理解涉税类犯罪的财会证据实质性内容。此外，本书还在附录部分以表格的方式罗列了各税种的拓展知识，包括纳税人、纳税期限、常见税收优惠等具体内容，内容广度相当于一本"小税法"，方便办案人员在办案实务中进行查阅使用。

逃税罪，是指纳税人采取欺骗、隐瞒手段进行虚假纳税申报或者不申报，逃避缴纳税款数额较大并且占应纳税额10%以上，或者缴纳税款后，以假报出口或者其他欺骗手段，骗取所缴纳的税款的行为，以及扣缴义务人采取欺骗、隐瞒等手段，不缴或者少缴已扣、已收税款，数额较大的行为。逃税犯罪可能涉及实务中很多税种，因此本章内容篇幅较大，既介绍了涉税类常见财会证据，也对我国常见税种的相关常识内容进行了简要梳理，以帮助办案人员建立涉税类案件的证据和知识框架。

一、基本知识

（一）逃税罪的构成要件

本罪1979年刑法第121条已有规定，原为"偷税罪"，2009年《刑法修正案（七）》改为"逃税罪"。本罪的主体是特殊主体，即纳税人，也包括扣缴义务人；本罪主观方面由直接故意构成，具有逃避缴纳应缴税款的非法获利目的；本罪侵犯的客体是国家的税收管理制度；客观方面表现为违反国家税收管理法律、法规，采取欺骗、隐瞒的手段进行虚假纳税申报或者不申报，逃避缴纳税款，税额较大的行为。由于原"偷税罪"在理论和实践上争议较大，因此，《刑法修正案（七）》已经将该罪名由"逃税罪"取代"偷税罪"，并对逃税的手段不再作具体列举，而采用概括性的表述"纳税人采取欺骗、隐瞒手段进行虚假纳税申报或者不申报"，以适应实践中逃避缴纳税款可能出现的各种复杂情况。

（二）逃税、避税和漏税

逃税、避税、漏税是实务中常见的三个名词，在撰写法律文书以及公开报告时应注意区分情况使用，在进行财会证据审查时也应注意根据各自行为特点进行比较，进而区分罪与非罪。

逃税，是指纳税人或扣缴义务人采取欺骗、隐瞒手段进行独家申报或不申报，不缴或少缴应纳税款的行为，逃税行为一般发生在纳税义务产生后，行为人的目的是获取非法所得，是一种违法行为。

避税，是指纳税人或扣缴义务人采取符合法律规定的纳税行为或措施，从而减轻或规避纳税负担的行为。避税行为一般发生在纳税义务发生前，其采取的一般是符合法律规定的方法或利用法律给予的税收优惠政策，甚至可能利用法律尚未完善的空白。避税行为并非违法行为，法律也并不倡导这种行为，但现实中这种行为非常多，很多跨国企业都通过在低税率避税港地区设立企业的方式来降低企业所得税税负，还有我国很多影视企业将企业总部设在我国西北部地区以享受当地的税收优惠等。

漏税，是指纳税人和扣缴义务人因业务能力、业务过失、人员调动、管理混乱等客观原因没有如实申报纳税，导致漏报漏缴相关税款的行为。漏税并非出自相关人员的主观故意，其属于一种违反税务行政管理的行为，应由税务部门责令补交税款并加收滞纳金即可，不宜作为犯罪行为处理。

（三）我国的税法体系

逃税罪，逃的是什么税？在介绍本罪可能涉及的税种前必须先掌握我国现行税法体系框架。我国现行税法体系是由税收实体法体系和税收程序法体系两部分构成。税收实体法体系主要介绍纳税主体、征税客体、计税依据、税目、税率、减免税等内容；税收程序法体系主要介绍如何征税，何时征税，税收检查等内容。现行税法实体法常见税种详见表17-1-1。

表 17-1-1

我国现行税法体系：由税收实体法体系和税收程序法体系两部分构成			
实体法体系	主体税	商品和劳务税类（间接税）	增值税、消费税、关税
		所得税类（直接税）	企业所得税、个人所得税
	非主体税	财产和行为税类	房产税、车船税、印花税、契税
		资源税类和环境保护类	资源税、环境保护税、土地增值税、城镇土地使用税
		特定目的税类	城市维护建设税、车辆购置税、耕地占用税、烟叶税、船舶吨税
程序法体系	税务机关负责征收		依据：税收征收管理法
	海关负责征收		依据：海关法和《进出口关税条例》等

（四）逃避缴纳税款

在对涉税类案件的财会证据进行审查时，需要注意是否存在侦查机关对税种认定错误、遗漏等情况，在进行这项工作之前，必须先清楚地知道本罪涉及了哪些税种。表17-1-1中已经列举了实务中涉及的几乎所有税种，但并非所有税种都适用本章罪名。例如，对于其中的虚开增值税专用发票由于刑法第205条第1款已经规定了虚开增值税专用发票用于骗取出口退税、抵扣税款罪，故对于虚开增值专用发票抵扣税款的行为一般根据刑法第205条定罪处罚，但对于以虚开增值税专用发票（未造成增值税款损失）为手段逃避缴纳非增值税税款的行为，一般以本罪定罪处罚。消费税有着一定的特殊性，征收消费税的物品一定会征收增值税，且消费税系根据增值税发票计算缴纳，故逃避缴纳消费税的行为，此前很多时候都以虚开增值税专用发票罪定罪处罚，现今一般定性为逃税罪[1]。此外，对于逃避关税一般也以走私相关罪名处罚，不宜以本罪论处。

（五）逃税数额占应纳税额比例

2022年修订的最高人民检察院、公安部《关于公安机关管辖的刑事案件立案追诉标准的规定（二）》第52条规定，逃避缴纳税款，涉嫌下列情形之一的，应予立案追诉：（1）纳税人采取欺骗、隐瞒手段进行虚假纳税申报或者不申报，逃避缴纳税款，数额在10万元以上并且占各税种应纳税总额10%以上，经税务机关依法下达追缴通知后，不补缴应纳税款、不缴纳滞纳金或者不接受行政处罚的……根据该规定，构成本罪需要达到逃避缴纳税款数额较大并且占应纳税额10%以上，对于"逃税数额占应纳税额比例"应做何理解呢？根据最高人民法院《关于审理偷税抗税刑事案件具体应用法律若干问题的解释》（法释〔2002〕33号）规定：（1）偷税数额占应纳税额的百分比，是指一个纳税年度中的各税种偷税总额与该纳税年度应纳税总额的比例。（2）不按纳税年度确定纳税期的其他纳税人，偷税数额占应纳税额的百分比，按照行为人最后一次偷税行为发生之日前一年中各税种偷税总额与该年纳税总额的比例确定。（3）纳税义务存续期间不足一个纳税年度的，偷税数额占应纳税额的百分比，按照各税种偷税总额与实际发生纳税义务期间应当缴纳税款总额的比例确定。（4）偷税行为跨越若干纳税年度，只要其中一个纳税年度的偷税数额及百分比达到刑法第201条第1款规定的标准，即构成偷税罪。各纳税年度的偷税数额应当累计计算，偷税百分比应当按照最高的百分比确定。

从上述司法解释可以看出，逃税比例的计算主要有三种方式：

（1）按年度纳税的：逃税比例 = 本年逃税数 / 本年应纳税之和

例：2017年A公司申报纳税额为100万元，经稽查需补税10万元，逃税百分比 =10/（100+10）=9.1%。

---

[1] 孙谦、万春、阮齐林：《经济犯罪检察业务》，中国检察出版社2021年版，第396页。

(2)不按年度纳税的:逃税比例=最后一笔逃税发生日前一年的逃税数之和/本区间应纳税之和

例:经稽查发现,A自然人最后一次逃税发生在2017年6月30日,2016年6月31日至2017年6月30日应纳税额为120万元,逃税30万元,逃税百分比=30/(120+30)=20%。

(3)不满一个纳税年度的:逃税比例=本年逃税数/本年度实际应纳税之和

例:2020年9月1日,A公司开业,经稽查发现,本年度A公司9月至12月申报纳税120万元,逃税30万元,逃税百分比=30/(120+30)=20%。

此外,对于"逃税数额"和"本年应纳税额"又应做何理解?例如,某企业当年逃避缴纳企业所得税30万元,当年实缴企业所得税120万元,是否意味着逃税比例为30/(120+30)=20%呢?答案是否定的,这种做法就是对"逃税数额"和"本年应纳税额"的基本概念存在误解。准确来说,"逃税税额"是指企业当年偷逃的所有税种(不含增值税、关税,下同)的税款之和,而本年应纳税额指的是企业当年所有税种应纳税额之和,这个比例并不是单指某个税种的逃税比例,而是指企业所有税种的逃税比例,正因如此,我们除了关注所逃税的税种外,还需要对企业缴纳的其他税种都有大致了解,这也是本章增加很多税种的基础知识,内容结构区别于前文章节的重要原因。

(六)逃税罪常见行为方式

一是通过隐瞒收入、虚列支出等方式,降低应纳税额,从而达到逃税的目的。例如,2008年至2010年,五峰土家族自治县G煤矿有限责任公司(以下简称G公司)时任法定代表人被告人涂某某,采取混淆账目,不记少记销售收入,不开少开销售增值税发票等方式,进行虚假纳税申报,逃避缴纳税款以谋取暴利。2008年至2010年G公司应缴纳税款数额为877.04万元,实际缴纳税款数额323.81万元,逃避缴纳税款数额553.23万元。

二是通过隐匿财务会计资料,进行虚假纳税申报,逃避缴纳税款。例如,2000年8月1日至2008年12月31日河南省周口市H公司采取隐匿账簿、记账凭证和虚假的纳税申报等手段，共逃各种税款总额1134.183327万元。

三是明知应交纳税款而不进行纳税申报，逃避缴纳税款。例如，2003年4月10日，被告人张某某在嵊州市开办了浙江S厨具有限公司。被告单位浙江S厨具有限公司及其法定代表人被告人张某某在明知企业需申报并缴纳土地使用税及房产税的情况下，采用不申报缴纳税款的方式逃避缴纳2004年10月至12月的土地使用税754.335万元、2005年的土地使用税30.1734万元、2006年的土地使用税30.1734万元、2007年的土地使用税100.578万元及2007年4月至12月的房产税8.035073万元、2008年的土地使用税100.578万元及2008年的房产税10.713431万元，逃税比例超过30%，经税务机关催缴，拒不缴纳。

二、税种概述及常见财会证据

由于本罪涉及的知识较为专业和庞杂，对无会计和税法基础的办案人员来说是极大的挑战，故该罪实务中一般都随案移送了税务机关出具的专项报告或者鉴定机构出具的司法鉴定报告书，虽然说最终司法结论可能会在很大程度上依赖这些专业报告，但这存在一定的办案风险。这就要求我们既要审查相关财会书证，也要审查这些专业报告，并将二者比对审查，特别要关注某种涉税犯罪行为是否应当征税，是否在征税期，税额计算是否准确，是否遗漏税收优惠等。由于本罪涉及税种较多，故此部分内容对各税的概念、基本计算过程和常见财会证据逐一介绍，让办案人员能够对各税的证据内容和税额计算有直观的印象和概念框架。

（一）增值税

1. 增值税的相关概念

增值税的内容将在下章作更为详细的介绍，此处仅简单介绍部分内容。增值税是以商品（含应税劳务）在流转过程中产生的增值额作为计税依据而征收的一种流转税。增值税的纳税期限分别为1日、3日、5日、10日、

15 日、1 个月或者 1 个季度，具体由税务机关确定。

2. 增值税的一般计算

例：某商品不含增值税价 100 万元，增值税税率 13%。购买时不含增值税价 80 万元。

则该商品销售时，应缴纳销项税：$100 \times 13\% = 13$（万元）。

该商品在购进时，向上家支付的进项税可以抵扣：$80 \times 13\% = 10.4$（万元）。

该商品实际缴纳的增值税：$13 - 10.4 = 2.6$（万元）。

3. 增值税的常见财会证据

增值税的相关证据内容详见本书第十八章以及附录 6。

（二）消费税

1. 消费税的相关概念

消费税（Consumption Tax/Excise Duty），是指以消费品的流转额作为征税对象的各种税收的统称，消费税只对特定消费品征收，目的是调节产品结构，引导消费方向，保证国家财政收入。特定消费品如烟、酒、高档化妆品、贵重首饰、珠宝玉石、高尔夫球、高档手表、游艇、成品油、木制一次性筷子、实木地板、小汽车、摩托车、鞭炮、焰火、电池涂料等。征收消费税的物品一定征收增值税，一般纳税人的消费税应当按月申报。

2. 消费税的一般计算

消费税的计算方式有三种：第一种是从价征收，即按照价格乘以税率征收；第二种是从量征收，即按照数量乘以税率；第三种是复合征收，就是从价和从量的复合征收。

例如，销售白酒 100 斤，销售额共计不含增值税价 2 万元，白酒消费税税率为从价 20% 和从量 0.5 元/斤，经查，白酒消费税是采取从价加从量的复合征收的方式计算，则其应交消费税为：

$20000 \times 20\% + 100 \times 0.5 = 4050$（元）。

3. 消费税的常见财会证据

（1）增值税发票

由于消费税是计算申报缴纳，并无单独的消费税发票，大多数逃避缴纳消费税的案件，虚开的都是"假事真票"类的增值税专用发票，因而，增值税发票是逃避缴纳消费税案件中的重要证据。本章实务案例二中就详细介绍了实务中最为常见的"石油变票"逃避缴纳消费税的案件。

（2）会计凭证

消费税采取了先计提，后交纳的方式，沿用上例中销售白酒的数额，其会计凭证如下：

```
卖出商品的同时应计提消费税：
借：税金及附加                    4050
    贷：应交税费——应交消费税        4050
```

```
实际缴款：
借：应交税费——应交消费税          4050
    贷：银行存款                   4050
```

分析：第一张会计凭证反映了对消费税的计提过程，计提过程既反映了消费税纳税义务发生后在财务账面上的体现，也反映了应交消费税的具体金额。第二张会计凭证反映了公司实际缴纳消费税，代表了纳税义务的履行完成，应结合相关原始凭证判断账面记载是否真实，是否实际纳税。

（3）纳税申报表

消费税是根据销售应税消费品的数量和金额计算缴纳的，该申报表（详见图17-2-1）列明了企业当期缴纳消费税的消费品的名称、数量、金额以及应纳税额，还列明了上期留抵（上期多交的消费税）、准予扣除（本期可以扣除的消费税，如委托加工后用于出售，售出时缴纳消费税可以扣除未退加工时缴纳的消费税）、本期预缴以及本期实缴（退）内容。企业是否具有未缴、漏缴应税消费品的消费税额以及将此种消费品以彼种消费税申报缴纳消费税等事实可以通过本表予以佐证。此外，由于缴纳增值税、消费税的同时需要申报缴纳"一税两费"，因而该表中也列示了实际申报缴纳消费税时一并缴纳的"一税两费"。消费税更详细的内容详见本书附录7。

消费税及附加税费申报表

税款所属期：自＊＊＊＊＊年＊＊月＊＊日至＊＊＊＊＊年＊＊月＊＊日

纳税人识别号（统一社会信用代码）：□□□□□□□□□□□□□□□□□□

纳税人名称： 　　　　　　　　　　　　　　　金额单位：人民币元（列至角分）

项目 应税消费品名称	适用税率		计量单位	本期销售数量	本期销售额	本期应纳税额
	定额税率	比例税率				
	1	2	3	4	5	6=1×4+2×5
×××××				****	****	****
合计	——	——	——			

	栏次	本期税费额
本期减（免）税额	7	*****
期初留抵税额	8	*****
本期准予扣除税额	9	*****
本期应扣除税额	10=8+9	*****
本期实际扣除税额	11〔10＜（6-7），则10，否则为6-7〕	*****
期末留抵税额	12=10-11	*****
本期预缴税额	13	*****
本期应补（退）税额	14=6-7-11-13	*****
城市维护建设税本期应补（退）税额	15	*****
教育费附加本期应补（退）费额	16	*****
地方教育附加本期应补（退）费额	17	*****

声明：此表是根据国家税收法律法规及相关规定填写的，本人（单位）对填报内容（及附带资料）的真实性、可靠性、完整性负责。

　　　　　　　　　　　　　　　　　　纳税人（签章）：　　　　年　月　日

经办人：	受理人：
经办人身份证号：	受理税务机关（章）：
代理机构签章：	受理日期：　　年　月　日
代理机构统一社会信用代码：	

图 17-2-1　消费税及附加税费申报表（部分）

（三）城市维护建设税、教育费附加和地方教育费附加

1. "一税两费"的相关概念

城市维护建设税，是指为了加强城市的维护建设，扩大和稳定城市维护建设资金的来源而征收的一种税，其与增值税、消费税同时征收，并以交纳增值税、消费税作为计税基础，但城建税进口不征、出口不退。教育费附加

和地方教育费附加,是征收的专门用于发展地方教育事业的预算外资金,其也是与增值税、消费税同时征收,故将"一税两费"同时介绍。增值税和消费税"两税"减征、免征的,城市维护建设税也减征、免征,因减免税而需进行"两税"退库的,城市维护建设税也可同时退库,对"两税"实行先征后返、先征后退、即征即退的,除另有规定外,城市维护建设税和教育费附加一律不予退(返)还。

2. "一税两费"的一般计算

例如,某公司当月缴纳增值税100万元,消费税40万元,适用城建税税率7%,教育费附加3%,地方教育费附加2%,则应交的城建税、教育费附加、地方教育费附加为:

城建税:(100+40)×7%=9.8(万元)

教育费附加:(100+40)×3%=4.2(万元)

地方教育费附加:(100+40)×2%=2.8(万元)

3. 常见财会证据

(1)会计凭证

```
计提城建税、教育费附加、地方教育费附加:
  借:税金及附加                        16.8万
    贷:应交税费——城市维护建设税        9.8万
              ——教育费附加             4.2万
              ——地方教育费附加         2.8万
```

分析:该凭证反映了公司计提了"一税两费",实务中这种计提一般是针对多笔增值税和消费税税额的汇总计提,应注意剔除与案件事实无关的部分数额。

(2)纳税申报表

由于"一税两费"是依据企业当期实际缴纳的增值税额和消费税额计算,因而并没有单独的纳税申报表,其申报纳税内容在申报增值税和消费税时一并申报,因而可以在增值税纳税申报表的附表四和消费税的申报主表中获取"一税两费"的实际申报内容,这对确定"一税两费"是否缴纳以及在追缴增值税、消费税时一并追缴"一税两费"起着重要作用。和消费税一同征收的"一税两费"详见图 17-2-1，与增值税一同征收的"一税两费"详见图 17-2-2。

增值税及附加税费申报表附列资料（五）

（附加税费情况表）

税（费）款所属时间： 年 月 日至 年 月 日

纳税人名称：（公章） 金额单位：元（列至角分）

税（费）种	计税（费）依据			税（费）率（%）	本期应纳税（费）额	本期减免税（费）额		试点建设培育产教融合型企业		本期已缴税（费）额	本期应补（退）税（费）额
	增值税税额	增值税免抵税额	留抵退税本期扣除额			减免性质代码	减免税（费）额	减免性质代码	本期抵免金额		
	1	2	3	4	5=(1+2-3)×4	6	7	8	9	10	11=5-7-9-10
城市维护建设税	1										
教育费附加	2										
地方教育附加	3										
合计	4	—	—	—		—		—			
本期是否适用试点建设培育产教融合型企业抵免政策	□是 □否				当期新增投资额				5		
					上期留抵可抵免金额				6		
					结转下期可抵免金额				7		
可用于扣除的增值税留抵退税额使用情况					当期新增可用于扣除的留抵退税额				8		
					上期结存可用于扣除的留抵退税额				9		
					结转下期可用于扣除的留抵退税额				10		

图 17-2-2 增值税及附加税费申报表附列资料（五）

（四）企业所得税

1. 企业所得税的相关概念

企业所得税（Enterprise Income Tax），是指对我国境内的企业和其他取得收入的组织的生产经营所得和其他所得征收的一种所得税。企业所得税可以按月预缴，也可以按季度预缴，具体由税务机关核定，但应按年进行汇算清缴。

2. 企业所得税的计算

企业所得税的计算比较复杂，企业应交的所得税，通过资产负债表中的"应交税费——应交所得税"进行核算。本罪涉及最多的税种，就是逃避缴纳企业所得税。其计算主要是以不含增值税收入，扣除成本、费用、税金、损失以及其他支出，再经过纳税调整，计算出应纳税所得额，再乘以相应的所得税税率后，可以计算出企业所得税。特别需要注意的是，利润表中有个项目叫"所得税费用"，这个项目和企业实际缴纳的所得税额在很多时候都是不同的，这是因为会计准则的所得税计算和税法的所得税计算标准存在不一致，在向税务机关交税时，需要将相关收入和支出按照税法的标准检视一遍，将不符合税法标准的收支调整为按照税法标准，按照税法标准计算缴纳企业所得税。例如，某企业收到国债利息收入2万元，按照会计标准计入了当年收入，但是按照税法标准，国债利息是免收企业所得税的，因此，需要将该收入从总收入中剔除。

企业所得税=［(收入–成本–费用–税金–损失–其他开支)±纳税调整金额］×所得税税率。对于具体的收入、成本、扣除标准以及企业所得税税收优惠等详细内容可以参见本书附录8。

办案人员在办理该类案件时，需要对利润表保持足够重视，对于行为人实施某行为，是否逃避缴纳所得税，可以查看其行为是否引起利润表收支项目的变化。对企业所得税产生直接影响的事项，会影响利润表中"所得税费用"项目上方项目的金额（可以参见本书第五章利润表完整表）。

例如，行为人通过隐瞒某项收入不入账的方式偷逃企业所得税款，因此或造成利润表中"营业收入""营业成本"项目的变化，最终会引起当期营业利润的减少，进而减少当期企业应交所得税。

再如，行为人通过对某项资产多计提减值，从而造成利润表项目中"资产减值损失"金额大增，进而造成当期利润减少，最终造成当期企业应交所得税的金额减少。

因此，判断某事项是否逃避缴纳企业所得税款，可以通过审查该事项涉及的会计凭证上记载的会计分录判断会计科目是否会影响利润表科目，进而确定该事项是否会造成当期利润减少以及对企业所得税缴纳的影响。

3. 取得虚开发票用以抵扣企业所得税的法律定性

实务中经常存在这样的争论，让他人为自己虚开增值税专用发票抵扣企业所得税，是构成虚开增值税发票罪，还是构成逃税罪，抑或者数罪并罚。对于这个问题，笔者认为可以从财会角度重新认识这个行为的本质。对于他人为自己虚开增值税专用发票，和抵扣企业所得税其实是两个行为！如果行为人取得虚开增值税专用发票用于抵扣进项税，在没有真实交易的情况下，抵扣增值税税款造成国家税款损失，显然构成虚开增值税专用发票罪，造成的是增值税款流失。如果行为人取得增值税专用发票，用以入账减少企业所得税，造成企业所得税款损失，则构成逃税罪。简而言之虚开发票和逃税是两个行为，会造成两种结果，应根据其各自行为分别处罚。如果行为人不使用虚开的增值税专用发票抵扣进项税，而直接使用其来增加支出，抵减企业所得税，单定逃税罪为宜。如果既有抵扣进项税，又有使用增值税发票抵扣所得税的行为，则应数罪并罚。

4. 常见财会证据

（1）会计凭证

```
计提企业所得税时：
借：所得税费用                          ××
    递延所得税资产（也可能在贷方）      ××
  贷：应交税费——应交企业所得税        ××
    递延所得税负债（也可能在借方）      ××
```

```
缴纳企业所得税时：
借：应交税费——应交企业所得税        ××
  贷：银行存款                          ××
```

很多小企业一般不涉及"递延所得税资产"和"递延所得税负债"科目，即"所得税费用"与"应交税费——应交企业所得税"相等，但如果存在可能影响税收调整的事项时,也许会涉及"递延所得税资产"和"递延所得税负债"。这个主要是由于会计规定和税法规定不一致影响,简单来说,税法规定"现在多交税,以后少交税"的事项在借方确认为"递延所得税资产","现在少交税,以后多交税"的事项在贷方确认为"递延所得税负债"。

上述会计凭证中,"应交税费——企业所得税额"代表了企业计提的需要实际缴纳的企业所得税额。当然在很多情形下,企业需要按月或按季根据利润对企业所得税进行预缴,在次年4月底之前完成企业所得税汇算清缴,需要根据预缴金额和最终汇算清缴数额来综合确定企业实际缴纳的企业所得税额。

(2)取得虚开发票用以逃税行为的具体会计凭证

在实践中,取得虚开的增值税发票用以逃税的情形也有存在,此处对其所用的会计凭证单独介绍。行为人取得增值税专用发票用以减少企业所得税,可能是作为资产类入账(购买各种商品等)的发票,也可能直接是作为费用支出类(如保洁服务)的发票,前者"资产"发票,必须要通过资产的出售或者逐年折旧,才能将该发票的金额计入利润表的成本最终影响企业所得税,实际上就是通过资产进行一个过渡(情形一);对于后者发票,可以直接计入利润表的成本或费用科目(情形二)。

情形一:作为资产入账,用年折旧额逐年减少企业利润,递减企业所得税

(1)取得虚开增值税专用发票,用于抵扣进项税。会计凭证如下:

```
借:库存商品或固定资产                    ××
    应交税费——应交增值税(进项税额)(可不抵扣)  ××
  贷:其他应付款                          ××
```

分析:该凭证反映了公司支付了银行存款,购买了库存商品或固定资产。该笔凭证中虽然造成了商品和固定资产虚增,但凭证中不涉及利润表的项目,因而不会对公司净利润造成影响,但并不会直接影响当期应交所得税金额,只有当将商品卖出以及固定资产的折旧费用抵减利润时,才会影响当期所得税金额。

（2）对资产进行折旧或出售资产，递减当年利润，减少企业所得税，会计凭证如下：

```
2-1. 出售资产                    2-2. 对资产年计提折旧
借：其他业务成本    ××         借：管理费用      ××
    贷：库存商品    ××             贷：累计折旧    ××
```

分析：对于取得的库存商品，其并不能直接影响企业所得税。如果将其出售时，则计入"其他业务成本"，"其他业务成本"属于"成本"，是利润表项目，成本的增加显然会造成当期利润减少，从而减少当期企业所得税。

对于取得的固定资产，其是通过分期折旧影响企业所得税。"管理费用"属于"费用"，也是利润表项目，费用的增加，显然会造成当期利润的减少，进而影响企业所得税额。

情形二：将取得虚开的增值税专用发票，抵扣税款后，直接计入利润表的支出，递减企业所得税，会计凭证如下：

```
借：管理费用——保洁费用                    ××
    应交税费——应交增值税（进项税额）       ××
    贷：其他应付款                         ××
```

分析：该凭证反映了公司计提了应当支付的保洁费用，贷方"其他应付款"表示该费用应付但未付。营改增后，服务业由缴纳营业税改为缴纳增值税，凭证中也列示了可以抵扣的增值税进项税额。保洁费用属于"管理费用"，费用的增加减少了当期利润，进而影响当期所得税额。与情形一不同的是，以购买服务等消费类方式取得增值税发票，没有经过资产这个环节过渡，就可以直接影响利润并对应交所得税额产生影响，当然影响利润的是该服务的不含增值税金额。

（3）纳税申报表

企业所得税纳税申报表包括月（季）度预缴纳税申报表以及年度纳税申报表。月（季）度预缴纳税申报表反映企业按月（季）预缴的企业所得税相关事项,其一般仅涉及当月(季)实际经营情况,内容较全年表格来说略作简化。注意图 17-2-3 中 A20000 表仅为月(季)预缴纳税申报表中的一张总表,与之配套的还有资产加速折旧、摊销(扣除)优惠明细表、企业所得税汇总纳税分支机构所得税分配表。

A200000 中华人民共和国企业所得税月(季)度预缴纳税申报表(A 类)									
优惠及附报事项有关信息									
项目	一季度		二季度		三季度		四季度		季度平均值
	季初	季末	季初	季末	季初	季末	季初	季末	
从业人数									
资产总额(万元)									
国家限制或禁止行业	□是□否				小型微利企业				□是□否
附报事项名称									金额或选项
事项 1	(填写特定事项名称)								
事项 2	(填写特定事项名称)								
预缴税款计算									本年累计
1	营业收入								
2	营业成本								
3	利润总额								
4	加:特定业务计算的应纳税所得额								
5	减:不征税收入								
6	减:资产加速折旧、摊销(扣除)调减额(填写 A201020)								
7	减:免税收入、减计收入、加计扣除(7.1+7.2+…)								
7.1	(填写优惠事项名称)								
7.2	(填写优惠事项名称)								
8	减:所得减免(8.1+8.2+…)								
8.1	(填写优惠事项名称)								
8.2	(填写优惠事项名称)								
9	减:弥补以前年度亏损								
10	实际利润额(3+4-5-6-7-8-9)\按照上一纳税年度应纳税所得额平均额确定的应纳税所得额								
11	税率(25%)								
12	应纳所得税额(10×11)								
13	减:减免所得税额(13.1+13.2+…)								
13.1	(填写优惠事项名称)								
13.2	(填写优惠事项名称)								
14	减:本年实际已缴纳所得税额								
15	减:特定业务预缴(征)所得税额								
16	本期应补(退)所得税额(12-13-14-15)\税务机关确定的本期应纳所得税额								

图 17-2-3 企业所得税月(季)预缴纳税申报表(部分)

年度纳税申报表除涵盖月（季）预缴纳税申报表内容外，还纳入了纳税调整和境外所得税的相关内容。当然，年度申报表还包括了企业所得税年度纳税申报基础信息表、纳税调整项目明细表、捐赠支出及纳税调整明细表、资产损失税前扣除及纳税调整明细表等内容，全面反映了企业当期收入、成本、不征收收入、所得税减免以及实际申报缴纳的企业所得税额，需要将上述内容与专业报告进行比对，准确还原案件事实。

\multicolumn{3}{c}{中华人民共和国企业所得税年度纳税申报表 A100000（A 类）}	
行次	类别	项目	金额
1	利润总额计算	一、营业收入（填写 A101010\101020\103000）	
2		减：营业成本（填写 A102010\102020\103000）	
3		减：税金及附加	
4		减：销售费用（填写 A104000）	
5		减：管理费用（填写 A104000）	
6		减：财务费用（填写 A104000）	
7		减：资产减值损失	
8		加：公允价值变动收益	
9		加：投资收益	
10		二、营业利润（1-2-3-4-5-6-7+8+9）	
11		加：营业外收入（填写 A101010\101020\103000）	
12		减：营业外支出（填写 A102010\102020\103000）	
13		三、利润总额（10+11-12）	
14	应纳税所得额计算	减：境外所得（填写 A108010）	
15		加：纳税调整增加额（填写 A105000）	
16		减：纳税调整减少额（填写 A105000）	
17		减：免税、减计收入及加计扣除（填写 A107010）	
18		加：境外应税所得抵减境内亏损（填写 A108000）	
19		四、纳税调整后所得（13-14+15-16-17+18）	
20		减：所得减免（填写 A107020）	
21		减：弥补以前年度亏损（填写 A106000）	
22		减：抵扣应纳税所得额（填写 A107030）	
23		五、应纳税所得额（19-20-21-22）	

续表

行次	类别	中华人民共和国企业所得税年度纳税申报表 A100000（A类）	
		项目	金额
24	应纳税额计算	税率（25%）	
25		六、应纳所得税额（23×24）	
26		减：减免所得税额（填写 A107040）	
27		减：抵免所得税额（填写 A107050）	
28		七、应纳税额（25-26-27）	
29		加：境外所得应纳所得税额（填写 A108000）	
30		减：境外所得抵免所得税额（填写 A108000）	
31		八、实际应纳所得税额（28+29-30）	
32		减：本年累计实际已缴纳的所得税额	
33		九、本年应补（退）所得税额（31-32）	
34		其中：总机构分摊本年应补（退）所得税额（填写 A109000）	
35		财政集中分配本年应补（退）所得税额（填写 A109000）	
36		总机构主体生产经营部门分摊本年应补（退）所得税额（填写 A109000）	

图 17-2-4 中华人民共和国企业所得税年度纳税申报表 A10000（A类）

（五）个人所得税

1. 个人所得税的相关概念

个人所得税（Personal Income Tax），是指调整征税机关与自然人（居民、非居民人）之间在个人所得税的征纳与管理过程中所发生的社会关系的法律规范的总称。有人认为，个人所得税额就是根据七级超额累进税率表计算的，其实这种说法是不正确的，因为个人所得税包括九种类型，各种类型各有不同的计算方法，七级超额累进税率表仅仅是针对工资、薪金这类的税额计算。九种类型具体包括：工资、薪金所得；劳务报酬所得；稿酬所得；特许权使用费所得；经营所得；利息、股息、红利所得；财产租赁所得；财产转让所得；偶然所得。其具体内容参见本书附录 9 所示。同时，缴纳个人所得税的纳税主体不仅是自然人，还包括个体工商户、个人独资企业和合伙企业等。

此外，案件中涉及的纳税主体，还需要区别居民纳税人和非居民纳税人。居民纳税人，是指在中国境内有住所或者无住所但在境内居住满一年的个人，居民纳税人应就其来源于中国境内、境外的所得缴纳个人所得税。非居民纳税人，是指在中国境内无住所又不居住或者无住所而在境内居住不满一年的人，非居民纳税人仅就来源于中国境内的所得缴纳个人所得税，且在某些方面扣除标准与居民纳税人有所不同。

2. 个人所得税的计算

由于个人所得税的类型较多，且每种类型的计算方式都有所区别，此处仅选取最常见的自然人的工资、薪金类个人所得税的计算方式予以阐释。

例如：王某是我国居民纳税人，2020年12月工资收入为10000元，其工资薪金应交的个人所得税金额为：

应纳税所得额10000-5000=5000元（国内居民每月可以扣除5000元生活费），通过查阅个人所得税综合税率表，适用第3档税率，20%、555：

应交个人所得税额：（10000-5000）×20%-555=445元

工资、薪金七级超额累进税率表			
级数	月含税应纳税所得额	税率	速算扣除数
1	不超过1500元	3%	0
2	超过1500元至4500元的部分	10%	105
3	超过4500元至9000元的部分	20%	555
4	超过9000元至35000元的部分	25%	1005
5	超过35000元至55000元的部分	30%	2755
6	超过55000元至80000元的部分	35%	5505
7	超过80000元的部分	45%	13505
按照每月扣除5000基本生活费后的金额计算纳税			

图17-2-5 工资、薪金七级超额累进税率表

3. 常见财会证据

（1）会计凭证

若由公司代扣代缴个人所得税，王某应交个人所得税由企业代扣代缴，实发 9555 元（不考虑社保等其他支出），则公司制作了如下会计凭证：

计提工资时：	
借：管理费用	10000
贷：应付职工薪酬	10000

实际发放工资时：	
借：应付职工薪酬	10000
贷：银行存款	9555
应交税费——代扣个人所得税	445

分析：第一张凭证反映公司计提了应发员工工资，"应付职工薪酬"代表应发而未发的工资额。第二张凭证反映了公司实际发放工资，冲销了原账面记录的工资负债，实际发放 9555 元，并将 455 元记作公司为员工代扣代缴的个人所得税额（仅代扣，尚未缴纳给税务机关）。

（2）个人所得税申报表

目前，我国自然人已经采取在"个人所得税"App 上自行申报缴纳个人所得税，其申报内容包括收入合计、费用合计、免税收入合计、减除费用、专项扣除合计、专项附加扣除合计、其他扣除、捐赠额、应纳税额等内容。其中的捐赠额，是指税法规定个人将其所得通过中国境内的社会团体、国家机关向教育和其他社会公益事业以及遭受严重自然灾害地区、贫困地区的捐赠，捐赠额未超过纳税义务人申报的应纳税所得额 30% 的部分，可以从其应纳税所得额中扣除。该申报表应是认定个人是否逃避缴纳税款的重要书证之一，申报表样表如图 17-2-6 所示。

个人所得税年度自行纳税申报表（A 表）			
（仅取得境内综合所得年度汇算适用）			
税款所属期：****年**月**日至****年**月**日			
纳税人姓名：××× ×			
纳税人识别号：□□□□□□□□□□□□□□□□ - □□　　　　　金额单位：人民币元			
基本情况			
手机号码	****	电子邮箱　****	邮政编码　□□□□□□
联系地址	_____省（区、市）_____市_____区（县）_____街道（乡、镇）		
纳税地点（单选）			
1.有任职受雇单位的，需选本项并填写"任职受雇单位信息"：		□任职受雇单位所在地	
任职受雇单位信息	名称	××××	
	纳税人识别号	□□□□□□□□□□□□□□□□	
2.没有任职受雇单位的，可以从本栏次选择一地：□户籍所在地　□经常居住地　□主要收入来源地			
户籍所在地/经常居住地/主要收入来源地	_____省（区、市）_____市_____区（县）_____街道（乡、镇）		
申报类型（单选）			
□首次申报　　　　　　　　　□更正申报			
综合所得个人所得税计算			
项目		行次	金额
一、收入合计（第1行=第2行+第3行+第4行+第5行）		1	****
（一）工资、薪金		2	
（二）劳务报酬		3	
（三）稿酬		4	
（四）特许权使用费		5	
二、费用合计		6	****
三、免税收入合计（第7行=第8行+第9行）		7	****
（一）稿酬所得免税部分		8	
（二）其他免税收入（附报《个人所得税减免税事项报告表》）		9	
四、减除费用		10	****
五、专项扣除合计（第11行=第12行+第13行+第14行+第15行）		11	****
（一）基本养老保险费		12	
（二）基本医疗保险费		13	

续表

个人所得税年度自行纳税申报表（A表）		
项目	行次	金额
（三）失业保险费	14	
（四）住房公积金	15	
六、专项附加扣除合计（附报《个人所得税专项附加扣除信息表》） （第16行＝第17行＋第18行＋第19行＋第20行＋第21行＋第22行）	16	****
（一）子女教育	17	
（二）继续教育	18	
（三）大病医疗	19	
（四）住房贷款利息	20	
（五）住房租金	21	
（六）赡养老人	22	
七、其他扣除合计 （第23行＝第24行＋第25行＋第26行＋第27行＋第28行）	23	****
（一）年金	24	
（二）商业健康保险（附报《商业健康保险税前扣除情况明细表》）	25	
（三）税延养老保险（附报《个人税收递延型商业养老保险税前扣除情况明细表》）	26	
（四）允许扣除的税费	27	
（五）其他	28	
八、准予扣除的捐赠额（附报《个人所得税公益慈善事业捐赠扣除明细表》）	29	****
九、应纳税所得额 （第30行＝第1行－第6行－第7行－第10行－第11行－第16行－第23行－第29行）	30	****
十、税率（％）	31	
十一、速算扣除数	32	****
十二、应纳税额（第33行＝第30行×第31行－第32行）	33	****
全年一次性奖金个人所得税计算 （无住所居民个人预判为非居民个人取得的数月奖金，选择按全年一次性奖金计税的填写本部分）		

续表

个人所得税年度自行纳税申报表（A 表）			
一、全年一次性奖金收入		34	****
二、准予扣除的捐赠额（附报《个人所得税公益慈善事业捐赠扣除明细表》）		35	****
三、税率（%）		36	
四、速算扣除数		37	
五、应纳税额		38	****
税额调整			
一、综合所得收入调整额（需在"备注"栏说明调整具体原因、计算方式等）		39	****
二、应纳税额调整额		40	****
应补/退个人所得税计算			
一、应纳税额合计（第 41 行 = 第 33 行 + 第 38 行 + 第 40 行）		41	****
二、减免税额（附报《个人所得税减免税事项报告表》）		42	****
三、已缴税额		43	****
四、应补/退税额（第 44 行 = 第 41 行 – 第 42 行 – 第 43 行）		44	****
无住所个人附报信息			
纳税年度内在中国境内居住天数		已在中国境内居住年数	
退税申请（应补/退税额小于 0 的填写本部分）			
□申请退税（需填写"开户银行名称""开户银行省份""银行账号"）　□放弃退税			
开户银行名称	××××	开户银行省份	××××
银行账号	****		
备注			

图 17-2-6　个人所得税年度自行纳税申报表（A 表）

4. 个人所得税纳税记录

从 2019 年 1 月 1 日起，纳税人申请开具税款所属期为 2019 年 1 月 1 日（含）以后的个人所得税缴（退）税情况证明的，税务机关不再开具税收完税证明（文书式），调整为开具纳税记录，纳税人可以通过电子税务局、手机 App 申请开具本人的个人所得税纳税记录，该记录也是用以证明自然人纳税情况的书证之一。

（六）房产税

1. 房产税相关概念

房产税（House Property），是以房屋为征税对象，按房屋的计税余值或租金收入为计税依据，向产权所有人征收的一种财产税。显然，房产税的纳税人主要是房产所有人，一般在房产所在地征收，如果所有人不在房产所在地，则由房产使用人交税，征税对象仅包括非农村房产，对于农村房产不征收房产税。房产税按年征收、分期缴纳。纳税期限由省、自治区、直辖市人民政府规定。此外，不要将房产税与将来可能实施的房地产税混淆。

2. 房产税的计算

例如：张某有两套房屋，一套出租给他人，年租金 10 万元，另一套房屋用作生产经营使用，房产原值为 200 万元，扣除比例为 20%，则张某应交房产税：

$10 \times 4\% + 200 \times (1-20\%) \times 1.2\% = 2.32$（万元）

	房产税税率	
1	非个人出租房屋给他人	租金 ×12%
2	个人出租房屋给他人	租金 ×4%
3	将房屋用作生产经营使用	房产余值 ×1.2%= 房产原值 ×（1- 扣除比例）×1.2%

图 17-2-7　房产税税率表

3. 常见财会证据

（1）会计凭证

计提房产税时：	
借：税金及附加	2.32 万
贷：应交税费——应交房产税	2.32 万

二、房产税税源明细

（一）从价计征房产税明细

*纳税人类型	产权所有人□ 经营管理人□ 承典人□ 房屋代管人□ 房屋使用人□（必选） 融资租赁承租人□	所有权人纳税人识别号（统一社会信用代码）		所有权人名称	
*房产编号		房产名称			
不动产权证号		不动产单元号			
*房屋坐落地址（详细地址）	省（自治区、直辖市） 市（区） 县（区） 乡镇（街道）（必填）				
*房产所属主管税务所（科、分局）					
房屋所在土地编号		*房产用途	工业□ 商业及办公□ 住房□ 其他□（必选）		
*房产取得时间	年 月	纳税义务终止 信息项变更（房产原值变更□ 减免税变更□ 其他□）	权属转移□ 其他□ 出租房产原值变更□ 申报租金收入变更□	变更时间	年 月
*建筑面积		其中：出租房产面积			
*房产原值		其中：出租房产原值		计税比例	
减免税部分	序号	减免性质代码和项目名称	减免起止时间		月减免税金额
			减免起始月份 年 月	减免终止月份 年 月	减免税房产原值
	1				
	2				
	3				

续表

二、房产税税源明细

(二) 从租计征房产税明细

	房产名称	承租方名称	*申报租金收入	*申报租金所属租赁期起止
*房产编号				
*房产所属主管税务所(科、分局)				
承租方纳税人识别号(统一社会信用代码)				
*出租面积				
*申报租金所属租赁期起				

			减免起止时间		减免税租金收入	月减免税金额
	序号	减免性质代码和项目名称	减免起始月份 年 月	减免终止月份 年 月		
减免税部分	1					
	2					
	3					

图 17-2-8 房产税税源明细表

（2）纳税申报表

申报房产税时，纳税人需要填写房产税税源明细表。表格上下半部分区分是自主经营还是出租经营，分别填写"从价计征"和"从租计征"。如果是自主经营，则需要按"从价"方式计征，根据房产余值乘以适当税率得出年税额。如果是对外出租，还需要区分是个人出租还是非个人出租情形分别使用对应税率。该表格证明了纳税人按照从价和从租方式分别缴纳的房产纳税情况。

此外，该申报中还特别标注了房产取得时间或用以出租时间，这与房产税的应纳税时间有关："纳税人将原有房产用于生产经营，从生产经营之月起，缴纳房产税；纳税人自行新建房屋用于生产经营，从建成之次月起，缴纳房产税；纳税人委托施工企业建设的房屋，从办理验收手续之次月起，缴纳房产税。纳税人购置新建商品房，自房屋交付使用之次月起，缴纳房产税。"倘若某企业上半年将房租自主经营适用，下半年用以出租，则上半年按照从价方式计算税额，下半年按照从租方式计算税额。房产税的征管内容详见本书附录10。

（七）车船税

1. 车船税的概念

车船税（Vehicle and Vessel Tax），是指在中华人民共和国境内的车辆、船舶的所有人或者管理人按照车船税法应缴纳的一种税。车船税的纳税义务人是境内车辆、船舶的所有人或者管理人。车船税一般按年征收，主要对乘用车、商用车、摩托车、其他车辆、船舶、游艇征收。

2. 车船税的计算

年应纳税额＝计税单位 ×（年）固定税额

例如：某公司某辆车排量为1.6L，则每年缴纳车船税360元。

车船税税率表（乘用车）		
序号	类型	税率
1	1.0升（含）以下的	240元每车每年

续表

车船税税率表（乘用车）		
序号	类型	税率
2	1.0 升以上至 1.6 升（含）的	360 元每车每年
3	1.6 升以上至 2.0 升（含）的	420 元每车每年
4	2.0 升以上至 2.5 升（含）的	900 元每车每年
5	2.5 升以上至 3.0 升（含）的	1800 元每车每年
6	3.0 升以上至 4.0 升（含）的	3000 元每车每年
7	4.0 升以上的	4500 元每车每年

图 17-2-9　车船税税率表（部分）

3. 常见财会证据

（1）会计凭证

沿用上例，公司制作的车船税会计分录如下，先计提，后交纳：

```
计提车船税时：
借：税金及附加                    360
    贷：应交税费——应交车船税      360
```

```
缴纳车船税时：
借：应交税费——应交车船税        360
    贷：银行存款                  360
```

（2）完税证明

税收完税证明，是税务机关开出的，证明纳税人已交纳税费的完税凭证，用于证明纳税人已完成纳税义务。税务机关适用完税证明主要包括四类：车船购置税完税证明、车船税完税证明、契税完税证明、境外公司企业所得税完税证明。税收完税证明从样式上又可以分为表格式和文书式，只有表格式证明才可作为纳税人记账、抵扣使用，如图 17-2-10 所示。文书式税收完税证明为一联，仅作纳税人完税情况证明，不作纳税人记账、抵扣凭证。虽然表格式和文书式在财务上有着不同用途，但均可以在刑事案件中用作证明纳税人纳税情况的书证。

中华人民共和国 税收完税证明				地 （XXX）XX 证00000000		
填发日期： 年 月 日				税务机关：		
纳税人识别号				纳税人名称		
原凭证号	税种	品目名称	税款所属时期	入（退）库日期	实缴（退）金额	
金额合计	（大写）					
税务机关 （大写）		填票人		备注		
妥善保管，手写无效						

第一联（收据）交纳税人作完税证明

图 17-2-10 税收完税证明（表格式）

（3）纳税申报表

企业纳税人申报缴纳车船税时，需要填写车船税税源明细表，该书证证明了纳税人拥有的车辆、船舶型号、登记日期、减免情况以及纳税义务终止时期等基本信息。车船税的计算、征管内容详见本书附录11的内容。

车船税税源明细表

纳税人识别号（统一社会信用代码）：
纳税人名称： 体积单位：升；质量单位：吨；功率单位：千瓦；长度单位：米

车辆税税源明细										
序号	车牌号码	*车辆识别代码（车架号）	*车辆类型	车辆品牌	*车辆发票日期或注册登记日期	排（气）量	核定载客	整备质量	*单位税额	减免性质代码和项目名称	纳税义务终止时间
1										
2										
3										

船舶税税源明细											
序号	船舶登记号	*船舶识别号	*船舶种类	*中文船名	初次登记号码	船籍港	发证日期	取得所有权日期	建造日期	净吨位	主机功率	艇身长度（总长）	*单位税额	减免性质代码和项目名称	纳税义务终止时间
1											
2											
3											

图 17-2-11 车船税税源明细表

（八）印花税

1. 印花税的相关概念

印花税（Stamp Tax），是对经济活动和经济交往中订立、领受具有法律效力的凭证行为所征收的一种税。纳税人包括立合同人、立据人、立账簿人、权利许可证照的领受人、各类电子应税凭证的签订人。印花税主要在订立各类合同、订立产权转移书据、领取账簿、领取权利许可证照以及进行证券交易时征收，其税率不高，比例税率从最低 0.05‰ 到最高 1‰。印花税区别于其他税的一个重要特点就是印花税是对双方同时征收（证券交易的印花税是对卖出方征收）。印花税的纳税义务发生时间为纳税人书立应税凭证或者完成证券交易的当日，可以采用粘贴印花税票或者由税务机关依法开具其他完税凭证的方式缴纳。

2. 印花税的计算

例如，A 公司和 B 公司签订借款合同，借款 50 万元，其双方应交印花税共计：

500000 × 0.05‰ × 2=50 元（双方共交纳印花税）

	印花税税率	
比例税率	借款合同、融资租赁合同	0.05‰
	买卖合同，承揽合同，建造工程合同，运输合同，技术合同，商标专用权、著作权、专利权、专有技术使用权转让书据	0.3‰
	土地使用权出让书据，土地使用权、房屋等建筑物和构筑物所有权转让书据(不包括土地承包经营权和土地经营权转移)，股权转让书据(不包括应缴纳证券交易印花税的)	0.5‰
	租赁合同、保管合同、仓储合同，财产保险合同，证券交易	1‰
	营业账簿	实收资本（股本）、资本公积总额 0.25‰

图 17-2-12 印花税税率表

3. 常见财会证据

（1）公司缴纳印花税的会计凭证

借：管理费用	25（双方各做分录）
贷：库存现金	25

（2）印花税票和销售凭证

印花税票的样式有很多，2001年，印花税票以"社会主义现代化建设图"为题材，2003年以"中国世界文化遗产图"为题材，2012年版印花税票以"故宫珍宝"为题材，2021年印花税票以"中国共产党领导下的税收事业发展"为题材等。一套9枚，包括1角、2角、5角、1元、2元、5元、10元、50元、100元面值。

印花税票不同于其他税收票证，它必须由纳税人向税务机关购买，纳税人购买印花税票的金额，并不一定就是其应纳印花税金额，只有纳税人将购买的印花税票按应纳税额一次足额粘贴在应纳税凭证上，并由纳税人在每一枚税票的骑缝处盖戳注销或划销时，才表明纳税人已足额完税，这时，粘贴在应纳税凭证上的印花税票才起完税证明作用。

纳税人向税务机关购买印花税票时，税务机关开具印花税票销售凭证一式三联，第一联（收据）购买单位作报销凭证（白纸黑油墨），第二联（报查）税务机关作税收会计凭证或备查（白纸绿油墨），第三联（存根）销售单位留存（白纸紫油墨）。

（3）纳税申报表

纳税人除对印花税票贴花外，还需要进行印花税纳税申报，填写印花税税源明细表。明细表中，按期申报是将企业一定期间内签订的合同等应税凭证按不同税目归类后汇总缴纳，适合印花税贴花业务较多的大型企业，而按次申报则是每签订一份合同等应税凭证就要办理一次纳税申报，在不同的案件中，纳税人根据实际情况选择的纳税方式有所不同。印花税的征管内容详见本书附录12。

中 华 人 民 共 和 国			
印花税票销售凭证			
填发日期　年　月　日		（×××）××销00000000 税务机关：	
纳税人识别号		纳税人名称	
面额种类	品目名称	数量	金额
金额合计	（大写）		
税务机关（盖章）	代证单位（盖章）	售票人	备注

图 17-2-13　印花税票销售凭证

印花税税源明细表

纳税人识别号（统一社会信用代码）：
纳税人名称：　　　　　　　　　　　　　　　　　　　　金额单位：人民币元（列至角分）

序号	*税目	*税款所属期起	*税款所属期止	应纳税凭证编号	应纳税凭证书证（领受）日期	*计税金额或件数	核定比例	*税率	减免性质代码和项目名称
按期申报									
1									
2									
3									
按次申报									
1									
2									
3									

图 17-2-14　印花税税源明细表

（九）契税

1. 契税相关概念

契税（Contract Tax），是指不动产（土地、房屋）产权发生转移变动时，就当事人所订契约按房产价值的一定比例向新业主（产权承受人）征收的一次性税收。契税主要是针对买卖、出让、转让、赠予、遗嘱继承房屋的接受方征收的税。如果房屋等价交换，则双方均不交纳契税，如果为非等价交换，则支付差价的一方按差价交税。契税税率在3%—5%，适用税率[①]由省、自治区、直辖市人民政府在前款规定的幅度内按照本地区的实际情况确定，并报财政部和国家税务总局备案。对于个人购买房屋的契税则较为优惠，如图17-2-15所示。

个人购买房屋契税表		
类型	面积	契税优惠税率
首套（唯一）	≤ 90 平方米	1%
	> 90 平方米	1.5%
第二套（改善型）	≤ 90 平方米	1%
	> 90 平方米	2%

图17-2-15 个人购买房屋契税表

2. 契税的计算

例如，某人购买120平方米首套房，共100万元，应交纳契税：100×1.5%=1.5（万元）。

3. 常见财会证据

（1）会计凭证

如果是公司购买房屋交纳契税，一般将契税和购入固定资产、无形资产所花费的其他支出，共同作为成本入账，购入资产获得的增值税发票和契税完税凭证，一般附在会计凭证后附单据中作为原始凭证。

借：固定资产/无形资产　　　　　　　　（价款含契税）
　　应交税费——应交增值税（进项税额）（购买生产用房屋，土地使用
　　　　　　　　　　　　　　　　　　　权取得的进项税额可以抵扣）
　　贷：银行存款

[①] 2021年9月1日起，《中华人民共和国契税法》施行，其第3条第2款规定："契税具体适用税率，由省、自治区、直辖市人民政府在前款规定的税率幅度内提出，报同级人民代表大会常务委员会决定，并报全国人民代表大会常务委员会和国务院备案。"

（2）完税证明

纳税人实际缴纳的契税，可以用税务机关开具的契税完税证明予以证明。契税的完税证明上注明了缴纳契税的事由，税款归属期间以及入库日期（考虑到税收优惠政策的存在，不同时期的契税税率可能不同），并在备注中注明契税的计税金额和可能影响契税的相关事项。

（3）纳税申报表

纳税人申报缴纳契税，需要填写契税税源明细表，明细表中注明合同签订日期是因为契税纳税义务发生时间在订立权属转移合同或取得合同性质凭证的当日，并在此后10天内缴纳契税，对于期房，应在房屋竣工验收合格，交付使用，办理房产证的时候缴纳契税。关于契税更为详细的税收征管内容详见本书附录13。

契税税源明细表

纳税人识别号（统一社会信用代码）：□□□□□□□□□□□□□□□□□□

纳税人名称：　　　　　　　　金额单位：人民币元（列至角分）；面积单位：平方米

*税源编号		*土地房屋坐落地址		不动产单元号（或房屋编号）	
合同编号		*合同签订日期		*共有方式	□单独所有 □共同共有 （共有人：＿＿） □按份共有 ＿＿%
*权属转移对象		*权属转移方式		*用途	
*成交价格 □含税 □不含税		*权属转移面积		*成交单价	
*评估价格				*计税价格	
*适用税率				减免性质代码和项目名称	

图 17-2-16　契税税源明细表

(十) 资源税

1. 资源税的相关概念

资源税（Resource Tax），是以各种应税自然资源为课税对象、为了调节资源级差收入并体现国有资源有偿使用而征收的一种税。开发利用国有资源的单位和个人为纳税人，包括国内企业、外商投资企业和外国企业、事业单位、军事单位、社会团体等。资源税在出厂销售或移作自用时一次性征收，属于单一环节征收。资源税的应税产品包括原油、天然气、煤炭、金属矿、其他非金属矿。此外，2016年7月1日起我国全面推进资源税改革，对水资源进行征税试点，部分地区水资源纳入资源税征税范围。资源税按月或按季申报缴纳；不能按固定期限计算缴纳的，可按次申报缴纳。

2. 资源税的计算

例如，某企业在地区开采原油价值200万元，通过查询税率表，天然原油资源税税率为6%，该企业交纳资源税 =200×6%=1.2（万元）。

3. 常见会计凭证

（1）会计凭证

资源税也是先计提，后缴纳：

计提资源税：	
借：税金及附加	1.2 万
贷：应交税费——应交资源税	1.2 万

实际缴纳资源税	
借：应交税费——应交资源税	1.2 万
贷：银行存款	1.2 万

资源税税源明细表

税款所属期限：自 年 月 日 至 年 月 日
纳税人识别号（统一社会信用代码）：☐☐☐☐☐☐☐☐☐☐☐☐☐☐☐☐☐☐
纳税人名称：

金额单位：人民币元（列至角分）

申报计算明细

序号	税目	子目	计量单位	销售数量	准予扣减的外购应税产品购进数量	计税销售数量 6=4-5	销售额	准予扣除的运杂费	准予扣减的外购应税产品购进金额	计税销售额 10=7-8-9
	1	2	3	4	5	6=4-5	7	8	9	10=7-8-9
1										
2										
合计										

减免税计算明细

序号	税目	子目	减免性质代码和项目名称	计量单位	减免税销售数量	减免税销售额	适用税率	减征比例	本期减免税额
	1	2	3	4	5	6	7	8	9①=5×7×8 9②=6×7×8
1									
2									
合计									

图 17-2-17 资源税税源明细表

（2）纳税申报表

纳税人申报缴纳资源税时，应当填写资源税税源明细表，该书证可以证明纳税人所缴纳的资源税的税目种类、销售数量、连续加工可抵扣的数量、准予扣除运杂费以及符合法定减免税条件的资源税目数量。更为详细的资源税征管内容详见本书附录14。

（十一）环境保护税

1. 环境保护税相关概念

环境保护税（Environmental Protection Tax），是在我国领域和管辖的其他海域，对直接向环境排放应税污染物的企业事业单位和其他生产经营者征收的一种税。环境保护税主要是针对直接向环境排放污染物的行为征税，不包括对依法设立的污水、生活垃圾集中处理场所排放应税污染物、在符合国家和地方环保标准的设施、场所贮存或处置固体废物以及依法对畜禽养殖废弃物进行综合利用和无害化处理的行为征税。该税按月计算，按季申报交纳。

2. 环境保护税的计算

某企业2018年3月产生尾矿1000吨，其中综合利用的尾矿300吨，贮存300吨、处置200吨，均符合规定。假设该尾矿税率15元/吨。

应纳税额＝（1000−300−300−200）×15=3000（元）

3. 常见财会证据

（1）会计凭证

计提环境保护税时：	
借：税金及附加	3000
贷：应交税费——应交环境保护税	3000

（2）纳税申报表

纳税人申报缴纳环境保护税时，填写的是资源税税源明细表，该明细表内容较多，主要包括税源基础采集信息和申报计算及减免信息两大类，列明了大气污染、水污染、固体废物污染、噪声污染等各类污染类型的基本信息和计算过程。表格内容较多，暂不列示该表内容。对于环境保护税的详细征管内容，详见参见本书附录15。

（十二）土地增值税

1. 土地增值税的相关概念

土地增值税（Land-Value Increment Tax），是指转让国有土地使用权、地上的建筑物及其附着物并取得收入的单位和个人，以转让所取得的收入减去法定扣除项目金额后的增值额为计税依据向国家缴纳的一种税赋。土地增值税针对有偿转让国有土地使用权、地上建筑物及其附着物并取得收入的单位和个人征收，一事一征，但对国有土地使用权出让、房屋出租、继承、公益性捐赠、个人之间互换房屋、非房企以房地产投资、联营等行为不征收土地增值税。

2. 土地增值税的计算

土地增值税的计算有三个步骤，首先必须计算出应税收入和可扣除项目金额：

第一步：增值额 = 应税收入（不含增值税）- 扣除项目合计

第二步：增值率 = 增值额 ÷ 扣除项目合计（在图17-2-18中找增值率）

第三步：应交土地增值税 = 增值额 × 税率 - 扣除项目合计 × 速算扣除系数

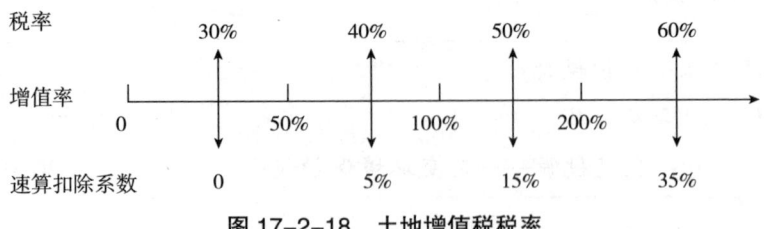

图17-2-18　土地增值税税率

例如，某企业转让一套房产，不含增值税应税收入200万元，扣除项目合计80万元，则：

第一步：增值额 =200-80=120（万元）；

第二步：增值率 =120÷80=150%，通过图 17-2-18 查找，对应税率和速算扣除数为 50%、15%；

第三步：应交土地增值税 =120×50%-80×15%=48（万元）。

其相应会计凭证如下所示。

3. 常见财会凭证

（1）会计凭证

计提土地增值税时：	
借：税金及附加 / 固定资产清理	48 万（房企 / 非房企）
贷：应交税费——应交土地增值税	48 万

实际缴纳土地增值税时：	
借：应交税费——应交土地增值税	48 万
贷：银行存款	48 万

（2）纳税申报表

土地增值税纳税申报表，主要包括"土地增值税项目登记表"以及"土地增值税申报计算及减免信息"两大类内容，前者反映的是从事房地产开发的纳税人填写关于土地建设项目的相关信息，后者反映的是以下七种具体纳税情况。

①从事房地产开发的纳税人预缴适用；②从事房地产开发的纳税人清算适用；③从事房地产开发的纳税人按核定征收方式清算适用（纳税人因未设置账簿或账簿混乱无法自行核算，由税务机关来核定税额）；④纳税人整体转让在建工程适用（未建造完直接出售）；⑤从事房地产开发的纳税人清算后尾盘销售适用；⑥转让旧房及建筑物的纳税人适用（转让二手房适用）；⑦转让旧房及建筑物的纳税人核定征收适用。

申报表内容基本反映出实务中常见的征收土地增值税的两种类型：房企转让新房（地）以及非房企转让二手房。该申报表内容较多，此处暂不列示，但它却是在办案实务中应当收集的书证之一。如需详细了解土地增值税的征管内容，详见本书附录 16。

（十三）城镇土地使用税

1. 城镇土地使用税的相关概念

城镇土地使用税（City and Town Land Use Tax），是指国家在城市、县城、建制镇、工矿区范围内，对使用土地的单位和个人，以其实际占用的土地面积为计税依据，按照规定的税额计算征收的一种税，但不包括农村集体土地。城镇土地使用税的纳税人是拥有土地使用权的单位和个人，如果其不在所在地，则实际使用人和代管人为纳税人；土地使用权未确定或权属纠纷未解决的，其实际使用人纳税。该税按年征收。

2. 城镇土地使用税的计算

城镇土地使用税按年征收，其单位最高税额和最低税额相差 50 倍，同一地区最高与最低税额相差 20 倍。经济落后地区：税额可以适当降低，但是降低税额不得超过税率表中规定的最低税额的 30%；经济发达地区：可以适当提高税率，报财政部批准。

具体税额如图 17-2-19 所示：

城镇土地使用税单位税额表		
序号	地区	单位税额
1	大城市	1.5 元至 30 元 / 平方米
2	中等城市	1.2 元至 24 元 / 平方米
3	小城市	0.9 元至 18 元 / 平方米
4	县城、建制镇、工矿区	0.6 元至 12 元 / 平方米

图 17-2-19　城镇土地使用税税额表

例如，某市城镇土地使用税的单位税额为 5 元 / 平方米，A 公司实际使用土地 200 平方米，则其每年应交城镇土地使用税 =200×5=1000 元。

城镇土地使用税税源明细表

纳税人识别号（统一社会信用代码）：□□□□□□□□□□□□□□□□□□

纳税人名称：

金额单位：人民币元（列至角分）；面积单位：平方米

一、城镇土地使用税税源明细

纳税人类型	土地使用权人□　集体土地使用人□ 无偿使用人□　代管人□ 实际使用人□　其他□（必选）	土地使用权人名称	
*土地编号			
不动产单元号		不动产权证号	
		*土地性质	国有□　集体□（必选）
*土地取得方式	划拨□　出让□　转让□ 租赁□　其他□（必选）		
*土地取得方式		*土地用途	工业□　商业□　居住□　综合□ 房地产开发企业的开发用地□　其他□（必选）
*土地坐落地址 （详细地址）	省（自治区、直辖市）　　市（区）　　县（区）　　乡镇（街道）		
*土地所属主管税务所 （科、分局）			
*土地取得时间	年　　月	变更类型	纳税义务终止□　权属转移变更□　其他□ 信息项变更□　土地面积变更□　土地等级变更□ 减免税变更□　其他□	变更时间	年　　月
*占用土地面积		地价		*土地等级	
				*税额标准	

减免税部分

序号	减免性质代码和项目名称	减免起始月份	减免终止时间	减免税土地面积	月减免税金额
1		年　月	年　月		
2					
3					

图17-2-20　城镇土地使用税税源明细表

3. 常见财会证据

（1）会计凭证

沿用上例，纳税人制作的会计凭证如下：

```
计提城镇土地使用税时：
  借：税金及附加                            1000
    贷：应交税费——应交城镇土地使用税          1000
```

```
缴纳城镇土地使用税时：
  借：应交税费——应交城镇土地使用税          1000
    贷：银行存款                            1000
```

（2）纳税申报表

纳税人申报缴纳城镇土地使用税时，填写的是城镇土地使用税税源明细表，该书证证明了土地取得方式、坐落地点、取得时间、占用面积等主要内容，以上每一项内容都会影响城镇土地使用税的最终金额，城镇土地使用税的详细征管内容详见本书附录17。

（十四）车辆购置税

1. 车辆购置税的相关概念

车辆购置税，是对在境内购置规定车辆的单位和个人征收的一种税，它由车辆购置附加费演变而来。本税是针对取得车辆并自用征税，包括购买自用、进口自用，以及自产、受赠、获奖和以其他方式取得并自用。车辆购置税针对各类汽车、摩托车、电车、挂车、农用运输车征收，在使用环节缴纳，一车一申报，对于转让二手车辆时，不再征收该税。该税在车辆登记注册地（上牌落籍地或落户地）缴纳，无须注册手续的车辆在纳税人所在地缴纳。该税的纳税方法包括自报核缴，集中征收缴纳和代征、代扣、代收三种。车辆购置税的税率为10%，计税基础为车辆不含增值税价款，如果价款包括增值税，应当换算成不含增值税价款。

2. 车辆购置税的计算

例如，A公司购买一辆汽车，含增值税价格11.3万元，则其应交车辆购置税为：

$11.3 \div (1+13\%) \times 10\% = 1$（万元）。车辆购置税直接并入资产成本，不单独反映在会计分录中。

3. 常见财会证据

（1）会计凭证

车辆购置税一般计入对应车辆的成本，故在会计凭证中不单列车辆购置税的相关金额，而将其计入所对应资产的金额中，沿用上例数据，会计凭证内容如下：

```
借：固定资产                                    11万
    （1万元车辆购置税额直接计入车辆的账面成本）
    应交税费——应交增值税（进项税额）           1.3万
    贷：银行存款                               12.3万
```

（2）完税证明

车辆购置税的完税证明有多种样式，有如上文中的表格式完税凭证，也有小蓝本式的完税凭证。但从2019年7月1日起，按照车辆购置税法的规定，在全国范围内正式实施应用车辆购置税电子完税信息办理车辆注册登记业务，全面取消纸质车辆购置税完税证明。纳税人如需纸质车辆购置税完税证明，可向主管税务机关提出，由主管税务机关打印车辆购置税完税证明（电子版）。对于2019年7月以前的案件，还可能存在这类证据。

（3）机动车销售统一发票

机动车销售统一发票为计算机六联式发票。第一联发票联（购货单位付款凭证），第二联抵扣联（购货单位扣税凭证），第三联报税联（车辆购置税征收单位留存），第四联注册登记联（车辆登记单位留存），第五联记账联（销货单位记账凭证），第六联存根联（销货单位留存）。该书证证实了涉税车辆的名称、类型、不含税价、税款以及进口情况，是证明纳税人缴纳车辆购置税或进口减免税条件后消失应补交税款的重要证明之一。

机动车销售统一发票

发票联

开票日期：				发票代码 发票号码	
机打代码			税控码		
机打号码					
机器编号					
购买方名称			纳税人识别号/		
车辆类型		厂牌型号	统一社会信用代码/	产地	
合格证号		进口证明书号		商检单号	
发动机号码		车辆识别号/车架号码			
计税合计				小写	
销货单位名称				电话	
纳税人识别号				账号	
地址				开户银行	
增值税税率 或征收率		增值税 税额		主营税务机关 及代码	
不含税价	小写		完税凭证号码	吨位	限乘人数
销货单位（盖章）		开票人		备注： 一车一票	

图 17-2-21 机动车销售统一发票

（4）纳税申报表

纳税人在缴纳车辆购置税时，需要填写车辆购置税纳税申报表，包括车辆厂牌型号、车架号、合格证编号、机动车购置价格等内容。该表格列示了车辆的详细内容。若涉及少报车辆购置税的情形，应当将车辆详细情况与该表内容进行详细比对，车辆购置税的征管内容详本书附录18。

车辆购置税纳税申报表

填表日期： 年 月 日　　　　　　　　　　　　　　　　金额单位：元

纳税人名称		申报类型	□征税　□免税　□减税
证件名称		证件号码	
联系电话		地　址	
合格证编号 （货物进口证明书号）		车辆识别代号/车架号	

续表

厂牌型号					
排量（cc）		机动车销售统一发票代码			
机动车销售统一发票号码		不含税价			
海关进口关税专用缴款书（进出口货物征免税证明）号码					
关税完税价格		关税		消费税	
其他有效凭证名称		其他有效凭证号码		其他有效凭证价格	
购置日期		申报计税价格		申报免（减）税条件或者代码	
是否办理车辆登记		车辆拟登记地点			

纳税人声明：
　　本纳税申报表是根据国家税收法律法规及相关规定填报的，我确定它是真实的、可靠的、完整的。

纳税人（签名或盖章）：

委托声明：
　　现委托（姓名）_____（证件号码）_____办理车辆购置税涉税事宜，提供的凭证、资料是真实、可靠、完整的。任何与本申报表有关的往来文件，都可交予此人。

委托人（签名或盖章）：　　　　被委托人（签名或盖章）：

以下由税务机关填写					
免（减）税条件代码					
计税价格	税率	应纳税额	免（减）税额	实纳税额	滞纳金金额
		复核人（适用于免、减税申报）：			
受理人：　　年　月　日		年　月　日		主管税务机关（章）	

图17-2-22　车辆购置税纳税申报表

（十五）耕地占用税

1. 耕地占用税的概念

耕地占用税（Farming Land Pccupation Tax），是对占用国家所有和集体所有的耕地建房或从事其他非农业建设的单位和个人征收的税。耕地占用税的税率采取地区差别定额税率，每平方米 5 元至 50 元。经济发达、人均耕地特别少的地区，税额可以适当提高，最多不得超过 50%。临时占用耕地，应当纳税；期限内恢复耕地原状，全额退还。耕地占用税是一次性征收，收到土地管理部门的通知之日起 30 日内纳税。

2. 耕地占用税的计算

例：某市 A 企业占用耕地 200 平方米从事非农生产经营，该地税率为 20 元 / 平方米。

A 企业每年应交纳的耕地占用税 =200×20=4000（元）。

3. 常见财会证据

（1）会计凭证

耕地占用税实际支付时直接计入了资产成本，如果单从会计凭证表面来看，贷方表示银行存款的减少，借方表示工程项目资产金额的增加，很难判断该凭证和缴纳耕地占用税的联系，可通过后附原始凭证及纳税申报表等证据比对证明。

借：在建工程	4000
（直接计入在建资产的账面成本）	
贷：银行存款	4000

（2）纳税申报表

纳税人缴纳耕地占用税时，应填写耕地占用税税源明细表，该书证可以证明占用耕地的方式、批准部门、占地日期和占地面积，还包括了损毁耕地类型、日期和面积。下半部分列明占地详细地址、税率、面积以及符合减免税项目和面积的相关条件。耕地占用税征管的内容详见本书附录19。

耕地占用税税源明细表

纳税人识别号（统一社会信用代码）：□□□□□□□□□□□□□□□□□□
纳税人名称：

面积单位：平方米；金额单位：人民币元（列至角分）

	项目（批次）名称	批准占地文号		
占地方式	1. 经批准按批次转用 □ 2. 经批准单独选址转用 □ 3. 经批准临时占用 □	批准占地部门	经批准占地面积	
		收到书面通知日期（或收到经批准改变原占地用途日期）	批准时间	年 月 日
	4. 未批先占 □	认定的实际占地日期（或认定的未经批准改变原占地用途日期）	年 月 日	认定的实际占地面积
损毁耕地	挖损 □ 采矿塌陷 □ 压占 □ 污染 □	认定的损毁耕地日期	年 月 日	认定的损毁耕地面积
税源编号	占地位置	占地用途	征收品目	适用税额	计税面积	减免性质代码和项目名称	减免税面积

图 17-2-23　耕地占用税税源明细表

（十六）烟叶税

1. 烟叶税的相关概念

烟叶税（Tobacco Tax），是以纳税人收购烟叶的收购金额为计税依据征收的一种税。烟叶税的纳税人是在我国境内收购烟叶的单位，征税范围是晾晒烟叶、烤烟叶，在纳税人收购烟叶完成30日内向收购地税务机关申报纳税。

2. 烟叶税的计算

烟叶税的具体计算公式为：

烟叶收购金额 × 20% = 收购价款 ×（1+10%）× 20%

公式中的10%为国家补贴给种植烟叶的单位和个人的款项。

另：增值税进项税 =（收购价款 + 烟叶税）× 13%

$\qquad$ = 收购价款 ×（1+10%）×（1+20%）× 13%

例：某公司收购农民烟叶，收购价款为8000元，公司应交烟叶税为：
8000 ×（1+10%）× 20% = 1760（元）。

3. 常见财会证据

（1）会计凭证

纳税人在购进烟叶时，烟叶作为农产品的一种，纳税人可以通过计算抵扣进项税额，同时也需要缴纳收购烟叶时应缴纳的烟叶税。

收购烟叶时，取得进项税，计提烟叶税：

借：原材料——烟叶　　　　　　　　　　　　　　　　　9760

　　应交税费——应交增值税（进项税额）

　　　　　　　　8000 ×（1+10%）× 120% × 13% = 1372.8

贷：银行存款　　　　　　　　　　　　　　　　　　　9372.8

　　应交税费——烟叶税　　　　　　　　　　　　　　1760

缴纳烟叶税时：

借：应交税费——烟叶税　　　　　　　　　　　　　　1760

贷：银行存款　　　　　　　　　　　　　　　　　　　1760

（2）纳税申报表

纳税人申报缴纳烟叶税时，应一并填报烟叶税税源明细表，该书证证明了纳税人各次收购烟叶的总价款和对应税率，是所交烟叶税的明细内容反映。

烟叶税税源明细表		
税款所属期限：自　年　月　日至　年　月　日		
纳税人识别号（统一社会信用代码）：□□□□□□□□□□□□□□□□□□		
纳税人名称：		金额单位：人民币元（列至角分）
序号	烟叶收购价款总额	税率
1		
2		
3		
4		
5		
6		

图 17-2-24　烟叶税税源明细表

（十七）船舶吨税

1. 船舶吨税的相关概念

船舶吨税（Vessel Tonnage Dues），也称"吨税"，是指海关对外国籍船舶航行进出本国港口时，按船舶净吨位征收的税。船舶吨税是由海关征收，税率包括优惠税率和普通税率两种，优惠税率是根据最惠国待遇条款的条约或者协定，对应船舶的一种优惠税。纳税人应当在海关填发吨税缴款凭证之日起15日内缴纳船舶吨税。对于拖船和非机动驳船，分别按照相同净吨位船舶税率的50%计征船舶吨税。

2. 船舶吨税的计算

例：某船舶入境30天，船舶净重3000吨，适用税率为普通税率4.0元/净吨，该船应纳船舶吨税：3000×4=12000（元）。

由于船舶吨税主要是针对外籍船舶征收，且不属于本章罪名范围，故此处暂不介绍其相关书证，仅作为普通常识了解，其具体内容详见本书附录20。

（十八）关税

1. 关税的相关概念

关税（Customs Duties,Tariff），是指进出口商品经过一国关境时，由政府所设置的海关向其进出口商品所征收的税收。货物出口时，发货人是纳税人，货物进口时，收货人是纳税人。如果是个人邮寄、携带物品进出境，则邮寄人、携带人为纳税人。关税的计算方法有五种，从价税（最常用）、从量税（如原油、啤酒）、复合税（从价加从量）、选择税（根据物价水平选择从价和从量的较高者）、滑准税（一种变化的关税税率，商品价格越高，关税税率越低，反之越高）。需要注意的是，逃避缴纳关税一般以走私相关罪名定罪处罚，不属于本章内容，此处仅简单介绍其概念和计算方式，作为常识了解。

2. 关税的计算

最常见的从价计税的方法如下。

进口关税 = 进口货物关税完税价格 × 关税税率

= （货价 + 起卸前运费、保险费等 + 调整项目）× 关税税率

例：某公司进口一批商品，货价为100万元，起卸前运费、保险费2万元，由买方负担的包装材料和包装劳务费用2万元，以上均不含增值税，关税税率为20%，则公司应交关税：

（100 + 2+ 2）× 20%=20.8（万元）

由于关税是海关征收，逃避缴纳关税的行为也一般不以本罪定罪处罚，因而此处对其相关财会证据不做介绍。如若想了解关税的具体征管问题，可以详见本书附录21。

三、实务案例

案例一 张某某、李某某、N 市 H 冷食品有限公司逃税罪

【基本案情】

2006 年 3 月，李某某、张某某共同出资在 N 市工商行政管理局登记成立被告单位 N 市 H 冷食品有限公司（以下简称 H 公司），该公司主要从事冷食品储存、销售，张某某为法定代表人。2009 年 1 月，H 公司法定代表人变更为李某某，张某某任业务经理、监事，主要负责产品销售和财务工作。2010 年至 2014 年，H 公司采用购进货物不入账、搞账外经营、不如实进行纳税申报等方式逃避缴纳国家税款。经 N 市国家税务局稽查局根据税收征管法、《税收征收管理法实施细则》的有关规定，进行核算，2010 年至 2014 年，H 公司经营期间应缴纳增值税 409931.65 元，少缴纳增值税 350961.79 元，应缴纳企业所得税 211192.68 元，少缴纳企业所得税 104559.14 元。少缴纳增值税、企业所得税共计 455520.93 元，占应纳税款总额 621124.33 元的 73.3%。

2016 年 5 月，N 市国家税务稽查局对 H 公司的逃税行为作出税务处理和行政处罚决定，限期全额追征 H 公司少缴纳的增值税 350961.79 元、企业所得税 104559.14 元，并加收从滞纳之日起至税款入库之日止日万分之五的滞纳金，同时处逃税款一倍的罚款 455520.93 元，对 H 公司违反发票管理行为处罚款 2000 元。但 H 公司一直没有履行补缴税款、滞纳金和缴纳罚款的义务。

四川省 N 市中级人民法院经审理后认为：H 公司采取购进货物不入账，不列、少列收入等方式，进行虚假纳税申报和不申报，从 2010

年至 2014 年共逃避缴纳税款 455520.93 元，其逃避缴纳税款数额较大，且占应缴纳税款总额的 10% 以上，H 公司的行为已触犯刑法，构成了逃税罪，应依法处罚。李某某作为 H 公司的法定代表人、上诉人张某某作为分管财务的业务经理、监事，不履行其法定职责，致使 H 公司逃避缴纳税款数额较大，李某某、张某某作为 H 公司的直接负责的主管人员，其行为已构成了逃税罪，亦应依法处罚。

【实务分析】

本案中，公司采取了购进货物不入账的方式，逃避缴纳了增值税和企业所得税共计 455520.93 元。

具体来说，公司在其账务上漏记了如下会计凭证：

```
购进货物时，公司应做如下会计分录：
借：库存商品
    应交税费——应交增值税（进项税额）
  贷：应付账款
```

```
出售货物时，公司应结转收入和成本：
借：银行存款                    借：主营业务成本
  贷：主营业务收入                贷：库存商品
      应交税费——应交增值税（销项税额）
```

从上述会计分录可以看出，"应交税费——应交增值税"借贷相抵后，贷方余额即公司应向税务机关缴纳的增值税金额，如果行为人取得的货物未抵扣或不得抵扣进项税额，则贷方的销项税额全额为应交增值税金额。此外，销货时的"主营业务收入"和"主营业务成本"分别计入了利润表的"营业收入"和"营业成本"，H 公司未制作上述会计凭证，从而导致应计入利润表的利润未计入利润表和应交增值税的税额未在凭证中列示，减少了 H 公司应交的企业所得税额和应交增值税额。

简要利润表

营业收入	↑
营业成本	↑
……	
利润总额	↑（营业收入大于营业成本）
所得税费用	↑（经纳税调整后，才能作为应交所得税金额）

此外，在上例中，笔者认为其仍有些许瑕疵值得办案人员注意。

（1）关于纳税期。由于逃税行为跨越不同纳税期，根据相关司法解释规定，应当分别计算各纳税期逃税比例，以最高的纳税比例作为逃税比例。

（2）逃税比例的分母计算不够严谨。虽然说大多数小企业，仅涉及增值税和企业所得税，但不代表公司当年应缴税款总额就是二者合计。本例中直接将增值税和企业所得税金额作为公司全年应缴税额的做法存在瑕疵，在本章第二部分介绍过，在缴纳增值税的同时，应当同时缴纳"一税两费"（城市维护建设税、教育费附加和地方教育费附加）。那么就带来两个问题：一是"逃避缴纳的一税两费"是否应作为逃税数额计算，二是"一税两费"是否应当计入应纳税总额，作为逃税比例的分母。笔者个人认为，账外经营，不仅逃避缴纳了增值税额和企业所得税额，同时也逃避缴纳了"一税两费"，从严谨的角度来说，应当将其作为共同追缴的逃税款项，也应计入当年应纳税总额计算逃税比例，并作为犯罪所逃之税额一并计算。

案例二　刘某某、毕某某等人逃避缴纳税款罪

【基本案情】

2016 年下半，齐某（另案处理）与李某 1、李某 2 商议决定：由

李某 1、李某 2 开石油贸易公司做石油变票生意，不需要垫付资金、不需要实际经营，只负责根据齐某提供的原油、沥青、重质油进项发票开出销项燃料油的增值税专用发票，齐某即按每开一吨油的发票支付 30 元作为报酬。

2016 年 12 月 7 日，毕某某与李某 1、代某、刁某、高某去 L 市办证中心、中国银行一起办理了 L 市 H 石油化工贸易有限公司（以下简称 H 公司）注册登记所需手续及银行开户手续。至 2017 年 2 月 23 日，代某、刁某、李某 1、李某 2、高某等人在没有实际货物购销业务情况下，帮助齐某接受 S 省、N 省等地石油制品企业虚开的进项原油、重质油、沥青 238507.674 吨，价税合计人民币 71333.688336 万元的增值税专用发票 370 份。而后，李某 1、代某等人通过"变票"形式，在没有实际加工的情况下，虚开销项燃料油共计 230526.928 万吨，价税合计人民币 70210.732558 万元的增值税专用发票 630 份，并经其他公司循环虚开，最终以燃料油品名的增值税专用发票开回给 S 省、N 省等地石油制品企业。李某 1、李某 2、高某、代某、刁某等人利用 H 公司以虚开增值税专用发票和变更货物品名的方式致使国家消费税损失人民币 28078.179830 万元，由李某 1 分配其与被告人刘某某、毕某某，李某 2、高某、代某、刁某的违法所得共计人民币 526.5 万元。

法院经审理认为：被告人李某 1、李某 2、刘某某、毕某某等人以谋取开票费为目的成立公司虚开增值税专用发票，造成国家税款损失，数额巨大，其行为均已构成逃避缴纳税款罪。

【实务分析】

（一）变票行为和会计凭证分析

对于石油便票逃避缴纳消费税究竟是定虚开增值税专用发票罪还是定逃避缴纳税款罪，在实务界和理论界都有争议，这是因为缴纳消费税无须另开发票，并且随同增值税一同缴纳，因而这类案件的票据类主要书证就是增值税专用发票,因而很多地区将逃避缴纳消费税的行为以虚开增值税专用发票罪定罪处罚,当事人受到的刑罚明显重于逃税罪。最高人民检察院第十检察厅主办检察官、三级高级检察官赵景川在《中国检察官》(2021年第10期)上发表了《以"变票"方式虚开增值税专用发票行为的司法认定》一文,明确提出"如果行为人只是利用增值税专用发票的票证功能隐瞒生产加工环节,进行虚假的消费税纳税申报,使得国家应征的消费税税款未能实现,即行为人'虚开增值税专用发票、变票'的行为,都是最终达到逃避缴纳消费税目的的手段,则不宜认定构成虚开增值税专用发票罪"。本案对原案例进行了适当改编,当然,区分罪名并非本书重点,本书着重对案例的事实部分进行重点讲解。

本案是实务中常见的"消费税变票案",此类案件大多具有涉案金额大和涉案企业多的特点,其主要利用跨省虚开"变票",从而逃避消费税缴纳,造成国家税款流失。

1. 原票公司(S省、N省等地石油制品企业)开具虚假增值税发票时,原票公司所做的会计凭证为:

借:应收账款	71333.688336 万
贷:其他业务收入——原油、重质油、沥青等	60968.96439 万
应交税费——应交增值税(销项税额)	10364.723946 万
借:其他业务成本	60009.17313 万
贷:库存商品	60009.17313 万

分析:凭证上半部分分录内容反映了原票公司将原油卖出取得收入 60968.96439 万元,该收入并非实际收到银行款项,仅作为一项债权挂账,另开具增值税专用发票 10364.723946 万元。

凭证下半部分分录内容反映了确认收入的同时结转材料成本,贷方库存商品的减少证明账面上记录了原油出库金额为 6000.917313 万元,但查阅出库单、运输单等其他书证可以发现公司并未实际出库,反向证明公司作了虚假会计处理。

原票公司取得变票公司虚假增值税发票后,原票公司制作的会计凭证为:

```
借:库存商品——燃料油                        60009.17313 万
   应交税费——应交增值税(进项税额)      10201.559428 万
   贷:应收账款                             70210.732558 万
```

分析:该凭证反映公司收到了燃料油价值 60009.17313 万元,取得了 10201.559428 万元增值税进项税票,抵消了上笔分录中的债权 70210.732558 万元。由于上笔分录中实际上并未转出原材料(原油、重质油、沥青),因而此笔分录中转入商品(燃料油)也为虚假记载,只需查阅入库单、运输单据等书证即可证明。虽然为虚假记载,但其在账面上完成了一个"加工循环"。

2. 变票公司(H 公司)所做的会计凭证为:

```
借:原材料——原油、重质油、沥青等          60968.96439 万
   应交税费——应交增值税(进项税额)      10364.723946 万
   贷:应付账款                             71333.688336 万
```

```
借:应付账款                                70210.732558 万
   贷:主营业务收入——燃料油                60009.17313 万
       应交税费——应交增值税(销项税额)  10201.559428 万
```

分析:第一张凭证反映变票公司账面上收到了原油、重质油、沥青等原材料,并抵扣了进项税额 10364.723946 万元,并在账面上记作购买原材料承担负债 71333.688336 万元。

第二张凭证凭证反映变票公司出售燃料油取得收入 60009.17313 万元,缴纳销项税额 10201.559428 万元,冲销购买原料时记录的部分负

债 70210.732558 万元。

上述会计凭证中，原票公司和变票公司所制作的会计凭证内容正好相反，原票公司先出售原油，再购买燃料油，变票公司先购买原油后出售燃料油，两家公司仅仅在账务上虚假过账，并未产生实际交易，就将原票公司的原油悄悄变成了燃料油。两家公司加工前后收支金额差距不大，恰恰可以证明其是为了变票为目的而进行的虚假购销行为。此外，以上会计凭证均为各会计凭证金额的累计汇总计算，实践中应当是多张会计凭证共同构成。

（二）关于变票目的的分析

为什么需要变票呢？燃料油广泛用于电厂发电、船舶锅炉燃料、加热炉燃料、冶金炉和其他工业炉燃料。燃料油主要是由石油的裂化残渣油和直馏残渣油制成的，其特点是黏度大，含非烃化合物、胶质、沥青质多。由于燃料油是消费税应税消费品，但消费税只缴纳一次，对于商家来说，消费税越低，其产品最终成本也会越低，故商家一般选择两种方式来逃避消费税。

一是厂家一般先将商品低价卖给另一家公司，此时厂家应缴纳消费税，再由另一家公司以高价对外出售，如此就逃避缴纳了中间巨大的售价差额应交的消费税，此种行为最常见的是在白酒行业中，为此，国家税务总局还专门针对白酒行业出具了一个文件规定，即白酒生产企业销售给销售单位的白酒，生产企业消费税计税价格低于销售单位对外销售价格 70% 以下的，消费税最低计税价格由税务机关根据生产规模、白酒品牌、利润水平等情况重新核定（见情形一）。

二是案例二这种"跨省变票"方式，即通过跨省操作，开出虚假交易，直接买回应税消费品销售或使用，如此，通过相对持平的价格进出交易一次，即将普通原料转为了应税消费品，后续企业在上述价格内销售或使用原料油，无须再缴纳大额消费税。而变票消费税的企业，由于其处于异省，而且虚开增值税发票仅仅是变更了货物名称，故很多时候并不太可能会被税务机关所察觉，变票方一般不缴纳消费税，税务机关在没有特意关注的情况下，也很难发现其虚开了涉及消费税的发票而突然变成了消费税应税企业（见情形二）。

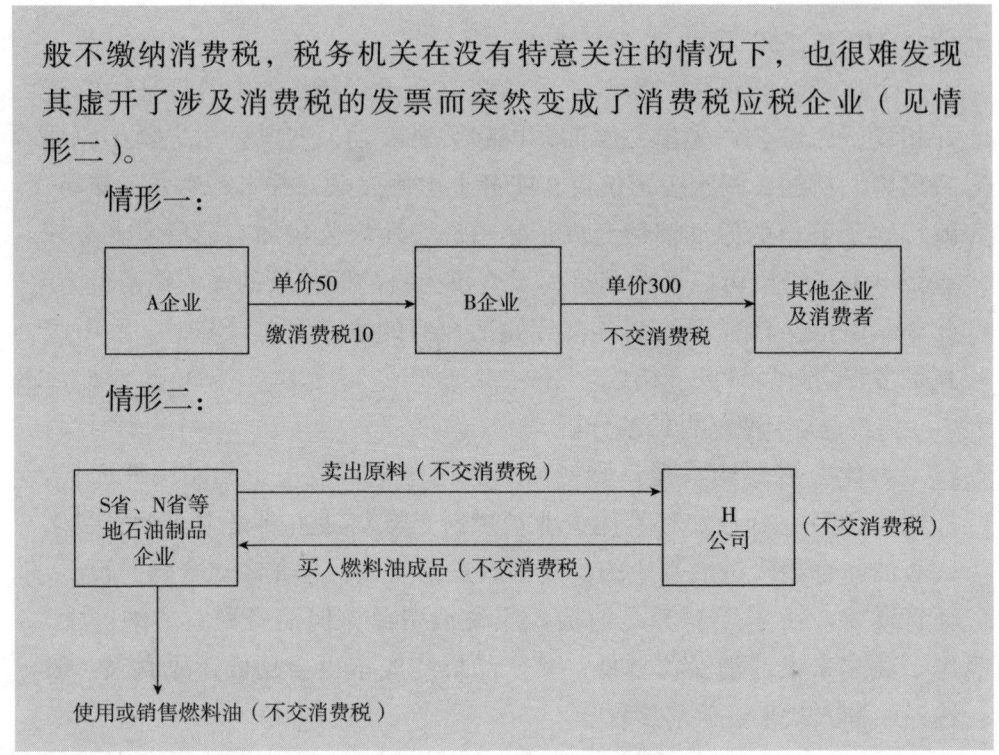

本章罪名所涉知识较为繁杂，严格来说其可能涉及了整本"税法"内容，但以单章篇幅来介绍整本税法的内容显然不现实，因而本书对相关内容的介绍不能面面俱到，只能点到为止。从实践来看，本章罪名涉及的主要税种集中在企业所得税、消费税、土地增值税等大税上，案件数量总体不多，主要原因是逃税罪既涉及了刑法、又涉及了税法和会计法，知识领域跨越较大，对税务、公安、检察、法院四方都造成了困扰和压力，行刑两法衔接还不够顺畅。办好该类案件，单凭本书介绍的内容远远不够，更多的是需要办案人员立足财会证据和财税基础理论，在工作之余勤加学习，拓宽知识视野，增厚知识积累，打通刑法理论和财税理论之间的知识梗阻，才能在办理这类涉税类经济犯罪案件时做到胸有成竹，游刃有余。

第十八章　虚开增值税专用发票、用于骗取出口退税、抵扣税款发票罪的证据与审查

虚开增值税专用发票、用于骗取出口退税、抵扣税款发票罪，是指违反国家税收征管法规，为他人虚开、为自己虚开、让他人为自己虚开、介绍他人虚开增值税专用发票或者用于骗取出口退税、抵扣税款的其他发票的行为。为了避免对该罪财会证据的片面认识，本章既介绍增值税专用发票等常见财会证据，也介绍增值税的相关基础知识，只有将二者融会贯通，才能准确理解这类案件中财会证据所反映的真正含义。

一、基本知识

（一）虚开增值税专用发票、用于骗取出口退税、抵扣税款发票的构成要件

本罪的犯罪主体为一般主体，既包括单位，也包括自然人；本罪侵犯的客体是国家对增值税专用发票的管理制度；本罪主观方面由直接故意构成，客观方面表现为实施了虚开增值税专用发票，用于骗取出口退税、抵扣税款发票的行为，具体来说，是指有为他人虚开、为自己虚开、让他人为自己虚开、介绍他人虚开行为之一。

（二）增值税概念

增值税，是以商品（含应税劳务）在流转过程中产生的增值额作为计税依据而征收的一种流转税，即增值税是对商品流转过程中的"增值额"

征税，根据销项税和进项税的差额，予以体现。

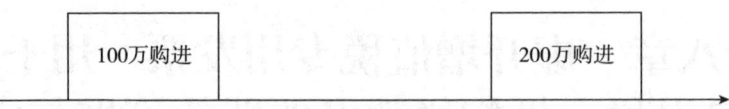

向上家缴纳 100×13%=13 万元进项税

向下家收取 200×13%=26 万元销项税

增值额 =200-100=100 万元

增值税 =（200-100）×13%=13 万元，或

增值税 = 销项税 - 进项税 =26-13=13 万元

（三）增值税的历史沿革

1. 试点开征阶段（1979 年至 1993 年）

1979—1993 年，增值税税种开始设立，并逐渐在全国试点。1979 年 7 月起，我国首先在湖北省襄樊市（当时地名，现为襄阳市）进行增值税试点，1984 年国务院将机器机械、钢材钢坯、自行车、缝纫机、电风扇及其零配件等 12 类商品纳入增值税的范围，标志着增值税正式成为我国的一个税种。

2. 逐步确立阶段（1994 年至 2003 年）

1994—2003 年，增值税地位逐步确立，征税范围逐渐扩大。1994 年我国实施分税制改革，将外商投资企业由征收工商统一税改为征收增值税，增值税征收范围由部分工业行业扩大到工业、商业和进口环节产品，以及加工、修理修配劳务，实行凭增值税专用发票抵扣制度，简化计税办法，对不符合增值税计征条件的小规模纳税人采取按固定的征收率，实行简易计税办法。此时，仅产品和劳务可以抵扣增值税进项税，固定资产尚不可以抵扣增值税进项税。

3. 转型改革阶段（2004 年至 2011 年）

2004—2011 年，增值税由生产型向消费型转型。2004 年 7 月，选择东北地区的部分行业试行扩大增值税抵扣范围，开始实施增值税转型试点。2008 年 11 月国务院修订《增值税暂行条例》，决定自 2009 年 1 月 1 日起在全国范围内实施增值税转型改革，固定资产（不含房屋等不动产）进项税额可全额抵扣。这个阶段，固定资产中的动产，开始可以抵扣增值税进项税。

4. 全面推广阶段（2012 年至 2016 年）

2012—2016 年，增值税由部分行业营改增到全面营改增试点。因增值税、营业税并存导致重复征税的现象存在，2012 年，我国开始在交通运输等部分行业进行"营改增"试点，2016 年 5 月 1 日"营改增"全面试点，试点范围扩大到原征收营业税的建筑业、房地产业、金融业、生活服务业，全部企业新增不动产也纳入增值税抵扣范围，取得不动产或者不动产在建工程的进项税额分两年抵扣。此后，营业税彻底退出历史舞台。

5. 深化改革阶段（2017 年至今）

2017 年，增值税开始并档减税降负改革。2017 年开始的增值税改革主要以减税并档为主，从 2018 年 5 月 1 日起，国务院将制造业等行业增值税税率从 17% 降至 16%，将交通运输、建筑、基础电信服务等行业及农产品等货物的增值税税率从 11% 降至 10%。自 2019 年 4 月 1 日起，增值税一般纳税人发生增值税应税销售行为或者进口货物，原适用 16% 税率的，税率调整为 13%；原适用 10% 税率的，税率调整为 9%。同时规定，2019 年 4 月 1 日至 2021 年 12 月 31 日期间，取得不动产或者不动产在建工程的进项税额不再分两年抵扣，可以一次性在购入当期抵扣。

纵观增值税的改革过程，可以看出，增值税范围从产品和劳务，慢慢扩大到固定资产中的动产、不动产，从不动产可以分期抵扣进项税到不动产可以一次性抵扣进项税，一般增值税税率从 17% 降到 16%，再降低到 13%，增值税抵扣范围越来越大，适用税率越来越低，税率档次越减越少，可以想象，国家未来会推进增值税向税制简化的方向继续迈进。

（四）增值税税率及征税环节

增值税税率最近一次修订是 2019 年 4 月 1 日，注意增值税一般纳税人和小规模纳税人的税率不同，需要区别于纳税人身份判断其适用税率。

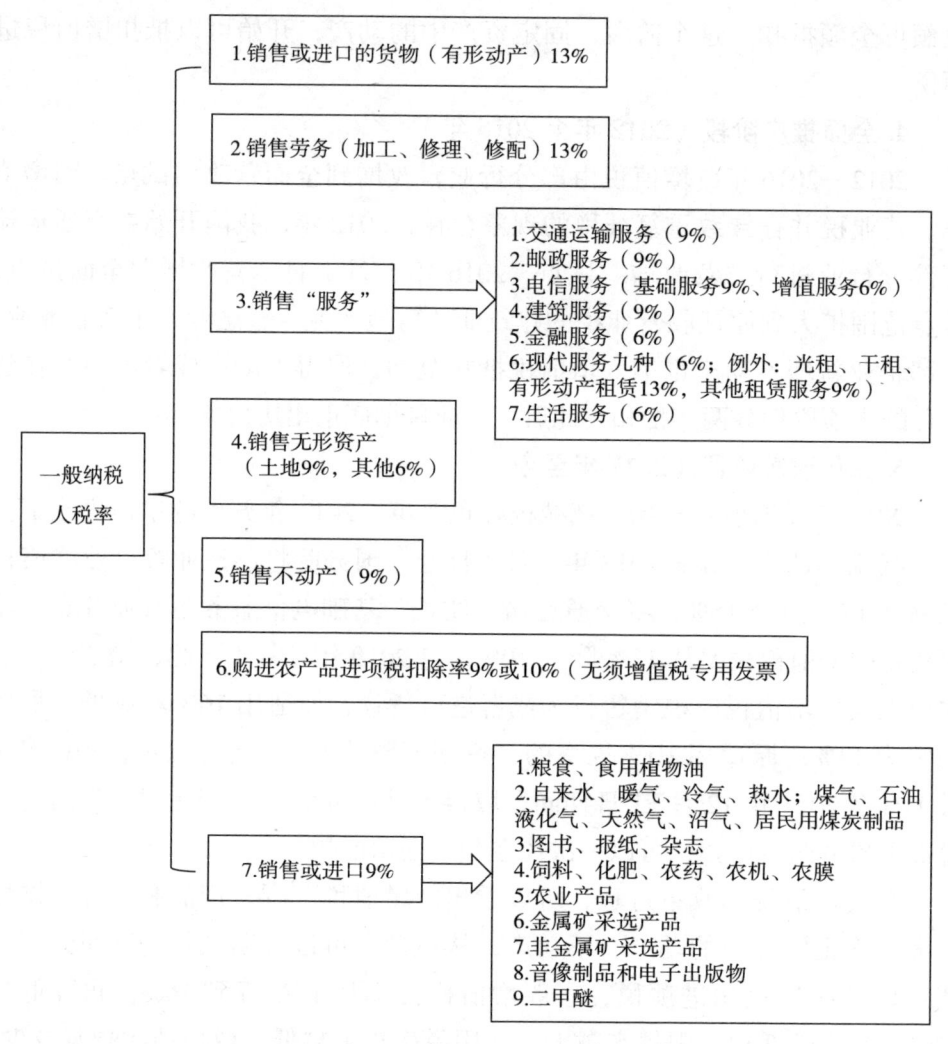

图 18-1-1

一般纳税人在生产、批发、零售、进口每个环节都要被征收增值税，增值税是一个链条税，在每个环节，其都会缴纳销项税，同时抵扣进项税，唯有最终的消费环节，不抵扣进项税，承担最终的增值税额。而小规模纳税人虽然税率低，但其不得抵扣进项税。

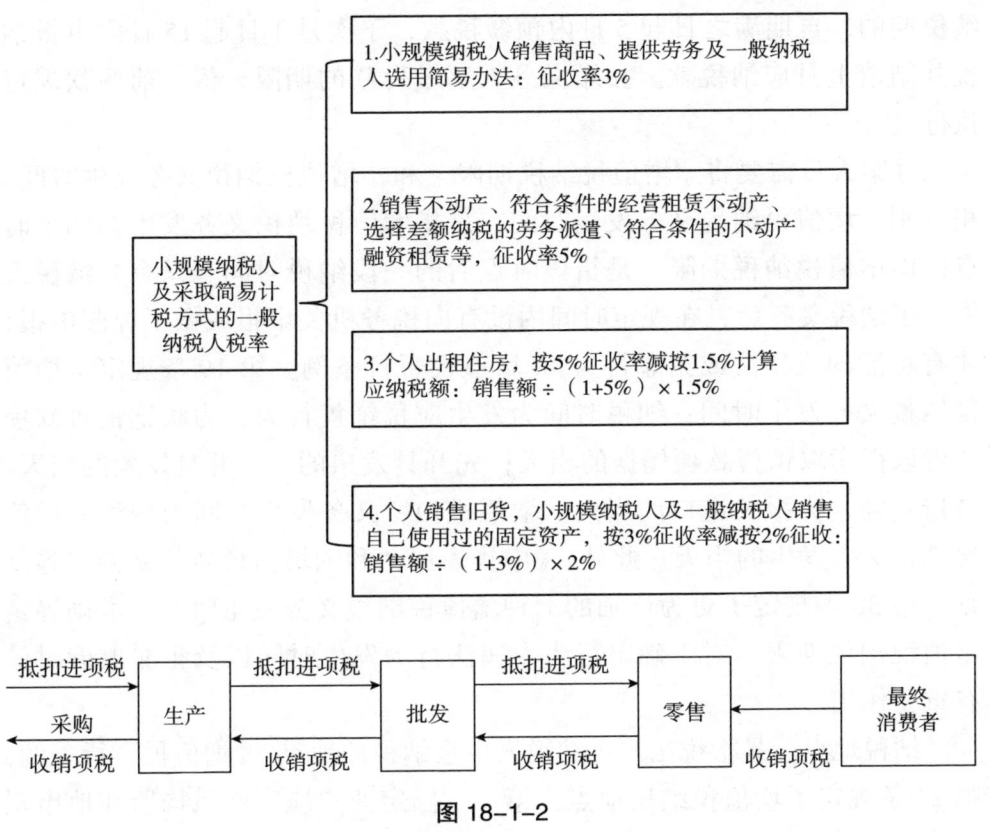

图 18-1-2

（五）增值税纳税期限和纳税地点

增值税纳税期限，是指纳税人应当向税务机关申报缴纳增值税的期间限定。根据《中华人民共和国增值税暂行条例（2017修订）》（以下简称《增值税暂行条例》）第23条的规定，增值税的纳税期限分别为1日、3日、5日、10日、15日、1个月或者1个季度。纳税人的具体纳税期限，由主管税务机关根据纳税人应纳税额的大小分别核定；不能按照固定期限纳税的，可以按次纳税。纳税人以1个月或者1个季度为1个纳税期的，自期满之日起15日内申报纳税；以1日、3日、5日、10日或者15日为1个纳税期的，自期满之日起 5 日内预缴税款，于次月 1 日起 15 日内申报纳税并结清上月应纳税款。扣缴义务人解缴税款的期限，依照前两款规定执行。

办案人员需要将"增值税纳税期限"和"增值税纳税义务发生时间"相区别。增值税纳税义务发生时间，是指增值税纳税义务发生的那个时点；而增值税纳税期限，是指该时点后的一段纳税时间。只有在纳税人发生了纳税义务后，在规定时间内没有向税务机关申报或做了虚假申报，才有可能构成违法或犯罪行为。《增值税暂行条例》第 19 条规定了增值税纳税义务发生时间：纳税时间为发生应税销售行为，为收讫销售款项或者取得索取销售款项凭据的当天；先开具发票的，为开具发票的当天。进口货物，为报关进口的当天。增值税扣缴义务发生时间为纳税人增值税纳税义务发生的当天。此外，《中华人民共和国增值税暂行条例实施细则》第 38 条规定了更为详细的七种增值税纳税义务发生时间。准确界定增值税纳税期限，对于确定行为人违法行为发生时间以及犯罪追诉时效有重要作用。

纳税地点，是指税法规定纳税人申报纳税的地点。《增值税暂行条例》第 22 条规定了增值税纳税地点：第一，固定业户应当向机构所在地申报纳税，总分机构不在同一县（市），应当分别向各自所在地纳税，经国务院财政税务主管部门或其收取机关批准，可以由总机构汇总纳税。第二，固定业户到外县（市）销售货物或者劳务，应当向机构所在地报告外出，向机构所在地纳税，未报告的向销售发生地申报纳税，未纳税的由机构所在地补征。第三，非固定业户销售货物或劳务，向销售地申报纳税，未在销售地申报的，由机构所在地或居住地补征税款。第四，进口货物应当向报关地申报纳税。第五，扣缴义务人应当向机构所在地或居住地的税务机关申报扣缴税款。准确掌握增值税纳税地点，有利于解决案件管辖的相关问题。

（六）增值税一般纳税人和小规模纳税人的区别

增值税纳税人分为一般纳税人和小规模纳税人。应税行为的年应征增值税销售额（以下称应税销售额）超过500万元的纳税人为一般纳税人，未超过500万元的纳税人为小规模纳税人。小规模纳税人如果有较高的会计核算水平，也可以申请成为一般纳税人。

一般纳税人和小规模纳税人适用的税率不一样。一般纳税人适用高税率（13%、9%、6%等），但可以抵扣增值税进项税，可以开具增值税专用发票。小规模纳税人适用征收率（5%、3%），但不可以抵扣增值税进项税，也不得开具增值税专用发票。如确有需要，小规模纳税人可以申请税务机关代开增值税专用发票。此外需要注意小规模纳税人增值税起征点的规定，小规模纳税人月销售额未超过10万元或者季度销售额未超过30万元（特殊时期会有所调整），免征增值税，超过起征点则需要全额纳税。

（七）骗取出口退税

本罪中规定的虚开增值税专用发票或者抵扣税款的发票，办案人员都比较容易理解，但对于如何虚开发票骗取出口退税就比较难理解，主要是因为大多数人对于出口退税的流程不甚清楚，也不懂得虚开发票如何骗取出口退税。在此，笔者简要列举四种常见的出口政策，对于办理出口退税类的案件是必备的基础知识。

1. "免、抵、退"政策

"免、抵、退"税管理办法是对生产企业自营或委托外贸单位代理出口的自产货物的退（免）税管理办法。"免"是指对出口的货物不征收增值税；"抵"是指将出口货物的原在境内购买原材料时缴纳的进项税，用于抵扣本企业在境内销售其他货物产生的销项税，即实现货物"0税率"出口；"退"是指本企业境内销售其他货物的销项税不足以抵扣出口货物购买原材料时候缴纳的进项税额，对于多的进项税额，在一定限度内经税务机关批准予以货币退还。

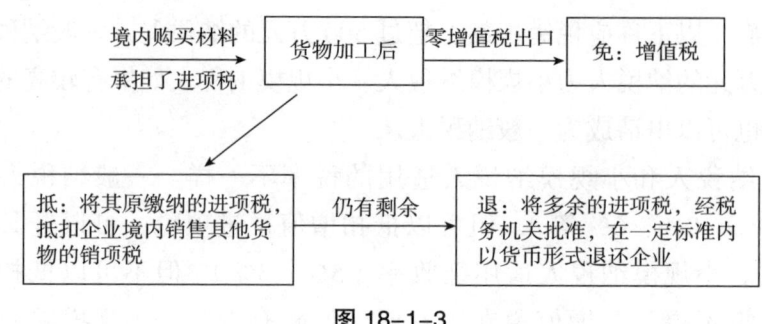

图 18-1-3

2. "免、退"政策

"免退税办法"是退（免）税政策的一项具体，主要优惠对象是外贸企业收购货物出口。例如，某外贸企业购买 100 万元货物出口，原税率 13%，共支付 113 万元，现将该批货物出口，经核定退税率为 10%，则其应退税 $100×（13\%-10\%）=3$ 万元。

3. "只免不退"政策

"只免不退"政策适用于增值税小规模纳税人出口货物或者一般纳税人出口特定的物品（如避孕药品和用具、古旧图书等），这类物品在境内本身就免增值税，在出口时也不需要退税。

4. "不免不退"政策

"不免不退"政策适用于限制性出口的物品，如国家明确取消出口退免税的货物、不予免税核销的出口卷烟、销售给特殊区域内的生活消费用品和交通工具等。此种政策下，出口货物不仅不退境内已缴纳的增值税额，在出口时还要再次征收出口增值税。

（八）"四自三不见"

对于骗取出口退税，还需要掌握"四自三不见"的相关概念。"四自三不见"是代理出口业务中的一种违规操作行为，即没有出口经营权的企业，委托具有出口经营权的企业帮忙代理出口，在这种情形中，有出口经营权的企业为了获取出口代理费，采取了自带客户、自带货源、自带汇票、自行报关和不见进口产品、不见供货货主、不见外商这样的"四自三不见"

的方式帮忙代理出口，而不审查他人提供的退税凭证真假，从而造成出口企业顺利从海关骗取大量退税款。为此，最高人民法院《关于审理骗取出口退税刑事案件具体应用法律若干问题的解释》第6条专门规定，有进出口经营权的公司、企业，明知他人意欲骗取国家出口退税款，仍违反国家有关进出口经营的规定，允许他人自带客户、自带货源、自带汇票并自行报关，骗取国家出口退税款的，依照刑法第204条第1款、第211条的规定定罪处罚。

（九）来料加工和进料加工

在办理涉及进出口案件时，我们经常听到来料加工和进料加工这样的词，二者的区别在于：来料加工，是指进口料件由境外企业提供，经营企业不需要付汇进口，按照境外企业的要求进行加工或者装配，只收取加工费，制成品由境外企业销售的经营活动。进料加工，是指进口料件由经营企业付汇进口（购买），制成品由经营企业外销出口的经营活动。简单来说，来料加工其实是一种事实上的委托加工法律关系，进料加工是事实上的买卖合同关系，但二者有个相同点就是最终制成品需要转出口。无论是来料加工还是进料加工，原材料在进口时都免交关税、增值税、消费税等，故其转出口时也不对增值税和消费税退税。倘若企业对生产的产成品出口转内销时，需要补交在进口环节免征的税。因此，有不少企业就是通过来料加工或进料加工的方式，将进口的料件或生产的产成品私自转内销，逃避缴纳进口免征的各项税额。

（十）虚开增值税专用发票、用于骗取出口退税、抵扣税款发票的常见行为方式

一是行为人在无真实交易的情况下，以收取手续费的方式为另一方开具增值税专用发票用以抵扣增值税款。例如，2015年9月24日至2016年2月25日，谭某华根据朱某提供的企业信息，指使杨某以虚假的A公司、B公司、C公司、D公司销售棉纱等产品的名义，向南通市、无锡市等地多家企业虚开增值税专用发票。受票企业以购买

棉纱等产品的名义，基本按照增值税专用发票上开具的价税金额数量的资金汇入 A 公司、B 公司、C 公司、D 公司的对公银行账户。汤某则将收到的资金转入 A 公司、B 公司、C 公司法定代表人及汤某的个人银行账户，最终转入朱某控制的银行账户，从而完成资金回流。谭某华、朱某控制流转资金时，按票面价税金额 5.2%—5.5% 的比例收取所谓"开票费"。

二是行为人通过对出口商品虚开境内增值税发票，骗取出口退税额。2013 年 10 月至 2014 年 9 月期间，被告人邱某章作为 H 县 G 公司的法定代表人和实际控制人，伙同邱某海、陈某洋、邱某民（均另案处理），勾结 S 省 L 公司实际经营者张某财（另案处理）虚开增值税专用发票用于骗取出口退税，双方公司在没有进行真实交易的情况下，签订了虚假购销合同，虚构 G 公司向 L 公司采购人造革、针织布、彩盒、鞋盒等原材料的事实，虚开增值税专用发票 615 份，共办理骗取出口退税款 980.816067 万元。

三是虚开特殊的增值税普通发票抵扣增值税进项税额。例如，2012 年至 2017 年期间，安某某、杨某某虚构农产品（冬虫夏草）收购业务，为 S 公司虚开可以抵扣税款的增值税普通发票、通用机打发票 2127 份，票面金额为 13726.52 万元，并已实际抵扣进项税额 1981.262519 万元。

二、常见财会证据

（一）增值税发票

增值税发票，按照是否可以抵扣进项税额，分为增值税专用发票和增值税普通发票。

1. 增值税专用发票

增值税专用发票（俗称"专票"）是由国家税务总局监制设计印制的，只限于增值税一般纳税人领购使用的，既作为纳税人反映经济活动中的重要会计凭证，又是兼记销货方纳税义务和购货方进项税额的合法证明。增值税专用发票基本联次为三联，第一联为记账联，为开票方记账使用；第二为抵扣联，用于抵扣进项税额；第三联为发票联，由受票方接受并记账使用。同时，实务中也出现四联、六联、七联等情况，主要是多了存根联或者副联，其具体区别如下。

\\	\\	增值税发票的联次
增值税专用发票	三联	第一联为记账联；第二联为抵扣联；第三联为发票联
	四联	第一联为存根联；第二联为记账联；第三联为抵扣联；第四联为发票联
	六联	第一联为记账联；第二联为抵扣联；第三联为发票联；第四联、第五联、第六联为副联
	七联	第一联为存根联；第二联为记账联；第三联为抵扣联；第四联为发票联；第五联、第六联、第七联为副联
增值税普通发票	二联	第一联为记账联；第二联为发票联
	五联	第一联为记账联；第二联为发票联；第三联、第四联、第五联为副联

图 18-2-1

现很多地区都使用了增值税电子专用发票，其和纸质发票的相同点在于：一是法律效力相同，二者都属于增值税专用发票，其法律效力、基本用途、基本使用规定等相同；二是验证方式相同，均可通过"全国增值税发票查验平台"（inv-veri.chinatax.gov.cn/）查验，但仅可查近五年内增值税发票管理系统开具的发票，当日开具的发票当日可进行查验（含下文机动车发票）。二者不同点在于：电子专用发票无不同联次，且电子专用发票将发票上的"货物或应税劳务名称"简化为"项目名称"，取消了"销售方（章）"栏次，使用电子签名代替原发票专用章，同时，对于电子发票这类证据的真伪认定，可以通过"增值税电子发票版式文件阅读器"验证发票电子签名真伪。

在审查此类案件时应注意以下几点。

（1）涉案的增值税发票首先要区分是增值税专用发票还是普通发票。一般来说，只有增值税专用发票才能抵扣进项税，但某些特殊的普通发票也可以抵扣进项税款，如收购农产品发票、通行费发票、旅客运输发票等。

（2）对于发票中的购货方信息、销货方信息、税率、税额应与其他证据互相核对。对于发票真伪，除依据税务机关开具的证明外，应留意上述两种验证发票真伪的方式，在必要时可以自行验证发票真假。

（3）在法律文书中对涉增值税案件中发票金额的表述一定要严谨，如图18-2-2中发票，应表述为发票含税金额为6778.87元或发票不含税金额为5999元。

（4）在书写法律文书过程中应注意"发票代码"和"发票号码"的区别，图18-2-2中，"发票代码"为左上角4100104140，"发票号码"为NO后的数字000001。

（5）对增值税专用发票的审查不能单独审查，应结合抵扣发票统计表、增值税纳税申报表等证据一并核对审查，单个增值税专用发票并不能证明企业已经实际申报抵扣了进项税额。

2. 增值税普通发票

增值税普通发票在实务中较为常见，如在淘宝、京东等平台购物或者在住宿酒店时，由于买方多为个人，不具有抵扣增值税进项税额的资格，故卖方一般开具的都是增值税普通发票。增值税普通发票的格式、字体、栏次、内容与增值税专用发票完全一致，但联次略有不同，因为增值税普通发票一般不可抵扣增值税进项税，故其发票无抵扣联。但特殊的普通发票也可抵扣进项税，如上文提到的农产品发票、通行费发票、旅客运输发票等，本罪涉及的增值税普通发票，有很多都是这种特殊的可以抵扣增值税进项税额的普通发票，因此，对于这几类特殊的普通发票的具体内容，应当详细掌握。

图 18-2-2 增值税专用发票

货物或应税劳务名称	规格型号	单位	数量	单价	金额	税率	税额
计算机	A6100	台	1.00	5999.00	5,999.00	13%	779.87
合　计					5,999.00		779.87
价税合计（大写）	陆仟柒佰柒拾捌元捌角柒分				（小写）		6,778.87

发票号码：4100104140，NO 000001

图 18-2-3 增值税电子专用发票

发票代码：032301911431
发票号码：79864233
开票日期：2022年3月23日
校验码：12345 67890 543
机器编号：123456789

货物或应税劳务名称	规格型号	单位	数量	单价	金额	税率	税额
	X27	台	1.00	2700.00	2,700.00	13%	351.00
合　计					2,700.00		351.00
价税合计（大写）	叁仟零伍拾壹元整				（小写）		3,051.00

销货单位：
名　称：上海××科技有限公司
纳税人识别号：112233445566
地址、电话：上海市
开户行及账号：农业银行

（1）农产品收购发票

农产品收购发票，是指纳税人向农业生产者[①]个人收购自产免税农产品时，由付款方向收款方开具的发票。对于企业向农业生产者直接收购农产

---

① 农业生产者，指从事种植业、养殖业、林业、牧业、水产业生产的个人。

品，由于农业生产者大多系个人，无法开具增值税专用发票，但企业需要抵扣进项税，因而税法对此种情况规定了特殊处理方法，即对于收购农产品的发票，收购方可以按照票面金额的 9% 计算抵扣进项税额，且无须认证或勾选抵扣，直接根据票面计算抵扣。正是因为此种抵扣方式易于操作，也就给犯罪分子留下了作案空间。例如，2016 年国家税务总局公布的 5 起虚开增值税发票的典型案例中，就有一起虚开农产品收购发票的情形，开票金额达 2.49 亿元。

（2）农产品销售发票

农业生产者销售自产农产品适用免征增值税政策而自行开具的增值税普通发票。对比上文，农产品收购发票是由收购公司向农业生产者开具，而此处的农产品销售发票是由农业生产者自行开具。对于农产品销售发票购买农产品的公司也可以按照票面金额 9% 计算抵扣进项税额。需要注意的是，对于农产品收购发票、农产品销售发票，涉及的农产品均为初级农产品，即未经加工的农产品。如果是已加工的农产品，则不得开具这两种发票。

（3）道路通行费，桥、闸通行费

通行费，是指有关单位依法或者依规设立并收取的过路、过桥和过闸费用。纳税人支付的道路通行费，桥、闸通行费按照通行费增值税普通发票上注明的增值税额抵扣进项税额。

（4）国内旅客运输服务

自 2019 年 4 月 1 日起，纳税人购进国内旅客运输服务，其进项税额允许从销项税额中抵扣。其中，国内旅客运输服务，限于与本单位签订劳动合同的员工，以及本单位作为用工单位接受的劳务派遣员工发生的国内旅客运输服务。纳税人可以根据增值税普通发票上注明的增值税额抵扣进项税额，如果未注明的，则计算抵扣：

①取得注明旅客身份信息的航空运输电子客票行程单的，航空旅客运输进项税额 =（票价 + 燃油附加费）÷（1+9%）× 9%；

②取得注明旅客身份信息的铁路车票的，铁路旅客运输进项税额 = 票面金额 ÷（1+9%）× 9%；

③取得注明旅客身份信息的公路、水路等其他客票的，公路、水路等

其他旅客运输进项税额 = 票面金额 ÷（1+3%）× 3%。

（二）机动车销售统一发票和二手车销售统一发票

在销售全新机动车和二手动车时，销售方应当分别开具机动车销售统一发票和二手车销售统一发票，其发票样式和增值税专用发票略有不同，但其发票上注明的增值税进项税额也可以抵扣，因此，这两种特殊的发票的内容也需要办案人员掌握。

1. 机动车销售统一发票

机动车销售统一发票为电脑六联式发票，即第一联发票联（购货单位付款凭证），第二联抵扣联（购货单位扣税凭证），第三联报税联（车购税征收单位留存），第四联注册登记联（车辆登记单位留存），第五联记账联（销货单位记账凭证），第六联存根联（销货单位留存）。

机 动 车 销 售 统 一 发 票

发 票 联

发票代码

发票号码

开票日期:

机打代码			税控码			
机打号码						
机器编号						
购买方名称			纳税人识别号/			
车辆类型		厂牌型号		产地		
合格证号		进口证明书号		商检单号		
发动机号码		车辆识别号/车架号码				
计税合计				小写		
销货单位名称				电话		
纳税人识别号				账号		
地址			开户银行			
增值税税率或征收率		增值税税额		主管税务机关及代码		
不含税价	小写	完税凭证号码		吨位		限乘人数

销货单位（盖章）　　开票人　　备注：一车一票

图 18-2-4　机动车销售统一发票

2. 二手车销售统一发票

二手车销售统一发票为一式五联计算机票。计算机票第一联为发票联；第二联为转移登记联（公安车辆管理部门留存）；第三联为出入库联；第四联为记账联；第五联为存根联。

二手车销售统一发票 发票联				
开票日期：			发票代码	
			发票号码	
机打代码				
机打号码		税控码		
机器编号				
买方单位/个人		单位代码/身份证号码		
买方单位/个人住址		电话		
卖方单位/个人		单位代码/身份证号码		
卖方单位/个人住址		电话		
车辆牌号		登记证号	车辆类型	
车架号/车辆识别代码		厂牌型号	转入地车辆管理所名称	
车价合计（大写）			小写	
合格证号		进口证明书号	商检单号	
发动机号码		车辆识别号/车架号码		
计税合计			小写	
经营、拍卖单位				
经营、拍卖单位地址			纳税人识别号	
开户银行、账号			电话	
二手车市场			纳税人识别号	
			地址	
开户银行、账号			电话	
备注				
销货单位（盖章）	工商部门审核（盖章）	开票人		手写无效

图 18-2-5　二手车销售统一发票

（三）银行对账单、银行存款日记账、纳税申报表

对于虚开增值税专用发票、用于骗取出口退税、抵扣税款发票罪，除了关注虚开的发票，也要关注纳税申报和银行流水情况，其中，增值税纳税申报表、银行对账单和银行存款日记账等能够直接证实企业实际向税务机关缴纳的税款证明，是不可缺少的书证之一，还需要审查公司是否将虚开的增值税专用发票进行抵扣，是否对虚开的专票缴税，是否造成了当月应交增值税的减少，是否属于增值税"张冠李戴"（详见本章实务案例）的情形，又或者是否属于不具有骗取国家税款的目的而虚开发票不宜作为犯罪论处的情形。

增值税纳税申报表列示了当期企业申报缴纳的增值税总额，增值税纳税申报表分为一主表、五附表和减免税申报明细表。主表列明了销售额、税款计算、税款缴纳、附加税费（"一税两费"）四部分内容；附表一列示企业当期销售情况明细，包括一般纳税、简易纳税免抵退税和免税内容；

附表二列示企业当期进项税额明细,包括当期申报抵扣进项税额、进项税额转出、待抵扣金额等,该表是证明企业申报抵扣进项税额的重要书证之一;附表三列明了服务、不动产和无形资产扣除项目明细(差额缴纳增值税的计算中,需要对扣除部分详列);附表四列示了一些特殊的税额抵减情况,如预缴税款的抵减,一般项目加计抵减以及即征即退项目加计抵减等;附表五列示了城建税、教育费附加和地方教育费附加的计算明细;减免税申报明细表列明了减税和免税的相关明细情况。此外,税务机关针对农产品进项税抵扣事项要求企业单独填写农产品核定扣除增值税进项税额计算表(汇总表)主附表,该附表在涉及农产品的虚开增值税专用发票案件中可能会作为证据用以证明企业当期核定扣除的进项税总额。

增值税纳税申报表附列资料(二)				
(本期进项税额明细)				
税款所属时间:　　年　月　日至　　年　月　日				
纳税人名称:(公章)				金额单位:元至角分
一、申报抵扣的进项税额				
项目	栏次	份数	金额	税额
(一)认证相符的增值税专用发票	1=2+3			
其中:本期认证相符且本期申报抵扣	2			
前期认证相符且本期申报抵扣	3			
(二)其他扣税凭证	4=5+6+7+8a+8b			
其中:海关进口增值税专用缴款书	5			
农产品收购发票或者销售发票	6			
代扣代缴税收缴款凭证	7			
加计扣除农产品进项税额	8a	—	—	
其他	8b			
(三)本期用于购建不动产的加税凭证	9			
(四)本期用于抵扣的旅客运输服务扣税凭证	10			
(五)外贸企业进项税额抵扣证明	11	—	—	
当期申报抵扣进项税额合计	12=1+4+11			

图 18-2-6　增值税纳税申报表(附表二部分内容)

申报表很多时候虽然并不能直接证实案件涉案金额的事实，但应当注意将纳税申报表和其他证据比对时，确保不发生逻辑错误。例如，公安机关认定企业当月申报抵扣 100 万元，但纳税申报表中当月实际申报抵扣才 80 万元，此时应当通过其他证据来进一步核实二者之间存在差异的原因。

（四）会计凭证

对于本罪涉及的会计凭证，应重点掌握以下常见的会计分录：

1. 取得增值税专用发票，抵扣进项税额

借：库存商品、固定资产等	100 万
应交税费——应交增值税（进项税额）	13 万
贷：银行存款或应付账款	113 万

分析：该凭证反映公司取得了资产 100 万元，取得了可以抵扣增值税的进项税额 13 万元，但支付了银行存款 113 万元或者列为账面债务 113 万元。

2. 开具增值税专用发票

确认收入：	
借：银行存款或应收账款	226 万
贷：主营业务收入	200 万
应交税费——应交增值税（销项税额）	26 万

分析：该凭证反映公司取得了 226 万元的款项或债权，其中 200 万元是公司的收入，26 万元不是收入而是应交纳给税务机关的增值税款。在实务中，确实也存在着行为人虚假设立多个公司，大量虚假开具增值税专用发票给其他公司抵扣税款后自身申请破产的情形。

3. 将增值税销项税额和经认证抵扣的进项税相抵，结转出应交的增值税额

对于实际应交的增值税额，一般计入"应交增值税——未交增值税"的明细科目。

借：应交税费——应交增值税（销项税额）	26 万
贷：应交税费——应交增值税（进项税额）	13 万
应交税费——未交增值税	13 万

分析：该凭证反映了本期销项税总额为 26 万元，进项税总额为 13 万元，销项税减去进项税额后余额 13 万元就是企业应当实缴的增值税额，进项和销项税借贷相抵后，差额计入"未交增值税"这项负债，以其反映企业应当实缴的增值税额。

4. 实际缴纳增值税

借：应交税费——未交增值税	13 万
贷：银行存款	13 万

分析：该凭证反映了公司使用 13 万元银行存款，缴清了当月应交的增值税额。

三、实务案例

HZ 茶业有限公司、王某某虚开增值税专用发票案

【基本案情】

被告单位 HZ 茶业有限公司，统一社会信用代码 9134100432544×××××，公司住所地 H 市 Z 区。

被告人王某某，男，汉族，1960 年 11 月 15 日出生于 H 市 Z 区，高中文化，HZ 茶业有限公司股东之一，负责该公司财务，户籍地 H 市 Z 区，住所地 H 市 Z 区。因涉嫌犯虚开增值税专用发票罪于 2017 年 7 月 19 日被 H 市公安局 Z 分局取保候审。

被告单位 HZ 公司是依法设立的自然人投资的有限责任公司，具有

增值税一般纳税人资格。被告人王某某为 HZ 公司的股东，负责公司财务工作。经 HZ 公司股东同意，在没有真实货物购销，明知受票方接受发票系用作抵扣税款的情况下，同意由王某某具体负责虚开增值税专用发票事宜。王某某于 2016 年 3 月至 8 月先后为嵊州 X 公司开具增值税专用发票 112 份、税款 168.718989 万元，为新昌 H 公司开具增值税专用发票 23 份、税款 35.619668 万元，为嵊州 Y 公司开具增值税专用发票 8 份、税款 13.080408 万元，合计开具增值税专用发票 143 份，税款 217.419065 万元。王某某向上述受票单位收取开票金额 3.8%、4% 的费用合计 57.621884 万元用于 HZ 公司日常经营。上述开具的增值税专用发票均被受票方认证、申报并抵扣税款，造成国家税款流失。案发后，HZ 公司已向税务部门缴纳罚款，并向侦查机关退出违法所得 57.621884 万元。

另查明，H 市国家税务局稽查局于 2017 年 6 月 7 日作出 H 国税稽罚〔2017〕7 号税务行政处罚决定书，对 HZ 公司虚开增值税专用发票行为处以 35 万元罚款。HZ 公司于 2017 年 6 月 21 日缴纳罚款 35 万元。

A 省 H 市 Z 区人民法院经审理认为：被告单位 HZ 公司违反国家发票管理规定，在没有货物购销的情况下，明知受票方接受发票系用作抵扣税款而为他人虚开增值税专用发票，虚开税款共计 217.419065 万元，数额较大，造成国家税款流失。被告人王某某系 HZ 公司直接负责的主管人员。被告单位 HZ 公司、被告人王某某的行为均已构成虚开增值税专用发票罪。公诉机关指控的犯罪事实清楚、证据确实充分，罪名成立。

【实务分析】

（一）会计凭证分析

HZ 公司虚开增值税发票时，其制作的会计凭证为：

> 借：银行存款　　　　　　　　　　　　1496.355918 万
> 　贷：主营业务收入——茶叶　　　　　1278.936853 万
> 　　　应交税费——应交增值税（销项税额）217.419065 万

分析：该凭证反映了开票公司销售茶叶，在账面上记作收入1278.936853 万元，同时应交销项税额为 217.419065 万元，收到了银行存款 1496.355918 万元（该会计凭证内容为多张会计凭证内容合计数）。

开票公司将增值税发票开出后，进项税抵扣联交给了嵊州 X 公司、新昌 H 公司、嵊州 Y 公司三家公司用于抵扣进项税额。三家公司抵扣税款后，按照开票金额 3.8%、4% 的费用计算合计 57.621884 万元支付给开票公司。

（二）关于对国家税款损失的分析

很多书籍、判决书或者典型案例分析，对虚开增值税专用发票案件的分析仅到此为止，其实这是不够的，因为这样的分析，并没有对双方如何对虚开的过程讲述清楚，也没有对虚开增值税专用发票如何造成国家税款损失阐述清楚。相当多的案件，司法机关在认定开票方有虚开发票行为，受票方有抵扣税款行为后，一般即认定开票方构成虚开增值税专用发票罪，这样的认定存在极大的办案风险。

最高人民法院明确：以其他单位名义对外签订销售合同，由该单位收取货款、开具增值税专用发票，不具有骗取国家税款的目的，未造成国家税款损失，其行为不构成虚开增值税专用发票罪。此时，就必须进一步分析，该行为是否实际骗取了国家税款！这个规定，针对那些因伪造业绩需要而虚构收入从而互相虚开发票，但实际缴纳税款未造成国家税款损失的行为，一般不认定为虚开增值税专用发票罪。

例如，上述会计凭证中可以看出，虽然 HZ 公司公司虚假开具了增值税专用发票，但是其已向国家上交了增值税额 217.419065 万元，即使受票方抵扣了 217.419065 万元，那最终也是一进一出，看起来对国家利益并不造成影响，为什么会存在这样的情况呢？其实，这是一种在实务中很常见的"张冠李戴"的作案手法,尤其多发于消费行业、物流相关行业。

对于该案中的开票方 HZ 公司,由于其经营的是茶叶生意,有很多客户,在买了茶叶以后,并不需要增值税专用发票,但该笔行为却需要缴纳增值税,于是,开票方却将该笔税额,虚开给了嵊州 X 公司等,即"张冠李戴"法,由此,受票方即取得了原客户放弃抵扣的增值税进项税额,显然造成了国家利益损失!

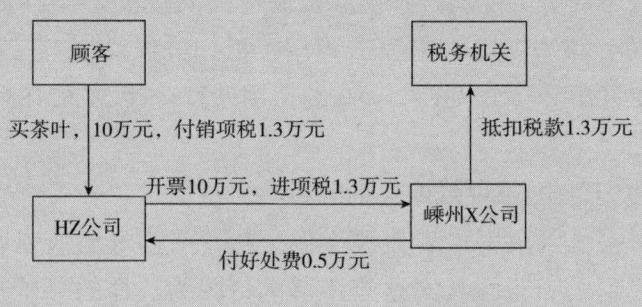

总的来说,在办理虚开增值税发票的相关案件中,一定要对如何骗取国家税款的过程阐释清楚,才能真正将案件办好办实。在此引用一个数据:2017 年,国家税务总局对外通报了 10 起重大骗税虚开违法案件,4 起涉及医药行业。其中江西泰邦药业等 15 户虚开增值税发票案、安徽省徽都药业虚开增值税发票案、广东今来药业虚开增值税专用发票案,以及云南省文山市健康药业虚开增值税专用发票案,涉及虚开的增值税专用发票金额均超过亿元,有的接近百亿元,仅这 10 起涉税案件就给国家造成了数百亿元的经济损失。因此,掌握部分会计和税务知识,有能力对这些涉税证据进行实质性审查,对办好这类经济犯罪案件来说尤为重要。

附　录

附录1　财务报表格式

资产负债表

编制单位：　　　　　　　　　　　年　月　日

会企01表　单位：元

资产	期末余额	上年年末余额	负债和所有者权益（或股东权益）	期末余额	上年年末余额
流动资产：			流动负债：		
货币资金			短期借款		
交易性金融资产			交易性金融负债		
衍生金融资产			衍生金融负债		
应收票据			应付票据		
应收账款			应付账款		
应收款项融资			预收款项		
预付款项			合同负债		
其他应收款			应付职工薪酬		
存货			应交税费		
合同资产			其他应付款		
持有待售资产			持有待售负债		
一年内到期的非流动资产			一年内到期的非流动负债		
其他流动资产			其他流动负债		
流动资产合计			流动负债合计		
非流动资产：			非流动负债：		
债权投资			长期借款		

333

续表

资产	期末余额	上年年末余额	负债和所有者权益（或股东权益）	期末余额	上年年末余额
其他债权投资			应付债券		
长期应收款			其中：优先股		
长期股权投资			永续债		
其他权益工具投资			租赁负债		
其他非流动金融资产			长期应付款		
投资性房地产			预计负债		
固定资产			递延收益		
在建工程			递延所得税负债		
生产性生物资产			其他非流动负债		
油气资产			非流动负债合计		
使用权资产			负债合计		
无形资产			所有者权益（或股东权益）		
开发支出			实收资本（或股本）		
商誉			其他权益工具		
长期待摊费用			其中：优先股		
递延所得税资产			永续债		
其他非流动资产			资本公积		
非流动资产合计			减：库存股		
			其他综合收益		
			专项储备		
			盈余公积		
			未分配利润		
			所有者权益（或股东权益）合计		
资产总计			负债和所有者权益（或股东权益）总计		

利润表

会企02表

编制单位：　　　　　　　　　年　月　日　　　　　　　　　单位：元

项目	本期金额	上期金额
一、营业收入		
减：营业成本		
税金及附加		
销售费用		
管理费用		
研发费用		
财务费用		
其中：利息费用		
利息收入		
加：其他收益		
投资收益（损失以"-"号填列）		
其中：对联营企业和合营企业的投资收益		
以摊余成本计量的金融资产终止确认收益（损失以"-"号填列）		
净敞口套期收益（损失以"-"号填列）		
公允价值变动收益（损失以"-"号填列）		
信用减值损失（损失以"-"号填列）		
资产减值损失（损失以"-"号填列）		
资产处置收益（损失以"-"号填列）		
二、营业利润（亏损以"-"号填列）		
加：营业外收入		
减：营业外支出		
三、利润总额（亏损总额以"-"号填列）		
减：所得税费用		

续表

项目	本期金额	上期金额
四、净利润（净亏损以"-"号填列）		
（一）持续经营净利润（净亏损以"-"号填列）		
（二）终止经营净利润（净亏损以"-"号填列）		
五、其他综合收益的税后净额		
（一）不能重分类进损益的其他综合收益		
1. 重新计量设定受益计划变动额		
2. 权益法下不能转损益的其他综合收益		
3. 其他权益工具投资公允价值变动		
4. 企业自身信用风险公允价值变动		
……		
（二）将重分类进损益的其他综合收益		
1. 权益法下可转损益的其他综合收益		
2. 其他债权投资公允价值变动		
3. 金融资产重分类计入其他综合收益的金额		
4. 其他债权投资信用减值准备		
5. 现金流量套期储备		
6. 外币财务报表折算差额		
……		
六、综合收益总额		
七、每股收益：		
（一）基本每股收益		
（二）稀释每股收益		

现金流量表

会企 03 表

编制单位：　　　　　　　　　　年　月　日　　　　　　　　　　单位：元

项目	本期金额	上期金额
一、经营活动产生的现金流量：		
销售商品、提供劳务收到的现金		
收到的税费返还		
收到其他与经营活动有关的现金		
经营活动现金流入小计		
购买商品、接受劳务支付的现金		
支付给职工以及为职工支付的现金		
支付的各项税费		
支付其他与经营活动有关的现金		
经营活动现金流出小计		
经营活动产生的现金流量净额		
二、投资活动产生的现金流量：		
收回投资收到的现金		
取得投资收益收到的现金		
处置固定资产、无形资产和其他长期资产收回的现金净额		
处置子公司及其他营业单位收到的现金净额		
收到其他与投资活动有关的现金		
投资活动现金流入小计		
购建固定资产、无形资产和其他长期资产支付的现金		
投资支付的现金		

续表

项目	本期金额	上期金额
取得子公司及其他营业单位支付的现金净额		
支付其他与投资活动有关的现金		
投资活动现金流出小计		
投资活动产生的现金流量净额		
三、筹资活动产生的现金流量：		
吸收投资收到的现金		
取得借款收到的现金		
收到其他与筹资活动有关的现金		
筹资活动现金流入小计		
偿还债务支付的现金		
分配股利、利润或偿付利息支付的现金		
支付其他与筹资活动有关的现金		
筹资活动现金流出小计		
筹资活动产生的现金流量净额		
四、汇率变动对现金及现金等价物的影响		
五、现金及现金等价物净增加额		
加：期初现金及现金等价物余额		
六、期末现金及现金等价物余额		

所有者权益变动表

编制单位：　　　　　　　　　　　　　　　　年　月　日　　　　　　　　　　　　　　　　会企04表
单位：元

项目	本年金额								上年金额							
	实收资本（或股本）	其他权益工具	资本公积	减：库存股	其他综合收益	专项储备	盈余公积	未分配利润	所有者权益合计	实收资本（或股本）	其他权益工具	资本公积	减：库存股	其他综合收益	专项储备	盈余公积	未分配利润	所有者权益合计
一、上年年末余额																	
加：会计政策变更																	
前期差错更正																	
其他																	
二、本年年初余额																	
三、本年增减变动金额（减少以"-"号填列）																	
（一）综合收益总额																	
（二）所有者投入和减少资本																	
1. 所有者投入的普通股																	
2. 其他权益工具持有者投入资本																	
3. 股份支付计入所有者权益的金额																	

续表

项目	本年金额									上年金额								
	实收资本（或股本）	其他权益工具	资本公积	减:库存股	其他综合收益	专项储备	盈余公积	未分配利润	所有者权益合计	实收资本（或股本）	其他权益工具	资本公积	减:库存股	其他综合收益	专项储备	盈余公积	未分配利润	所有者权益合计
4.其他																		
（三）利润分配																		
1.提取盈余公积																		
2.对所有者（或股东）的分配																		
3.其他																		
（四）所有者权益内部结转																		
1.资本公积转增资本（或股本）																		
2.盈余公积转增资本（或股本）																		
3.盈余公积弥补亏损																		
4.设定受益计划变动额结转留存收益																		
5.其他综合收益结转留存收益																		
6.其他																		
四、本年年末余额																		

附录2　资产负债表填列规则

资产负债表填列的一般情况

报表科目	会计科目
存货	材料采购＋原材料＋发出商品＋库存商品＋周转材料＋委托加工物资＋生产成本＋受托代销商品－受托代销商品款－存货跌价准备－材料成本差异－商品进销差价 摊销不超过1年的"合同履约成本"－"合同履约成本减值准备"
应收票据及应收账款	"应收票据"＋"应收账款"＋"预付账款"（借）－"坏账准备"（相关）
其他应收款	"应收利息"＋"应收股利"＋"其他应收款"－"坏账准备"（相关）
持有待售资产	"持有待售资产"－"持有待售资产减值准备"
固定资产	"固定资产"－"累计折旧"－"固定资产减值准备"＋"固定资产清理"
在建工程	"在建工程"－"在建工程减值准备"＋"工程物资"－"工程物资减值准备"
应付票据及应付账款	"应付票据"＋"应付账款"＋"预付账款"（贷）
其他应付款	"应付利息"＋"应付股利"＋"其他应付款"
持有待售负债	"持有待售负债"
长期应付款	"长期应付款"－"未确认融资费用"＋"专项应付款"
交易性金融资产	"交易性金融资产"各明细相加 （持有超过或预期超过1年到期以公允价值计量且其变动计入当期损益的非流动金融资产：在"其他非流动金融资产"反映）
债权投资	"债权投资"相关明细－"债权投资减值准备" （1年内到期的长期债权投资：在"1年内到期的非流动资产"项目反映） （以摊余成本计量的1年内到期的债权投资：在"其他流动资产"项目反映）
其他债权投资	"其他债权投资"各明细－"其他债权投资减值准备"
其他流动资产	1年内到期的其他债权投资＋1年内到期的债权投资 摊销不超过1年的"合同取得成本"－"合同取得成本减值准备" 1年内出售的"应收退货成本" 取得时期限在12个月之内（含12个月）的债权投资和其他债权投资
1年内到期的非流动资产	1年内到期的长期债权投资，取得时期限超过12个月但自资产负债表日起12个月（含12个月）内到期的债权投资和其他债权投资
1年内到期的非流动负债	1年内到期的长期借款、1年内到期的长期应付款、1年内到期应付债券、1年内到期的预计负债、1年内到期的递延收益等

续表

报表科目	会计科目	
其他非流动金融资产	持有超过或预期超过1年到期以公允价值计量且其变动计入当期损益的非流动金融资产	
其他非流动资产	摊销超过1年的"合同取得成本"－"合同取得成本减值准备" 摊销超过1年的"合同履约成本"－"合同履约成本减值准备" 非1年内出售的"应收退货成本"	
其他权益工具投资	"其他权益工具投资"	
交易性金融负债	"交易性金融负债"相关明细	
"合同资产"和"合同负债"	合同资产 根据"合同资产"－"合同资产减值准备"填列 合同负债 根据"合同负债"科目各明细填列 同一合同下的合同资产和合同负债应当以净额列示： ①借方差额：1年以下计入"合同资产"，1年以上计入"其他非流动资产" ②贷方差额：1年以下计入"合同负债"，1年以上计入"其他非流动负债"	
应交税费	明细科目	列报
	①应交增值税 ②未交增值税 ③待抵扣进项税额 ④待认证进项税额 ⑤增值税留抵税额	负债一般都是贷方余额，在"应交税费"核算，如果是借方余额，在"其他流动资产"或"其他非流动资产"项目列示
	待转销项税额	一般它是借方余额，在"应交税费"核算，如果是贷方余额，在"其他流动负债"或"其他非流动负债"列示
	其他明细科目	无论是借方还是贷方，都是在"应交税费"核算
应付职工薪酬	"应付职工薪酬"各明细。根据流动性按照流动和非流动进行分类列报	
	流动负债下的应付职工薪酬：短期薪酬、辞退福利中将于资产负债表日后12个月内支付的部分、离职后福利中的设定提存计划负债、其他长期职工福利中的符合设定提存计划条件的负债	非流动负债下的应付职工薪酬：辞退福利中将于资产负债表日起12个月之后支付的部分、离职后福利中设定受益计划净负债、其他长期职工福利中符合设定受益计划条件的净负债

附录3 工业企业会计科目表

一、资产类

序号	会计科目名称	会计科目适用范围	序号	会计科目名称	会计科目适用范围
1	库存现金		26	代理兑付证券	银行和保险共用
2	银行存款		27	代理业务资产	
3	存放中央银行款项	银行专用	28	材料采购	
4	存放同业	银行专用	29	在途物资	
5	其他货币基金		30	原材料	
6	结算备付金	证券专用	31	材料成本差异	
7	存出保证金	金融共用	32	库存商品	
8	拆出资金	金融共用	33	发出商品	
9	交易性金融资产		34	商品进销差价	
10	买入返售金融资产	金融共用	35	委托加工物资	
11	应收票据		36	包装物及低值易耗品	
12	应收账款		37	消耗性生物资产	农业专用
13	预付账款		38	周转材料	建造承包商专用
14	应收股利		39	贵金属	银行专用
15	应收利息		40	抵债资产	金融共用
16	应收保护储金	保险专用	41	损余物资	保险专用
17	应收代位追偿款	保险专用	42	存货跌价准备	
18	应收分保账款	保险专用	43	待摊费用	
19	应收分保未到期责任准备金	保险专用	44	独立账户资产	保险专用
20	应收分保保险责任准备金	保险专用	45	债权投资	
21	其他应收款		46	债权投资减值准备	
22	坏账准备		47	其他债权投资	
23	贴现资产	银行专用	48	长期股权投资	
24	贷款	银行和保险共用	49	长期股权投资减值准备	
25	贷款损失准备	银行和保险共用	50	投资性房地产	

续表

序号	会计科目名称	会计科目适用范围	序号	会计科目名称	会计科目适用范围
51	长期应收款		64	公益性生物资产	农业专用
52	未实现融资收益		65	油气资产	石油天然气开采专用
53	存出资本保证金	保险专用	66	累计折耗	石油天然气开采专用
54	固定资产		67	无形资产	
55	累计折旧		68	累计摊销	
56	固定资产减值准备		69	无形资产减值准备	
57	在建工程		70	商誉	
58	工程物资		71	长期待摊费用	
59	固定资产清理		72	递延所得资产	
60	融资租赁资产	租赁专用	73	待处理财产损益	
61	未担保余值	租赁专用	74	合同取得成本	
62	生产性生物资产	农业专用	75	合同履约成本	
63	生产性生物资产累计折旧	农业专用			

二、负债类

序号	会计科目名称	会计科目适用范围	序号	会计科目名称	会计科目适用范围
76	短期借款		85	应付票据	
77	存入保证金	金融共用	86	应付账款	
78	拆入资金	金融共用	87	预收账款	
79	向中央银行借款	银行专用	88	应付职工薪酬	
80	同业存放	银行专用	89	应交税费	
81	吸收存款	银行专用	90	应付股利	
82	贴现负债	银行专用	91	应付利息	
83	交易性金融负债		92	其他应付款	
84	卖出回购金融资产款	金融共用	93	应付保户红利	保险专用

续表

序号	会计科目名称	会计科目适用范围	序号	会计科目名称	会计科目适用范围
94	应付分保账款	保险专用	103	长期债券	
95	代理买卖证券款	证券专用	104	未到期责任准备金	保险专用
96	代理承销证券款	证券和银行共用	105	保险责任准备金	保险专用
97	代理兑付证券款	证券和银行共用	106	保户储金	保险专用
98	代理业务负债		107	独立账户负债	保险专用
99	合同负债		108	长期应付款	
100	预计负债		109	未确认融资费用	
101	递延收益		110	专项应付款	
102	长期借款		111	递延所得税负债	

三、共同类

序号	编号	会计科目名称	会计科目适用范围	序号	编号	会计科目名称	会计科目适用范围
112	3001	清算资金往来	银行专用	115	3201	套期工具	
113	3002	外汇买卖	金融共用	116	3202	被套期项目	
114	3101	衍生工具					

四、所有者权益类

序号	会计科目名称	会计科目适用范围	序号	会计科目名称	会计科目适用范围
117	实收资本		122	利润分配	
118	资本公积		123	库存股	
119	盈余公积		124	其他综合收益	
120	一般风险准备	金融共用	125	专项储备	
121	本年利润				

五、成本类

序号	会计科目名称	会计科目适用范围	序号	会计科目名称	会计科目适用范围
126	生产成本		130	工程施工	建造承包商专用
127	制造费用		131	工程结算	建造承包商专用
128	劳务成本		132	机械作业	建造承包商专用
129	研发支出				

六、损益类

序号	会计科目名称	会计科目适用范围	序号	会计科目名称	会计科目适用范围
133	主营业务收入		151	手续费支出	金融共用
134	利息收入	金融共用	152	提取未到期责任准备金	保险专用
135	手续费收入	金融共用	153	保险责任准备金	保险专用
136	保费收入	保险专用	154	赔付支出	保险专用
137	分保费收入	保险专用	155	保户红利支出	保险专用
138	租赁收入	租赁专用	156	退保金	保险专用
139	其他业务收入		157	分出保费	保险专用
140	汇兑损益	金融专用	158	分保费用	保险专用
141	公允价值变动损益		159	销售费用	
142	投资收益		160	管理费用	
143	摊回保险责任准备金	保险专用	161	财务费用	
144	摊回赔付支出	保险专用	162	研发费用	
145	摊回分保费用	保险专用	163	资产减值损失	
146	营业外收入		164	资产处置损益	
147	主营业务成本		165	营业外支出	
148	其他业务成本		166	所得税	
149	税金及附加		167	以前年度损益调整	
150	利息支出	金融共用			

附录4 常见的财务比率

序号	比率名称	计算公式	备注
（一）短期偿债能力比率			
1	流动比率	$\dfrac{流动资产}{流动负债}$	流动资产、流动负债都是资产负债表项目
2	速动比率	$\dfrac{速动资产}{流动负债}$	速动资产 = 货币资金 + 交易性金融资产 + 应收票据及应收款项
3	现金比率	$\dfrac{货币性资产}{流动负债}$	现金比率越高，偿债能力越强
4	现金流量比率	$\dfrac{现金流量净额}{流动负债（期末数）}$	现金流量比率越高，偿债能力越强
5	营运资本	流动资产 – 流动负债	营运资本数额越大，财务状况越稳定，营运资本也不是越大越好
（二）长期偿债能力比率			
1	资产负债率	$\dfrac{负债}{资产}$	评估资金结构合理性的一种指标，该比率在会计实务和法律实务中被广泛运用
2	产权比率	$\dfrac{负债}{股东权益}$	评估资金结构合理性的一种指标
3	权益乘数	$\dfrac{资产}{股东权益}$	评估资金结构合理性的一种指标
4	长期资本负债率	$\dfrac{非流动负债}{非流动负债 + 股东权益}$	供企业运营所需的长期资本中，长期负债的占比
5	利息保障倍数	$\dfrac{净利润 + 所得税 + 利息费用}{利息费用（总）}$	利息保障倍数可以反映债务的风险大小和长期偿债能力。如果利息保障倍数小于1，表明自身产生的经营收益不能支持现有规模的债务
6	现金流量利息保障倍数	$\dfrac{经营活动现金流量净额}{利息费用（总）}$	现金流量利息保障倍数比利息保障倍数更可靠
7	现金流量与负债比率	$\dfrac{经营活动现金流量净额}{负债（期末数）}$	
（三）营运能力比率			
1	应收账款周转率	$\dfrac{净利润 + 所得税 + 利息费用}{利息费用（总）}$	应收账款周转率因为"赊销额"难取得，所以用营业收入代替
2	营运资本周转率	$\dfrac{经营活动现金流量净额}{利息费用（总）}$	反映公司营运资本周转情况

续表

序号	比率名称	计算公式	备注
（三）营运能力比率			
3	流动资产周转率	$\dfrac{经营活动现金流量净额}{负债（期末数）}$	反映公司流动资产周转情况
4	非流动资产周转率	$\dfrac{营业收入}{非流动资产}$	反映公司非流动资产周转情况
5	总资产周转率	$\dfrac{营业收入}{总资产}$	反映公司总资产周转情况
6	存货周转率	$\dfrac{营业收入或营业成本}{总资产}$	评估存货管理水平时分子用营业成本，其他情况分子用营业收入
（四）盈利能力比率			
1	营业净利率	$\dfrac{净利润}{营业收入}$	营业净利率反映企业营业收入创造净利润的能力。营业净利率是企业销售的最终获利能力指标，比率越高，说明企业的获利能力越强
2	资产净利率	$\dfrac{净利润}{总资产}$	资产净利润率越高，说明企业利用全部资产的获利能力越强
3	净资产收益率	$\dfrac{净利润}{股东权益}$	净资产收益率是杜邦财务体系的核心指标，其在实务中被广泛运用于证券发行标准制定中
（五）市价比率			
1	市盈率	$\dfrac{每股市价}{每股收益}$	该指标数据容易取得并计算简单，把价格和收益联系起来，直观地反映投入和产出的关系，涵盖了风险补偿率、增长率、股利支付率的影响，具有很高的综合性。如果收益是负值，市盈率就失去了意义。该比率适合连续盈利的企业
2	市净率	$\dfrac{每股市价}{每股净资产}$	市净率极少为负值，可用于大多数企业净资产账面价值的数据容易取得，并且容易理解，如果会计标准合理并且各企业会计政策一致，市净率的变化可以反映企业价值的变化。该比率适合需要拥有大量资产、净资产为正值的企业
3	市销率	$\dfrac{每股市价}{每股营业收入}$	不会出现负值，对于亏损企业和资不抵债的企业，也可以计算出一个有意义的市销率，它比较稳定、可靠，不容易被操纵，市销率对价格政策和企业战略变化敏感，可以反映这种变化的后果。该比率适用于营业成本率较低的服务类企业，或者营业成本率趋同的传统行业的企业

附录 5 货币的时间价值相关系数

一、复利现值系数表（P/F, i, n）

期数	1%	2%	3%	4%	5%	6%	7%	8%	9%	10%	11%	12%
1	0.9901	0.9804	0.9709	0.9615	0.9524	0.9434	0.9346	0.9259	0.9174	0.9091	0.9009	0.8929
2	0.9803	0.9612	0.9426	0.9246	0.9070	0.8900	0.8734	0.8573	0.8417	0.8264	0.8116	0.7972
3	0.9706	0.9423	0.9151	0.8890	0.8638	0.8396	0.8163	0.7938	0.7722	0.7513	0.7312	0.7118
4	0.9610	0.9238	0.8885	0.8548	0.8227	0.7921	0.7629	0.7350	0.7084	0.6830	0.6587	0.6355
5	0.9515	0.9057	0.8626	0.8219	0.7835	0.7473	0.7130	0.6806	0.6499	0.6209	0.5935	0.5674
6	0.9420	0.8880	0.8375	0.7903	0.7462	0.7050	0.6663	0.6302	0.5963	0.5645	0.5346	0.5066
7	0.9327	0.8706	0.8131	0.7599	0.7107	0.6651	0.6227	0.5835	0.5470	0.5132	0.4817	0.4523
8	0.9235	0.8535	0.7894	0.7307	0.6768	0.6274	0.5820	0.5403	0.5019	0.4665	0.4339	0.4039
9	0.9143	0.8368	0.7664	0.7026	0.6446	0.5919	0.5439	0.5002	0.4604	0.4241	0.3909	0.3606
10	0.9053	0.8203	0.7441	0.6756	0.6139	0.5584	0.5083	0.4632	0.4224	0.3855	0.3522	0.3220

二、复利终值系数表（F/P, i, n）

期数	1%	2%	3%	4%	5%	6%	7%	8%	9%	10%	11%	12%
1	1.0100	1.0200	1.0300	1.0400	1.0500	1.0600	1.0700	1.0800	1.0900	1.1000	1.1100	1.1200
2	1.0201	1.0404	1.0609	1.0816	1.1025	1.1236	1.1449	1.1664	1.1881	1.2100	1.2321	1.2544
3	1.0303	1.0612	1.0927	1.1249	1.1576	1.1910	1.2250	1.2597	1.2950	1.3310	1.3676	1.4049
4	1.0406	1.0824	1.1255	1.1699	1.2155	1.2625	1.3108	1.3605	1.4116	1.4641	1.5181	1.5735
5	1.0510	1.1041	1.1593	1.2167	1.2763	1.3382	1.4026	1.4693	1.5386	1.6105	1.6851	1.7623
6	1.0615	1.1262	1.1941	1.2653	1.3401	1.4185	1.5007	1.5869	1.6771	1.7716	1.8704	1.9738
7	1.0721	1.1487	1.2299	1.3159	1.4071	1.5036	1.6058	1.7138	1.8280	1.9487	2.0762	2.2107
8	1.0829	1.1717	1.2668	1.3686	1.4775	1.5938	1.7182	1.8509	1.9926	2.1436	2.3045	2.4760
9	1.0937	1.1951	1.3048	1.4233	1.5513	1.6895	1.8385	1.9990	2.1719	2.3579	2.5580	2.7731
10	1.1046	1.2190	1.3439	1.4802	1.6289	1.7908	1.9672	2.1589	2.3674	2.5937	2.8394	3.1058

三、年金现值系数表（P/A, i, n）

期数	1%	2%	3%	4%	5%	6%	7%	8%	9%	10%	11%	12%
1	0.9901	0.9804	0.9709	0.9615	0.9524	0.9434	0.9346	0.9259	0.9174	0.9091	0.9009	0.8929
2	1.9704	1.9416	1.9135	1.8861	1.8594	1.8334	1.8080	1.7833	1.7591	1.7355	1.7125	1.6901
3	2.9410	2.8839	2.8286	2.7751	2.7232	2.6730	2.6243	2.5771	2.5313	2.4869	2.4437	2.4018
4	3.9020	3.8077	3.7171	3.6299	3.5460	3.4651	3.3872	3.3121	3.2397	3.1699	3.1024	3.0373
5	4.8534	4.7135	4.5797	4.4518	4.3295	4.2124	4.1002	3.9927	3.8897	3.7908	3.6959	3.6048
6	5.7955	5.6014	5.4172	5.2421	5.0757	4.9173	4.7665	4.6229	4.4859	4.3553	4.2305	4.1114
7	6.7282	6.4720	6.2303	6.0021	5.7864	5.5824	5.3893	5.2064	5.0330	4.8684	4.7122	4.5638
8	7.6517	7.3255	7.0197	6.7327	6.4632	6.2098	5.9713	5.7466	5.5348	5.3349	5.1461	4.9676
9	8.5660	8.1622	7.7861	7.4353	7.1078	6.8017	6.5152	6.2469	5.9952	5.7590	5.5370	5.3282
10	9.4713	8.9826	8.5302	8.1109	7.7217	7.3601	7.0236	6.7101	6.4177	6.1446	5.8892	5.6502

四、年金终值系数表（F/A, i, n）

期数	1%	2%	3%	4%	5%	6%	7%	8%	9%	10%	11%	12%
1	1.0000	1.0000	1.0000	1.0000	1.0000	1.0000	1.0000	1.0000	1.0000	1.0000	1.0000	1.0000
2	2.0100	2.0200	2.0300	2.0400	2.0500	2.0600	2.0700	2.0800	2.0900	2.1000	2.1100	2.1200
3	3.0301	3.0604	3.0909	3.1216	3.1525	3.1836	3.2149	3.2464	3.2781	3.3100	3.3421	3.3744
4	4.0604	4.1216	4.1836	4.2465	4.3101	4.3746	4.4399	4.5061	4.5731	4.6410	4.7097	4.7793
5	5.1010	5.2040	5.3091	5.4163	5.5256	5.6371	5.7507	5.8666	5.9847	6.1051	6.2278	6.3528
6	6.1520	6.3081	6.4684	6.6330	6.8019	6.9753	7.1533	7.3359	7.5233	7.7156	7.9129	8.1152
7	7.2135	7.4343	7.6625	7.8983	8.1420	8.3938	8.6540	8.9228	9.2004	9.4872	9.7833	10.0890
8	8.2857	8.5830	8.8923	9.2142	9.5491	9.8975	10.2598	10.6366	11.0285	11.4359	11.8594	12.2997
9	9.3685	9.7546	10.1591	10.5828	11.0266	11.4913	11.9780	12.4876	13.0210	13.5795	14.1640	14.7757
10	10.4622	10.9497	11.4639	12.0061	12.5779	13.1808	13.8164	14.4866	15.1929	15.9374	16.7220	17.5487

附录6 增值税知识拓展

一、增值税征税范围

	增值税征税范围	
一般应交增值税	1.销售或进口的货物（有形动产）（13%）	
	2.销售劳务（加工、修理、修配）（13%）	
	3.销售服务： （1）交通运输服务（9%）；（2）邮政服务（9%）；（3）电信服务（9%和6%）；（4）建筑服务（9%）；（5）金融服务（6%）；（6）现代服务九种（研发和技术、信息技术、文化创意、物流辅助、租赁、鉴证咨询、广播影视、商务辅助、其他）（6%；租赁为9%或13%）；（7）生活服务（6%）	
	4.销售无形资产：无形资产所有权转让、使用权转让（6%、9%）	
	5.销售不动产：转让不动产所有权的业务活动产（9%）	
九种视同销售行为	1.委托方将货物交付他人代销	交增值税（销项税）
	2.受托方销售代销货物	交增值税（销项税）
	3.总分机构（不在同一县市）之间移送货物用于销售	交增值税（销项税）
	4.将自产、委托加工的货物用于非应税项目（给内部）	交增值税（销项税）； 如果是购买的货物：进项转出
	5.将自产、委托加工的货物用于集体福利或个人消费（给内部）	交增值税（销项税） 如果是购买的货物：进项转出
	6.将自产、委托加工、购买的货物作为投资，提供给其他单位或个体经营者（给外部）	交增值税（销项税）
	7.将自产、委托加工、购买的货物分配给股东或投资者（给外部）	交增值税（销项税）
	8.将自产、委托加工、购买的货物无偿赠送其他单位或者个人（给外部）	交增值税（销项税）
	9.单位或者个体工商户向其他单位或者个人无偿销售应税服务、无偿转让无形资产或者不动产	交增值税（销项税）（用于公益或社会公众除外）（给外部）
兼营行为	概念：同时经营多种不同增值税税率的商品	
	应分别核算不同税率或征收率的销售额，未分别核算，按下列处理	
	兼有不同税率的应税销售行为，从高适用税率	
	兼有不同征收率的应税销售行为，从高适用征收率	
	兼有不同税率和征收率的应税销售行为，从高适用税率	

续表

	增值税征税范围
需要特殊征税	1. 罚没物品拍卖后,由经营单位购入拍卖物品再销售的 2. 航空运输企业已售票但未提供航空运输服务的逾期票证收入 3. 单位或个体工商户为其他单位或个人无偿提供服务(但为公益或以社会公众为对象免税) 4. 单位或个人向其他单位或个人无偿转让无形资产或不动产(但为公益或以社会公众为对象免税)
不属于增值税征税范围	1. 存款利息 2. 被保险人获得的保险赔付 3. 房地产主管部门或者其指定机构、公积金管理中心、开发企业以及物业管理单位代收的住宅专项维修资金 4. 纳税人在资产重组过程中,通过合并、分立、出售、置换等方式,将全部或者部分实物资产以及与其相关联的债权、负债和劳动力一并转让给其他单位和个人 5. 行政单位收取的同时满足条件的政府性基金或者行政事业性收费

二、增值税计算方法

序号	增值税计算方法	内容
1	一般计税方法	最常见的计税方法(如下图),本知识点主要介绍该种方法
2	简易计税方法	主要是小规模纳税人适用 一般纳税人也可以选择适用,且一经选定,36个月不得变更(如自来水公司销售自来水) 当期应纳增值税额 = 当期销售额(不含增值税)× 征收率
3	扣缴计税方法	境外单位或者个人在境内发生应税行为,在境内未设有经营机构的:(有境内代理人的,境内代理人为扣缴义务人,没有的,以购买方为扣缴义务人) 应扣缴税额 = 接受方支付的价款 ÷ (1+税率)× 税率

一般计税方法:

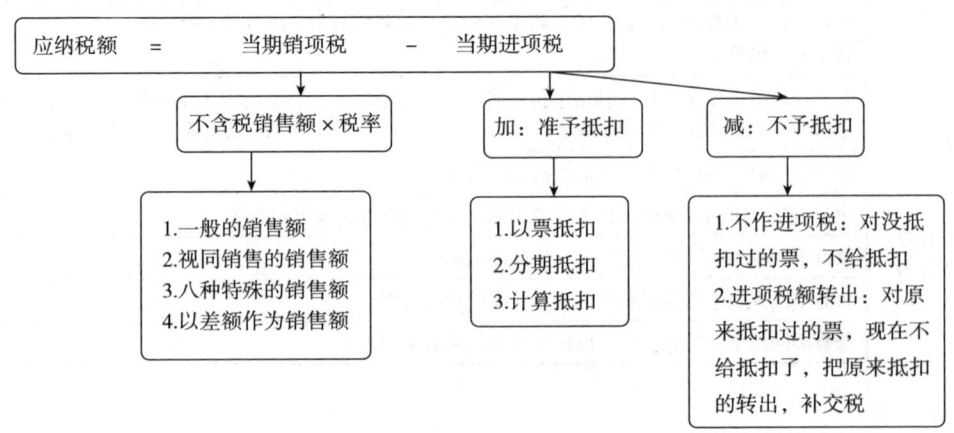

三、一般纳税人、小规模纳税人的资格登记及管理

（一）两类纳税人的划分及管理

纳税人（按行业分）	小规模纳税人	一般纳税人
1.从事货物生产、提供应税劳务； 2.从事货物生产、提供应税劳务为主≥50%，并兼营货物批发或者零售的纳税人	年应税销售额50万元以下（含50万元）	年应税销售额50万元以上
批发或零售货物的纳税人	年应税销售额80万元以下（含80万元）	年应税销售额80万元以上
销售服务、无形资产、不动产 （年销售额按未扣除之前计算）	年应税销售额500万元以下（含500万元）	年应税销售额500万元以上
1.年应税销售额包括：（1）纳税申报销售额；（2）稽查查补销售额；（3）纳税评估调整销售额；（4）免税销售额 2.销售服务、无形资产、不动产的销售额：有扣除项目的纳税人，年销售额按未扣除之前计算 3.偶然发生的无形、固定资产销售额，不计入年应税销售额		
特殊认定情况： 1.年应税销售额超过小规模纳税人的其他个人，按小规模纳税 2.不经常发生应税行为的企业、非企业性单位，可以选择按小规模纳税人纳税 3.小规模纳税人会计核算健全，能提供准确纳税资料的，可以向主管税务机关办理不作为小规模纳税人（作一般纳税人）		

（二）一般纳税人和小规模纳税人登记和管理

一般纳税人办理程序	1.填报资格登记表，提供税务证件 2.填报内容与税务登记信息一致的，当场登记 3.不一致或不符合要求的，应当场告知补齐
申请一般纳税人登记管理时限	1.年应税销售额超过申报期结束后15日按规定办理手续 2.未办理手续，税务机关在规定时限结束后5日内制作税务事项通知书，告知纳税人应当在5日内向主管税务机关办理相关手续 3.逾期不办理的，次月按销售额依照增值税税率计算应纳税额，不得抵扣进项税，直到纳税人办理相关手续为止
一般纳税人生效之日	办理登记的当月1日或者次月1日，由纳税人办理登记手续时自行选择
不得办理一般纳税人登记	1.按政策规定，选择按照小规模纳税人纳税（必须提交说明） 2.年应税销售额超过规定标准的其他个人
税收风险的管理	对税收遵从度比较低的一般纳税人，主管税务机关可以实行辅导期管理

四、进口环节增值税（海关代征）

范围	进口货物（含跨境电子商务零售进口商品）	
纳税义务人	一般：进口收货人或办理报关手续单位和个人	
	代理：完税凭证上的个人	
	跨境电商零售：购买的个人； （代收代缴的是电商企业，电商交易平台或物流企业）	
税额计算	进口增值税 =（关税完税价 + 关税 + 消费税）× 增值税税率	
	进口消费税： （1）从价计征：（关税完税价 + 关税）/（1- 消费税税率）× 消费税税率 （2）复合计税：（关税完税价 + 关税 + 进口数量 × 消费税定额税率）/（1- 消费税税率）×消费税税率 + 应税消费品进口数量 × 消费税定额税率	
	跨境电商：（实际交易价包括货物零售价格、运费和保险费） ①单次小于 2000，个人年 20000 以内：增值税 = 实际交易价 × 增值税税率 ×70% （限值以内，消费税也按 70% 征收） ②超过上述标准的：增值税 = 实际交易价 × 增值税税率	
进口征管	纳税义务发生时间：为报关进口当天	
	纳税地点：进口货物报关地海关	
	纳税期限：海关填发海关进口增值税专用缴款书之日起 15 日内	
跨境电商零售进口商品	由海关代征进口税金；放行 30 日内退货，可以退税，调整个人年度交易额；购买人身份信息应进行认证；未认证的，购买人应与付款人一致	

五、增值税退（免）税政策范围及方法

（一）出口免税的货物、服务

	出口免税的货物、服务
出口免税的货物	1. 增值税小规模纳税人出口货物 2. 避孕药品和用具，古旧图书 3. 软件产品、动漫软件出口免征增值税 4. 含黄金、铂金成分的货物，钻石及其饰品 5. 国家计划内出口的卷烟 6. 非出口企业委托出口的货物 7. 农业生产者自产农产品 8. 规定的出口免税的货物，如油、花生果仁、黑大豆等 9. 外贸企业取得普通发票、农产品收购发票、政府非税收入票据的货物 10. 来料加工复出口货物

续表

出口免税的货物、服务		
出口免税的服务	八项服务	1. 工程项目在境外的建筑服务 2. 工程项目在境外的工程监理服务 3. 工程、矿产资源在境外的工程勘察勘探服务 4. 会议展览地点在境外的会议展览服务 5. 存储地点在境外的仓储服务 6. 标的物在境外使用的有形动产租赁服务 7. 在境外提供的广播影视节目（作品）的播映服务 8. 在境外提供的文化体育服务、教育医疗服务、旅游服务
	为出口货物提供的邮政、收派、保险服务（包括出口货物保险和信用保险）	
	向境外单位提供的在境外消费的服务	1. 电信服务 2. 无形资产 3. 物流辅助 4. 鉴证咨询 5. 专业技术 6. 商务辅助 7. 广告投放地在境外的广告 8. 境外单位之间的直接收费金融服务且服务与境内货物、无形资产和不动产无关

（二）出口货物增值税征税政策（不免不退，要征税）

不免不退范围	
出口征税范围	1. 国家明确取消出口退免税的货物 2. 销售给特殊区域内的生活消费用品和交通工具 3. 企业因骗取出口退税被税务机关停止办理退免税期间，出口货物 4. 提供虚假备案单证的货物 5. 有伪造或内容不实的货物 6. 不予免税核销的出口卷烟 7. 不适用零税率和免税的出口服务和无形资产 8. 其他：(1) 把空白出口报关单给非委托人用；(2) 由其他企业借出口企业出口，当成自营出口；(3) 自营出口，同一批货物既签订合同，又代理出口；(4) 验收后，擅自修改单据；(5) 自营出口，不承担质量、收款、退税风险；(6) 未实质参与出口经营，接受中间人介绍业务，以自营出口
出口征税计算	(1) 一般纳税人：出口货物销项税额 =（出口货物离岸价 – 出口货物耗用的进料加工保税进口料件金额）÷（1+ 适用税率）× 适用税率 (2) 小规模纳税人：应纳税额 = 出口货物、劳务和跨境应税行为离岸价 ÷（1+ 征收率）× 征收率

六、税收优惠

（一）增值税暂行条例规定的 7 项

	暂行条例免税
1	农业生产者销售的自产农产品（含公司＋农户模式畜禽饲养）
2	避孕药品和用具
3	古旧图书，是指向社会收购的古书和旧书
4	直接用于科学研究、科学试验和教学的进口仪器、设备
5	外国政府、国际组织无偿援助的进口物资和设备
6	由残疾人组织直接进口供残疾人专用的物品
7	个人销售自己使用过的物品（动产免税）

（二）营改增规定的税收优惠

	生活服务类增值税优惠
1	托儿所、幼儿园提供的保育和教育服务
2	养老机构提供的养老服务
3	残疾人福利机构提供的育养服务
4	婚姻介绍服务
5	殡葬服务
6	残疾人员本人为社会提供的服务
7	医疗机构提供的医疗服务
8	从事学历教育的学校提供的教育服务
9	学生勤工俭学提供的服务
10	农业机耕、排灌、病虫害防治、植物保护、农牧保险以及相关技术培训业务，家禽、牲畜、水生动物的配种和疾病防治
11	纪念馆、博物馆、文化馆、文物保护单位管理机构、美术馆、展览馆、书画院、图书馆在自己的场所提供文化体育服务取得的第一道门票收入
12	寺院、宫观、清真寺和教堂举办文化、宗教活动的门票收入
13	家政服务企业由员工制家政服务员提供家政服务取得的收入
14	学历教育的学校举办进修班、培训班取得的全部归该学校所有的收入
15	政府办职业学校设立的主要为在校学生提供实习场所，并由学校出资自办、经营收入归学校所有的企业，从事"现代服务"（不含融资租赁服务、广告服务和其他现代服务）、"生活服务"

续表

16	境外教育机构与境内从事学历教育的学校开展中外合作办学,提供学历教育服务取得的收入免征增值税
金融类增值税优惠	
1	国家助学贷款
2	国债、地方政府债
3	人民银行对金融机构的贷款
4	住房公积金管理中心用住房公积金在指定的委托银行发放的个人住房贷款
5	外汇管理部门在从事国家外汇储备经营过程中,委托金融机构发放的外汇贷款
6	统借统还业务中,企业集团或企业集团中的核心企业以及集团所属财务公司按不高于支付给金融机构的借款利率水平或者支付的债券票面利率水平,向企业集团或者集团内下属单位收取的利息
7	境外机构投资境内债券市场取得的债券利息收入
8	金融机构向小型企业、微型企业和个体工商户发放小额贷款取得的利息收入
9	社保基金会
10	金融同业往来利息收入免税
11	同时符合规定条件的担保机构从事中小企业信用担保或再担保业务取得的收入(不含信用评级、咨询、培训等收入),3年内免征增值税
12	公司开办的1年期以上人身保险产品取得的保费收入
13	境内保险公司向境外保险公司提供的完全在境外消费的再保险服务
14	合格境外投资者(QFII)委托境内公司在我国从事证券买卖业务
15	香港市场投资者(包括单位和个人)通过沪港通、深港通买卖上交所和深交所上市A股;内地投资者(包括单位和个人)通过沪港通买卖香港联交所上市股票
16	证券投资基金管理人运用基金买卖股票、债券
17	全国社保基金理事会、全国社会保障基金投资管理人运用全国社会保障基金买卖证券投资基金、股票、债券取得的金融商品转让收入
18	个人从事金融商品转让业务
现代服务类增值税优惠	
1	纳税人提供技术转让、技术开发和与之相关的技术咨询、技术服务
2	军队空余房产租赁收入
邮政业增值税优惠	
1	中国邮政集团公司及其所属邮政企业提供的邮政普遍服务、邮政特殊服务、为金融机构代办金融保险业务取得的代理收入,免税

续表

	无形资产类增值税优惠
1	将土地使用权转让给农业生产者用于农业生产
2	土地所有者出让土地使用权和土地使用者将土地使用权归还给土地所有者
3	县级以上地方人民政府或自然资源行政主管部门出让、转让或收回自然资源使用权（不含土地使用权）
	个人免增值税业务
1	个人转让著作权
2	个人从事金融商品转让业务
3	家庭财产分割的个人无偿转让不动产、土地使用权
4	个人销售自建自用住房
5	个人出租住房（月租金≤10万元）
6	个人出售住房（北上广深） 2年内（含）:（普通住宅）售价÷(1+5%)×5%;（非普通住宅）售价÷(1+5%)×5%; 2年以上:（普通住宅）免;（非普通住宅）差价÷(1+5%)×5%
7	个人出售住房（其他地区，不区分普通住宅和非普通住宅） 2年内（含）:售价÷(1+5%)×5% 2年以上:免
	其他类增值税优惠
1	行政单位之外的其他单位收取的符合规定条件的政府性基金和行政事业性收费
2	各党派、共青团、工会、妇联、中科协、青联、台联、侨联收取党费、团费、会费，以及政府间国际组织收取会费，不征收增值税
3	（1）从事个体经营的军队转业干部、随军家属，自领取税务登记证之日起，其提供的应税服务3年内免征增值税 （2）为自主择业的军队转业干部就业而新开办的企业、为安置随军家属就业而新开办的企业，自领取税务登记证之日起，其提供的应税服务3年内免征增值税
4	福利彩票、体育彩票的发行收入
5	对国家级、省级科技企业孵化器、大学科技园和国家备案众创空间向在孵对象提供孵化服务取得的收入，免征增值税
6	纳税人取得的财政补贴收入，与其销售货物、劳务、服务、无形资产、不动产的收入或者数量直接挂钩的，应按规定计算缴纳增值税。纳税人取得的其他情形的财政补贴收入，不属于增值税应税收入，不征收增值税

续表

	即征即退（实际税负超过3%）
1	一般纳税人销售其自行开发生产的软件产品
2	一般纳税人提供管道运输服务
3	经批准从事融资租赁业务的一般纳税人，提供有形动产融资租赁服务和有形动产融资性售后回租服务
4	纳税人（安置残疾人的单位和个体工商户）享受安置残疾人增值税即征即退优惠

七、增值税的征收管理

纳税时间	1. 直接收款	收到销售额或取得销售额凭据，并将提货单给买方当天
	2. 托收承付和委托银行收款	发出货物并办妥托收手续的当天
	3. 赊销和分期收款方式销售	合同约定日期；无合同或无日期，为发出货物当天
	4. 预收货款方式	货物发出的当天；生产工期超过12个月的大型机械设备、船舶、飞机等货物，为收到预收款或者合同约定的收款日期的当天
	5. 委托其他纳税人代销货物	收到代销清单或收到全部（部分）货款，二者中的较早者（超过180日的，按满180日当天）
	6. 视同销售货物	货物移送当天
	7. 视同销售的应税行为	服务、无形资产转让完成的当天或者不动产权属变更的当天
	8. 建筑服务、租赁服务	采用预收款，为收到预收款当天
	9. 金融商品转让	金融商品所有权转移的当天
纳税期限	固定期限	（1）固定期限：分别为1日、3日、5日、10日、15日、1个月或者1个季度 （2）不能按照固定期限纳税的，可以按次纳税 （3）以1个季度为纳税期限的规定适用于：小规模纳税人、银行、财务公司、信托投资公司、信用社以及财政部和国税总局规定的其他纳税人 （4）以1个月为纳税期的规定适用于：保险公司
	税款缴库时间	以1个月或者1个季度为1个纳税期的，自期满之日起15日内申报纳税。进口货物，应当自填发海关专用缴款书之日起15日内缴纳税款
	扣缴义务发生时间	扣缴义务发生时间：为纳税人增值税纳税义务发生的当天；解缴税款的期限，在扣缴义务发生之日起15日内

359

续表

纳税地点	固定业户——机构所在地	总机构和分支机构不在同一县（市）： （1）经财政部和国家税务总局批准，可以由总机构汇总向总机构所在地的主管税务机关申报纳税； （2）其他：分别向各自所在地主管税务机关申报纳税
	非固定业户	销售地纳税；未在销售地纳税的，要在机构所在地或居住地补交
	扣缴义务人	机构所在地或居住地的主管税务机关申报缴纳

附录7 消费税知识拓展

一、消费税应税产品和税率

消费税应税消费品	
第一类：烟	包括：雪茄烟：36%； 烟丝：30% 卷烟：56%+150元/箱或36%+150元/箱 批发环节（多交一次）：11%
第二类：酒	包括：白酒：20%+0.5元/斤 啤酒：甲类啤酒（出厂价≥3000元/吨）、税率为250元/吨 　　　乙类啤酒（出厂价<3000元/吨）、税率为220元/吨（单价包含 　　　包装物及押金，不含重复使用的塑料周转箱押金） 黄酒：240元/吨 其他酒（如葡萄酒），10% 不包括：酒精（2014年12月1日取消对酒精征收消费税）、调味料酒
第三类： 高档化妆品	包括：高档美容、修饰类化妆品、高档护肤类化妆品、成套化妆品：15%（不含 　　　增值税≥10元/毫升或15元/片） 不包括：舞台、戏剧、影视演员化妆用的上妆油、卸妆油、油彩
第四类： 贵重首饰及珠宝 玉石	包括：金银首饰、铂金首饰和钻石及钻石饰品：5%（零售环节） 　　　其他贵重首饰和珠宝玉石：10%（生产、委托加工、进口环节） 出国人员免税商店销售的金银首饰征收消费税（免税店只免进口环节，不免零 售环节）
第五类： 高尔夫球及球具	包括：高尔夫球、高尔夫球杆、杆头、杆身、握把、高尔夫球包（袋）：10%
第六类：高档手表	包括：高档手表（不含增值税每只≥10000元）：20%
第七类：游艇	包括：长度大于8米小于90米，主要用于水上运动和休闲娱乐等非牟利活动： 10%
第八类：成品油	包括：汽油、柴油、石脑油、溶剂油、航空煤油、润滑油、燃料油7个子目 暂缓征收：航空煤油 不包括：变压器油、导热类油等绝缘油类
第九类： 木制一次性筷子	包括：木制一次性筷子：5% 不包括：竹制一次性筷子
第十类：实木地板	包括：实木地板、实木指接地板、实木复合底盘、实木装饰板、未经涂饰的素 板：5%
第十一类：小汽车	包括：乘用车（9座以下）、中轻型商用客车（10—23座），改装车（排量 　　　≤1.5L改成） 超豪华小汽车：每辆不含增值税零售价≥130万元，零售环节多交一道 消费税10% 不包括：电动汽车、沙滩车、雪地车、卡丁车、高尔夫车、大客车、车身长度≥ 　　　7米且座位10—23座以下的商用客车

续表

消费税应税消费品	
第十二类：摩托车	包括：摩托车 不包括：最大车速≤50km/h且发动机汽缸工作总量≤50ml的三轮摩托车、汽缸容量＜250ml的小排量摩托车
第十三类：鞭炮、焰火	包括：鞭炮、焰火 不包括：体育上用的发令纸、鞭炮药引线
第十四类：电池	包括：原电池、蓄电池、燃料电池、太阳能电池、铅蓄电池等：4% 不包括：无汞原电池、镍氢蓄电池、锂原电池、锂离子蓄电池、太阳能电池、燃料电池、全钒液流电池
第十五类：涂料	包括：液体或固体涂料：4%（2015年2月1日起）
关于税率运用的特殊规定	（1）兼营不同税率应税消费品，应分别核算；未分别核算的，从高适用税率 （2）将不同税率应税消费品组成成套消费品销售的，从高适用税率

二、消费税的计算

三种计税方法	计税公式	备注
从价计税	应纳税额 = 销售额 × 比例税率	销售额的确定： （1）全部价款 + 价外费用（均应换算为不含增值税） （2）换、抵、投：同类应税消费品的最高销售价格为依据（增值税以同类平均售价为依据） （3）自设非独立核算门市部销售的自产应税消费品：门市部对外销售额或销售数量征收消费税 （4）不得低于：最低计税价格
从量定额计税（啤酒、黄酒、成品油）	应纳税额 = 销售数量 × 单位税额	各环节销售数量确定： （1）销售：为应税消费品的销售数量 （2）自产自用：为应税消费品的移送使用数量 （3）委托加工：为纳税人收回的应税消费品数量 （4）进口：为海关核定的应税消费品的进口数量
复合计税（白酒、卷烟）	应纳税额 = 销售额 × 比例税率 + 销售数量 × 单位税额	白酒生产企业向商业销售单位收取的"品牌使用费"：并入白酒的销售额中缴纳消费税

三、缴纳消费税的环节

	（一）生产环节	
	直接对外出售	交消费税、交增值税
自产自用	1. 用于连续生产应税消费品	连续加工：不交消费税，不交增值税 加工后对外出售：交消费税，交增值税
	2. 连续生产非应税消费品	连续加工：交消费税，不交增值税 加工后对外出售：不交消费税，交增值税
	3. 在建工程、管理部门、非生产机构、馈赠、赞助、集资、广告、样品、职工福利、奖励	交消费税，交增值税
视同生产环节	1. 将外购的消费税非应税产品以消费税应税产品对外销售的 2. 将外购的消费税低税率应税产品以高税率应税产品对外销售的	

（二）批发环节和零售环节——消费税		
生产环节、进口环节	批发环节	零售环节
一般应税消费品√（除金银钻石及饰品）	×	金银钻石及饰品√（5%）
卷烟√（56%或36%+150元/箱）	卷烟√（11%+150元/箱）	×
超豪华小轿车√	×	超豪华小轿车√（10%）

	（三）委托加工环节——消费税	
委托加工的情形	属于委托加工的情形： 1. 委托方提供主料 2. 受托方提供加工服务和代垫辅料	不属于委托加工的情形： 1. 由受托方提供原材料 2. 受托方先将原材料卖给委托方，再接受加工
纳税人	委托方纳税；受托方代收代缴消费税	受托方为单位：受托方代收代缴消费税 受托方是个人（含个体工商户）：委托方向所在地主管税务机关缴纳
计税依据	首先按受托方同类售价；没有同类价格的，按组成计税价格计算	
委托加工收回后（已由受托方代收代缴）	直接出售（不高于受托方的计税价格）	不再缴纳消费税
	直接出售——加价出售（高于受托方的计税价格出售）	缴纳消费税，并准予扣除受托方已代收代缴的消费税
	连续生产应税消费税	已缴纳的消费税可以抵扣
	用于其他方面（如职工福利等）	不再缴纳消费税

四、外购应税消费品已纳消费税的扣除

可准予扣除的范围	1. 外购已税烟丝→卷烟 2. 外购已税高档化妆品→高档化妆品 3. 外购已税珠宝玉石→贵重首饰及珠宝玉石 4. 外购已税鞭炮焰火→鞭炮焰火 5. 外购已税杆头、杆身和握把→高尔夫球杆 6. 外购已税木制一次性筷子→木制一次性筷子 7. 外购已税实木地板→实木地板 8. 外购汽油、柴油、石脑油、燃料油、润滑油→应税成品油 9. 外购已税摩托车→应税摩托车（如外购两轮摩托车生产三轮摩托车） 10. 从葡萄酒生产企业购进、进口葡萄酒→应税葡萄酒 （注：前九种，委托加工收回的用于连续生产，也可以扣除；第十种不行）
例外	注：在零售环节缴纳消费税的金银首饰（含镶嵌首饰）、钻石及钻石饰品，已纳消费税不得扣除（即对外购环节买回来的珠宝玉石连续加工零售金银首饰，外购环节的消费税不得扣除）
不可扣除	酒、小汽车、高档手表、游艇、电池、涂料
扣除金额	按当期生产领用数量计算扣除（委托加工收回连续生产应税消费品同此处理） 准予扣除金额 = 外购买价（当期领用）× 外购消费税适用税率 外购买价（当期领用）= 期初金额 + 本期购进金额 – 期末金额

五、消费税出口退税

消费税出口退税	又免又退（外贸企业）	1. 有出口经营权的外贸企业购进消费品直接出口 2. 外贸企业受其他外贸企业委托代理出口 不包括：受非生产性的商贸企业委托，这种不免不退
		应退消费税计税依据： 从价：已征且未在内销消费税应纳税额中抵扣的购进出口货物金额 　　　（应退消费税 = 购进进口货物金额 × 消费税税率） 从量：已征且未在内销消费税应纳税额中抵扣的购进出口货物的数量 　　　（应退消费税 = 购进出口货物数量 × 单位税额） 复合：分别确定 增值税：免税并退税
	只免不退（生产企业）	自己生产的产品未交过消费税，没法退： 1. 有出口经营权的生产性企业自营出口 2. 生产企业委托外贸企业代理出口自产的应税消费品 　（按实际出口数量免征消费税）
	不免不退	除生产企业、外贸企业外的其他企业（指一般商贸企业）

六、消费税征收管理

纳税义务发生时间	赊销和分期收款方式	按合同规定，如果合同无规定或无合同，为产品发出当天
	预收货款结算方式	发出商品当天
	委托加工	纳税人提货当天
	托收承付和委托银行收款方式	发出商品并办妥托收手续的当天
	进口	报关进口的当天
	自产自用	移送适用的当天
	其他结算方式	收讫销售款或者取得索取销售款凭据的当天
纳税地点	直接销售、自产自用	向纳税人机构所在地或者居住地申报纳税
	委托加工业务	（受托方为单位）向受托方所在地申报 （受托方为个人）委托方向其机构所在地或者居住地申报
	进口	由进口人或者其代理人向报关地海关申报
	到外县（市）销售或委托外县（市）代销	销售后，向机构所在地或者居住地申报
退免税	退征消费税	因质量被购买者退回：所在地主管税务机关批准后，可退还已征消费税（不得自行抵减应纳税款）
	直接出口的消费品免税后，发生退关或国外退货	复进口时已予以免税的，可暂不办理补税 应税消费品在国内销售的当月申报纳税

附录8　企业所得税知识拓展

一、企业所得税纳税人

纳税人	类型	征税对象
居民企业	1. 依法在中国境内成立——注册地； 2. 依照外国法律成立但实际管理机构在中国境内的企业——实际管理机构所在地	来源于中国境内、境外的所得
非居民企业	1. 依外国（地区）法律成立且实际管理机构不在中国境内，但在中国境内设立机构、场所 2. 依外国（地区）法律成立且实际管理机构不在中国境内、在中国境内未设立机构、场所，但有来源于中国境内所得的企业	来源于中国境内的所得，以及发生在中国境外但与其在中国境内所设机构、场所有实际联系的所得
个人独资企业和合伙企业不征收企业所得税，应征收个人所得税		

二、企业所得税税率

种类	税率	适用范围
基本税率	25%	1. 居民企业 2. 在中国境内设有机构、场所且所得与机构、场所有关联的非居民企业
优惠税率	20%	符合条件的小型微利企业
优惠税率	15%	1. 国家重点扶持的高新技术企业 2. 西部鼓励类产业企业；技术先进型服务企业 3. 从事污染防治的第三方企业
扣缴义务人代扣代缴	10%	1. 在中国境内未设立机构、场所的非居民企业 2. 虽设立机构、场所但取得的所得与其所设机构、场所无实际联系的非居民企业

三、企业所得税的征税收入

一般收入			
	事项	纳税义务发生时间	应纳税所得额
1	销售货物	托收承付：办妥托收手续 预收款：发出商品 需要安装和检验：安装检验完毕 安装简单：发出商品 委托代销：收到代销清单货款 产品分成：分得产品时	所得额=含增值税收入/（1+增值税税率） （以下收入不特别说明均为不含增值税收入）

续表

一般收入				
	事项	纳税义务发生时间	应纳税所得额	
2	提供劳务	安装费：安装完工进度	得额 = 含增值税收入 /（1+ 增值税税率）	
		安装是商品附带：随商品		
		广告制作：完工进度		
		宣传媒介：出现于公众面前		
		软件费：完工进度		
		可区分服务费：服务期内分期		
		设备特许权费：交付或转移资产		
		服务特许权费：提供服务时		
3	转让财产收入	一般转让：转让完成时	按转让收入为应纳税所得额	
		转让股权：转让协议生效 + 完成股权变更手续	股权转让所得 = 转让收入 – 取得股权发生成本 （可能分配的金额不得扣除）	
		撤资所得	区分股权转让所得与股息性所得： 股息所得 =（累计未分配利润 + 累计盈余公积）× 持股比例 投资转让所得或损失 = 分得的剩余资产 – 股息所得	
		企业清算所得（新增）		
4	股息、红利等权益性投资收益	被投资方做出利润分配决定日期（不包含：资本公积转增股本）	持有期分回的税后收益：免税	
			内地企业投资者通过沪港通投资港股，有两项所得额： ①所得额 = 股票转让差价 ②所得额 = 分回的股息、红利（若持有满 12 个月则免征）	
5	利息收入	一般：按合同约定时间	所得额 = 收到的利息收入（存贷款利息、欠款利息、债券利息）	
		混合性投资业务： ①被投资企业支付的利息：应付利息日期 ②被投资企业赎回的投资：赎回日	①收到被投资企业支付的利息： 所得额 = 收到的利息收入 ②被投资企业赎回的投资： 所得额 = 赎回价 – 投资成本	
6	租金收入	按合同约定日期	一般：所得额 = 收到的租金 租赁期跨年，租金提前一次性支付：均匀分摊到相关年度	

续表

一般收入			
	事项	纳税义务发生时间	应纳税所得额
7	特许权使用费收入	按合同约定日期	一般：所得额＝收到的使用费收入 主要是专利权、商标权等无形资产使用权收入
8	接受捐赠收入	实际收到时 包括货币性和非货币性资产	应纳税所得额＝财物的不含税价值＋捐赠企业代支付的增值税 （不含自己企业支付的各种支出，这不是捐赠收入）
9	其他收入	其他收入，是指企业取得的除以上收入外的其他收入、一次性计入确认收入 包括：企业资产溢余收入、逾期未退包装物押金收入、无法偿付的应付款项、已作坏账后又收回的应收款项、债务重组收入、补贴收入、违约金收入、汇兑收益等	

特殊收入			
	事项	情形和时间	应纳税所得额
1	分期收款销售	按合同约定的日期	一般：所得额＝收到的金额
2	大型制造：船舶、飞机、建筑等持续超过12个月	一般每年年终的时候确认一次，主要看企业规定	按完工进度或者完成的工作量确认收入，也就是应纳税所得额
3	视同销售处置资产收入（与增值税视同销售不同）	移送时交税：（都是所有权变化了） （1）用于市场推广或销售 （2）用于交际应酬 （3）用于职工奖励或福利 （4）用于股息分配 （5）用于对外捐赠 （6）其他改变资产所有权属的用途	自产产品： 所得额＝同类同期对外售价 外购产品： 所得额＝购入时的价格 注：内部处置资产不确认收入，如改变资产用途，用自产产品生产另一种产品，总分机构移送产品等
4	非货币性资产对外投资（这里与增值税不同，增值税是全额纳税，这里是对利润差额纳税）	向新设居民企业或现有居民企业投资： 转让收入的实现：投资协议生效＋股权登记 5年内转让、收回投资或注销	可以在不超过5年内，转让所得分期均匀计入相应年度的应纳税所得额 转入或收回：将剩余所得一次性计入收入，一次性调整股权计税基础到位 注销：将剩余所得一次性计入收入即可

续表

特殊收入			
	事项	情形和时间	应纳税所得额
5	企业转让上市公司限售股	企业转让代个人持有的限售股	转让所得＝收入－原值－合理税费 不能准确计算原值的： 转让所得＝收入×（1－15%）
		企业在限售股解禁前转让限售股	转让所得＝全部收入
6	企业接收政府和股东划入资产	接收政府投资和指定用途资产，接收股东投资：不征税 接收政府、股东无偿划入资产：缴税	政府无偿划入且政府没确定价格：所得额＝按公允价 股东划入无偿：所得额＝按公允价
7	售后回购	一般回购（回购价是回购日公允价）：出售时纳税，回购时按购入商品处理	所得额＝不含税售价
		融资回购（回购日价格是固定的）：不作为收入	无应纳税所得额 卖出价和回购价差额，作为财务费用，还会减少应纳税所得额
8	买一赠一	不属于捐赠	按公允价比例分摊销售额，作为所得额
9	以旧换新	出售时纳税，回购时按购入新商品处理	出售环节的所得额＝不含税售价
10	折扣、折让	商业折扣	先折扣再销售，如100元，8折	所得额＝100×80%＝销售收入80元
		现金折扣	先销售，融资再折扣，如100元一开始没给折扣，后来为了早点收款，给了8折还款优惠	增加所得额＝销售收入100元 减少所得额＝利息费用20元 共增加所得额＝100－20＝80元

四、企业所得税中不征税收入和免税收入

不征税收入和免税收入		
不征税收入	包括	1.财政拨款、行政事业性收费、财政基金 2.规定专项用途并经国务院批准的财政性资金：财政补助、财政补贴、贷款贴息、直接减免、即征即退、先征后退、先征后返等税收（不含出口退税）
	相关规定	不征税收入对应的费用，不得在应纳税所得额扣除 不征税收入形成了资产的，资产的折旧和摊销，也不得在应纳税所得额扣除 不征税收入改变用途，变成了征税收入：若5年内未使用，未缴回（退回政府），计入第6年的应纳税所得额

续表

不征税收入和免税收入			
免税收入	1. 国债	国债利息收入：免税（含已到期和未到期）	未到期利息 = 国债金额 × (适用年利率 ÷ 365) × 持有天数
		国债转让收益：要交税	价款 – 国债成本 – 未到期利息 – 交易税费
	2. 居民企业直接投资于其他居民企业取得的投资收益：免税（持有居民企业上市流通股票不超过12个月取得投资收益：按照差额交税）		
	3. 非居民企业从居民企业取得与机构场所有实际联系的股息、红利等（持有居民企业上市流通股票不超过12个月取得投资收益：按照差额交税）		
	4. 符合条件的非营利组织的收入（不包括非营利组织从事营利性活动取得的收入）		
	5. 非营利组织收入免税情况	（1）接受其他单位或者个人捐赠的收入	
		（2）财政拨款以外的其他政府补助收入（因政府购买服务取得收入要交税）	
		（3）按照省级以上民政、财政部门规定收取的会费	
		（4）不征税收入和免税收入孳生的银行存款利息	

五、企业所得税前可扣除项目

扣除项目的范围		
1. 成本	包括	各种生产经营成本，含出口货物不得免抵和退税税额
	利润表	主营业务成本、其他业务成本
2. 费用	包括	限额内扣除
	利润表	销售费用、管理费用、财务费用
3. 税金	包括	消费税、城市维护建设税、教育费附加及房产税、印花税、房产税、资源税、城镇土地使用税、土地增值税、车船税、出口关税、环境保护税（税金扣除不包括车辆购置税、契税、耕地占用税、进口关税，因为这些税直接计入资产成本。税金扣除也不包括增值税，因为增值税是价外税，不影响企业利润）
	利润表	税金及附加
4. 损失	包括	固定资产和存货的盘亏、毁损、报废损失，转让财产损失、呆账损失、坏账损失、自然灾害等不可抗力因素造成的损失以及其他损失（以上损失是扣除保险赔偿的净损失，损失以后收回时又要计入当期收入）
	利润表	资产减值损失、营业外支出等
5. 其他	其他生产经营活动有关的、合理的支出	

六、企业所得税税收优惠

企业所得税税收优惠		
免税	直接从事农、林、牧、渔业项目的所得	
减半征收	1. 花卉、茶以及其他饮料作物和香料作物的种植 2. 海水养殖、内陆养殖	
3免3减半	国家重点扶持的公共基础设施项目：第一笔收入当年起 符合条件的环境保护、节能节水项目：第一笔收入当年起	
居民企业符合条件的技术转让所得	计算	所得=技术转让收入-无形资产摊销费用-相关税费-应分摊销期间费用
	优惠	所得不超过500万元的部分，免征企业所得税 所得超过500万元的部分，减半征收企业所得税（超过的部分减半征收）
	范围	前提：居民企业： 内容：专利技术、计算机软件著作权、集成电路布图设计权、植物新品种、生物医药新品种、5年以上非独占许可使用权等
	不包括	（1）销售或转让设备、仪器、零部件、原材料等非技术性收入 （2）100%关联方之间技术转让所得 （3）禁止出口和限制出口技术转让所得 （4）未单独核算技术转让所得
加计扣除优惠	研究开发费	未形成无形资产计入当期损益：按50%加计扣除（当期发生100万元，允许扣150万元） 形成无形资产的：按照无形资产成本的150%摊销（成本100万元，按150万元分期摊销） 新增：高科技型中小企业，比例分别为75%和175%
	安置残疾人员工资	在据实扣除的基础上，100%加计扣除（支付100万元，允许扣200万元）
	委托境外的研究开发费用	按照费用实际发生额的80%计入委托方的委托境外研究开发费用，不超过境内符合条件的研究开发费用2/3的部分，可以按规定在企业所得税前加计扣除

企业所得税税收优惠				
加速折旧优惠	可采用加速折旧的资产	1. 由于技术进步，产品更新换代较快的固定资产 2. 常年处于强震动、高腐蚀状态的固定资产		
	有两种加速折旧途径	1. 缩短折旧年限，最长不得低于折旧年限的60% 2. 改变折旧方法，可以使用年数总和法和双倍余额递减法		
	六个行业	1. 生物药品制造业 2. 专用设备制造业 3. 铁路、船舶、航空航天和其他运输设备制造业 4. 计算机、通信和其他电子设备制造业 5. 仪器仪表制造业 6. 信息传输、软件和信息技术服务业		2014年1月1日以后购进的固定资产可加速折旧
	四个重点领域	固定资产投入当年，主营收入超过收入总额50% 1. 轻工 2. 纺织 3. 机械 4. 汽车		2015年1月1日以后购进的固定资产可加速折旧
	所有行业	2014年1月1日以后购进的专门用于研发的仪器、设备： 1. 单价不超过100万元的，一次性扣除，不折旧 2. 单价超过100万元的，加速折旧		
		持有的单位价值不超过5000元的固定资产，允许一次性扣除，不折旧		
减计收入优惠	综合利用资源，生产非限制性相关产品收入，减按90%计入收入总额				
西部大开发	税率15%	2011年1月1日至2020年12月31日，对设在西部地区国家鼓励类产业企业		
地方政府债券利息所得	免征	取得的2009年及以后发行的地方政府债券利息所得		
税额抵免优惠	内容	购置规定的环境保护、节能节水、安全生产等专用设备的		
	抵免金额	设备的投资额×10%，在企业当年的应纳税额中抵免 当年不足抵免的，可以在以后5个年度抵免（注：抵免的是税额）		
	注意要点	1. 专用设备投资额不包括允许抵扣的增值税进项税额 2. 如果5年内转让了，应补缴相应抵免的税额 3. 专用设备正常计提折旧		
非居民企业	税率10%	1. 境内未设立场所 2. 虽设立场所但所得和场所无联系		
	免税	1. 外国政府向中国政府提供贷款取得的利息所得；2. 国际金融组织向中国政府和居民企业提供优惠贷款取得的利息所得		
西部大开发税收优惠	税率15%	对设在西部地区国家鼓励类产业企业，在2021年1月1日至2030年12月31日期间，减按15%的税率征收企业所得税		
地方政府债券利息所得		对企业取得的2009年及以后发行的地方政府债券利息所得，免征企业所得税		

续表

税收优惠（特殊行业）			
企业类型	税收优惠		
创投企业	采取股权投资方式投资于未上市的中小高新技术企业2年以上的		股权满2年的当年抵扣的应纳税所得额： 投资额×70%（当年不足可以以后抵）
集成电路生产企业或项目	企业自优惠期自获利年度起计算，项目从取得第一笔生产经营收入起计算		
	小于28纳米（含）且经营期在15年以上		10年免税
	小于65纳米（含）且经营期在15年以上		5免5减半
	小于130纳米（含）且经营期在10年以上		2免3减半；纳税年度发生的亏损，后10年内补亏
证券投资基金	1. 证券投资基金从证券市场中取得的收入，包括买卖股票债券差价收入，股权的股息红利收入，债券利息收入及其他收入 2. 投资者从证券投资基金分配中取得的收入 3. 证券投资基金管理人运用基金买卖股票、债券的差价收入		免税
节能服务公司	取得第一笔经营收入当年起		3免3减半
电网企业	电网新建项目，暂以资产比例法（新增固定资产原值/总固定资产原值）×总所得税额，计算新建项目所得税		3免3减半
从事污染防治的第三方企业	自2019年1月1日起至2021年12月31日，对符合条件的从事污染防治的第三方企业减按15%的税率征收企业所得税		2019年1月1日至2021年12月31日减按15%
海南自由贸易港的鼓励类产业企业	自2020年1月1日起至2024年12月31日，对注册在海南自由贸易港并实质性运营的鼓励类产业企业，减按15%的税率征收企业所得税		2020年1月1日至2024年12月31日减按15%

附录9　个人所得税知识拓展

一、个人所得税的九种类型

		（第一种）工资、薪金所得（七级超额累进税率）		
包括	1.任职或者受雇而取得	工资、薪金、奖金、年终加薪、劳动分红、津贴、补贴、商业保险（退保可退）		
	2.其他所得	（1）公司职工取得的用于购买企业国有股权的劳动分红 （2）解除劳动合同的经济补偿金、退休人员再任职（退休金免税）、企业（职业）年金、股票期权的行权等 （3）出租汽车经营单位对驾驶员采取单车承包或承租方式运营 （4）出租车驾驶员从事客货营运取得的收入		
不包括	1.独生子女补贴 2.执行公务员工资制度未纳入基本工资总额的补贴、津贴差额和家属成员的副食品补贴 3.托儿补助费 4.差旅费津贴、误餐补助 5.社保：住房、医疗、养老、失业（失业了领取失业保险金要交税） 6.福利费、抚恤金、救济金、离退休工资 （个人独立劳动所得按"劳务报酬所得"征税，如兼职收入）			
税额计算	（年工资收入-60000）×七级超额累进税率-速算扣除数			
税率	级数	全年应纳税所得额	税率	速算扣除数
	1	不超过36000元的	3%	0
	2	超过36000元至144000元的部分	10%	2520
	3	超过144000元至300000元的部分	20%	16920
	4	超过300000元至420000元的部分	25%	31920
	5	超过420000元至660000元的部分	30%	52920
	6	超过660000元至960000元的部分	35%	82920
	7	超过960000元的部分	45%	181920

（第二种）劳务报酬所得		
内容	指个人独立从事非雇用的各种劳务所得（包括个人兼职）	
纳税范围	27项：设计、装潢、安装、制图、化验、测试、医疗、法律、会计、咨询、讲学、翻译、审稿、书画、雕刻、影视、录音、录像、演出、表演、广告、展览、技术服务、介绍服务、经纪服务、代办服务、其他劳务（对非雇员免收差旅费、旅游费的营销业绩奖励）	
应纳税额（按次）	收入≤4000元：（劳务报酬收入-800）×20%	
	收入>4000元，所得<2万元：劳务报酬收入×（1-20%）×20%	
	2万元≤所得<5万元：劳务报酬收入×（1-20%）×30%-2000	
	5万元<所得：劳务报酬收入×（1-20%）×40%-7000	
	多次劳务报酬所得超过2万元、5万元，税率不加成征收	所得是指收入扣除了20%或800元

（第三种）稿酬所得			
内容	指个人作品以图书、报刊形式出版、发表取得的所得（含：与图书、报刊相关的翻译、审稿、书画所得）		
应纳税额	稿酬收入≤4000元	（稿酬收入-800）×20%×（1-30%）	
	稿酬收入>4000元	稿酬收入×（1-20%）×20%×（1-30%）	
同一作品次数划分	属于一次	以每次出版、发表取得的收入为一次	
		只连载的作品，连载完成后所有收入：合并计算为一次	
		出版发表后，因添加印数而追加稿酬的：与以前的稿酬合并计算一次	
		以预付稿酬或分次支付稿酬方式：合并计算为一次	
	属于多次	再版：视为另一次	
		连载再出版或出版再连载：视为两次	

（第四种）特许权使用费所得		
内容	是指个人提供专利权、商标权、著作权、非专利技术以及其他特许权的使用权取得的所得	
	作者将自己的文字作品手稿原件或复印件拍卖取得的所得（个人拍卖其他物品属于财产转让所得）	
	提供著作权的所得，不包括稿酬所得（稿酬所得需要另算）	
应纳税额	收入≤4000元	（收入-800）×20%
	收入>4000元	收入×（1-20%）×20%
	点评：最纯粹的征税方式，没有稿酬的30%减征，没有劳务收入的税率加成	

	（第五种）经营所得			
征税范围	个人：1. 承包经营 2. 承租经营 3. 转包 4. 转租取得的所得 个体工商户从事生产、经营活动取得的所得（业主为纳税人） 个人独资企业投资人、合伙企业的个人合伙人来源于境内注册的个人独资企业、合伙企业生产、经营的所得 个人依法从事办学、医疗、咨询以及其他有偿服务活动取得的所得 个人从事其他生产、经营活动取得的所得，例如，个人因从事彩票代销业务而取得的所得；从事个体出租车运营的出租车驾驶员取得的收入			
应纳税额	应纳税额 = 应纳税所得额 × 适用税率 – 速算扣除数			
	应纳税所得额	年应纳税所得额 = 年收入总额 – 成本、费用及损失 个体工商户、个人投资者如果没有综合所得，年扣除 60000 元、专项扣除、专项附加扣除、法定的其他扣除		
个人所得税税率表二（经营所得适用）	级数	全年应纳税所得额	税率	速算扣除数
	1	不超过 30000 元的	5%	0
	2	超过 30000 元至 90000 元的部分	10%	1500
	3	超过 90000 元至 300000 元的部分	20%	10500
	4	超过 300000 元至 500000 元的部分	30%	40500
	5	超过 500000 元的部分	35%	65500

	（第六种）利息、股息、红利所得	
应纳税额	每次收入额 × 20%	如果是收到股票：收入额 = 分得股票数 × 1 元/股
个人购买上市公司股票，持股期间获得股息	持股时间	征收优惠
	持股 1 个月内	全额征收
	持股 1 个月至 1 年内	减半征收
	持股 1 年以上	免税
特殊征税情形	投资者从其投资企业（个独、合伙除外）借款，在该纳税年度终了后既不归还又未用于企业生产经营的，属于"利息、股息、红利所得"	
	（除：个独、合伙）公司用企业资金为本人家庭成员及相关人员等进行生产经营无关的消费性支出及购买汽车、住房等财产性支出（为其他人员购买，属于工资薪金所得），如果也为企业经营适用，允许合理减除部分所得	

续表

（第六种）利息、股息、红利所得	
免税情形	1. 国债和地方政府债券利息　2. 国家发行的金融债券利息　3. 储蓄存款利息

（第七种）财产租赁所得		
内容	个人出租建筑物、土地使用权、机器设备、车船以及其他财产取得的所得（转租人交）	
税率	普通出租：20%（按月）	个人按市场价格出租居民住房：10%
应纳税额	不含增税收入≤4000元	（不含增税收入 – 支付出租方的租金 – 税费 – 修缮费用 – 扣除费用800）× 税率
	不含增税收入＞4000元	（不含增税收入 – 支付出租方的租金 – 税费 – 修缮费用）×（1–20%）× 税率
	税费：增值税、房产税、城建税、教育费附加、地方教育费附加	修缮费用：修缮费用每次最多扣800元，超出的费用下次扣

（第八种）财产转让所得			
内容	个人转让有价证券、股权、建筑物、土地使用权、机器设备、车船以及其他财产取得的所得		
转让住房	应纳税额 =（收入总额 – 财产原值 – 合理税费）× 20%		
	财产原值	含：购买财产时支付的税	
	费用	实际支付的住房装修费用（提供发票，商品房最高扣原值10%）、住房贷款利息、手续费、公证费等	
	免税	个人转让自用5年以上并且是唯一的家庭居住用房取得的所得	
	情形	出售、回购、强制过户	
转让股权	转让方为纳税义务人，受让方代扣代缴个税；协议签订5日内报税务机关		
	应纳税额 =（收入总额 – 财产原值 – 合理税费）× 20%		
	收入	股权转让收入	违约金、补偿金、满足约定条件的后续收入等
		税务机关核定收入方法	1. 净资产核定法　2. 类比法　3. 其他合理方法
	转让有价证券（不含股票）	应纳税额 =（出售价 – 买入价 – 买卖时支付的税费）× 20%（股票转入暂不征收个人所得税）	

(第九种)偶然所得	
内容	偶然所得，个人得奖、中奖、中彩，有奖发票（800元以下免，800元以上全额征）以及其他偶然性质所得；企业向个人支付不竞争款项；累积消费额外抽奖
应纳税额	每次收入额 × 20%
例：某人彩票中奖20000元，捐赠4000元，问实际到手的中奖金额？	捐赠扣除限额 =20000 × 30%=6000 > 4000，所以可以扣除4000元 应纳税所得额 = 收入 – 扣除额 =20000–4000=16000元 应纳税额 16000 × 20%=3200元，实际可得金额 =20000– 捐赠4000– 税3200= 12800元

二、个人所得税税收优惠

	个人所得税税收优惠
免税优惠	1. 省级人民政府、国务院部委和中国人民解放军军以上单位，以及外国组织颁发的科学、教育、技术、文化、卫生、体育、环境保护等方面的奖金
	2. 国债利息、国家发行的金融债券利息、地方政府债券利息
	3. 按国家统一规定发给的补贴、津贴
	4. 福利费、抚恤金、救济金、保险赔款、离退休工资
	5. 军人的转业费、复员费
	6. 按照国家统一规定发给干部、职工的安家费、退职费、基本养老金或者退休费、离休费、离休生活补助费
	7. 居民储蓄存款利息，暂免征收个人所得税
	8. 中国政府参加的国际公约以及签订的协议中规定免税的所得
	9. 驻华使馆、领事馆的人员免税
	10. 政府或够条件的机构发放的见义勇为奖金
	11. 对个体工商户或个人，以及个人独资企业和合伙企业从事种植业、养殖业、饲养业、捕捞业取得的所得暂不征收个人所得税
	12. 乡镇企业的职工和农民取得的青苗补偿费，属种植业的收益范围，也属经济损失的补偿性收入，暂不征收个人所得税
	13. 企业和个人按照省级以上人民政府规定的标准，以个人工资中的部分作为社会保险（住房、医疗、失业、养老：免税）
	14. 个人举报、协查违法、犯罪而获得的奖金
	15. 个人办理代扣代缴税款的手续费
	16. 个人转让自用达5年以上并且是唯一的家庭居住用房取得的所得

续表

个人所得税税收优惠	
免税优惠	17. 适当延长离退休年龄的高级专家，在延长离退休期间的工资、薪金所得
	18. 外籍个人从外商投资企业取得的股息、红利所得
	19. 符合条件的外籍专家工资、薪金所得
	20. 被拆迁人按照国家有关城镇房屋拆迁管理办法规定的标准取得的拆迁补偿款
	21. 对个人投资者从投保基金公司取得的行政和解金，暂免征收个人所得税
	22. 个人转让上市公司股票取得的所得暂免征收个人所得税
	23. 个人取得的中奖所得，暂免征收个人所得税，起征点 800 元（有奖发票）、10000 元（体彩、福彩）
	24. 个人从公开市场取得上市公司股票的股息红利所得，免税（1 年以上）
	25. 关于新冠肺炎疫情防控政策（新增）： （1）对参加疫情防治工作的医务人员和防疫工作者按照各级政府规定标准取得的临时性工作补助和奖金，免征个人所得税 （2）单位发给个人用于预防新冠病毒感染肺炎的药品、医疗用品和防护用品等实物（不包括现金），不计入工资、薪金收入，免征个人所得税
减征优惠	1. 个人投资者持有 2019—2023 年发行的铁路债券取得的利息收入，减按 50% 计入应纳税所得额计算征收个人所得税
	2. 一个纳税年度内在船航行时间累计满 183 天的远洋船员，自 2019 年 1 月 1 日起至 2023 年 12 月 31 日，其取得的工资、薪金收入减按 50% 计入应纳税所得额，依法缴纳个人所得税
	3. 残疾、孤老人员和烈属的所得
	4. 因严重自然灾害遭受重大损失的
	5. 其他经国务院财政部门批准减税的
个人公益捐赠	个人通过境内公益性社会组织、国家机关向教育、扶贫、济困等公益慈善事业的捐赠支出，捐赠额未超过纳税人申报的应纳税所得额 30% 的部分，可从其应纳税所得额中扣除——限额扣除

附录10 房产税知识拓展

房产税			
纳税义务人	产权归国家		经营管理单位纳税
	产权归集体和个人		集体和个人纳税
	产权出典		承典人
	无租使用其他房产		房产使用人
	所有人、承典人不在房屋所在地		代管人或使用人
	产权未确定、租典纠纷未解决		
征税对象	非农村房产	含:1.与房屋不可分割的各种附属设施或不单独计价的配套设施(给排水、采暖、消防、中央空调、电气及智能化楼宇设备) 2.房地产企业已使用或出租、出借的商品房	
		不含:1.独立于房屋之外的建筑物(如烟塔、围墙等) 2.房地产企业建造的尚未出售、未使用、出租、出借的商品房	
从租计征	按租金征税	1.以房产联营投资,收取固定收入,不承担经营风险 2.居民住宅区内业主共有经营性房产(出租)	
	租金×12%(非个人)	1.以劳务或者其他形式为报酬抵付房租收入:根据当地同类房产租金水平确定 2.营改增以后,租金收入应为不含增值税 3.免收租金的,免租期内由产权所有人按照房产余值缴纳房产税 4.出租的地下建筑,按照租金收入计算征收房产税	
	租金×4%(个人)		
从价计征	按余值征税	1.以房产联营投资,共担经营风险 2.融资租赁房屋 3.居民住宅区内业主共有经营性房产(自营) 4.出租约定免租期,免租期内产权所有人按房产余值缴纳	
	房产税=房产余值×1.2%=房产原值×(1−扣除比例)×1.2%(若今年用了3个月,则要乘以3/12)	房产原值: 1.房产原值包括与房屋不可分割的附属设施(给排水、采暖、消防等) 2.对原有房屋进行改建、扩建的,要相应增加房屋的原值 3.地价包括取得土地使用权支付的价款、开发土地发生的成本费用 4.宗地容积率低于0.5的,按房产建筑面积的2倍计算土地面积,并据此确定计入房产原值的地价	
		扣除比例:由当地省、自治区、直辖市人民政府确定	
地下建筑物	和地上建筑物相连	与地上建筑物作为一个整体征收	
	完全建在地面以下的建筑、地下人防设施	出租	按地上建筑物有关规定计算
		自营	对不同用途的独立地下建筑物房产税的减征:(是原值不是余值) 1.工业用途房产:房屋原价的50%—60%作为应税房产原值 2.商业和其他用途房产:房屋原价的70%—80%作为应税房产原值

续表

	房产税税收优惠和征收管理
免征范围	1. 国家机关、人民团体、军队自用的房产（仅限自身业务范围内自用，其他用途不算） 2. 由国家财政部门拨付事业经费的单位，如学校、医疗卫生单位、托儿所、幼儿园、敬老院、文化、体育、艺术等事业单位所有的，本身业务范围内自用的房产 3. 宗教寺庙、公园、名胜古迹自用的房产（对于其中附设的营业单位，如影剧院、饮食部、茶社、照相馆等所使用的房产以及出租的房产，纳税） 4. 个人所有非营业用的房产（个人出租按租金4%交税） 5. 对非营利性医疗机构、疾病控制机构和妇幼保健机构等卫生机构自用的房产，免征房产税 6. 对按政府规定价格出租的公有住房和廉租住房，暂免征收房产税，包括企业、自收自支事业单位向职工出租的单位自有住房，房管部门向居民出租的公有住房等 7. 经营公租房的租金收入，免征房产税 8. 企业办的各类学校、医院、托儿所、幼儿园自用的房产，免征房产税 9. 经有关部门鉴定，对毁损不堪居住的房屋和危险房屋，在停止使用后，可免征房产税 10. 纳税人因房屋大修导致连续停用半年以上的，在房屋大修期间免征房产税 11. 凡是在基建工地为基建工地服务的各种工棚、材料棚、休息棚、办公室、食堂等临时性房屋，无论是施工企业自建还是基建单位出资建造交施工企业使用，在施工期间一律免征房产税。工程结束后，交还或低价转让给基建单位，从基建单位接收的次月起，依照规定缴纳房产税 12. 纳税单位与免税单位共同使用的房屋，按各自使用的部分分别征收或免征房产税 13. 为高校学生提供住宿服务，按照国家规定的收费标准收取住宿费的高校学生公寓免征房产税 14. 对农产品批发市场、农贸市场（包括自有和承租）专门用于经营农产品的房产、土地，暂免征收房产税。对同时经营其他产品的农产品批发市场和农贸市场使用的房产、土地，按其他产品与农产品交易场地面积的比例确定征免房产税 15. 对由财政部门拨付事业经费的文化事业单位转制为企业的，自转制注册之日起5年内对其自用房产免征房产税。2018年12月31日之前已完成转制的企业，自2019年1月1日起，对其自用房产可继续免征5年房产税 16. 房地产开发企业建造的商品房，在出售前不征收房产税。但出售前房地产开发企业已使用或出租、出借的商品房，应按规定征收房产税 17. 对商品储备管理公司及直属库自用的、承担商品储备业务的房产免征房产税 18. 为社区提供养老、托育、家政等服务的机构自用或其通过承租、无偿使用等方式取得并用于提供社区养老、托育、家政服务的房产，免征房产税 19. 纳税人及其全资子公司从事大型民用客机发动机、中大功率民用涡轴涡桨发动机研制项目自用的科研、生产、办公房产，免征房产税 20. 各省、自治区、直辖市人民政府可根据本地区实际情况，以及宏观调控需要确定，对增值税小规模纳税人在50%的税额幅度内减征房产税

续表

	房产税税收优惠和征收管理	
纳税时间	1. 将原有房产用于生产经营	从生产经营之月起
	2. 自行新建房屋用于生产经营	从建成之次月起
	3. 委托施工企业建设的房屋	从办理验收手续之次月起（此前已使用或出租、出借的新建房屋，应从使用或出租、出借的当月起）
	4. 纳税人购置新建商品房	自房屋交付使用之次月起
	5. 购置存量房	签发房屋权属证书之次月起
	6. 纳税人出租、出借房产	自交付出租、出借房产之次月起
	7. 房地产开发企业自用、出租、出借自建商品房	自房屋使用或交付之次月起
	8. 终止时	终止房产税纳税义务的，截至房产的实物或权利状态发生变化的当月末
	总结	转移了所有权或使用权的，一般都是次月开始 未发生所有权或使用权转移的或权利终止时，一般是当月开始
纳税地点	一般情况：房产所在地 若房产不在同一地方的，按房产的坐落地点分别向房产所在地的税务机关纳税	

附录 11　车船税知识拓展

车船税法			
纳税义务人	境内车辆、船舶的所有人或者管理人		
征税范围	1. 车船管理部门登记的机动车辆和船舶 2. 无需登记，单位内部场所行驶或者作业的机动车辆和船舶	含：境内单位将船舶出租到境外 不含：境内单位和个人租入的外国籍船舶	
计税依据	名称	计税单位	备注
	1. 乘用车	每辆	核定载客人数 9 人（含）以下
	2. 商用车	每辆（客车）	核定载客人数 9 人（包括电车）以上
		整备质量每吨（拉货）	1. 包括半挂牵引车、挂车、客货两用汽车、三轮汽车和低速载货汽车等 2. 挂车按照货车税额 50% 计算
	3. 其他车辆	整备质量每吨	不包括：拖拉机
	4. 摩托车	每辆	
	5. 船舶	净吨位每吨	拖船、非机动驳船分别按机动船舶税额的 50% 计算 拖船：发动机 1 千瓦 = 净吨位 0.67 吨（需要记忆）
	6. 游艇	艇身长度每米	
税额计算	一般计算公式	（年）应纳税额 = 计税单位 ×（年）固定税额	
	当月购买的车船	购买当月起按月计算：年应纳税额 ÷12× 应纳税月份数（7 月开始，就是 6 个月）	
	已税车船被盗抢、报废、灭失	申请退还自被盗抢、报废、灭失月份起至该纳税年度终了期间的税款	
	已办理退税的被盗抢车船失而复得	公安机关出具相关证明的当月起计算缴纳车船税	
	其他	保险机构代收车船税的，不再向税务机关缴税 已税车船当年办理转让过户，不另纳税也不退税 计税单位除辆外（如排气量、净吨位等）有尾数的，计算含尾数计算；计税单位以车船登记证书或者行驶证为准	

续表

车船税法		
税收优惠	法定减免	1. 捕捞、养殖渔船；军队、武警专用的车船；警用车船 2. 外国驻华使馆、领事馆和国际组织驻华机构及其有关人员的车船 3. 新能源的车辆优惠（纯电动和燃料电池汽车，不属于征税范围） （1）对节约能源车辆，减半征收车船税——其他混合动力汽车 （2）对使用新能源的车辆：免征车船税 4. 省级政府根据实际情况，可以对公共交通车船，农村居民拥有并主要在农村地区使用的摩托车、三轮汽车和低速载货汽车，定期减征或者免征 5. 国家综合性消防救援车辆由部队号牌改挂应急救援专用号牌的，一次性免征改挂当年车船税
	特定减免	1. 经批准临时入境的外国车船和我国香港、澳门、台湾地区的车船，不征车船税 2. 按规定缴纳船舶吨税的机动船舶，自车船税法实施之日起5年内免征 3. 机场、港口、铁路站场内部行驶或作业的车船，自车船税法实施之日起5年内免征
征收管理	纳税期限	取得所有权或管理权当月（以发票和相关证明为准）
	纳税地点	一般情况：车船登记地；无须登记：车船的所有人或者管理人所在地；扣缴义务人代收代缴：扣缴义务人所在地
	纳税申报	按年申报，分月计算，一次性缴纳。第三者责任强制保险的保险机构：收取保费时代收车船税。不需购买交强险的车辆：纳税人直接向主管税务机关申报缴纳

附录12 印花税知识拓展

印花税法			
纳税义务人	1. 立合同人（不包括：合同的担保人、证人、鉴定人） 2. 立据人（产权转移书据） 3. 立账簿人（营业账簿） 4. 领受人（权利、许可证照的纳税人） 5. 使用人（在国外书立、领受但在国内使用的应税凭证） 6. 各类电子应税凭证的签订人		
	注意	1. 当事人双方都是印花税纳税人； 2. 证券交易印花税2008-9-19起单边征收，只对卖出方（或股权出让方，转出方）征收	
税率	比例税率	借款合同、融资租赁合同	0.05‰
		买卖合同，承揽合同，建造工程合同，运输合同，技术合同，商标专用权、著作权、专利权、专有技术使用权转让书据	0.3‰
		土地使用权出让书据，土地使用权、房屋等建筑物和构筑物所有权转让书据（不包括土地承包经营权和土地经营权转移），股权转让书据（不包括应缴纳证券交易印花税的）	0.5‰
		租赁合同、保管合同、仓储合同，财产保险合同，证券交易	1‰
		营业账簿	实收资本（股本）、资本公积总额 0.25‰
税率选择	同一应税凭证载有两个以上税目事项并分别列明金额的，按照各自适用的税目税率分别计算应纳税额；未分别列明金额的，从高适用税率		
税收优惠	免税	1. 应税凭证的副本或者抄本 2. 依照法律规定应当予以免税的外国驻华使馆、领事馆和国际组织驻华代表机构为获得馆舍书立的应税凭证 3. 中国人民解放军、中国人民武装警察部队书立的应税凭证 4. 农民、家庭农场、农民专业合作社、农村集体经济组织、村民委员会购买农业生产资料或者销售农产品书立的买卖合同和农业保险合同 5. 无息或者贴息借款合同、国际金融组织向中国提供优惠贷款书立的借款合同 6. 财产所有权人将财产赠与政府、学校、社会福利机构、慈善组织书立的产权转移书据 7. 非营利性医疗卫生机构采购药品或者卫生材料书立的买卖合同 8. 个人与电子商务经营者订立的电子订单 根据国民经济和社会发展的需要，国务院对居民住房需求保障、企业改制重组、破产、支持小型微型企业发展等情形可以规定减征或者免征印花税，报全国人民代表大会常务委员会备案	

续表

印花税法				
征收管理	纳税义务发生时间			纳税人书立应税凭证或者完成证券交易的当日 证券交易印花税扣缴义务发生时间为证券交易完成的当日
	纳税时间	按季、按年计征		纳税人应当自季度、年度终了之日起十五日内申报缴纳税款
		按次计征		纳税人应当自纳税义务发生之日起十五日内申报缴纳税款
		按周解缴		证券交易印花税按周解缴。证券交易印花税扣缴义务人应当自每周终了之日起五日内申报解缴税款以及银行结算的利息
	纳税方式			采用粘贴印花税票或者由税务机关依法开具其他完税凭证的方式缴纳 印花税票粘贴在应税凭证上的,由纳税人在每枚税票的骑缝处盖戳注销或者划销
	纳税地点	纳税人为单位的		机构所在地的主管税务机关
		纳税人为个人的		应税凭证书立地或者纳税人居住地的主管税务机关
		不动产产权发生转移的		不动产所在地的主管税务机关

附录 13 契税知识拓展

		（一）契税征税对象和税额计算	
征税对象	受让方交税	1. 一般：境内转移土地、房屋权属（包括单位和个人） 2. 国有土地使用权出让 3. 国有土地使用权转让（不包括：土地承包经营权和土地经营权的转移） 4. 抵债或实物交换房屋、以房产作投资或作股权转让（若作股投入本人独资经营的企业，免征） 5. 买房拆料或翻建新 6. 房屋赠与、获奖方式取得 7. 非法定继承人按遗嘱继承（法定继承人继承不交） 8. 以作价投资（入股）、偿还债务、划转、奖励等方式转移土地、房屋权属的，应当依照规定征收契税 9. 房屋附属设施涉及土地使用权、房屋产权变动的，应当缴纳契税	
	双方缴税	房屋、土地互换：支付差价的一方缴纳	
	转让方缴税	土地以前是划拨的，现转让土地或房产	
应纳税额的计算	计算	计算公式：契税 = 计税依据 × 契税税率（3%—5%）	
	对于附属设施的税率	附属设施单独计价：当地适用税率 附属设施不单独计价：房屋相同税率	
	计税依据	以房产抵债或实物交换房屋	受让方按房产折价款缴纳
		国有土地出让、出售、房屋买卖	土地、房屋权属转移合同确定的价格
		土地、房屋交换	支付差价的一方按差价缴纳
		土地、房屋赠与	市场价核定
		土地是划拨的，转让上面房地产时	转让方缴纳，补交的土地出让费用或收益
		房屋附属设施	土地或房屋产权变动时要交税
			分期付款购买附属设施：合同总价款交税
		（二）契税税收优惠	
一般规定	免税	1. 国家机关、事业单位、社会团体、军事单位承受土地、房屋用于办公、教学、医疗、科研和军事设施的 2. 非营利性的学校、医疗机构、社会福利机构承受土地、房屋权属用于办公、教学、医疗、科研、养老、救助 3. 承受荒山、荒地、荒滩土地使用权，并用于农、林、牧、渔业生产 4. 婚姻关系存续期间夫妻之间变更土地、房屋权属 5. 法定继承人通过继承承受土地、房屋权属 6. 依照法律规定，应当予以免税的外国驻华使馆、领事馆和国际组织驻华代表机构承受土地、房屋权属	

续表

		(二) 契税税收优惠		
一般规定	省级确定是否减免	1.因土地、房屋被县级以上人民政府征收、征用，重新承受土地、房屋权属 2.因不可抗力灭失住房，重新承受住房权属		
个人购买住房		类型	面积	契税优惠税率
		首套（唯一）	≤90平方米	1%
			>90平方米	1.5%
		第二套（改善型）	≤90平方米	1%
			>90平方米	2%
(三) 契税的征收管理				
征收管理	纳税义务人	承受境内转移土地、房屋权属的单位和个人（含：内外资企业、事业单位、国家机关、军事单位、社会团体、中国公民和外籍人员）		
	纳税义务发生时间	订立权属转移合同或取得合同性质凭证的当天		
	纳税期限	依法办理土地、房屋权属登记手续前申报缴纳契税		
	纳税地点	土地、房屋所在地的征收机关		

附录 14　资源税知识拓展

一、纳税义务人和扣缴义务人

纳税义务人	在中华人民共和国领域及管辖的其他海域开发应税资源的单位和个人 含：外商投资企业和外国企业、事业单位、军事单位、社会团体等 注：2011 年 11 月 1 日以后，中外合作和自营油气田缴纳资源税，不缴矿区使用费
其他规定	1. 资源税进口不征，出口不退（类似城建税） 2. 出厂销售或移作自用时一次性征收，属于单一环节征收，为价内税（类似消费税） 3. 以应税产品交换、捐赠、偿债、赞助、集资、投资、广告、样品、职工福利、利润分配或者连续生产非应税产品，缴纳资源税 4. 纳税人开采或生产应税产品自用，用于连续生产应税产品的，不缴纳资源税（如铁原矿——铁精粉）

二、税目和税率

	税目		税率
	类别	内容	
1	能源矿产	原油、天然气、地热等	1%—10%
2	金属矿产	黑色金属类、有色金属类	1%—12%
3	非金属矿产	矿物类、岩石类、宝玉石类	1%—20%
4	水气矿产	二氧化碳、硫化氢、氦气、氮气、矿泉水	1%—20%，或每平方米 1—30 元
5	盐	钠盐、钾盐、镁盐、锂盐、天然卤水、海盐	2%—15%
6	水资源	试点费改税：地表水和地下水是征税范围	从量定额计征
特殊税率的确定			
1	伴采的其他应税产品	未单独规定适用税目的，一律随主矿或视同主矿征收资源税	
2	不同税率的产品	应分别核算，未分别核算的，从高适用	

三、资源税的计算

资源税的计算		
从价计征	范围	大部分应税产品
	计算公式	计算：应纳税额=（不含增值税）销售额 × 税率 不包括：1. 增值税 2. 运杂费：产地或加工地到购买地的运输费用、建设基金以及随运销产生的装卸、仓储、港杂费用（运杂费应分别核算，否则也要交税）
从量计征	计征范围	地热、石灰岩、其他黏土、砂石、矿泉水、天然卤水 【提示】上述列举的，也可以采用从价计征
	计算公式	应纳税额=课税数量 × 单位税额
	销售量的确定	1. 开采或者生产应税产品的实际销售数量 2. 自用于应当缴纳资源税情形的应税产品数量

四、资源税减免税规定和征收管理

资源税减免税规定和征收管理			
减免税	免税	1. 开采原油以及油田范围内运输原油过程中，用于加热的原油、天然气 2. 煤炭开采企业因安全生产需要抽采的煤成（层）气	
	省政府酌情减免	开采或生产过程中，因意外事故或者自然灾害等原因遭受重大损失	
		纳税人开采共伴生矿、低品位矿、尾矿	
	增值税小规模纳税人 2019.1.1–2021.12.31	1. 减征20%：从低丰度油气田开采的原油、天然气 2. 减征30%： （1）高含硫天然气、三次采油、从深水油气田开采的原油和天然气； （2）从衰竭期矿山开采的矿产品； （3）页岩气（2018年4月1日至2021年3月31日） 3. 减征40%：稠油、高凝油 4. 减征50%：对充填开采置换出来的煤炭（2014年12月1日至2023年8月31日）	
征收管理	纳税义务发生时间	分期收款结算	合同规定的收款日期当天
		预收货款结算	发出商品当天
		自产自用	移送当天
	纳税期限	按月或者按季申报缴纳的，应当自月度或者季度终了之日起15日内申报纳税；不能按固定期限计算纳税的，可以按次计算纳税	
	纳税环节	销售或自用环节缴税	
	纳税地点	矿产品的开采地或者海盐的生产地缴纳资源税	

五、水资源税改革试点实施办法

水资源税（试点）		
纳税义务人	包括：直接取用地表水、地下水的单位和个人，包括直接从江、河、湖泊（含水库）和地下取用水资源的单位和个人	
	不包括： 1. 农村集体经济组织及其成员从本集体经济组织的水塘、水库中取用水 2. 家庭生活和零星散养、圈养畜禽饮用等少量取用水 3. 水利工程管理单位为配置或者调度水资源取水 4. 为保障矿井等地下工程施工安全和生产安全必须进行临时应急取用（排）水 5. 为消除对公共安全或者公共利益的危害临时应急取水 6. 为农业抗旱和维护生态与环境必须临时应急取水	
税率	1. 严重超采地区的地下水税额＞超采区地下水税额＞非超采区地下水税额＞地表水税额 2. 对特种行业从高征税 3. 对超过规定限额的农业生产取用水、农村生活集中式饮水工程取用水从低征税	
应纳税额计算	一般取用水	应纳税额＝实际取用水量×适用税额
	水力、火力发电贯流式冷却取用水	应纳税额＝实际发电量×适用税额
免税优惠	1. 规定限额内的农业生产取用 2. 取用污水处理再生水 3. 除接入城镇公共供水管网以外，军队、武警部队通过其他方式取用水 4. 抽水蓄能发电取用水 5. 采油排水经分离净化后在封闭管道回注	
征收管理	征管模式	税务征管、水利核量、自主申报、信息共享
	纳税义务发生时间	纳税人取用水资源的当日
	纳税期限	1. 水资源税一般按季或者按月征收，自纳税期满或者纳税义务发生之日起15日内 2. 对超过规定限额的农业生产取用水，可按年征收 3. 不能按固定期限计算期限的，可以按次征收
	纳税地点	纳税人生产经营所在地
	跨省（区、市）调度的水资源	由调入地征收 在试点省份纳税地点需要调整的，由省级财政、税务部门决定

附录15 环境保护税知识拓展

（2018年1月1日施行，停征排污费）

一、纳税义务人

纳税义务人	
在我国领域和管辖的其他海域，直接向环境排放应税污染物的企业事业单位和其他生产经营者	
不缴纳环境保护税	1. 企事业和其他经营者向依法设立的污水、生活垃圾集中处理场所排放应税污染物
	2. 企事业和其他经营者在符合国家和地方环保标准的设施、场所贮存或处置固体废物
	3. 达到省政府确定规模标准并有污染物排放口的畜禽养殖场，依法对畜禽养殖废弃物进行综合利用和无害化处理

二、税目

税目	具体类型	应纳税额
大气污染物	二氧化硫、一般性粉尘、烟尘等	应纳税额 = 污染当量数 × 幅度定额税率 1. 污染当量数 = 该污染物的排放量 ÷ 该污染物的污染当量值 2. 具体适用税额确定与调整：省政府在税额幅度内提出，报同级人大常委会决定，报全国人大常委会和国务院备案
水污染物	悬浮物、动植物油、氟化物、甲醛等	
固体废物	煤矸石；尾矿；危险废物；冶炼渣、粉煤灰、炉渣、其他固体废物（含半固态、液态废物）	应纳税额 = 固体废物的排放量（吨）× 定额税率 （排放量 = 产生量 − 综合利用量 − 贮存量 − 处置量）
噪声	工业噪声	应纳税额 = 超标准的分贝数所对应的具体适用税额 若噪声声源一个月内超标不足15天，减半计税

三、污染当量数、固体废物的排放量、超标的分贝数的确定方法和计算顺序

污染当量数、固体废物的排放量、超标的分贝数的确定方法和计算顺序	
第一顺序	纳税人安装污染物自动监测设备的，按污染物自动监测数据计算
第二顺序	未安装自动监测设备的，按照监测机构出具的监测数据计算
第三顺序	不具备监测条件的，按照国务院环保部门规定的排污系数、物料衡算方法计算

续表

	污染当量数、固体废物的排放量、超标的分贝数的确定方法和计算顺序
第四顺序	不能按上述方法的，按省、自治区、直辖市政府环保部门规定的抽样测算方法核定计算
特殊情况	有下列情形之一：以当期大气污染物、水污染物、固体废物的产生量作为污染物的排放量（惩罚） 1. 未依法安装使用自动监测设备或者未将自动监测设备与环保部门的监控设备联网 2. 损毁或者擅自移动、改变污染物自动监测设备 3. 篡改、伪造污染物监测数据 4. 通过暗管、渗井、渗坑、灌注或者稀释排放以及不正常运行防治污染设施等方式违法排放应税污染物 5. 进行虚假纳税申报

四、应纳税额的具体计算

类型	注意要点	计算公式
大气污染物	如果排放口有多种污染物排放，应按照污染当量数从大到小排序，对前三项污染物征收环境保护税	应纳税额 = 污染当量数 × 幅度定额税率 = 该污染物的排放量 ÷ 该污染物的污染当量值 × 幅度定额税率
	例题：某企业 2022 年 3 月向大气排放 A 污染物 100kg、B 污染物 100kg、C 污染物 100kg、D 污染物 80 kg，该企业只有一个排污口，当地大气污染物税额 1.2 元 / 污染当量数 A、B、C、D 污染当量值分别为：0.95、0.87、16.7、10.75。求应交多少元资源税？ 解：A 污染物污染当量数 =100/0.95=105.26　B 污染物污染当量数 =100/0.87=114.94 　　C 污染物污染当量数 =200/16.7=11.98　D 污染物污染当量数 =80/10.75=7.44（淘汰） 取前三项纳税，即 ABC 应纳税额 =（114.94+105.26+11.98）× 1.2 = 278.62 元	
水污染物	应税水污染物按照污染当量数从大到小排序：（考试会告诉哪些是第一类） 第一类水污染物——按前五项征收； 其他类水污染物——按前三项征收	应纳税额 = 污染当量数 × 幅度定额税率 = 该污染物的排放量 ÷ 该污染物的污染当量值 × 幅度定额税率
	例题：某企业有 1 个排污口直接向河流排放污水，检测数据显示 2022 年 2 月排放污水 6 万吨（折合 6 万立方米），污染物为六价铬，浓度为六价铬 0.5mg/L。水污染物税率为 2.8 元 / 污染当量，六价铬的污染当量值为 0.02/ 千克（该题只有一个污染物，多个污染物方法计算同上个知识点例题） 解：首先应该看到，污染当量值为 0.02/ 千克，说明该污染物是以千克为计量单位的，所以首先要把污染物换算成千克 六价铬的千克数 =60000000 × 0.5 ÷ 1000000=30（千克） 六价铬污染当量数 =30 ÷ 0.02=1500 应纳税额 =1500 × 2.8=4200（元）	

续表

类型	注意要点		计算公式
水污染——适用抽样测算	1. 禽畜养殖业（牛、猪、鸡、鸭等家禽）	应纳税额 = 污染当量数 × 适用税额 = 禽畜养殖数量 ÷ 污染当量值 × 适用税额	
		例题：某养殖场，2018年2月养牛存栏量为100头，污染当量值为0.1头，水污染物适用税额为每污染当量2.8元： 解：水污染物当量数=100÷0.1=1000 应纳税额=1000×2.8=2800（元）	
	2. 小型企业和第三产业（饮食娱乐服务业）排放	应纳税额 = 污染当量数 × 适用税额 = 污水排放量 ÷ 污染当量值 × 适用税额	
		例题：某餐饮公司测得2018年2月排放污水量为60吨，污染当量值为0.5吨。污染物适用税额为每污染当量2.8元： 解：水污染物当量数=60÷0.5=120 应纳税额=120×2.8=336（元）	
	3. 医院排放（消毒、不消毒）	应纳税额 = 污染当量数 × 适用税额 = 医院床位数 ÷ 污染当量值 × 适用税额 或 = 污水排放量 ÷ 污染当量值 × 适用税额	
		例题：某县医院床位56张，无法计量月污水排放量，污染当量值为0.14床，水污染物适用税额为每污染当量2.8元： 解：水污染物当量数=56÷0.14=400 应纳税额=400×2.8=1120（元）	
应税固体废物	应纳税额 = 固体废物的排放量（吨）× 定额税率 （排放量 = 产生量 – 综合利用量 – 贮存量 – 处置量）		
	例题：某企业2018年3月产生尾矿1000吨，其中综合利用的尾矿300吨，贮存300吨，处置200吨，均符合规定 解：应纳税额 =（1000–300–300–200）×15=3000（元）		
应税噪声	应纳税额 = 超标准的分贝数所对应的具体适用税额 （注意超标天数 <15 时减半征收）		
	例题：生产时产生噪声为60分贝，噪声排放限值为55分贝，当月超标天数为13天。 解：超标分贝数：60–55=5(分贝)，根据环境保护税税目税额表应缴纳环境保护税700元。 注意不满15天，减半征收，为350元		
工业噪声	计税单位	税额	备注
	超标1—3分贝	每月350元	1. 一个月内超标天数不足15天，减半征收 2. 一个单位有不同作业场所，分别计算，合并征收 3. 昼夜均超标，分别计算，累计计征 4. 一个单位边界上有多处噪声超标，根据最高一处计算；沿边界长度超过100米有两处以上，按两个单位计算 5. 夜间频发和偶发噪声，按等效声级和峰值噪声超标分贝值高的计算
	超标4—6分贝	每月700元	
	超标7—9分贝	每月1400元	
	超标10—12分贝	每月2800元	
	超标13—15分贝	每月5600元	
	超标16分贝及以上	每月11200元	

五、环境保护税税收优惠和征收管理

税收优惠	暂免征收	1. 农业生产（不包括规模化养殖）排放应税污染物的 2. 机动车、铁路机车、非道路移动机械、船舶和航空器等流动污染源排放应税污染物的 3. 依法设立的城乡污水集中处理、生活垃圾集中处理场所排放相应应税污染物，不超过国家和地方规定的排放标准的 4. 纳税人综合利用的固体废物，符合国家和地方环境保护标准的 5. 国务院批准免税的其他情形
	减征项目	1. 纳税人排放应税大气污染物或者水污染物的浓度值低于国家和地方规定的污染物排放标准30%的，减按75%征收环境保护税（低3成，按75%征） 2. 纳税人排放应税大气污染物或者水污染物的浓度值低于国家和地方规定的污染物排放标准50%的，减按50%征收环境保护税（低5成，按50%征）
征收管理	征管方式	1. "企业申报、税务征收、环保协同、信息共享"的征管方式 2. 税务机关与环境保护主管部门：定期数据传递和比对、复核
	纳税时间	1. 环境保护税纳税义务发生时间：排放当日 2. 纳税期限：按月计算、按季申报缴纳，季度终了之日起15日内缴纳（不能固定缴纳的，可以按次缴纳，发生之日15日内缴纳）税款
	纳税地点	1. 应税大气污染物、水污染物的纳税地点：排放口所在地（应税污染排放地） 2. 应税固体废物、应税噪声的纳税地点：废物、噪声产生地（应税污染排放地）

附录 16　土地增值税法知识拓展

一、土地增值税范围及计算

土地增值税法				
纳税人	有偿转让国有土地使用权、地上建筑物及其附着物并取得收入的单位和个人（转让方征）			
征税范围	征税		不征税	
	1. 出售、交换、赠与国有土地使用权、地上建筑物及其附着物 2. 存量房地产的买卖 3. 非公益性赠与 4. 抵押期满，房地产抵债 5. 单位之间换房（差价征契税） 6. 将投资联营的房地产再转让 7. 合作建房后转让		1. 国有土地使用权出让 2. 房地产的出租 3. 继承、公益性捐赠、赠与直系亲属或直接赡养人 4. 以房地产抵押，抵押期间不征，偿还债务本息不征 5. 个人之间换房（差价征契税） 6. 合作建房后自用 7. 兼并转让 8. 代建房 9. 重新评估	
税额计算	计算步骤	第一步：增值额 = 应税收入（不含增值税）– 扣除项目合计 第二步：增值率 = 增值额 ÷ 扣除项目合计 第三步：应交土地增值税 = 增值额 × 税率 – 扣除项目合计 × 速算扣除系数		
	税率	税率　　　30%　　　40%　　　50%　　　60% 增值率　0　　50%　　100%　　200% 速算扣除系数　0%　　5%　　15%　　35%		
	应税收入	包括：货币、实物、其他收入（不含增值税）。应税收入 = 含税收入 ÷（1+5% 或 11%） （房企老项目简易征税或小规模纳税人的房企售房：使用 5% 税率）		
	扣除项目区分新建房和二手房	新建房地产	新建 + 非房企：扣除 1 至 4 项　　新建 + 房企：扣除 1 至 5 项	
			1. 取得土地使用权所支付的金额	地价款 + 契税 注：（1）地价减免时，契税不减免 （2）扣除的地价要和出售的房地产面积配比
			2. 房地产开发成本	（1）土地征用及拆迁补偿费（含耕地占用税） （2）前期工程费 （3）建筑安装工程费 （4）基础设施费 （5）公共配套设施费 （6）开发间接费用等

续表

				土地增值税法
税额计算	扣除项目区分新建房和二手房	新建房地产	3. 房地产开发费用	（1）提供金融机构证明＋不超过同类同期银行贷款利率＋不包括加息、罚息：利息＋（1+2）×5%以内
				（2）不能按转让项目计算分摊利息，或不能提供金融机构贷款证明：（1+2）×10%以内
			4. 与转让房地产有关的税金	房企：城建税、教育费附加、地方教育费附加
				非房企：印花税、城建税、教育费附加、地方教育费附加
			5. 加计扣除	（1+2）×20%
		存量房地产	存量＋房屋：可扣 1—3 项　　存量＋土地：可扣 2—3 项	
			1. 房屋及建筑的评估价格 （1）评估价格＝重置成本价×成新度折扣率 （2）不能取得评估价格、但能提供购房发票：从购买起至转让年度止每年加计 5% 计算扣除（每满 12 月算 1 年；对于超过 6 不满 12 个月的，算 1 年） （3）既没有评估价格，又不能提供购房发票的：税务机关核定征收 2. 取得土地使用权所支付的地价款和国家统一规定的有关费用 3. 转让环节缴纳的税金：印花税、城建税、教育费附加、地方教育费附加	

二、房地产开发企业土地增值税的计算

房地产开发企业：土地增值税的清算		
清算单位	以国家审批的项目为单位进行清算；分期开发的，以分期项目为单位	
清算单位	应当清算	1. 房地产开发项目全部竣工、完成销售的 2. 整体转让未竣工决算房地产开发项目 3. 直接转让土地使用权的
	税务机关可要求清算	1. 已竣工验收的、转让的面积：占可售面积 85% 以上，或未超 85%，但剩余部分已出租或自用 2. 取得销售（预售）许可证满 3 年仍未销售完毕 3. 申请注销税务登记但未办理土地增值税清算手续
清算时间	纳税人应当在满足条件之日或接到税务机关通知起 90 日内到主管税务机关	
收入确认	一般销售	按照发票所载金额或合同金额确认收入
	非直接销售	用于职工福利、奖励、对外投资、分配给股东或投资人、抵偿债务、换取其他单位和个人的非货币资产等，发生所有权转移时，视同销售房地产：同类房地产的平均价格或评估价确定

续表

房地产开发企业：土地增值税的清算	
扣除项目具体规定	1. 不能提供合法有效票据的，不予扣除 2. 前期工程费、建安工程费、基础设施费、开发间接费用不实的：税务机关可以参照当地的建安造价定额资料以及其他因素核定 3. 公共设施（居委会、学校等），可以扣除的三种形式：（1）产权归全体业主；（2）无偿移交政府、公用事业、非营利公共事业；（3）有偿转让的：计算收入，准予扣除成本、费用 4. 装修费用：可以计入开发成本。预提费用一般不得扣除 5. 共同成本费用：按清算面积占可售总面积的比例扣除 6. 开具发票的质量保证金可以扣除，未开发票的不可扣除 7. 开发缴纳的闲置费用不得扣除 8. 契税可以扣除 9. 拆迁安置费： （1）安置房视同销售，同时将此确认为拆迁补偿费。支付的补差价款计入拆迁补偿费，收到的补差价款冲减拆迁补偿费 （2）异地安置：房屋属自行开发建造，房屋价值计入拆迁补偿费；属于购入房，实际支付的购房支出计入拆迁补偿费 （3）货币安置：凭合法有效凭据计入拆迁补偿费
清算项目审核鉴证	报送中介机构出具的清算鉴证报告，符合规定的税务机关可以采信
核定征收	1. 未设置账簿　2. 销毁账簿　3. 资料混乱难以确定金额　4. 逾期仍不清算 5. 计税依据明显偏低且无正当理由
清算后转让房地产	扣除项目金额=单位建筑面积成本费用 × 转让或销售面积 （单位建筑面积成本费用=清算时总扣除金额 ÷ 清算的总面积）
清算后补缴	纳税人按规定预缴土地增值税后，清算补缴的土地增值税，在主管税务机关规定的期限内补缴的，不加收滞纳金

三、土地增值税税收优惠和征收管理

土地增值税税收优惠和征收管理		
税收优惠	1. 因国家建设被政府征用、收回的房地产，免征 2. 因城市规划、国家建设，纳税人自行转让房地产，免征 3. 建造普通住宅，增值率不超过20%，免征；超过全征 4. 企事业、社会团体、其他组织转让旧房作为公租房，增值额不超过20%，免征 5. 2008年11月1日起个人销售住房，暂免征收土地增值税		
征收管理	房企增值税的预征	除保障性住房外： 东部省份预征率不得低于2%，中部和东北省份不得低于1.5%，西部省份不得低于1%	
	纳税地点	法人纳税人：房地产所在地
		自然人纳税人：住所地、办理过户手续所在地

附录 17 城镇土地使用税知识拓展

城镇土地使用税法		
征税范围	城市、县城、建制镇和工矿区内国有土地或集体土地（对使用权征税），不包括农村集体土地	
纳税人	包括：内资企业、外商投资企业和外国企业在华机构、事业单位、社会团体、国家机关、军队及其他单位，个体工商户及个人 1. 拥有土地使用权的单位和个人 2. 拥有土地的不在土地所在地的：实际使用人和代管人为纳税人 3. 土地使用权未确定或权属纠纷未解决的：其实际使用人纳税 4. 土地使用权共有的：由共有各方分别纳税	
税收优惠	法定减免	1. 国家机关、人民团体、军队自用的土地 2. 由国家财政部门拨付事业经费的单位自用的土地 3. 宗教寺庙、公园、名胜古迹自用的土地（内部索道公司用地需要交税） 4. 市政街道、广场、绿化地带等公共用地 5. 直接用于农、林、牧、渔业的生产用地 6. 经批准开山填海整治的土地和改造的废弃土地，从使用的月份起免缴城镇土地使用税 5 年至 10 年 7. 对非营利性医疗机构、疾病控制机构和妇幼保健机构和非营利性科研机构自用土地，免征城镇土地使用税 8. 对国家拨付事业经费和企业办的各类学校、托儿所、幼儿园自用的房产、土地，免征城镇土地使用税 9. 免税单位与纳税单位： （1）免税单位无偿使用纳税单位的土地（如公安、海关等单位使用铁路、民航等单位的土地），免征城镇土地使用税 （2）纳税单位无偿使用免税单位的土地，纳税单位应照章缴纳城镇土地使用税 （3）纳税单位与免税单位共同使用、共有使用权土地上的多层建筑，对纳税单位可按其占用的建筑面积占建筑总面积的比例计征城镇土地使用税 10. 对改造安置住房建设用地免征城镇土地使用税 11. 以下政策性暂免征收城镇土地使用税： （1）石油天然气生产建设中用于地质勘探、钻井、井下作业、油气田地面工程等施工临时用地，石油天然气生产企业厂区以外的铁路专用线、公路及输油（气、水）管道用地，油气长输管线用地 （2）企业的铁路专用线、公路等用地，在厂区以外、与社会公用地段未加隔离的 （3）企业厂区以外的公共绿化用地和向社会开放的公园用地 （4）盐场的盐滩、盐矿的矿井用地 12. 对专营农产品的农产品批发市场、农贸市场的房产、土地，暂免征收城镇土地使用税

续表

城镇土地使用税法			
税收优惠	法定减免	13. 对物流企业自有的（包括自用和出租）或承租大宗商品仓储设施用地和物流企业承租用于大宗商品仓储设施的土地，减按所属土地等级适用税额标准的50%计征城镇土地使用税 14. 国家级、省级科技企业孵化器、大学科技园和国家备案众创空间自用以及无偿或通过出租等方式提供给在孵对象使用的土地，免征城镇土地使用税 15. 城市公交站场、道路客运站场、城市轨道交通系统运营用地，免征城镇土地使用税	
^	省地税等确定的减免税项目	1. 个人所有的居住房屋及院落用 2. 房产管理部门在房租调整改革前经租的居民住房用地 3. 免税单位职工家属的宿舍用地 4. 集体和个人办的各类学校、医院、托儿所、幼儿园用地	
应纳税额计算	公式	全年应纳税额=实际占用应税土地面积（平方米）×适用税额	
^	计税依据	实际占用的土地面积为计税依据（按如下顺序依次确定）： 依据：测定面积→证书确认的土地面积→申报的土地面积（发证后调整） 对单独建造的地下建筑用地：暂按应纳税款的50%征收 依据：土地证证书面积→地下建筑物垂直投影面积	
^	税率	城镇土地使用税单位税额：最高和最低税额相差50倍，同一地区最高与最低税额相差20倍 经济落后地区：税额可以适当降低，但是降低额不得超过税率表中规定的最低税额的30% 经济发达地区：可以适当提高税率，报财政部批准	
征收管理	纳税期限	按年计算、分期缴纳（省政府、自治区、直辖市确定）	
^	纳税义务发生时间	购置新建商品房	自交付使用之次月起
^	^	购置存量房	签发房产证之次月起
^	^	出让或转让方式有偿取得土地	合同约定交付次月；合同未约定交付时间的，合同签订次月
^	^	新征用的耕地	批准征用之日起满1年
^	^	新征用的非耕地	自批准征用次月
^	^	出租出借房产	自交付出租出借房产之次月起
^	^	终止城镇土地使用税纳税义务	土地权利发生变化的当月末
^	纳税地点和征收机构	纳税地点：土地所在地 土地不属于同一省：分别向土地所在地纳税 土地在同一省但跨地区：省级税务机关规定纳税地点	

附录18　车辆购置税知识拓展

车辆购置税法			
纳税义务人	在我国境内购置应税车辆的单位和个人（进入最终使用环节） 1. 购买并使用行为　　　2. 进口使用行为 3. 受赠受用行为　　　　4. 自产自用行为 5. 获奖使用行为　　　　6. 其他方式取得		
征税范围	1. 各类汽车　　　　　　2. 摩托车：轻便、二轮、三轮 3. 电车：无轨、有轨　　4. 挂车：全挂车、半挂车 5. 农用运输车：三轮（是征税范围但免税）、四轮 ［地铁、轻轨、装载机、平地机、挖掘机、推土机、起重机（吊车）、叉车、电动摩托车不征税］		
应纳税额计算	购买自用 （含国产和进口）	应纳税额=（不含增值税价款+不含增值税价外费用）×10%	
		计税依据	含：各种价外收入（如基金、手续费、保管费、装饰费、工具件等） 不含：代办保险费、代收牌照费、代收车辆购置税（第三者发票）
		代收费的规定	发票由卖车方开具，计入价外收入 发票是第三者开具，卖车方代收，不计入价外收入
	进口自用	应纳税额=（关税完税价格+关税）/（1-消费税税率）×10%	
		该组价也是进口的增值税和消费税的计税依据	
	其他自用	应纳税额=最低计税价格×10%；最低计税价格由总局核定	
		自用类型	如自产、受赠、获奖和以其他方式取得并自用
		价格采用顺序	总局核定的最低计税价格→纳税人提供的有效价格证明→税务机关有权核定
税收优惠	法定减免	1. 外国驻华使馆、领事馆和国际组织驻华机构及其外交人员自用车辆免税 2. 中国人民解放军和中国人民武装警察部队列入军队武器装备订货计划的车辆免税 3. 悬挂应急救援专用号牌的国家综合性消防救援车辆 4. 设有固定装置的非运输专用作业车辆 5. 城市公交企业购置的公共汽电车辆 6. 回国服务的在外留学人员用现汇购买1辆个人自用国产小汽车和长期来华定居专家进口1辆自用小汽车免征车辆购置税 7. 防汛部门和森林消防部门用于指挥、检查、调度、报汛（警）、联络的由指定厂家生产的设有固定装置的指定型号车辆 8. 对购置的新能源汽车（纯电动汽车、插电式混合动力汽车、燃料电池汽车等） 9. 对购置挂车减半征收车辆购置税 10. 中国妇女发展基金会"母亲健康快车"项目的流动医疗车 11. 北京2022年冬奥会和冬残奥会组织委员会新购置车辆 12. 原公安现役部队和原武警黄金、森林、水电部队改制后换发地方机动车牌证的车辆（公安消防、武警森林部队执行灭火救援任务的车辆除外），一次性免征车辆购置税		

续表

车辆购置税法			
征收管理	纳税申报	一车一申报：身份证、车辆价格证明、车辆合格证明；其他	
	纳税环节	使用环节缴纳（车管所登记之前）	
	纳税地点	车辆登记注册地（上牌落籍地或落户地）；无须注册手续的车辆：单位向纳税人所在地、个人向户籍所在地或经常居住地纳税	
	纳税期限	纳税义务发生时间（购买、进口、取得之日）起60日内申报纳税	
	退税	准予退税的情形	车辆退回生产企业或者经销商的
		计算退税方法	按已纳税款每满1年扣减10%，计算退税额；未满1年的，按已缴纳税款全额退税

附录 19　耕地占用税知识拓展

耕地占用税法		
纳税人和征税范围	占用耕地建设建筑物、构筑物或者从事非农业建设的单位和个人 耕地包括：菜地、园地（含花圃、苗圃、茶园、果园、桑园和其他种植经济林木的土地）、林地、草地、养殖水面（人工开挖的、天然的）、渔业水域的滩涂 （建设直接为农业生产服务的生产设施占用上述农用地除外）	
税率	地区差别定额税率：每平方米 5—50 元 （1）在人均耕地低于 0.5 亩的地区，省、自治区、直辖市可以根据当地经济发展情况，提高耕地占用税的适用税额，但提高的部分不得超过确定适用税额的 50% （2）占用基本农田的，应当按照适用税额加按 150% 计征	
应纳税额	应纳税额 = 实际占用耕地面积（平方米）× 定额税率	
税收优惠	免征	1. 军事设施占用耕地 2. 学校、幼儿园、养老院、医院占用耕地 3. 农村烈士遗属、因公牺牲军人遗属、残疾军人以及符合农村最低生活保障条件的；农村居民，在规定用地标准内新建自用住宅
	减征	1. 铁路、公路、飞机场跑道、停机坪、港口、航道占用耕地，减按每平方米 2 元征 2. 农村居民占用耕地新建住宅，减半征收；其中，农村居民经批准搬迁，新建自用住宅占用耕地不超过原宅基地面积的部分，免征
征收管理	纳税时间	收到土地管理部门的通知之日起 30 日内纳税 改变用途不属于减免税的，自改变用途之日起 30 日内申报补缴税款
	纳税地点	耕地所在地
	退税情形	因挖损、采矿塌陷、压占、污染等损毁耕地属于税法所称的非农业建设，按规定缴纳耕地占用税；从自然资源、农业农村等相关部门认定损毁耕地之日起 3 年内依法复垦或修复，恢复种植条件的，按规定办理退税
		纳税人临时占用耕地，在一般不超过 2 年内临时使用耕地并且没有修建永久性建筑物的行为，按规定办理退税。依法复垦应由自然资源主管部门会同有关行业管理部门认定并出具验收合格确认书
		纳税人因建设项目施工或者地质勘查临时占用耕地，按规定缴纳耕地占用税。纳税人在批准临时占用耕地期满之日起 1 年内依法复垦，恢复种植条件的，全额退还耕地占用税

附录 20　船舶吨税知识拓展

船舶吨税		
征税范围	自我国境外港口进入境内港口的船舶	
税率	定额税率	优惠税率：有最惠国待遇条款的条约或者协定，对应税船舶的一种优惠税率 普通税率：其他应税船舶
应纳税额	总原则	按照船舶净吨位和吨税执照期限征收
	普通船舶	应纳税额 = 船舶净吨位 × 定额税率
	拖船和非机动驳船	应纳税额 = 船舶净吨位 × 适用的定额税率 × 50% （注：拖船每 1 千瓦 = 净吨位 0.67 吨）
征收管理	征收机关	海关
	纳税义务发生时间	应税船舶进入港口当日
	纳税期限	海关填发吨税缴款凭证之日起 15 日内；逾期按日加收 5‰的滞纳金
税收优惠	直接优惠（免征）	1. 应纳税额在人民币 50 元以下的船舶 2. 自境外以购买、受赠、继承等方式取得船舶所有权的初次进口到港的空载船舶 3. 吨税执照期满后 24 小时内不上下客货的船舶 4. 非机动船舶（不包括非机动驳船，这是减半征收） 5. 捕捞、养殖渔船 6. 避难、防疫隔离、修理、终止运营或者拆解，并不上下客货的船舶 7. 军队、武装警察部队专用或者征用的船舶 8. 警用船舶 9. 予以免税的外国驻华使领馆、国际组织驻华代表机构及其有关人员的船舶 10. 其他
	延期优惠（延征）	在吨税执照期内，应税船舶发生下列情形之一的，海关按照实际发生的天数批准延长吨税执照期限（注意：是应税船舶发生下列事项） 1. 避难、防疫隔离、修理，并不上下客货 2. 军队、武装警察部队征用 3. 应税船舶因不可抗力在未设立海关地点停泊的，船舶负责人应当立即向附近海关报告，并在不可抗力原因消除后，向海关申报纳税

附录 21　关税知识拓展

一、进出口关税税率

进出口关税税率种类		
进出口税则	我国现行实施以《商品名称及编码协调制度》为基础的进出口税则;进口税则为四栏税率,出口税则为一栏税率	
进口税率	针对不同国家	有五种税率:最惠国税率、协定税率、特惠税率、普通税率、关税配额税率
	税率计算具体种类	从价税:最常用 从量税:如原油、啤酒 复合税:同时使用从价和从量计征,如摄像机、数字照相机等 选择税:同时定有从价税和从量税率,根据物价水平,选择较高的税率适用 滑准税:一种变化的关税税率。商品价格越高,关税税率越低,反之越高
出口税率	真正征收出口关税的商品只有 100 余种,税率比较低	
特别关税	包括:报复性关税、反倾销税与反补贴税、保障性关税 国务院关税税则委员会决定,海关总署实施	

税率的选择	
进出口货物	申报进口或者出口之日税率
货物到达前,先行申报的	运输工具申报进境之日税率
超期未申报被海关变卖的货物	
集中申报的进出口货物	适用每次海关接受该货物申报之日税率
进口转关运输货物	指运地海关接受该货物申报进口之日税率(指定运输地) 先行申报的,运输工具抵达指运地之日税率
出口转关运输货物	适用启运地海关接受货物申报出口之日税率
违反规定需要追征税款的进出口货物	违反规定的行为发生之日的税率 不能确定的,适用海关发现该行为之日税率
保税货物、减免税货物、租赁货物或暂时进出境货物	应当适用纳税人再次填写报关单办理纳税及有关手续之日税率的有: 1. 保税货物,经批准不复运出境的 2. 保税仓储货物,转入国内市场销售的 3. 减免税货物,经批准转让或者移作他用的 4. 租赁进口货物,分期缴纳税款的 5. 可暂不缴纳税款的暂时进出境货物,经批准不复运出境或进境

二、关税的计算

进口货物关税的计算	
进口关税 = 进口货物关税完税价格 × 关税税率 =（货价 + 起卸前运费、保险费等 + 调整项目）× 关税税率	
起卸前运费、保险费	1. 按报关前实际支付的金额，如果无法确定金额，则估算：（两步走） （1）运费：货物进口同期运输成本（会告知）（2）保险费：（货价 + 运费）× 3‰
	2. 运输工具作为进口货物，利用自身动力进境：不再另行计算运费（买艘船，自己开回来了）
	3. 邮运进口货物：邮费作为运、保费及相关费用
调整项目	应当计入： 1. 由买方负担的除购货佣金以外的佣金、经纪费 2. 由买方负担的与该货物视为一体的容器费用 3. 由买方负担的包装材料和包装劳务费用 4. 与货物生产和向国内销售相关的：境外开发、设计等相关服务的费用 5. 与该货物有关，应当由买方直接或间接支付的特许权使用费 6. 卖方直接或间接从买方对该货物进口后转售、处置或使用所得中获得的收益	不应当计入： 1. 货物进口后的基建、安装、装配、维修和技术服务的费用 2. 货物运抵境内地点之后的运输费用 3. 进口关税及其他国内税，如增值税、消费税 4. 在境内复制进口货物而支付的费用 5. 境内外技术培训及境外考察费用 6. 符合条件的利息
进口货物关税的估算（以上无方法无法计算）	
可以采用	海关在采用合理方法时，不得采用下列方法
1. 相同货物成交价格估价方法 2. 类似货物成交价格估价方法 3. 倒扣价格估价方法 4. 计算价格估价方法 5. 合理方法，以客观量化的数据资料为基础审查确定的估价方法	1. 境内生产的货物在境内的销售价格 2. 可供选择的价格中较高的价格 3. 货物在出口地市场的销售价格 4. 以计算价格估价方法规定的有关各项之外的价值或费用计算的价格 5. 出口到第三国或地区的货物的销售价格 6. 最低限价或武断、虚构的价格
出口货物关税的计算	
出口关税 = 出口货物关税完税价格 × 关税税率 =（货价 + 运抵地点装载前的运费、保险费等）× 关税税率	出口货物关税完税价格不包括： 1. 出口关税税额 2. 离境口岸至境外口岸之间的运费、保险费（出门概不负责）

三、关税、增值税、消费税的组价（进口环节）

1.计算关税完税价格和关税	关税完税价格 = 货价 + 起卸前运费、保险费等 ± 调整项目 关税 = 关税完税价格 × 关税税率	
2.计算消费税、增值税	从价征收	消费税 =（关税完税价格 + 关税）÷（1– 消费税税率）× 消费税税率 增值税 =（关税完税价格 + 关税）÷（1– 消费税税率）× 增值税税率
	复合征收	消费税 =（关税完税价格 + 关税 + 定额税率 × 数量）÷（1– 消费税税率）×消费税税率 + 定额税率 × 数量 增值税 =（关税完税价格 + 关税 + 定额税率 × 数量）÷（1– 消费税税率）× 增值税税率
	从量征收	消费税 = 消费品数量 × 定额税率 增值税 =（关税完税价格 + 关税 + 消费税）× 增值税税率
	不征消费税	增值税 =（关税完税价格 + 关税）× 增值税税率

四、关税的征收管理

	类型	内容
关税征收管理	关税缴纳	1. 申报时间： 进口货物——申报进境之日起 14 日内 出口货物——运抵海关装货 24 小时以前 2. 纳税期限：海关填发税款缴纳征收之日起 15 日内，向指定银行缴纳（超期要缴纳滞纳金） 3. 延期纳税：如不能按期缴纳，经海关总署批准，可延期，最长不超过 6 个月
	关税强制执行	方式一：关税滞纳金（重要）——超过 15 天 关税滞纳金金额 = 滞纳关税税额 × 滞纳金征收比率（万分之五）× 滞纳天数 （例如：距离填发缴款书已经 25 日了，超出法定缴款期 15 日的，就需要按天缴纳滞纳金） 方式二：强制征收——超过 3 个月 纳税义务人自海关填发缴款书之日起 3 个月仍未缴纳税款，经海关关长批准，海关可以采取强制扣缴、变价抵缴等强制措施
	关税退还	自缴税 1 年内，申请退税：书面说明理由 + 纳税收据 + 加计同期银行活期存款利息 1. 已征进口关税：因品质或规格原因，原状退货复运出境 2. 已征出口关税：因品质或规格原因，原状退货复运进境，并已缴纳因出口退还的国内税收 3. 已征出口关税：因故未装运出口，申报退关
	关税补征和追征	1. 关税补征：非纳税人违反海关规定，少征或漏征税款（一般是海关原因导致的） 补征期：缴纳税款或货物放行之日起 1 年内（无滞纳金） 2. 关税追征：纳税人违反海关规定，少征或漏征税款 追征期：完税之日或货物放行之日起 3 年内（每日加收 5‰的滞纳金）
	关税纳税争议	可以向海关申请复议。同时应当在规定期限内缴纳关税，逾期则构成欠缴，海关有权按规定采取强制执行措施

五、跨境电子商务零售进口税收政策

	跨境电子商务零售进口税收政策
纳税人	纳税义务人：购买跨境电子商务零售进口商品的个人 代收代缴义务人：电子商务企业、电子商务交易平台企业或物流企业
征税范围	1. 通过与海关联网的电子商务平台交易：交易、支付、物流"三单"比对的跨境电子商务零售进口商品（三单比对） 2. 未通过与海关联网的电子商务交易平台交易：快递、邮政企业能够提供交易、支付、物流信息且承担法律责任进境的跨境电子商务零售进口商品（快递）
计征限额	跨境电子商务零售进口商品：单次限额 5000 元。个人年度交易限额为：26000 元 1. 限额以内，不交关税；增值税和消费税按应纳税额的 70% 计算 2. 超过单次限额或年度限额，和完税价格 >5000 元的单个不可分割商品：全额纳税（关、增、消）
计征规定	1. 海关放行之日起 30 日内退货的，可申请退税，并相应调整个人年度交易总额 2. 购买人（订购人）的身份信息应进行认证；未进行认证的，购买人（订购人）身份信息应与付款人一致

六、关税的税收优惠

	关税的减免	
减免税分类	三种类型	法定减免税、特定减免税、临时减免税
	审批权限	法定减免税——海关法；其他减免税——国务院决定
	减征关税	加入 WTO 以后，以最惠国税率或者普通税率为基准
法定减免关税	1. 关税税额在人民币 50 元以下的一票货物（不是货物价值 50 元以下） 2. 无商业价值的广告品和货样 3. 外国政府、国际组织无偿赠送的物资（不是外国企业） 4. 进出境运输工具装载的途中必需的燃料、物料和饮食用品 5. 在海关放行前损失的货物 6. 在海关放行前损坏的货物，依受损程度减税 7. 我国缔结和参加国际条约规定的减免 8. 其他	
特定减免关税	1. 科教用品　2. 残疾人专用品　3. 慈善捐赠物资　4. 重大技术装备	
临时减免税	国务院根据海关法对某单位，某类商品、某项目的特殊情况给予特别照顾，一案一批	

续表

	关税的减免
暂时免税	暂时进境或出境的物品，交纳保证金或提供担保，暂时免税，6个月内必须复运出境或进境。需要延长期限的应办理延期手续。如果到期了没出境或进境，需要征收关税 1. 展览会、交易会、会议及类似活动中展示或者使用的货物 2. 文化、体育交流活动中使用的表演、比赛用品 3. 进行新闻报道或者摄制电影、电视节目使用的仪器、设备及用品 4. 开展科研、教学、医疗活动使用的仪器、设备及用品 5. 在上述第1项至第4项所列活动中使用的交通工具及特种车辆 6. 货样 7. 供安装、调试、检测设备时使用的仪器、工具 8. 盛装货物的容器 9. 其他用于非商业目的的货物

后 记

证据，是司法公正的基石，是刑事诉讼的基础和生命。在长期的基层实践和调研中，笔者发现，在经济犯罪案件中，办案人员对证据的审查存在明显的偏科现象，主要着眼于对普通书证、被告人的供述和辩解以及证人证言等非财会类证据的审查，而对原始财会证据的审查蜻蜓点水，很大程度上依赖鉴定意见和专家意见，存在唯专家论的倾向。从实践来看，财会专业知识的缺乏是阻拦基层干警审查财会证据的最大障碍。因而，如何以一种系统的、科学的、高效的方法对财会证据进行审查，是本书写作过程中最为重要的方向指引。

"财会证据"是一个新的名词，在其他法学书籍和文献中没有过这样的表述，其自身有着独特的证明方式和证明规则。在参考文献稀缺的情况下，撰写一本"财会证据"相关的书籍显然是一个很大胆的尝试，实践证明这样的担心没有丝毫多余，单单对书修改就耗时近2年。从结构来说，本书分为上下两篇，上篇为理论篇，下篇为实务篇。上篇主要介绍财会证据的相关概念，列举了常见财会证据的类型和样式，并逐一介绍了它们在办案实务中的证明意义。在上篇章节中，以第三章内容为核心，其内容难度也最大，更是阅读后文所有章节内容的前提。下篇主要介绍财会证据在常见的经济犯罪中的实务运用，各章节选取的案例均系真实案例改编，旨在帮助办案人员了解财会证据在各类案件中的展现形式以及如何在具体案件中阅读和审查这类证据。下篇罪名的选取原因在于：一是这些罪名在实务中发生率较高，所涉专业领域相对典型；二是这些罪名通常会涉及较多专业的财会证据，需要办案人员具备一定的知识储备才能进行实质性审查；三是这些章节中的财会证据所涵盖的理论体系已基本完整。诚然本书并没有覆盖更多的经济犯罪罪名，但从学习财会证据的角度来说，它已能够基本满足办案人员办理经济犯罪案件时审查财会证据的实务需要。同时，由于财会证据涉及的税务知识内容体系庞大，无法在一本书中详细阐述，因此，笔者还在附录部分以表格形式总结罗列了常见税种的拓展知识，既可作为工具书帮助迅速地查找各税种的具体内容，也可以用于平时学习拓展税务知识视野之用。

值得一提的是，笔者一开始在写作本书时，也曾将贪污贿赂犯罪的部分罪名纳入本书，但后期发现贪污贿赂犯罪财会证据内容过于庞大，且行政、事业单位适用政府会计准则，与本书经济犯罪适用的企业会计准则在很多地方存在不同之处，为了不造成读者阅读的困扰，最终笔者决定将这部分内容删除。当然，对于办理贪污贿赂犯罪类案件的纪检监察人员，笔者依然推荐阅读本书，其对理解贪污贿赂犯罪案件中的财会证据也有一定的参考价值。

最后，感谢安徽省人民检察院、黄山市人民检察院和黟县人民检察院党组领导的大力支持，感谢复旦大学、安徽大学法学院老师的宝贵建议，他们的意见和建议为笔者提供了相当多的写作灵感。本书系笔者的第一次尝试，一些疏漏在所难免，恳请各位读者不吝指正。

操 震

2022 年 8 月